U0861858

"十四五"职业教育国家规划教材

应用型智能会计系列教材

Accounting Informatization for Finance

(Yonyou ERP-U8 V10.1)

会计信息化

——财务篇（用友ERP-U8V10.1版）

第四版

宋红尔　主编

东北财经大学出版社
Dongbei University of Finance & Economics Press
大连

图书在版编目（CIP）数据

会计信息化：财务篇 / 宋红尔主编．—4 版．—大连 ：东北财经大学出版社，2025.7（2025.12 重印）．—（应用型智能会计系列教材）．—ISBN 978-7-5654-5659-6

Ⅰ. F232

中国国家版本馆 CIP 数据核字第 2025MH1324 号

会计信息化：财务篇

KUAIJI XINXIHUA：CAIWU PIAN

东北财经大学出版社出版

（大连市黑石礁尖山街 217 号　邮政编码　116025）

网　　址：http://www.dufep.cn

读者信箱：dufep@dufe.edu.cn

大连金华光彩色印刷有限公司印刷　东北财经大学出版社发行

幅面尺寸：185mm×260mm　字数：469 千字　印张：19.5　插页：1

2025 年 7 月第 4 版　2025 年 12 月第 3 次印刷

责任编辑：包利华　李　丹　责任校对：刘贤恩

封面设计：原　皓　版式设计：原　皓

书号：ISBN 978-7-5654-5659-6　定价：49.80 元

教学支持　售后服务　联系电话：（0411）84710309

第四版前言

2021年12月30日，财政部印发了《会计信息化发展规划（2021—2025年）》（财会〔2021〕36号）。该规划明确提出：“各单位要加强复合型会计信息化人才培养，高等院校要适当增加会计信息化课程内容的比重，加大会计信息化人才培养力度。”党的二十大报告明确提出“加快建设数字中国”的重大战略部署。2024年6月28日，第十四届全国人民代表大会常务委员会第十次会议通过修订后的《中华人民共和国会计法》，首次将“会计信息化”写入法律。新法第八条明确要求“国家加强会计信息化建设，鼓励依法采用现代信息技术开展会计工作”。企业会计工作应顺应时代潮流，向信息化、数字化方向转型。在此背景下，我们修订了这套会计信息化教材。

本套教材由四部教材构成。按照应用能力层次，第一部为财务篇（书名：《会计信息化——财务篇》），即本教材；第二部为供应链篇（书名：《用友ERP供应链管理系统应用教程》）；第三部为业财一体信息化应用（书名：《会计信息系统应用——基于业财融合》）；第四部为综合实训（书名：《会计信息化综合实训》）。

与同类教材比较，本教材具有如下特点：

1.以一个企业完整案例贯通全书。以用友ERP-U8 V10.1软件为蓝本，以虚拟的辽宁恒通商贸有限公司2025年1月份的完整经济活动为背景，本教材较为详细地介绍了该公司系统实施、财务会计信息化以及系统期末处理等信息化工作内容。

2.基于实验任务导向的教学做一体化模式。教材所有知识点均设计了相应的实验资料。通过实验资料在会计信息系统中的操作应用，掌握对应的知识点。绝大部分知识点还给出了“提示”栏目。通过学习该栏目，读者能在掌握系统应用的基础上，理解其基本原理及前后影响。

3.多模块应用与多岗位应用相结合。一方面，通过学习本教材，读者基本能够掌握总账、应收款管理、应付款管理、固定资产、薪资管理及UFO报表等6个子模块，实现多模块综合应用；另一方面，本教材全部实验资料按照账套主管、财务经理、会计、出纳等4个岗位分工设计，通过学习本教材，读者基本能够实现多岗位综合应用。

4.紧跟时代步伐。一方面，根据最新的财税政策及会计准则编写教材实验资料；另一方面，将会计信息系统在实际应用中的最新研究成果纳入教材，以更好地解决会计信息系统滞后于国家财税政策和会计实务的问题。

5.注重过程考核。本教材共9个项目，基本上每完成两个项目进行一次阶段考核。通过过程考核，能够更加全面地考查学生对会计信息系统的掌握程度。

6.融入课程思政。本教材提供了“课程思政”教学设计表供任课教师授课时参考，任课教师可以用手机扫描右方二维码获取，或登录东北财经大学出版社网站（www.dufep.cn）下载使用。同时，教材每个项目的最后设置了“课程思政点睛”模块，供读者参考。

“课程思政”教学设计表

7.教学资源丰富。本教材的配套资源包括：①教案、电子课件；②全部实验任务操作过程的微视频（读者可扫描教材中的二维码查看学习）；③5套阶段考核试题；④教材正文的初始账套、结果账套。

本教材由宋红尔任主编，冉祥梅、赵越任副主编，参与编写的还有张晓婷、查金莲、王溁、刘阳、马照月、李晗、刘唱等7位老师。宋红尔负责拟定全书大纲及实验资料的设计，并对全书进行总纂、修改和定稿。

本教材在编写、修订过程中参考了国内相关专著、教材和论文，在此对有关作者表示衷心的感谢。作为校企合作项目，本教材的编写得到了辽宁华瑞会计师事务所的大力支持，在此也一并表示感谢。

虽然编者对会计信息系统应用一直在关注、追踪、学习，但因水平所限，对某些问题的认识和理解也不一定完全准确，书中难免有错误和不当之处，欢迎广大读者不吝指正。您的批评和建议将是本教材再次修订的重要依据。联系方式：

E-mail：songhonger@163.com

教师QQ群：233163238（会计信息化教学与研究）

宋红尔

2025年7月于辽宁锦州

目录

1 项目1 系统管理

系统管理模块主要是对账套的建立、修改、删除和备份，操作员的建立、角色的划分和权限的分配等进行集中管理。系统管理的使用对象为企业的信息管理人员（即系统管理员admin）、安全管理人员（即安全管理员sadmin）、管理员用户或账套主管。

系统管理模块主要包括以下功能：

① 对账套统一管理，包括建立、修改、备份（自动备份和手工输出）和引入。

② 对操作员及其功能级权限实行统一管理，包括用户、角色和权限设置。

③ 系统任务管理，包括查看当前运行任务、清除指定任务、清退站点、清除单据锁定等。

本项目的重难点内容：建立账套、账套备份和功能权限设置。

本项目总体流程如图1-1所示。

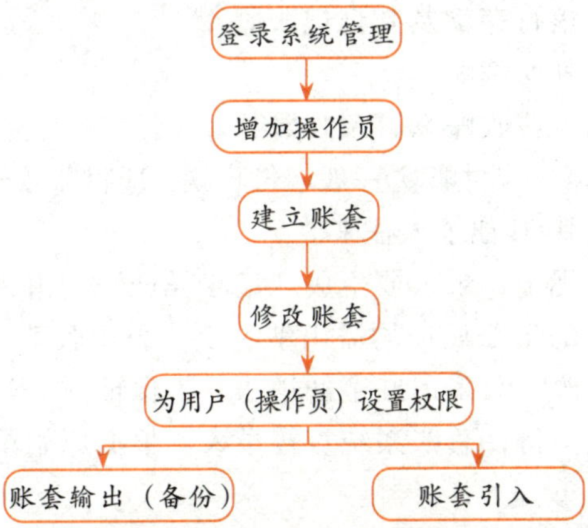

图1-1 本项目总体流程

任务1 了解企业概况

知识点001 了解企业概况

1.企业基本情况

（1）公司注册资料：

公司注册名称：辽宁恒通商贸有限公司（简称辽宁恒通）

公司注册地址及电话：辽宁省沈阳市皇姑区人民路369号，电话：024-82681359

公司统一社会信用代码：91210105206917583A

公司邮箱地址：hengtong@163.com

公司注册资本：人民币1 500万元

公司法定代表人：李成喜，兼任公司总经理

公司经营范围：主要从事服装、手表、皮具、饮料等的批发、零售

（2）公司银行资料：

①基本存款账户：

中国工商银行沈阳皇姑支行，账号：2107 0240 1589 0035 666

②一般存款账户：

中国银行沈阳皇姑支行（人民币户），账号：2107 3817 6532 3431 951

中国银行沈阳皇姑支行（美元户），账号：2107 3817 6532 3431 982

（3）公司税务资料：

主管税务机关：国家税务总局沈阳市皇姑区税务局；纳税人识别号同公司统一社会信用代码；缴款账户：国家金库沈阳市皇姑区支库，账号：2107 9245 3812 7058 769

2.会计核算要求

（1）科目设置要求："应付账款"科目下设"暂估应付账款"和"一般应付账款"两个二级科目，其中，"一般应付账款"科目设置为受控于应付系统，"暂估应付账款"科目设置为不受控于应付系统。

（2）辅助核算要求：

日记账：库存现金、银行存款及其日记账。

银行账：银行存款及其明细账。

客户往来：应收票据、应收账款、预收账款。

供应商往来：应付票据、应付账款/一般应付账款、应付账款/暂估应付账款、预付账款。

个人往来：其他应收款/其他个人往来。

（3）会计凭证的基本规定：录入或生成"记账凭证"均由指定的会计人员操作，含有库存现金和银行存款科目的记账凭证均需出纳签字。采用收款、付款、转账3种专用记账凭证。对已记账凭证的修改，只采用红字冲销法。为保证财务与业务数据的一致性，能在业务系统生成的记账凭证不得在总账系统直接录入。根据原始单据生成记账凭证时，除收付款业务外不采用合并制单。

（4）货币资金业务的处理：公司采用的结算方式包括现金结算、支票、托收承付、委托收款、银行汇票、商业汇票、电汇等。收、付款业务由财务部门根据有关凭证进行处理，在系统中没有对应结算方式时，其结算方式为"其他"。

（5）坏账损失业务的处理：公司除应收账款外，其他预付及应收款项不计提坏账准备。期末按应收账款余额百分比法计提坏账准备，提取比例为0.5%。

（6）固定资产业务的处理：公司固定资产包括房屋及建筑物、机器设备、运输工具和办公设备，均为在用状态；采用"平均年限法（一）"按月计提折旧；同期增加多个固定资产时，不采用合并制单。该系统生成的凭证均到"批量制单"中完成。

（7）薪酬业务的处理：根据现行的个人所得税法律制度规定，公司预扣预缴个人所得税，其费用扣除标准为5 000元/月。假定公司员工除工资外，当年未取得劳务报酬所得、稿酬所得和特许权使用费所得。假定公司每位员工享受子女教育、赡养老人两项专项附加扣除共计2 000元/月，无其他专项附加扣除事项。

公司按有关规定计算缴纳社会保险费和住房公积金。社会保险费及住房公积金以固定工资基数3 280（元/人）作为计提基数。"五险一金"计提比例见表1-1。

表 1-1　　　　　　　　　　“五险一金”计提比例

项 目	企业承担（%）	个人承担（%）	小计（%）
基本养老保险	16	8	24
基本医疗保险	7	2	9
失业保险	0.5	0.5	1
工伤保险	0.8		0.8
生育保险	0.5		0.5
小 计	24.8	10.5	35.3
住房公积金	10	10	20
合 计	34.8	20.5	55.3

各类社会保险及住房公积金当月计提，次月缴纳。根据国家有关规定，公司代扣由个人承担的社会保险费、住房公积金。

公司职工福利费和职工教育经费不预提，按实际发生金额列支。工会经费按应付工资总额的2%计提。

由公司预扣预缴的个人所得税通过“应交税费”账户进行核算。职工个人负担的社会保险及住房公积金通过“其他应付款”账户进行核算。工资分摊制单合并科目相同、辅助项相同的分录。

（8）税费的处理：公司为增值税一般纳税人，增值税税率为13%，按月缴纳，按当期应交增值税的7%计算城市维护建设税、3%计算教育费附加和2%计算地方教育附加；企业所得税采用资产负债表债务法，假设资产、负债的账面价值与其计税基础一致，未产生暂时性差异，企业所得税的计税依据为应纳税所得额，税率为25%，按月预计，按季预缴，全年汇算清缴。缴纳税费按银行开具的原始凭证编制记账凭证。

（9）利润分配：根据公司章程，公司税后利润按以下顺序及规定分配：①弥补亏损；②按10%提取法定盈余公积；③按30%向投资者分配利润。

（10）损益类账户的结转：每月月末将各损益类账户余额转入“本年利润”账户，结转时按收入和支出分别生成记账凭证。

任务 2　系统管理

知识点 002　登录系统管理

【实验资料】

以系统管理员身份登录系统管理。

【实验过程】

登录系统管理

执行“开始→所有程序→用友 U8 V10.1→系统服务→系统管理”命令，打开“用友 U8［系统管理］”窗口。在该窗口，选择“系统→注册”命令，打开“登录”窗口，如图 1-2 所示。单击“登录”按钮，进入系统管理窗口，如图 1-3 所示。

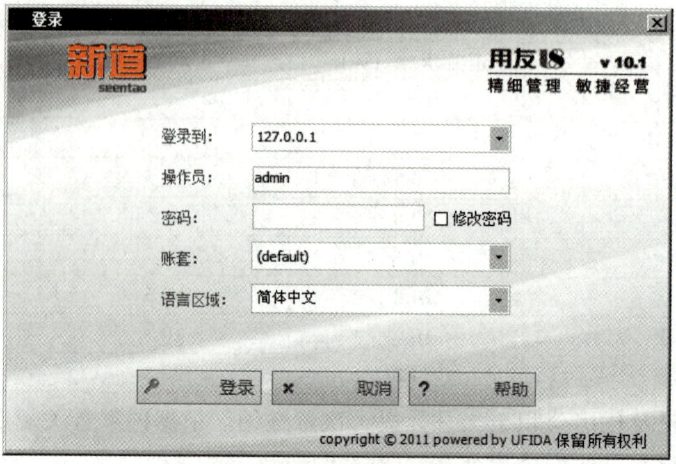

图1-2 系统管理登录窗口

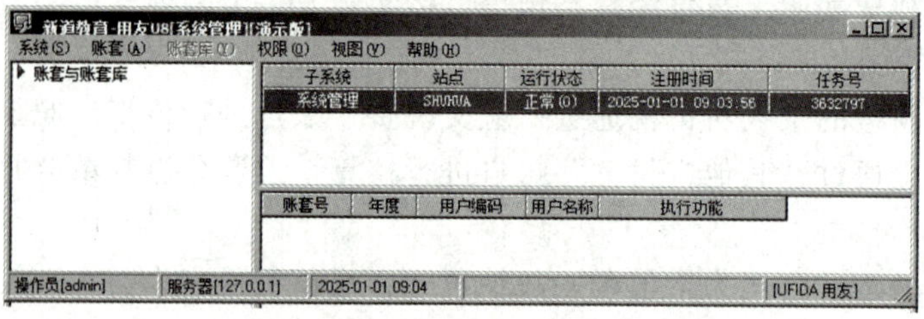

图1-3 系统管理窗口

提示

如果系统桌面存在"系统管理"图标，双击该图标也可登录系统管理。

能够登录系统管理的一般有以下几类操作员：系统管理员（admin）、安全管理员（sadmin）、账套主管和管理员用户。

系统管理员负责整个系统的维护工作。以系统管理员身份注册进入，便可进行账套的管理（包括账套的建立、引入和输出），以及角色、用户及其权限的设置。

以安全管理员的身份注册进入系统管理后（直接在"操作员"栏中输入"sadmin"即可），可以设置安全策略、执行数据清除和还原。

账套主管可以完成账套修改、账套库的建立及删除、设置普通用户/角色权限等工作。

管理员用户由系统管理员创建，该类用户协助系统管理员完成系统的维护工作，如账套库备份、升级、用户/角色管理、权限管理、任务管理等。

如何修改当前操作员密码？在"登录"窗口（如图1-2所示）的"密码"栏中输入正确密码，勾选"修改密码"，单击"登录"按钮，系统弹出"设置操作员密码"对话框，如图1-4所示。输入新密码并确认，单击"确定"按钮，修改密码成功并进入系统管理。

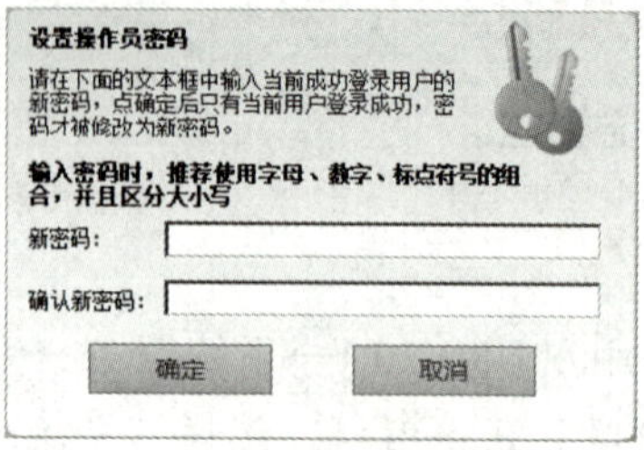

图1-4 "设置操作员密码"对话框

知识点003　增加操作员

【实验资料】

辽宁恒通的U8系统共有4位操作员，见表1-2。

表 1-2　软件应用操作员/用户

编号	姓名	用户类型	认证方式	口令	所属部门	角色	职务
A01	李成喜	普通用户	用户+口令（传统）		行政部	账套主管	总经理
W01	王钰茹	普通用户	用户+口令（传统）		财务部	普通员工	财务经理
W02	赵凯杰	普通用户	用户+口令（传统）		财务部	普通员工	会计
W03	贺青春	普通用户	用户+口令（传统）		财务部	普通员工	出纳

【实验过程】

增加操作员

（1）以系统管理员身份登录系统管理，在图1-3的系统管理窗口，选择“权限”菜单下的“用户”命令，打开“用户管理”窗口。

（2）单击工具栏的“增加”按钮，打开“操作员详细情况”窗口。根据实验资料输入李成喜的相关信息，结果如图1-5所示。单击“增加”按钮，保存该操作员。按此方法继续增加其他操作员，最后单击“退出”按钮，退出“操作员详细情况”窗口并返回“用户管理”窗口，如图1-6所示。

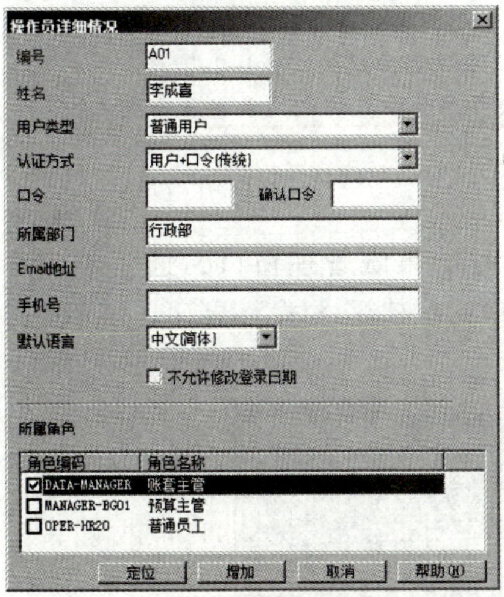

图1-5　增加操作员

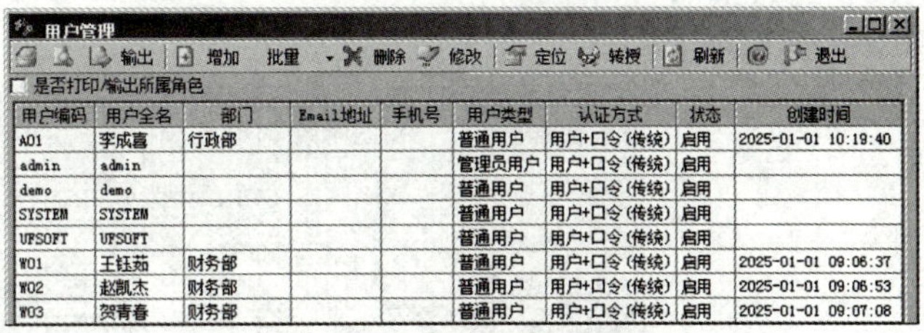

图1-6　“用户管理”窗口

提示

这里的“用户”指的是软件的操作员。在图1-5中，用户类型有两种：普通用户和管理员用户。普通用户一般指的是登录企业应用平台、进行各种业务处理的用户，系统中大部分用户均属于此类型。管理员用户是进行账套管理、协助系统维护的用户，该类用户只能登录系统管理进行操作，为系统管理员分担一部分管理工作。

在图1-6中，选中要修改的用户信息，点击“修改”按钮，可进入修改状态，但已启用用户只能修改口令、所属部门、E-mail地址、手机号、认证方式和所属角色的信息。在修改状态下，单击“注销当前用户”按钮，将暂时停止使用该用户。

在图1-6中，选中要删除的用户，点击“删除”按钮，可删除该用户。但已启用的用户不能删除，已定义用户角色的用户必须先取消所属角色信息才能删除。

在图1-3中，选择“权限”菜单下的“角色”命令，打开“角色管理”窗口，进行角色的设置。用户和角色设置不分先后顺序，用户可根据自己的需要设置。如果先设定角色，然后分配权限，最后进行用户的设置，那么在设置用户时，选择其归属哪一个角色，则用户将自动具有该角色的权限。一个角色可以拥有多个用户，一个用户也可以分属于多个不同的角色。若修改了用户的所属角色，则该用户对应的权限也随着角色的改变而相应改变。用户自动拥有所属角色所拥有的所有权限，同时可以额外增加角色中没有包含的权限。

知识点004　建立账套

【实验资料】

根据表1-3建立辽宁恒通商贸有限公司的账套。

表1-3　建账向导

建账向导	参数设置
账套信息	账套号：001；账套名称：辽宁恒通商贸有限公司；启用会计期：2025年1月
单位信息	单位名称：辽宁恒通商贸有限公司；单位简称：辽宁恒通；单位地址：辽宁省沈阳市皇姑区人民路369号；法定代表人：李成喜；邮政编码：110000；联系电话/传真：024-82681359；电子邮件：hengtong@163.com；税号：91210105206917583A
核算类型	本币代码：RMB；本币名称：人民币；企业类型：商业；行业性质：2007年新会计制度科目；账套主管：李成喜
基础信息	对存货、客户、供应商进行分类
编码方案	科目编码级次：4-2-2-2-2-2；客户分类编码级次：2-2-2；供应商分类编码级次：2-2-2；存货分类编码级次：2-2-2；部门编码级次：2-2-2；收发类别编码级次：1-2-2
数据精度	该企业对存货数量、存货单价、开票单价、件数、换算率等小数位数均采用系统默认的2位

【实验过程】

（1）以系统管理员身份登录系统管理后，在图1-3的系统管理窗口，选择“账套”菜单下的“建立”命令，打开“创建账套——建账方式”界面，如图1-7所示。

建立账套

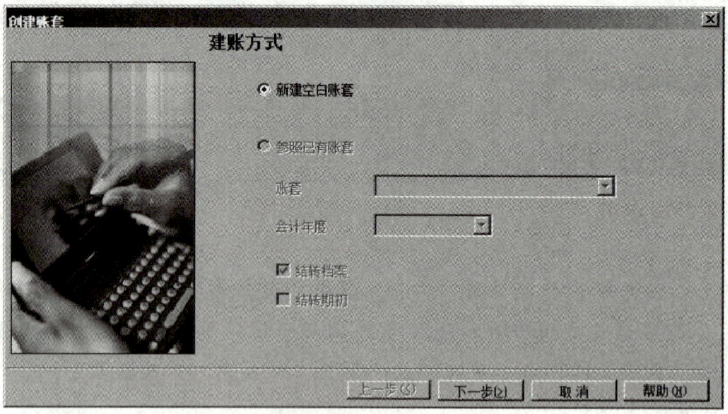

图1-7　创建账套——建账方式

提示

如果在图1-7的“账套”栏存在若干账套，且当前待创建的账套与已存账套包含相同的基础档案和某些期初数据，则可以选择“参照已有账套”方式建账。

只有系统管理员才有权限创建新账套。

只有账套主管才能使用“账套库”菜单。

（2）单击“下一步”按钮，打开“创建账套——账套信息”界面。输入“账套号”为“001”，“账套名称”为“辽宁恒通商贸有限公司”，“启用会计期”输入2025年1月，其他项默认，结果如图1-8所示。

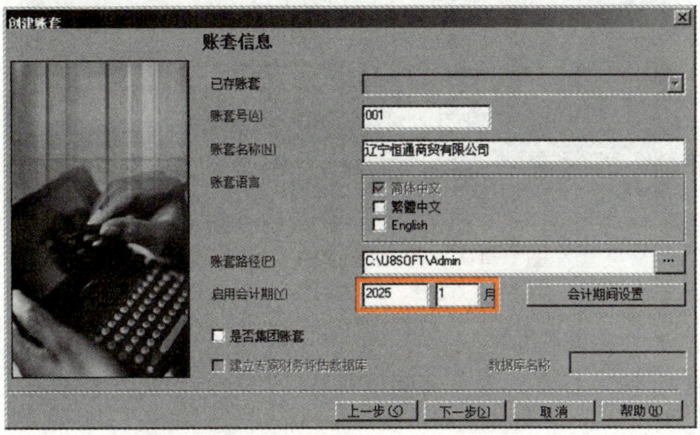

图1-8　创建账套——账套信息

提示

［已存账套］在建立新账套时已经存在的账套。这些账套只能参照，而不能输入或修改。

［账套号］新建账套的编号，必输项，可输入001—999之间任意3个数字，但不能与“已存账套”的账套号重复。

［账套路径］用来输入账套数据存储的路径，必输项，点击“…”图标，可修改账套存放路径，但不能是网络路径中的磁盘。

［启用会计期］新建账套被启用的日期，必输项。

［会计期间设置］用来处理实际核算期间和正常的自然日期不一致的情况。点击“会计期间设置”按钮即可进行会计期间的设置。“启用会计期”以前的日期不可修改，只能进行“启用会计期”以后的会计期间的调整。

（3）输入完成后，点击“下一步”按钮，打开“创建账套——单位信息”窗口，根据实验资料输入本单位的基本信息，结果如图1-9所示。其中单位名称为必输项。

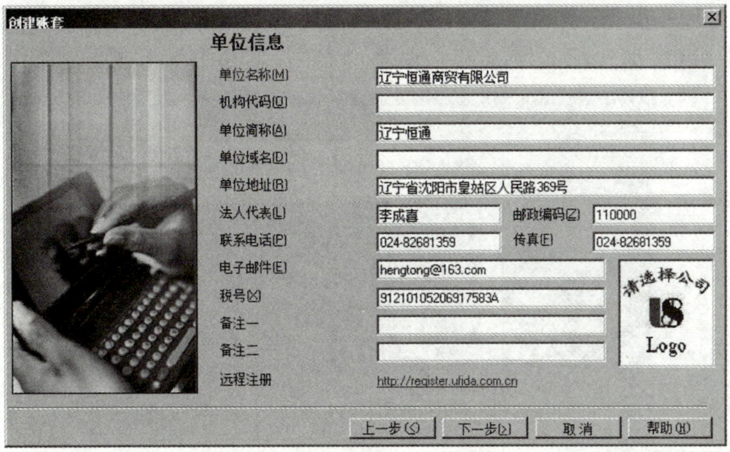

图1-9　创建账套——单位信息

（4）输入完成后，点击“下一步”按钮，打开“创建账套——核算类型”窗口，“企业类型”选择“商业”，“账套主管”选择“［A01］李成喜”，其他项默认，结果如图1-10所示。

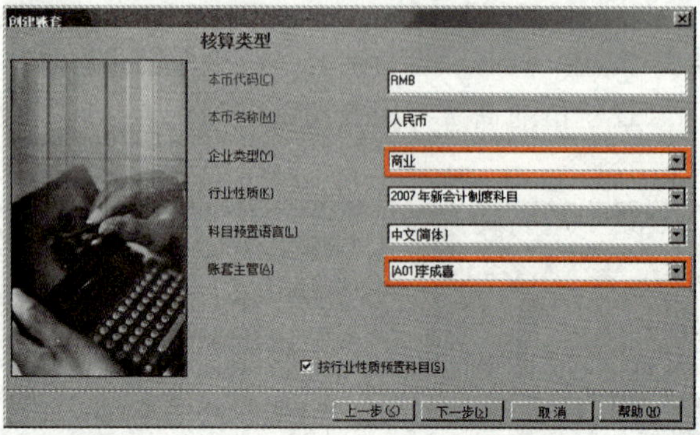

图1-10　创建账套——核算类型

提示

［账套主管］用户须从下拉框已存的操作员中选择一位作为本账套的账套主管。

［按行业性质预置科目］若勾选此项，则系统将预置所属行业的总账科目，后续到“企业应用平台”添加明细科目即可。

（5）选择完成后，点击“下一步”按钮，打开“创建账套——基础信息”窗口，根据实验资料，本窗口均采用系统默认设置，如图1-11所示。

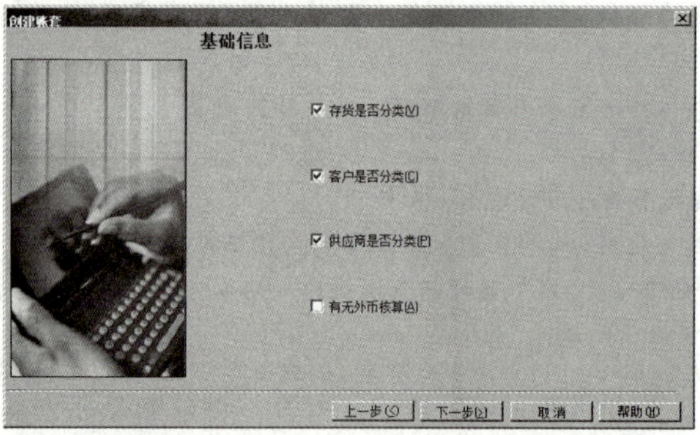

图1-11　创建账套——基础信息

（6）单击“下一步”，打开“创建账套——开始”窗口，如图1-12所示，单击“完成”，系统提示“可以创建账套了么？”，单击“是”，系统开始建账。

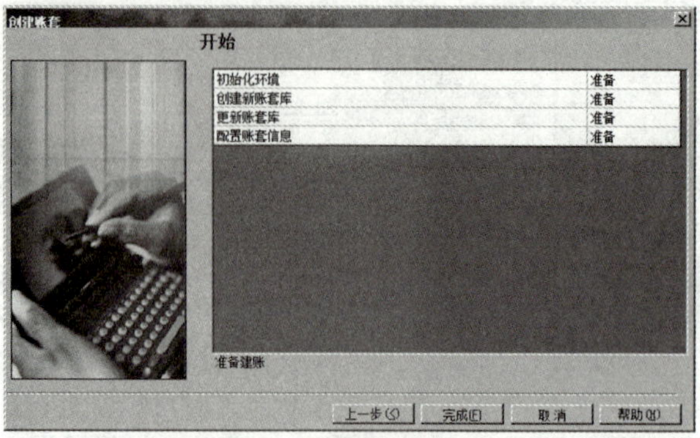

图1-12　创建账套——开始

（7）建账结束，系统弹出“编码方案”对话框，根据资料对相关编码级次进行调整，其他项默认，结果如图1-13所示。单击“确定”，再单击“取消”，系统弹出“数据精度”对话框，如图1-14所示，单击“确定”。

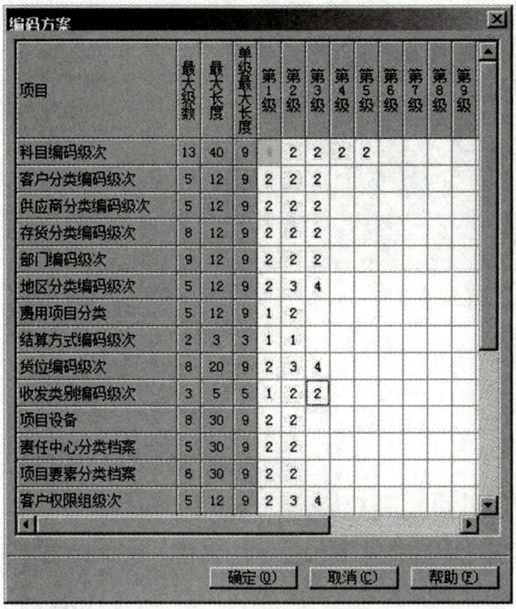

图1-13　编码方案

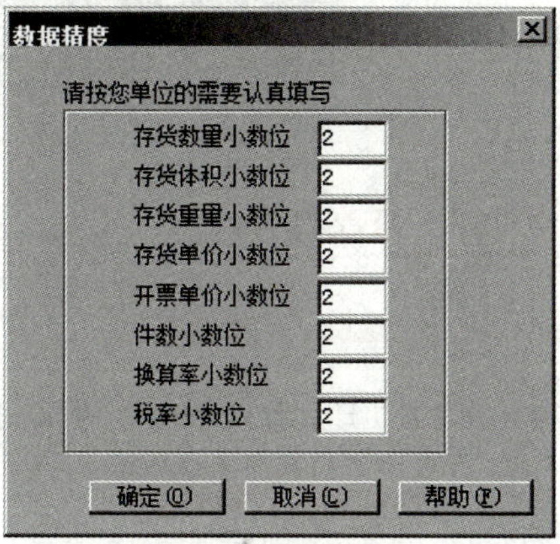

图1-14　数据精度

提示

科目编码级次举例：在“银行存款”总账科目下增设“中国工商银行”二级科目，可将其科目编码设定为“100201”，即：

1002 01 → “中国工商银行”的科目编码（01）；系统预置的“银行存款”的科目编码（1002）

（8）数据精度设置完毕，系统弹出“创建账套”提示对话框，如图1-15所示，提示建账成功，并询问是否需要在此启用系统，单击“否”，系统弹出“请进入企业应用平台进行业务操作！”对话框，单击“确定”，关闭该对话框并返回“创建账套”窗口，如图1-16所示。单击“退出”按钮，完成全部建账工作。

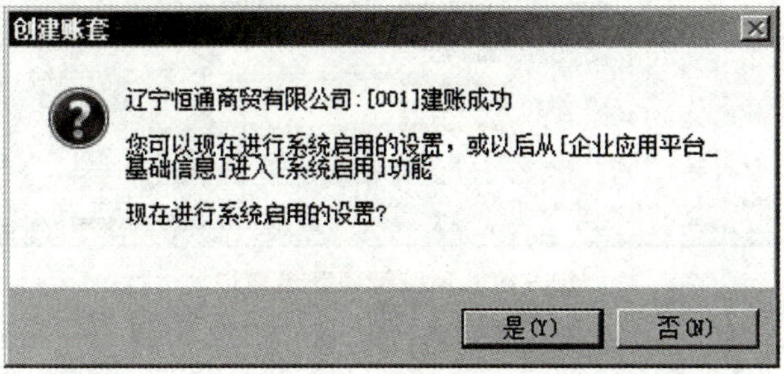

图1-15　系统启用提示框

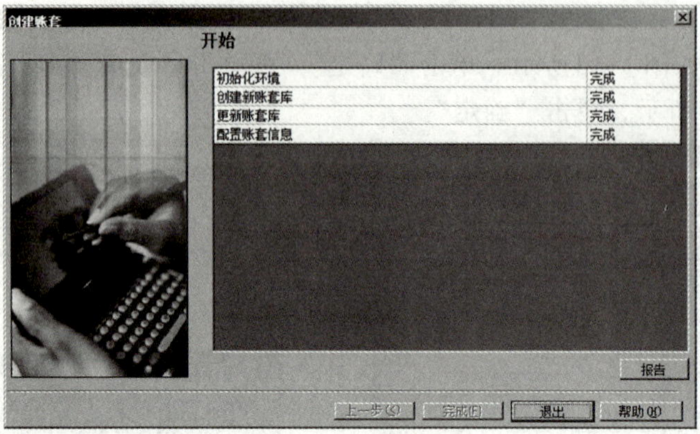

图1-16 完成建账

知识点005 修改账套

【实验资料】

2025年1月1日，修改账套，为001账套增加外币核算功能。

【实验过程】

修改账套

（1）由001账套的账套主管李成喜（A01）登录系统管理。执行“开始→所有程序→用友U8 V10.1→系统服务→系统管理”命令，打开“用友U8［系统管理］”窗口。在该窗口，选择“系统→注册”命令，打开“登录”窗口。在“操作员”栏输入“A01”，“账套”栏选择“［001］（default）辽宁恒通商贸有限公司”，将“操作日期”改为“2025-01-01”，如图1-17所示。单击“登录”按钮，进入系统管理窗口。

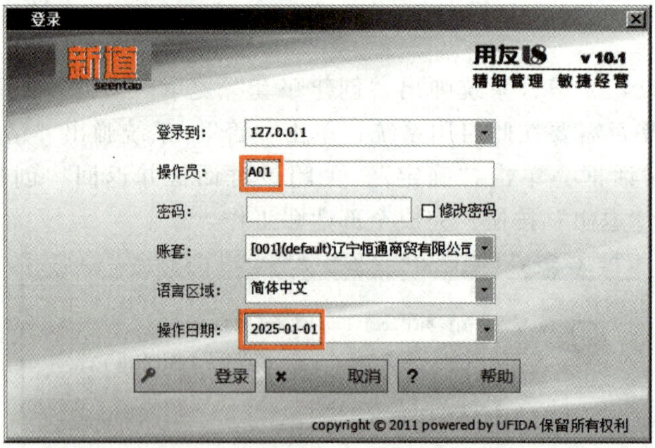

图1-17 系统管理登录窗口

（2）执行“账套→修改”命令，根据向导找到“修改账套——基础信息”窗口，勾选“有无外币核算”栏，如图1-18所示。单击“完成”按钮，系统提示“确认修改账套了么?”，单击“是”按钮，弹出“编码方案”窗口，单击“取消”按钮，弹出“数据精度”窗口，单击“取消”按钮，系统弹出“修改账套成功”提示框，单击“确定”按钮，完成账套修改。

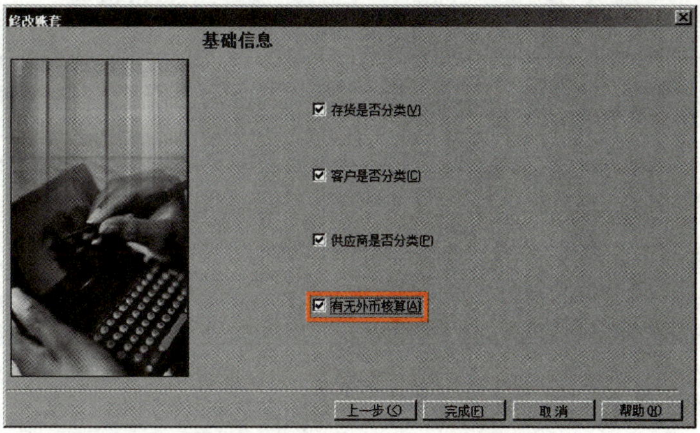

图1-18 修改账套——基础信息

提示

建账完成后，在未使用相关信息的情况下，可由账套主管对下列信息进行适当修改：

①“账套信息”中的账套名称。

②“单位信息”中的全部信息。

③“核算类型”中企业类型允许将商业类型修改为医药流通类型，其他不允许修改。

④“基础信息”、“编码方案”及“数据精度”均可修改。

其中，“编码方案”和“数据精度”也可到企业应用平台的“基础设置→基本信息”菜单下修改，“单位信息”也可到“基础设置→基础档案→机构人员”菜单下修改。

系统管理员无权修改账套。

知识点006 设置功能级权限

【实验资料】

根据表1-4设置辽宁恒通的U8系统操作员权限。

表1-4 软件应用操作员及操作权限分工表

编码	姓名	隶属部门	职务	权限分工
A01	李成喜	行政部	总经理	账套主管（基础设置、总账系统初始化）
W01	王钰茹	财务部	财务经理	总账的审核凭证、查询凭证、对账、结账；UFO报表
W02	赵凯杰	财务部	会计	基本信息的全部权限；总账（填制凭证、凭证整理、查询凭证、记账、常用凭证、账表、期末）、应收款管理、应付款管理、固定资产、薪资管理的所有权限
W03	贺青春	财务部	出纳	总账的出纳签字、出纳

【实验过程】

设置功能级权限

(1) 由系统管理员（admin）登录系统管理。执行“开始→所有程序→用友U8 V10.1→系统服务→系统管理”命令，打开“用友U8［系统管理］”窗口。在该窗口，选择“系统→注册”命令，打开“登录”窗口。在“操作员”栏输入“admin”，“账套”栏选择“（default）”，单击“登录”按钮，进入系统管理窗口。

(2) 选择“权限”菜单下的“权限”功能，打开“操作员权限”窗口，如图1-19所示。

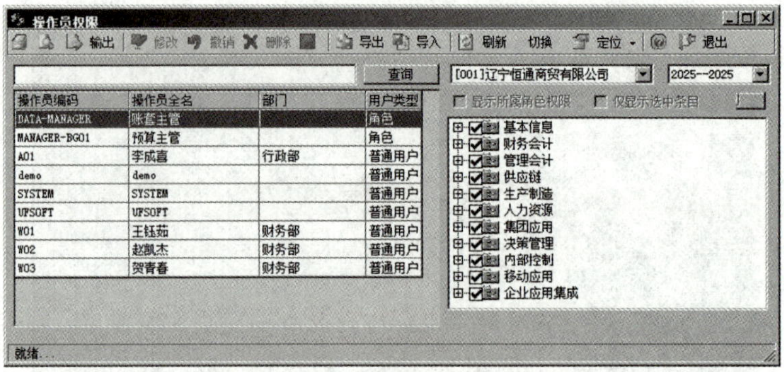

图1-19 “操作员权限”窗口

（3）选择要分配权限的001账套及对应年度区间（即2025年），左边显示本账套内所有角色和用户名。

（4）选择操作员“W01”，点击工具栏的“修改”按钮，点击“⊞”展开功能目录树，点击“☑”表示选中某项详细功能，根据实验资料（表1-4）给王钰茹授权，单击工具栏的“保存”按钮，保存授权结果，如图1-20所示。

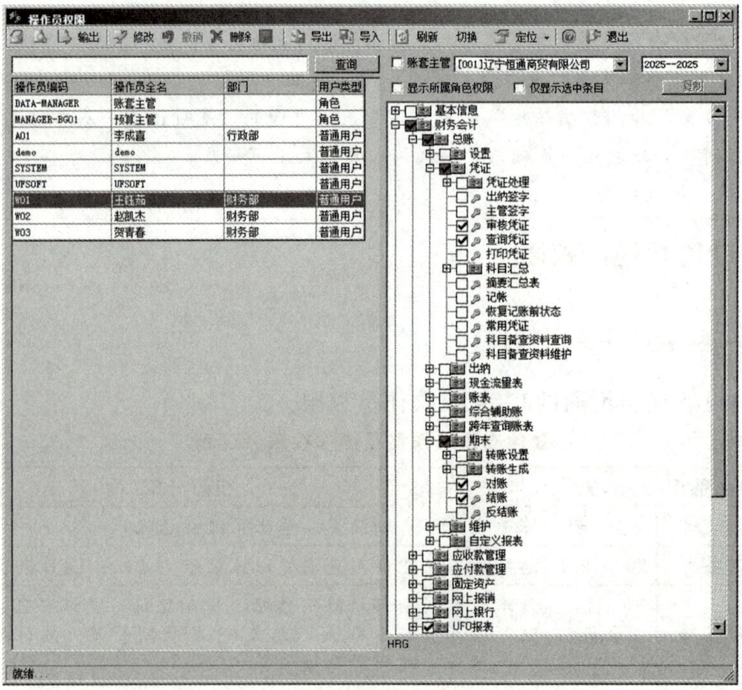

图1-20 操作员权限设置

（5）依上述方法根据实验资料对“W02”和“W03”进行授权。

提示

在图1-20中，如果勾选“账套主管”，则该操作员具有所有该账套库的所有子系统的所有权限。一个账套可以有多个账套主管。因为A01李成喜在建账时已被指定为账套主管，无须再次授权。

如果想一次性给一批操作员增加相同权限，可以点击工具栏“切换”按钮，在界面左侧选择一些权限，然后可以在右侧选择多个操作员。

如果对某角色分配了权限，则在增加新的用户时（该用户属于此角色），该用户自动拥有此角色具有的权限。

为了满足企业不断提高的管理要求，U8系统提供了集中权限管理，实现了3个层次的权限管理：

①功能级权限管理。该权限将提供更为细致的功能级权限管理功能。由系统管理员或有权限的管理员用户在系统管理中完成功能级权限的分配设置。

②数据级权限管理。该权限可以通过记录级和字段级两个方面进行权限控制。

③金额级权限管理。该权限可以通过对具体金额数量划分级别，实现对不同的操作员进行金额级别控制。

对于数据级权限和金额级权限，须在功能级权限分配之后，到企业应用平台的“系统服务→权限”菜单下完成。

知识点007　备份账套

（1）账套自动备份。

【实验资料】

根据表1-5设置001账套的自动备份计划。

表1-5　自动备份计划

项目	取值	项目	取值
计划编号	2025-01	开始时间	18:00:00
计划名称	001账套自动备份	有效触发	2
备份类型	账套备份	保留天数	7
发生频率	每周	备份路径	C：\001账套自动备份
发生天数	1	账　套	001辽宁恒通商贸有限公司

【实验过程】

账套自动备份

① 在C盘中新建“001账套自动备份”文件夹。

② 由系统管理员登录系统管理，登录成功后选择“系统”菜单下的“设置备份计划”功能，打开“备份计划设置”窗口，单击工具栏的“增加”按钮，打开“备份计划详细情况”窗口。

③ 根据实验资料录入备份计划，结果如图1-21所示，单击“增加”后关闭该窗口，返回“备份计划设置”窗口，退出该窗口。

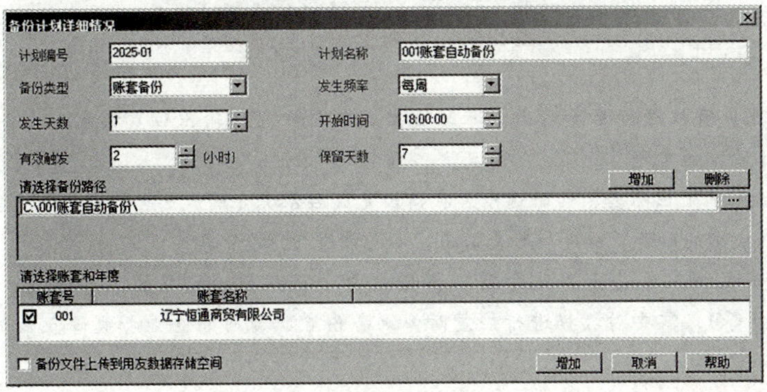

图1-21　“备份计划详细情况”窗口

提示

［计划编号］编号长度不得超过12个字符。

［计划名称］名称最多不得超过40个字符。

［备份类型］系统管理员可以进行账套备份、账套库备份和账套库增量备份。账套主管或有权限的管理员用户只能进行后两种备份。

［发生天数］单选项，系统根据发生频率，确认执行备份计划的确切天数。本案例中每周的第一天进行一次备份。

［开始时间］是指在指定发生频率中的发生天数内的什么时间开始进行备份。

［有效触发］是指以备份开始时间为准，在有效触发小时的范围内，系统反复重新备份，直到备份成功。

自动备份可以对多个账套或账套库同时自动输出，而且可以进行定时设置。

（2）账套手工备份（输出）

【实验资料】

手动将账套数据输出至“D：\001账套手工备份\007备份账套\”。

【实验过程】

账套手工备份

①在D盘中新建“001账套手工备份”文件夹，再在该文件夹下新建“007备份账套”文件夹。

②由系统管理员登录系统管理，登录成功后选择“账套”菜单下的“输出”功能，打开“账套输出”窗口。

③在“账套号”处选择需要备份的001账套，在“输出文件位置”处选择“D：\001账套手工备份\007备份账套\”，如图1-22所示。点击“确认”按钮，系统进行账套数据输出。输出完成后系统弹出“输出成功”提示框，单击“确定”按钮返回。

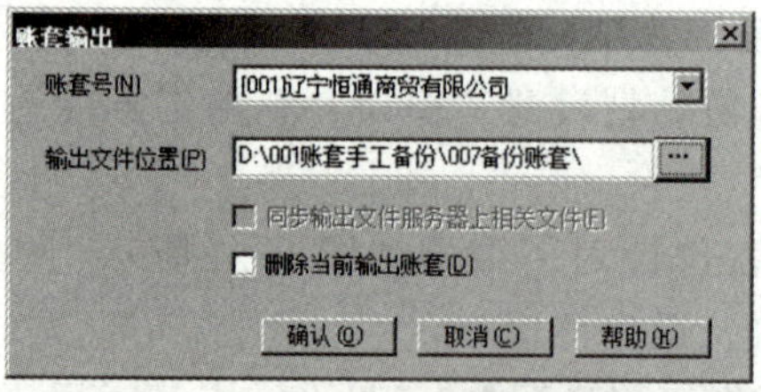

图1-22　“账套输出”窗口

提示

只有系统管理员有权进行账套输出。账套输出成功后在文件输出位置指定的文件夹生成UFDATA.BAK文件和UfErpAct.Lst文件。

如果将“删除当前输出账套”同时选中，在输出完成后系统会确认是否将数据源从当前系统中删除的工作。但是，正在使用的账套可以进行账套输出，不允许进行账套删除。

所输出的备份数据应转存至其他介质。当企业由于不可预知的原因（如地震、火灾、计算机病毒、人为的误操作等），需要对数据进行恢复时，则备份数据就可将企业损失降至最低。

知识点008　引入账套

【实验资料】

将“D：\001账套手工备份\007备份账套\”的账套数据引入到系统默认路径。

【实验过程】

引入账套

（1）由系统管理员登录系统管理，登录成功后选择“账套”菜单下的“引入”功能，打开“请选择账套备份文件”窗口。

（2）选择所要引入的账套数据备份文件，如图1-23所示。单击“确定”按钮，系统弹出“系统管理”提示框，如图1-24所示。单击“确定”按钮，打开“请选择账套引入的目录”窗口，本案例采用默认存储路径，如图1-25所示。直接单击“确定”按钮，系统随即进行账套数据引入。运行一段时间后，系统提示“账套［001］引入成功!”，单击“确定”按钮，完成引入工作。

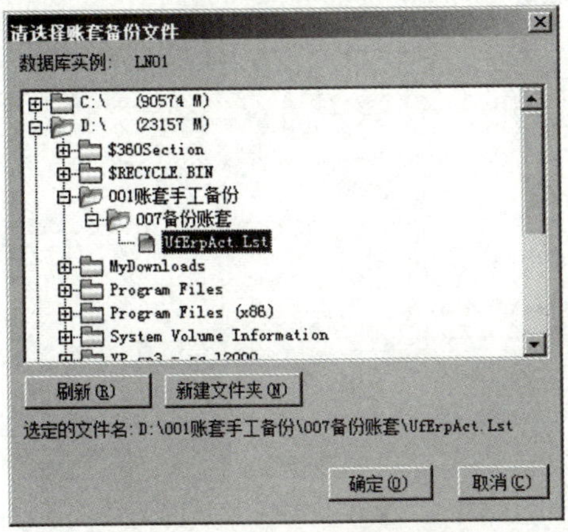

图1-23 选择账套备份文件

图1-24 “系统管理”提示框

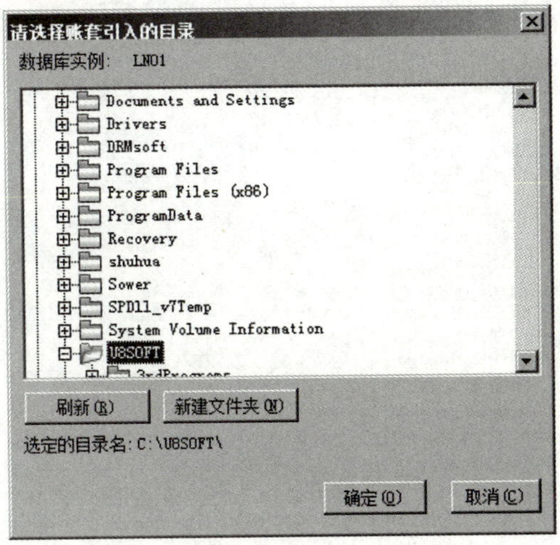

图1-25 选择账套引入的目录

提示

只有系统管理员有权进行账套引入。

可修改数据库存放的路径和文件夹。

以下情况可能需要进行引入账套：

①当前账套数据遭到破坏；

②母公司定期对子公司账套数据进行分析、汇总。

【课程思政点睛】

【复习思考题】

1. 简述系统管理的主要功能。
2. 请问什么是账套？
3. 简述账套与账套库之间的关系。
4. 简述账套主管与系统管理员的区别与联系。
5. 请问系统管理中的角色与用户之间有何联系？

2 项目2 基础设置

本项目主要是进行软件日常使用前的基础性工作，包括各种档案信息的维护等。虽然从操作层面看本项目并不复杂，但是有些信息一旦被参照使用，将不能修改，读者须准确处理。

除各种档案信息的添加外，本项目的重难点内容包括：计量单位的设置、单据格式设计、数据权限相关问题。

本项目总体流程如图2-1所示。

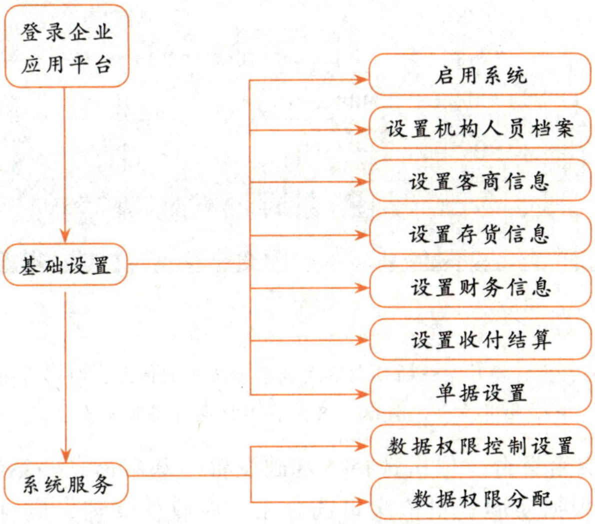

图2-1 本项目总体流程

任务1 设置基本信息

知识点009 启用系统

【实验资料】

辽宁恒通的U8系统共使用5个子系统，见表2-1。

表2-1 001账套启用的系统

系统编码	系统名称	启用会计期间	启用自然日期	启用人
GL	总账	2025-01	2025-01-01	李成喜
AR	应收款管理	2025-01	2025-01-01	李成喜
AP	应付款管理	2025-01	2025-01-01	李成喜
FA	固定资产	2025-01	2025-01-01	李成喜
WA	薪资管理	2025-01	2025-01-01	李成喜

【实验过程】

启用系统

（1）2025年1月1日，由李成喜（A01）登录企业应用平台。执行“开始→所有程序→用友U8 V10.1→企业应用平台”命令，打开“登录”窗口。在“操作员”栏输入“A01”，“账套”栏选择“[001]（default）辽宁恒通商贸有限公司”，将“操作日期”改为“2025-01-01”，如图2-2所示。单击“登录”按钮，进入企业应用平台。

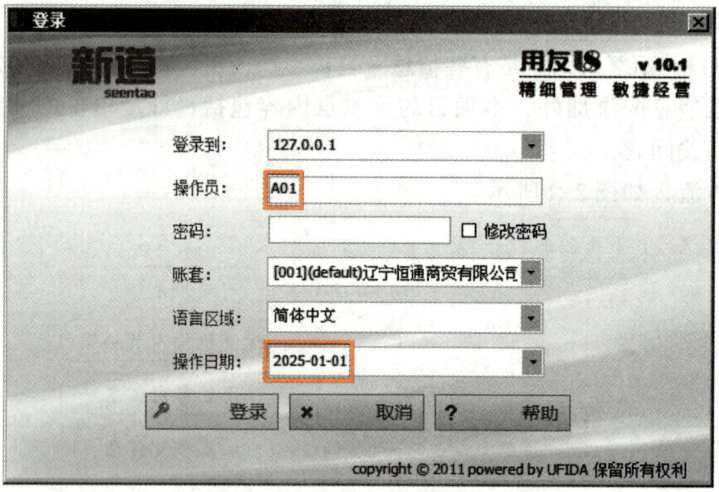

图2-2　企业应用平台登录窗口

提示

正式使用U8系统前，应将操作系统的日期格式调整为短日期格式，即yyyy-mm-dd。

如果系统桌面存在“企业应用平台”图标，双击该图标也可登录平台。

（2）在U8企业应用平台，依次选择“基础设置→基本信息→系统启用”命令，打开“系统启用”窗口。根据实验资料依次勾选总账、应收款管理、应付款管理、固定资产、薪资管理这5个系统左侧的选择框，日期均选择“2025-01-01”，结果如图2-3所示。退出该窗口。

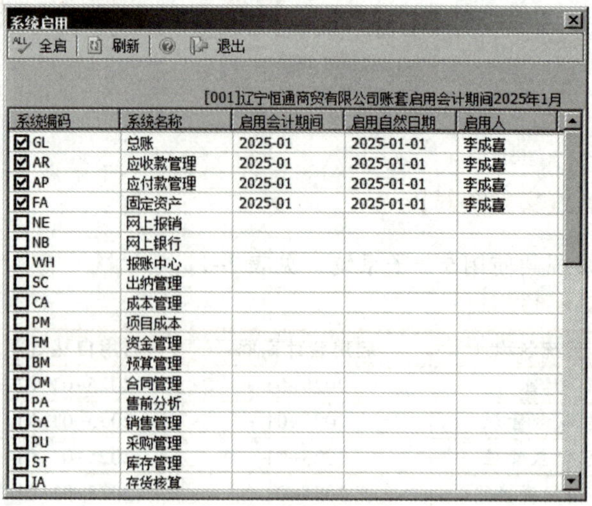

系统编码	系统名称	启用会计期间	启用自然日期	启用人
☑GL	总账	2025-01	2025-01-01	李成喜
☑AR	应收款管理	2025-01	2025-01-01	李成喜
☑AP	应付款管理	2025-01	2025-01-01	李成喜
☑FA	固定资产	2025-01	2025-01-01	李成喜
☐NE	网上报销			
☐NB	网上银行			
☐WH	报账中心			
☐SC	出纳管理			
☐CA	成本管理			
☐PM	项目成本			
☐FM	资金管理			
☐BM	预算管理			
☐CM	合同管理			
☐PA	售前分析			
☐SA	销售管理			
☐PU	采购管理			
☐ST	库存管理			
☐IA	存货核算			

图2-3　系统启用

提示

除上述方法外，在创建账套结束并设置完数据精度后，系统提示是否启用系统，如图1-15所示，若单击“是”，则弹出图2-3所示的“系统启用”窗口，以启用系统。

各系统的启用自然日期必须大于或等于建立账套时设定的“启用会计期”。

当应付系统先于总账系统启用，则在总账系统启用之前的凭证，总账会在审核时将其标上有错标志，并且这些凭证会导致总账和应收应付对账不平。

本教材介绍的5个子系统之间，存在如下逻辑关系：

1.总账系统与其他系统的关系

①录入总账系统期初余额时，可将应收系统、应付系统受控科目的余额引入总账系统，并且这两个系统也可与总账系统进行期初余额对账。另外，虽然总账系统“坏账准备”科目的期初余额不能从应收系统引入，但应与应收系统坏账准备设置中的“坏账准备期初余额”（图5-7）保持一致。

②总账系统“固定资产”“累计折旧”科目的余额应与固定资产系统原始卡片中的数值保持一致。固定资产系统也可与总账系统进行对账处理。

③应收系统、应付系统通过制单处理生成的记账凭证自动传递到总账系统；固定资产系统通过批量制单生成的记账凭证自动传递到总账系统；薪资管理系统通过工资分摊生成的记账凭证自动传递到总账系统。

④期末结账时，应先对应收、应付、固定资产以及薪资管理等业务系统进行结账，最后再进行总账系统结账。

2.总账以外其他系统之间的关系

①通过应收系统的票据背书功能，可以冲减应付系统的应付账款，或形成新的预付账款。

②通过应收系统的“应收冲应付”功能、应付系统的“应付冲应收”功能，可以实现往来款项的冲销、结算。

③在财务管理系统与供应链管理系统同时使用的前提下，业务类型为固定资产的采购入库单，结算后可传递到固定资产系统生成固定资产卡片。同时，采购固定资产的专用发票可在应付系统制单处理。

3.UFO报表与各系统的关系

在UFO报表中，可利用取数函数从上述5个系统提取数据。

任务2　设置机构人员档案

知识点010　设置部门档案

【实验资料】

根据表2-2增加部门档案。

表2-2　部门档案

部门编码	部门名称
01	行政部
02	财务部
03	销售部
04	采购部
05	仓储部

【实验过程】

设置部门档案

（1）2025年1月1日，由李成喜（A01）登录企业应用平台。

（2）在U8企业应用平台，依次选择“基础设置→机构人员→部门档案”命令，打开“部门档案”窗口。单击工具栏的“增加”按钮，在“部门编码”栏输入“01”，“部门名称”栏输入“行政部”，输入完毕单击工具栏的“保存”按钮，完成第一个部门档案的增加。

（3）单击“增加”按钮，根据实验资料继续增加其他部门档案，结果如图2-4所示。关闭该窗口。

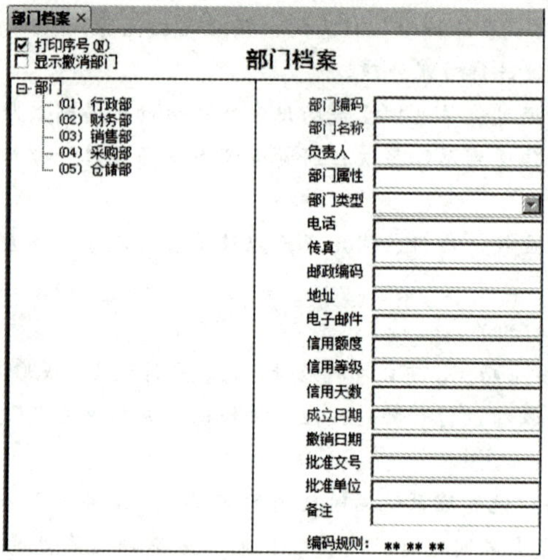

图2-4 “部门档案”窗口

提示

部门编码和部门名称为必输项。部门编码必须符合部门编码级次规则。

知识点011 设置人员类别

【实验资料】

根据表2-3增加正式工的人员子类别。

表2-3 正式工的人员子类别

档案编码	档案名称
1011	企业管理人员
1012	销售人员
1013	采购人员

【实验过程】

设置人员类别

（1）在U8企业应用平台，依次选择“基础设置→机构人员→人员类别”命令，打开“人员类别”窗口。根据实验资料，单击左侧的“正式工”，单击工具栏的“增加”按钮，弹出“增加档案项”窗口。

（2）在“档案编码”栏输入1011，“档案名称”输入“企业管理人员”，单击“确定”按钮。继续输入剩余的人员类别档案。全部输入完毕，关闭“增加档案项”窗口，返回“人员类别”窗口，如图2-5所示。退出该窗口。

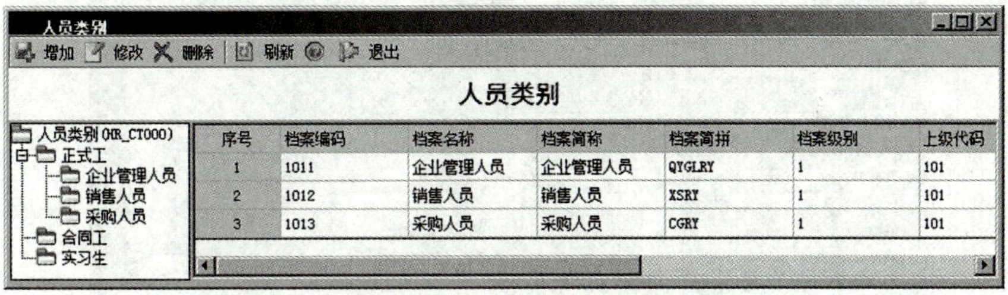

图2-5 “人员类别”窗口

提示

档案编码和档案名称为必输项。

新增或修改人员类别档案时，只能选择末级的人员类别。

人员类别被使用后，不能增加下级子类别。

未使用的人员类别可直接删除。

人员类别在薪资管理系统的工资分摊中有着非常重要的应用。

知识点012　设置人员档案

【实验资料】

根据表2-4增加人员档案。

表2-4　人员档案

人员编码	人员姓名	性别	行政部门	雇佣状态	人员类别	是否操作员	是否业务员
A01	李成喜	男	行政部	在职	企业管理人员	是	是
W01	王钰茹	女	财务部	在职	企业管理人员	是	是
W02	赵凯杰	男	财务部	在职	企业管理人员	是	是
W03	贺青春	女	财务部	在职	企业管理人员	是	是
X01	刘晓洺	男	销售部	在职	销售人员		是
X02	何丽平	女	销售部	在职	销售人员		是
G01	张宏亮	男	采购部	在职	采购人员		是
G02	徐晓辉	男	采购部	在职	采购人员		是
C01	李泽伟	女	仓储部	在职	企业管理人员		是

【实验过程】

设置人员档案

（1）在U8企业应用平台，依次选择“基础设置→机构人员→人员档案”命令，打开“人员档案”窗口。

（2）根据实验资料，单击工具栏的“增加”按钮，弹出人员档案录入界面，录入“李成喜”的档案信息，结果如图2-6所示，单击“保存”按钮。若该人员已在系统管理中设置为操作员，则系统弹出提示框“人员信息已改，是否同步修改操作员的相关信息?”，单击“是”按钮，系统保存该人员信息。

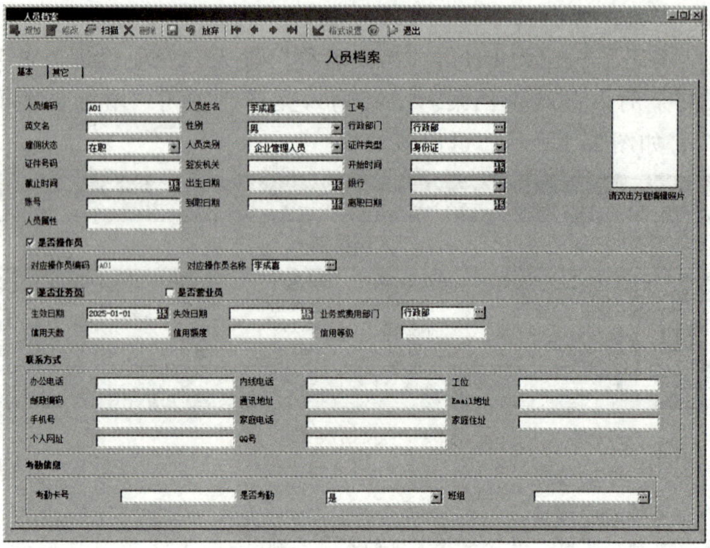

图2-6　人员档案录入界面

（3）继续录入其他人员的档案信息，录入完毕退出该界面，返回“人员档案”窗口，结果如图2-7所示。

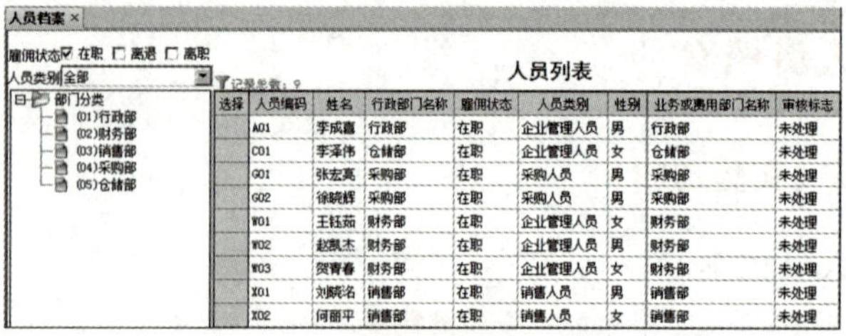

图2-7　“人员档案”窗口

提示

人员编码、人员姓名、性别和所属行政部门必须输入，其中人员编码必须唯一，保存后不能修改，人员姓名可以重复，可随时修改。

勾选“是否业务员”的人员可在其他档案或单据中的“业务员”栏被参照。

勾选“是否操作员”，若该人员在系统管理的用户列表中不存在，系统将该人员自动追加到系统管理的用户列表中（角色为普通员工），则此处的人员编码即为操作员的密码；若该人员在系统管理的用户列表中已经存在，系统将该人员自动追加到系统管理的用户列表中（角色为普通员工），则操作员的密码不变。

此处的人员档案信息可供薪资管理系统的人员档案功能调用。

任务3　设置客商信息

知识点013　设置地区分类

【实验资料】

根据表2-5增加地区分类。

表 2-5　　地区分类

分类编码	分类名称
01	华东地区
02	华南地区
03	华中地区
04	华北地区
05	东北地区
06	西南地区
07	西北地区

【实验过程】

设置地区分类

（1）2025年1月1日，由李成喜（A01）登录企业应用平台。

（2）在U8企业应用平台，依次选择“基础设置→基础档案→客商信息→地区分类”命令，打开“地区分类”窗口。

（3）根据实验资料，单击工具栏的“增加”按钮，在编辑区输入“分类编码”为“01”，“分类名称”为“华东地区”，单击“保存”按钮，保存该地区分类。单击“增加”按钮，继续添加剩余的地区分类信息，结果如图2-8所示。

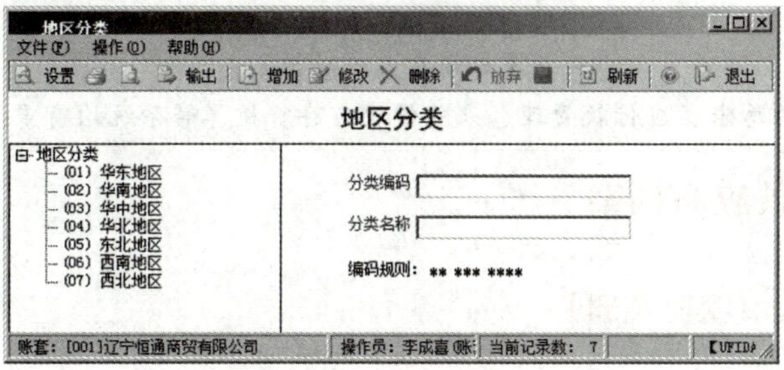

图2-8　“地区分类”窗口

提示

分类编码、分类名称为必输项。

地区分类最多可设置5级，企业可以根据实际需要进行分类。

分类必须逐级增加。除了一级分类之外，新增分类的分类编码必须有上级分类编码。

新增分类的分类编码必须与图1-13“编码方案”中设定的规则相符。

只能修改类别名称，不能修改类别编码。

已经使用的地区分类不能删除，非末级地区分类不能删除。

知识点014　设置供应商分类

【实验资料】

根据表2-6增加供应商分类。

表 2-6　　供应商分类

供应商/客户	分类编码	分类名称
供应商	01	服装商
	02	手表商
	03	皮具商
	04	综合类

【实验过程】

设置供应商分类

（1）在U8企业应用平台，依次选择“基础设置→基础档案→客商信息→供应商分类”命令，打开“供应商分类”窗口。

（2）根据实验资料，单击工具栏的“增加”按钮，在编辑区输入“分类编码”为“01”，“分类名称”为“服装商”，单击“保存”按钮，保存该供应商分类。单击“增加”按钮，继续添加剩余的供应商分类信息，结果如图2-9所示。

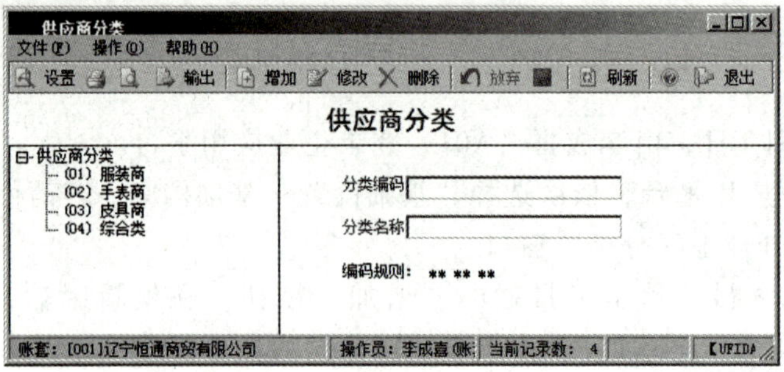

图2-9 “供应商分类”窗口

提示

供应商分类的增加、修改、删除等业务规则与客户分类一致。

供应商分类在U8的总账、应付款管理、采购管理、存货核算等系统均有重要用途。

知识点015 设置供应商档案

【实验资料】

根据表2-7增加供应商档案。

表2-7 供应商档案

供应商名称、编码及简称	所属地区	所属分类	地址、电话、税号	开户银行、账号
湖南百盛服装有限公司 编码：101 简称：湖南百盛	03	01	湖南省长沙市开福区林夕路100号 0731-8266319 91430105276531895S	中国农业银行长沙开福支行 1012093710651047815
北京嘉伟服装有限公司 编码：102 简称：北京嘉伟	04	01	北京市宣武区长丰路六段360号 010-30453221 91110104759695583D	招商银行北京宣武分行 2590739805061504276
上海恒久表业有限公司 编码：201 简称：上海恒久	01	02	上海市静安区花园路甲7号 021-28386699 91310106896543287X	中国银行上海静安支行 9517205720902010400
大连博伦表业有限公司 编码：202 简称：大连博伦	05	02	大连市西岗区古塔路1029号 0411-87691203 91210203821392076P	交通银行大连西岗支行 3041309299285602525
山东顺达皮具有限公司 编码：301 简称：山东顺达	01	03	山东省青岛市崂山区李沧路90号 0536-85328912 91370212386932857L	中国工商银行青岛崂山支行 6800328250237723819
天津惠阳商贸有限公司 编码：401 简称：天津惠阳	04	04	天津市南开区中华路三段88号 022-81329367 91120104572036908R	中国农业银行天津南开支行 2806725046208670931
沈阳通达物流有限公司 编码：402 简称：沈阳通达	05	04	辽宁省沈阳市皇姑区振兴路968号 024-82961537 91210105357948262N	中国银行沈阳皇姑支行 8201141631080910001

【实验过程】

（1）在U8企业应用平台，依次选择“基础设置→基础档案→客商信息→供应商档案”命令，打开“供应商档案”窗口。

设置供应商档案

（2）单击工具栏的“增加”按钮，根据实验资料，在“基本”页签的“供应商编码”栏输入“101”，“供应商名称”栏输入“湖南百盛服装有限公司”，“税号”栏输入“91430105276531895S”，“开户银行”栏输入“中国农业银行长沙开福支行”，“银行账号”栏输入“1012093710651047815”，如图2-10所示。

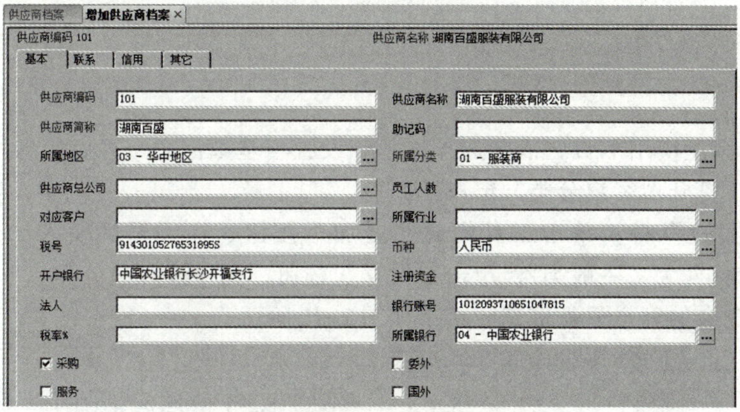

原图

图2-10

图2-10　供应商档案录入界面

单击“联系”页签，在“地址”栏输入“湖南省长沙市开福区林夕路100号”，“电话”栏输入“0731-8266319”。

（3）单击“增加并新增”按钮，继续添加剩余的供应商档案。录入完毕关闭录入界面，返回“供应商档案”窗口，结果如图2-11所示。

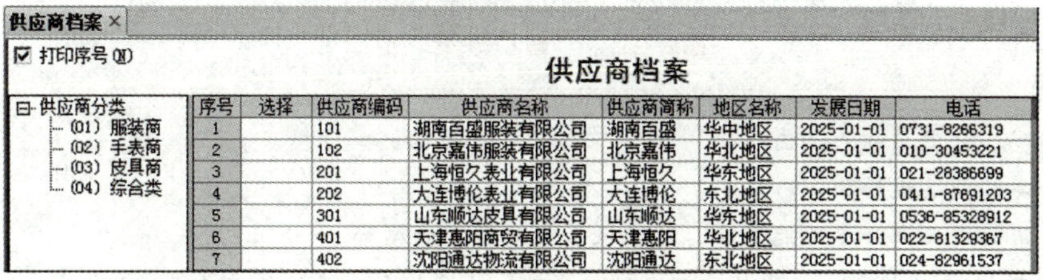
供应商档案 ×

打印序号(N)

供应商档案

供应商分类
(01) 服装商
(02) 手表商
(03) 皮具商
(04) 综合类

序号	选择	供应商编码	供应商名称	供应商简称	地区名称	发展日期	电话
1		101	湖南百盛服装有限公司	湖南百盛	华中地区	2025-01-01	0731-8266319
2		102	北京嘉伟服装有限公司	北京嘉伟	华北地区	2025-01-01	010-30453221
3		201	上海恒久表业有限公司	上海恒久	华东地区	2025-01-01	021-28386699
4		202	大连博伦表业有限公司	大连博伦	东北地区	2025-01-01	0411-87691203
5		301	山东顺达皮具有限公司	山东顺达	华东地区	2025-01-01	0536-85328912
6		401	天津惠阳商贸有限公司	天津惠阳	华北地区	2025-01-01	022-81329387
7		402	沈阳通达物流有限公司	沈阳通达	东北地区	2025-01-01	024-82961537

图2-11　“供应商档案”窗口

提示

①“基本”页签说明：

该页签包含供应商的主要信息，其中蓝字的栏目为必输项（见图2-10原图）。

“对应客户”不允许重复选择，即不允许有多个供应商对应一个客户的情况出现。

“供应商总公司”指当前供应商所隶属的最高一级的公司。

②“联系”页签说明：

如果设置了“分管部门”和“专管业务员”，在填制采购发票时，系统自动根据供应商信息带出部门及业务员信息。

③“信用”页签说明：

该页签用于记录供应商信用信息，与应付款管理系统的“单据报警”和“信用额度控制”有关联关系。

知识点016　设置客户分类

【实验资料】

根据表2-8增加客户分类。

表2-8　　客户分类

供应商/客户	分类编码	分类名称
客户	01	一般类
	02	代销类

【实验过程】

设置客户分类

（1）在U8企业应用平台，依次选择“基础设置→基础档案→客商信息→客户分类”命令，打开“客户分类”窗口。

（2）根据实验资料，单击工具栏的“增加”按钮，在编辑区输入“分类编码”为“01”，“分类名称”为“一般类”，单击“保存”按钮，保存该客户分类。单击“增加”按钮，继续添加剩余的客户分类信息，结果如图2-12所示。

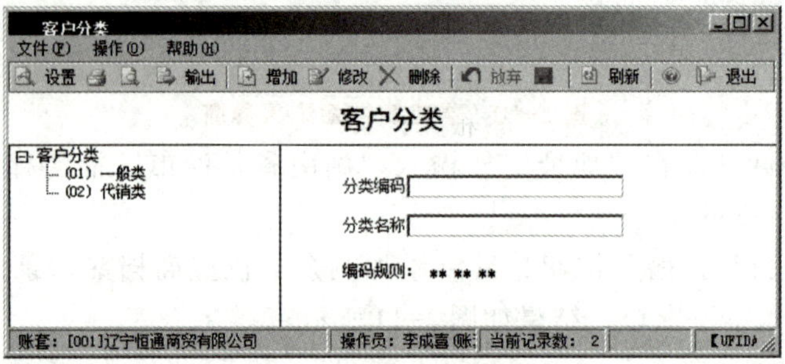

图2-12　“客户分类”窗口

提示

分类编码、分类名称为必输项。

客户分类必须逐级增加。

已经使用的供应商分类不能删除，非末级客户分类不能删除。

客户分类在U8的总账、应收款管理、销售管理、存货核算等系统均有重要用途。

知识点017　设置客户档案

【实验资料】

根据表2-9增加客户档案。

表2-9　　客户档案

客户名称、编码及简称	所属地区	所属分类	地址、电话、税号	开户银行、账号
北京汇鑫百货有限公司 编码：101 简称：北京汇鑫	04	01	北京市顺义区常庄路992号 010-86218025 91110113578732690B	中国银行北京顺义常庄支行 2700322598914536398

续表

客户名称、编码及简称	所属地区	所属分类	地址、电话、税号	开户银行、账号
上海乐淘贸易有限公司 编码：102 简称：上海乐淘	01	01	上海市闵行区北京路1号 021-65431789 91310112203203919E	交通银行闵行区北京路支行 8059209375023168063
广州华丰超市有限公司 编码：103 简称：广州华丰	02	01	广东省广州市北市区向阳路108号 020-52396012 91440100613815327F	中国工商银行广州向阳支行 2692006083025562331
深圳裕丰商贸有限公司 编码：104 简称：深圳裕丰	02	01	深圳市福田区平安路1198号 0755-86185973 91440304192537836C	中国建设银行深圳福田支行 4207978550061020973
沈阳喜来商贸有限公司 编码：201 简称：沈阳喜来	05	02	辽宁省沈阳市沈河区万春路66号 024-65507283 91210103282819034N	中国农业银行沈阳万春支行 5830626920062662115
沈阳金泰商贸有限公司 编码：202 简称：沈阳金泰	05	02	辽宁省沈阳市铁西区百花路2号 024-65308833 91210103291938726K	中国农业银行沈阳百花支行 5830611580626927622

【实验过程】

设置客户档案

（1）在U8企业应用平台，依次选择“基础设置→基础档案→客商信息→客户档案”命令，打开“客户档案”窗口。

（2）单击工具栏的“增加”按钮，根据实验资料，在“基本”页签的“客户编码”栏输入“101”，“客户名称”栏输入“北京汇鑫百货有限公司”，“税号”栏输入“91110113578732690B”，如图2-13所示。

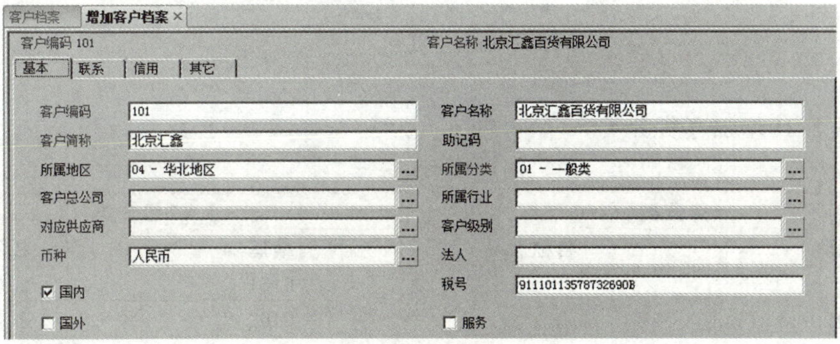

原图

图2-13

图2-13 客户档案录入界面

单击“联系”页签，在“地址”栏输入“北京市顺义区常庄路992号”，“电话”栏输入“010-86218025”。

单击工具栏的“银行”按钮，弹出“客户银行档案”窗口，单击工具栏的“增加”按钮，“所属银行”栏选择“中国银行”，“开户银行”栏输入“中国银行北京顺义常庄支行”，“银行账号”栏输入“2700322598914536398”，“默认值”选择“是”。单击“保存”按钮，再退出该窗口并返回客户档案录入界面。

（3）单击“增加并新增”按钮，继续添加剩余的客户档案。录入完毕关闭录入界面返回“客户档案”窗口，结果如图2-14所示。

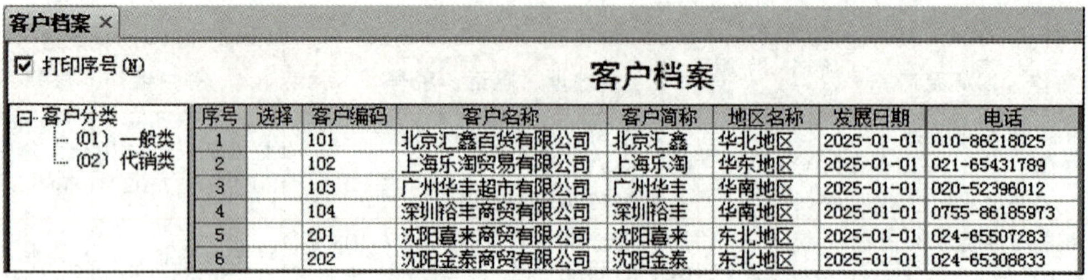
客户档案 ×

☑ 打印序号(N)

客户档案

日-客户分类
(01) 一般类
(02) 代销类

序号	选择	客户编码	客户名称	客户简称	地区名称	发展日期	电话
1		101	北京汇鑫百货有限公司	北京汇鑫	华北地区	2025-01-01	010-86218025
2		102	上海乐淘贸易有限公司	上海乐淘	华东地区	2025-01-01	021-65431789
3		103	广州华丰超市有限公司	广州华丰	华南地区	2025-01-01	020-52396012
4		104	深圳裕丰商贸有限公司	深圳裕丰	华南地区	2025-01-01	0755-86185973
5		201	沈阳喜来商贸有限公司	沈阳喜来	东北地区	2025-01-01	024-65507283
6		202	沈阳金泰商贸有限公司	沈阳金泰	东北地区	2025-01-01	024-65308833

图2-14 “客户档案”窗口

提示

①“基本”页签说明：

该页签包含客户的主要信息，其中蓝字的栏目为必输项（见图2-13原图）。

“对应供应商”不允许重复选择，即不允许有多个客户对应一个供应商的情况出现。

“客户总公司”指当前客户所隶属的最高一级的公司。具有同一个客户总公司的不同客户的发货业务，可以汇总在一张发票中统一开票。

②“联系”页签说明：

如果设置了“分管部门”和“专管业务员”，在填制销售发票时，系统自动根据客户信息带出部门及业务员信息。

③“信用”页签说明：

该页签用于记录客户信用信息，与应收款管理系统的“单据报警”和“信用额度控制”有关联关系。

任务4　设置存货信息

知识点018　设置存货分类

【实验资料】

根据表2-10增加存货分类。

表2-10　存货分类

一级分类		二级分类	
编码	名称	编码	名称
01	商品	0101	服装
		0102	手表
		0103	皮具
02	应税劳务		

【实验过程】

设置存货分类

（1）2025年1月1日，由李成喜（A01）登录企业应用平台。

（2）在U8企业应用平台，依次选择“基础设置→基础档案→存货→存货分类”命令，打开“存货分类”窗口。

（3）单击工具栏的“增加”按钮，根据实验资料，在“分类编码”栏输入“01”，“分类名称”栏输入“商品”，单击“保存”按钮，保存该存货分类。单击“增加”按钮继续添加剩余存货分类信息，结果如图2-15所示。

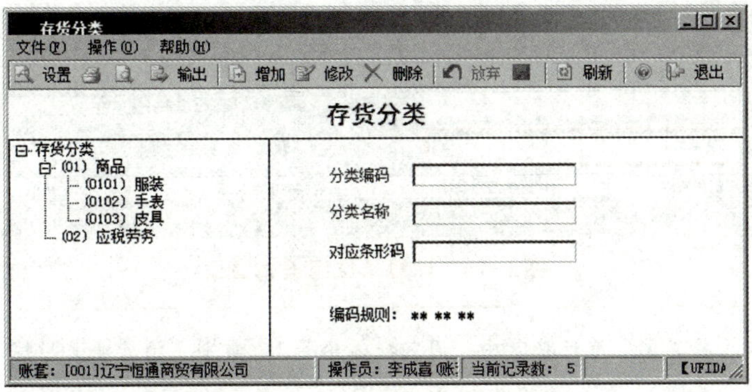

图2-15　“存货分类”窗口

提示

分类编码、分类名称为必输项。

保存后的存货分类只允许修改分类名称，不能修改分类编码。

已经使用的存货分类不能删除，非末级存货分类不能删除。

存货分类在应收款管理、应付款管理、存货核算等系统的初始设置中有重要应用。

知识点019　设置计量单位

【实验资料】

根据表2-11增加计量单位组及具体的计量单位。

表 2-11　计量单位组及计量单位

计量单位组			计量单位		
编码	名称	类别	编码	名称	备注
01	基本计量单位	无换算率	0101	件	
			0102	条	
			0103	套	
			0104	只	
			0105	对	
			0106	个	
			0107	千米	
			0108	次	

【实验过程】

设置计量单位

（1）在U8企业应用平台，依次选择“基础设置→基础档案→存货→计量单位”命令，打开“计量单位-计量单位组”窗口。

（2）单击工具栏的“分组”按钮，打开“计量单位组”窗口，单击工具栏的“增加”按钮，在“计量单位组编码”栏输入“01”，“计量单位组名称”栏输入“基本计量单位”，“计量单位组类别”选择“无换算率”，如图2-16所示，单击“保存”按钮，保存该计量单位组。

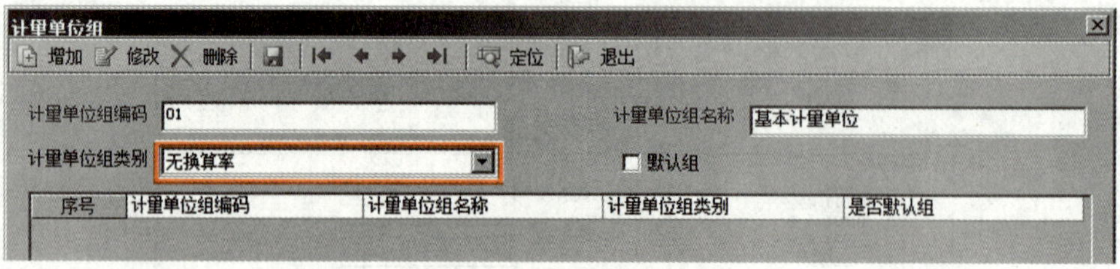

图2-16　计量单位组编辑窗口

提示

计量单位组分无换算率、浮动换算率、固定换算率等3种类别。换算率是指辅计量单位和主计量单位之间的换算比。

［无换算率］该组的计量单位不存在换算关系，全部为主计量单位。计量单位组中最多只能有一个无换算率组。

［固定换算率］该组包含一个主计量单位和多个辅计量单位，主、辅计量单位之间存在固定的换算关系。一般将最小计量单位作为主计量单位。例如，1标准箱香烟=250条香烟=2 500盒香烟。这里可将“盒”作为主计量单位，“盒”与“条”的换算率设为“10”，“盒”与“标准箱”的换算率设为“2 500”。

［浮动换算率］该组只能包括两个计量单位，即一个主计量单位，一个辅计量单位。

（3）退出“计量单位组”窗口，返回“计量单位”窗口，单击工具栏的“单位”按钮，打开“计量单位”窗口，根据实验资料，单击工具栏的“增加”按钮，“计量单位编码”栏输入“0101”，“计量单位名称”栏输入“件”，单击“保存”按钮，结果如图2-17所示。

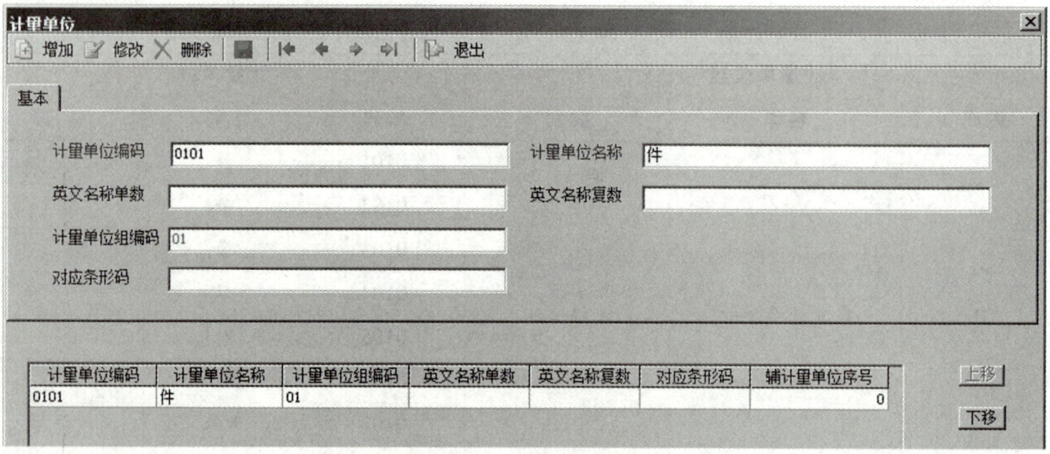

图2-17　计量单位编辑窗口

（4）继续添加剩余计量单位，添加完毕退出计量单位窗口。

提示

在设置计量单位时，必须先设置计量单位组，再在组下增加具体的计量单位。

知识点020　设置存货档案

【实验资料】

根据表2-12增加存货档案。

表 2-12 存货档案

存货编码	存货名称	存货分类	计量单位组	计量单位	税率（%）	存货属性
1101	百盛男夹克	服装	01	件	13	内销、外销、外购
1102	百盛休闲裤	服装	01	条	13	内销、外销、外购
1103	百盛男套装	服装	01	套	13	内销、外销、外购
1151	嘉伟女风衣	服装	01	件	13	内销、外销、外购
1152	嘉伟男风衣	服装	01	件	13	内销、外销、外购
1201	博伦女表	手表	01	只	13	内销、外销、外购
1202	博伦男表	手表	01	只	13	内销、外销、外购
1251	恒久情侣表	手表	01	对	13	内销、外销、外购
1301	顺达女士箱包	皮具	01	个	13	内销、外销、外购
1302	顺达男士箱包	皮具	01	个	13	内销、外销、外购
1303	顺达情侣箱包	皮具	01	对	13	内销、外销、外购
2001	运输费	应税劳务	01	千米	9	内销、外销、外购、应税劳务

【实验过程】

设置存货档案

（1）在U8企业应用平台，依次选择“基础设置→基础档案→存货→存货档案”命令，打开“存货档案”窗口。

（2）单击工具栏的“增加”按钮，打开“增加存货档案”窗口。根据实验资料，输入“百盛男夹克”的存货档案，如图2-18所示，单击“保存并新增”按钮，保存该存货档案并添加剩余存货档案。

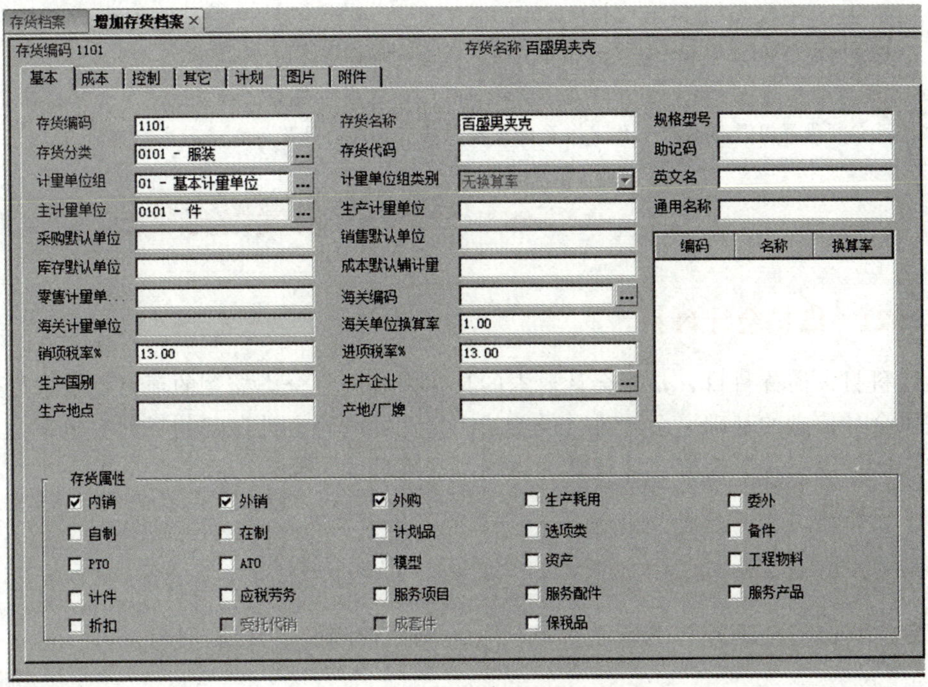

图2-18 “增加存货档案”窗口

（3）所有存货档案添加完毕，关闭“增加存货档案”窗口，返回“存货档案”窗口，结果如图2-19所示。

序号	选择	存货编码	存货名称	启用日期	计量单位组名称	主计量单位名称
1		1101	百盛男夹克	2025-01-01	基本计量单位	件
2		1102	百盛休闲裤	2025-01-01	基本计量单位	条
3		1103	百盛男套装	2025-01-01	基本计量单位	套
4		1151	嘉伟女风衣	2025-01-01	基本计量单位	件
5		1152	嘉伟男风衣	2025-01-01	基本计量单位	件
6		1201	博伦女表	2025-01-01	基本计量单位	只
7		1202	博伦男表	2025-01-01	基本计量单位	只
8		1251	恒久情侣表	2025-01-01	基本计量单位	对
9		1301	顺达女士箱包	2025-01-01	基本计量单位	个
10		1302	顺达男士箱包	2025-01-01	基本计量单位	个
11		1303	顺达情侣箱包	2025-01-01	基本计量单位	对
12		2001	运输费	2025-01-01	基本计量单位	千米

图2-19 “存货档案”窗口

提示

［存货编码］最多可输入60位数字或字符。

［存货名称］最多可输入255位汉字或字符。

存货属性：设置存货属性是为了控制在各种业务操作中是否可用此存货。同一存货可以设置多个属性，部分存货属性存在互斥或控制关系。

［内销］/［外销］具有该属性的存货可用于销售。发货单、销售发票、销售出库单等与销售有关的单据参照存货时，要求存货具有该属性。若需在销售发票等单据上填写应税劳务，则该应税劳务也应设置为内销/外销属性，否则无法参照。

［外购］具有该属性的存货可用于采购。到货单、采购发票、采购入库单等与采购有关的单据参照存货时，要求存货具有该属性。若需在采购发票等单据上填写采购费用，则该采购费用也应设置为外购属性，否则无法参照。

［应税劳务］指开具在采购发票等单据上的运输费用、保险费用、代销手续费等采购费用或开具在销售发票等单据上的应税劳务。该属性应与“自制”“在制”“生产耗用”属性互斥。

［资产］该属性与“受托代销”属性互斥。资产存货，默认仓库只能录入和参照存货档案中的资产仓。非资产存货，默认仓库只能录入和参照仓库档案中的非资产仓。

“成本”页签的计价方式：当用户在存货核算系统的选项中设置“核算方式”为“按存货核算”时，该属性必须设置且严格起控制作用，系统将按照这里设置的计价方式进行成本确认。

任务5 设置财务信息

知识点021 维护会计科目

会计科目，简称科目，是对会计要素的具体内容进行分类核算的项目，是进行会计核算和提供会计信息的基础。会计科目设置的完整性影响着会计过程的顺利实施，会计科目设置的层次深度直接影响着会计核算的详细、准确程度。

1.指定会计科目

【实验资料】

指定“1001 库存现金”为现金科目、“1002 银行存款”为银行科目。

【实验过程】

指定会计科目

（1）2025年1月1日，由李成喜（A01）登录企业应用平台。

（2）在U8企业应用平台，依次选择“基础设置→基础档案→财务→会计科目”命令，打开“会计科目”窗口。

（3）单击“编辑”菜单下的“指定科目”功能，打开“指定科目”对话框。根据实验资料，单击“>”将“1001 库存现金”添加到已选科目区，如图2-20所示。

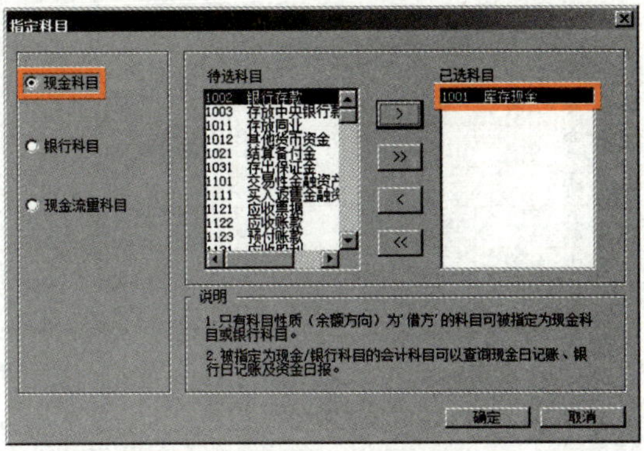

图2-20　指定现金科目

单击该窗口左侧的“银行科目”，再单击“>”将“1002 银行存款”添加到已选科目区。单击“确定”按钮完成指定科目并返回“会计科目”窗口。

提示

只有指定现金科目、银行科目，才能在总账系统的出纳菜单下查询现金日记账（或库存现金日记账）、银行存款日记账。

只有指定现金科目、银行科目，才能进行记账凭证的出纳签字操作。

2.增加会计科目

【实验资料】

根据表2-13增加会计科目。

表2-13　会计科目表

科目编码	科目名称	辅助账类型
100201	中国工商银行	日记账　银行账
10020101	沈阳皇姑支行	日记账　银行账
100202	中国银行	日记账　银行账
10020201	沈阳皇姑支行	日记账　银行账
1002020101	人民币	日记账　银行账
1002020102	美元	日记账　银行账
101201	银行汇票存款	
101202	存出投资款	
110101	成本	数量核算（股(份)）、项目核算
110102	公允价值变动	项目核算
122101	职工个人往来	个人往来
170101	专利权	
170102	商标权	
170103	土地使用权	
190101	待处理流动资产损溢	

续表

科目编码	科目名称	辅助账类型
190102	待处理固定资产损溢	
220201	一般应付账款	供应商往来，应付系统受控
220202	暂估应付账款	供应商往来，不受控于应付系统
221101	工资	
221102	社会保险费	
22110201	基本医疗保险费	
22110202	工伤保险费	
22110203	生育保险费	
221103	设定提存计划	
22110301	基本养老保险费	
22110302	失业保险费	
221104	住房公积金	
221105	工会经费	
221106	职工教育经费	
221107	职工福利费	
221108	非货币性福利	
222101	应交增值税	
22210101	进项税额（注：借方）	
22210105	转出未交增值税（注：借方）	
22210106	销项税额	
22210108	进项税额转出	
22210109	转出多交增值税	
222102	未交增值税	
222103	应交企业所得税	
222104	应交个人所得税	
222105	应交城市维护建设税	
222106	应交教育费附加	
222107	应交地方教育附加	
222108	应交房产税	
222109	应交城镇土地使用税	
222110	应交车船税	
224101	代扣医疗保险	
224102	代扣养老保险	
224103	代扣失业保险	
224104	代扣住房公积金	
410401	提取法定盈余公积	
410402	提取任意盈余公积	
410403	应付现金股利或利润	
410409	未分配利润	
6115	资产处置损益（注：收入）	
6117	其他收益（注：收入）	
660201	折旧费	部门核算
660202	职工薪酬	部门核算
660203	水电费	部门核算
660204	差旅费	部门核算
660205	办公费	部门核算
660206	业务招待费	部门核算

续表

科目编码	科目名称	辅助账类型
660207	品牌管理费	
660208	修理费	
660209	无形资产摊销	
660301	利息支出	
660302	汇兑损益	
660303	手续费及工本费	
660304	现金折扣	
660305	票据贴现	
6702	信用减值损失（注：支出）	

【实验过程】

增加会计科目

在“会计科目”窗口，单击“增加”按钮即可进入添加会计科目界面，即“新增会计科目”窗口。根据实验资料，在“科目编码”栏输入“100201”，“科目名称”栏输入“中国工商银行”，如图2-21所示，单击“确定”按钮，该科目添加成功。单击“增加”按钮，继续添加剩余会计科目，全部添加完毕退出“新增会计科目”窗口。

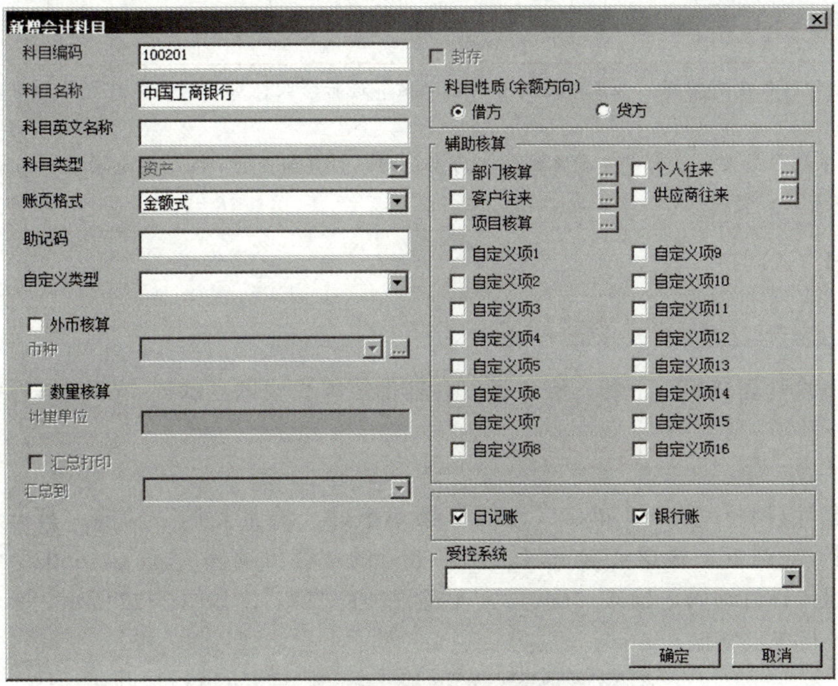

图2-21　新增会计科目

提示

科目编码必须唯一，科目编码必须按其级次的先后次序建立。级次由系统根据科目编码方案（图1-13）定义。

科目中文名称最多可输入20个汉字，科目英文名称最多可输入100个英文字母。

科目中文名称和科目英文名称不能同时为空。

［外币核算］一个科目只能核算一种外币。

［数量核算］如果只启用总账系统，则原材料等存货科目应勾选此项并输入计量单位，以进行数

量核算。

［科目性质（余额方向）］一般情况下，资产类科目的科目性质默认为借方，负债类科目的科目性质默认为贷方。

只能在一级科目设置科目性质，下级科目的科目性质与其一级科目相同。已有数据的科目不能再修改科目性质。

［辅助核算］也称辅助账类，用于说明本科目除完成一般的总账、明细账核算外，是否有其他核算要求。系统提供以下几种专项核算功能：部门核算、个人往来、客户往来、供应商往来、项目核算。辅助核算可以组合设置，一个科目可同时设置3种辅助核算，具体可参照表2-14。但是，部门核算和个人往来不能组合设置，客户往来与供应商往来不能一同设置。

表2-14 辅助核算组合方式

辅助核算组合方式	部门核算	个人往来	客户往来	供应商往来	项目核算
部门+客户	√		√		
部门+供应商	√			√	
客户+项目			√		√
供应商+项目				√	√
部门+项目	√				√
个人+项目		√			√
部门+客户+项目	√		√		√
部门+供应商+项目	√			√	√

如果会计科目已有数据，而又对该科目的辅助核算进行修改，那么很可能造成总账与辅助账对账不平。

［受控系统］若某科目的“受控系统”不为空，则该科目为受控科目，与该受控科目相关的制单业务应到相应的“受控系统”中完成。

3.成批复制会计科目

【实验资料】

将“6602管理费用”下的二级科目（含辅助核算）成批复制到“6601销售费用”下。

【实验过程】

成批复制会计科目

在“会计科目”窗口，单击“编辑”菜单下的“成批复制”功能，打开“成批复制”对话框。根据实验资料，窗口上方的“科目编码”输入“6602”，窗口下方的“科目编码”输入“6601”，勾选“辅助核算”，如图2-22所示，单击“确认”按钮完成科目成批复制。

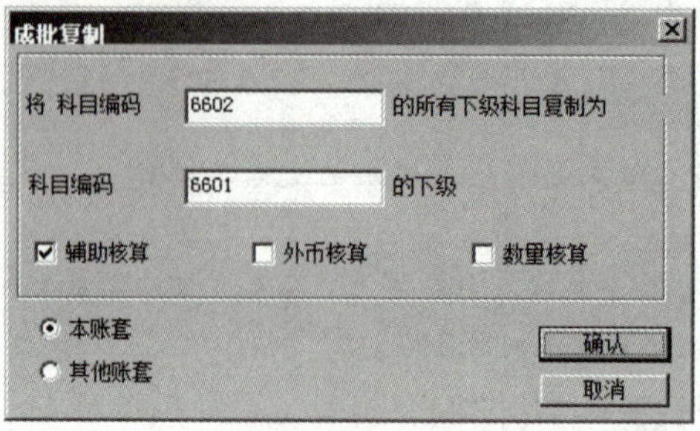

图2-22 成批复制会计科目

4.修改会计科目

【实验资料】

修改会计科目“应收票据”、“应收账款”和“预收账款”辅助核算为“客户往来”，受控于“应收系统”；

修改会计科目“应付票据”和“预付账款”辅助核算为“供应商往来”，受控于“应付系统”；

将“660107 品牌管理费”的科目名称改为“广告宣传费”；

将“660108 修理费”的科目名称改为“运输费”；

将“660109 无形资产摊销”的科目名称改为“委托代销手续费”；

将“6403 营业税金及附加”的科目名称改为“税金及附加”。

【实验过程】

修改会计科目

在“会计科目”窗口，单击需要修改的“应收票据”科目，单击工具栏的“修改”按钮，打开“会计科目_修改”窗口（直接双击待修改科目也可打开该窗口）。单击“修改”按钮，勾选“客户往来”辅助核算，如图2-23所示，单击“确定”按钮。根据实验资料继续修改其他会计科目。

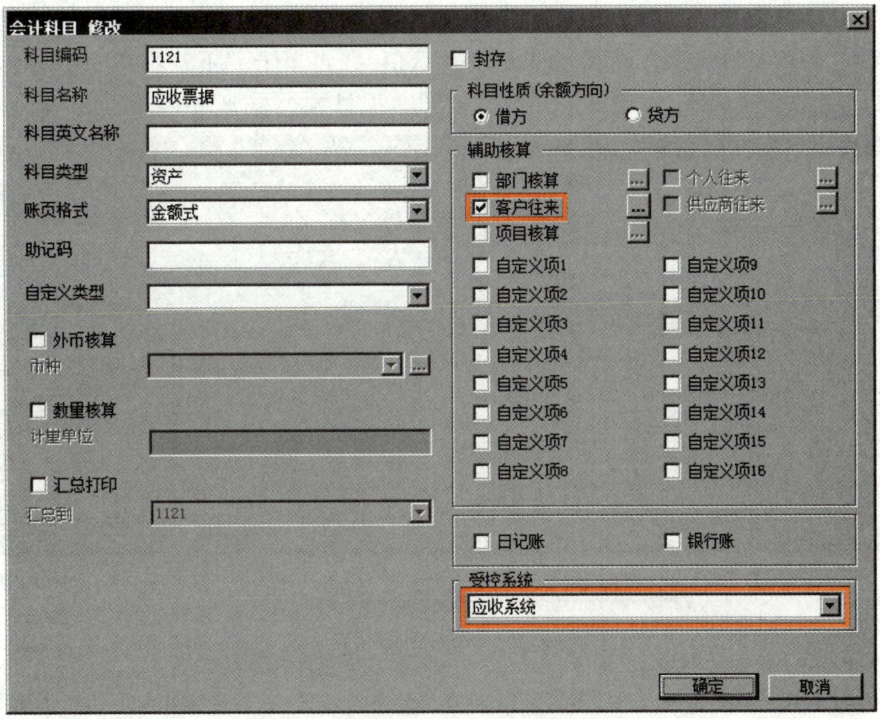

图2-23 修改会计科目

提示

如果本科目已被制过单或已录入期初余额，则不能删除、修改。如果要修改该科目必须先删除有该科目的凭证，并将该科目及其下级科目余额清零，再行修改，修改完毕后要将余额及凭证补上。

非末级科目及已使用的末级科目不能再修改科目编码。

知识点022　设置项目目录

【实验资料】

根据表2-15逐步设置项目目录。

表 2-15　　项目目录

实验步骤	实验内容	
1.项目大类	金融资产（注：普通项目）	
2.核算科目	110101 成本	
	110102 公允价值变动	
3.项目分类	1 股票	2 债券
4.项目目录	11 东旭光电	21 锦州城建
	12 广大股份	22 南极债券

【实验过程】

设置项目目录

（1）在U8企业应用平台，依次选择“基础设置→基础档案→财务→项目目录”命令，打开“项目档案”窗口。单击“增加”按钮，打开“项目大类定义_增加”窗口，在“新项目大类名称”栏输入“金融资产”，如图2-24所示，单击“下一步”，到“定义项目级次”界面（取系统默认值），再单击“下一步”，到“定义项目栏目”界面（取系统默认值），单击“完成”按钮，项目大类添加完毕。

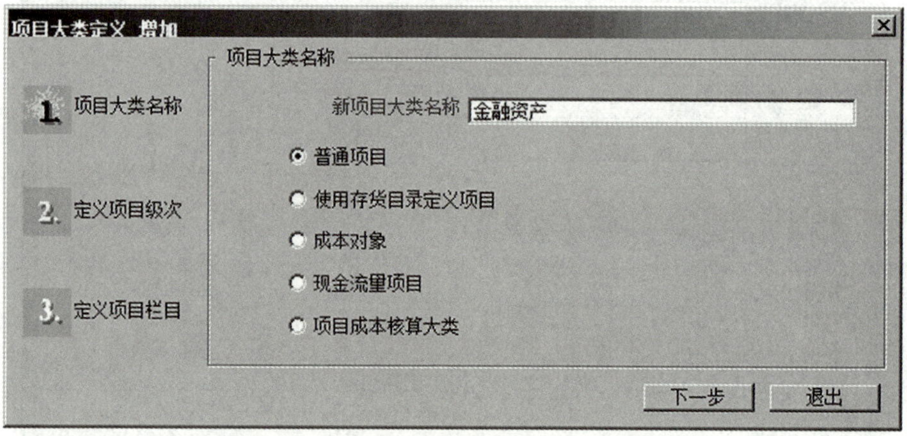

图2-24　“项目大类定义_增加”窗口

提示

“项目档案”窗口的“增加”“修改”“删除”按钮是针对项目大类的操作。

如果启用了存货核算系统，则可选择“使用存货目录定义项目”，系统自动将存货分类设置为项目分类，并将存货目录设置为项目目录。

（2）在“项目档案”窗口，在“项目大类”下拉框中选择“金融资产”大类，点击“>”按钮将待选科目区的“110101 成本”和“110102 公允价值变动”移动到已选科目区，如图2-25所示。

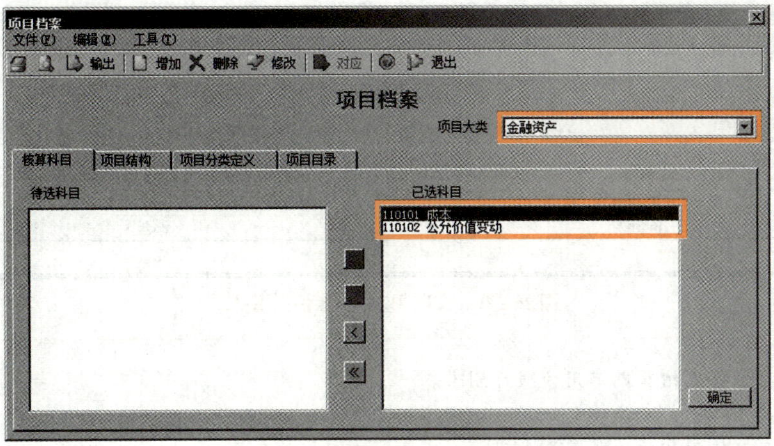

图2-25　选定会计科目

提示

只有设置“项目核算”辅助核算的会计科目才能显示在待选科目区。

一个项目大类可以指定多个科目，一个科目只能属于一个项目大类。

（3）单击“项目分类定义”页签，单击窗口右下方的“增加”按钮，根据实验资料，“分类编码”栏输入“1”，“分类名称”栏输入“股票”，单击“确定”按钮。再增加第二个项目分类，结果如图2-26所示。

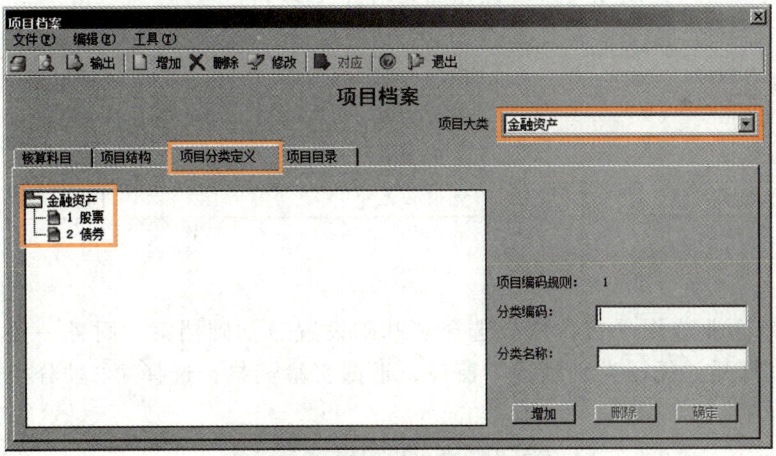

图2-26　增加项目分类

提示

已使用的项目分类不能删除。

未使用的分类编码和分类名称、已使用的分类名称可以修改。

非末级分类编码和已使用的分类编码不能修改。

非末级分类编码不能删除。若某项目分类已定义项目则不能删除，也不能定义下级分类，必须先删除项目，再删除该项目分类或定义下级分类。

（4）单击“项目目录”页签，单击窗口右下方的“维护”按钮，打开“项目目录维护”窗口，单击“增加”按钮，根据实验资料输入项目编号和项目名称，选择所属分类码，结果如图2-27所示。退出该窗口。

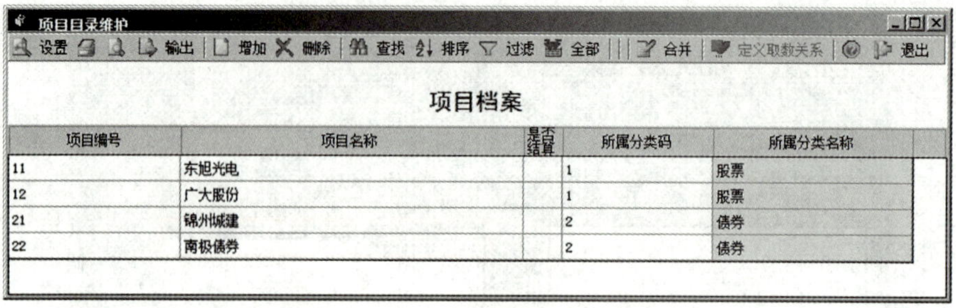

图2-27　“项目目录维护”窗口

提示

在每年年初应将已结算或不用的项目删除。

项目编号必须唯一，不能重复。

不同的项目可使用相同的所属分类码。

“定义取数关系”定义光标所在现金流量项目的对应科目及方向。定义好后，当凭证中录入该科目及方向时，在现金流量录入界面中自动获取对应的现金流量项目。

知识点023　设置凭证类别

【实验资料】

根据表2-16选择凭证分类并设置凭证类别。

表 2-16　凭证类别

类别名称	限制类型	限制科目
收款凭证	借方必有	1001，1002
付款凭证	贷方必有	1001，1002
转账凭证	凭证必无	1001，1002

【实验过程】

设置凭证类别

（1）在U8企业应用平台，依次选择“基础设置→基础档案→财务→凭证类别”命令，打开“凭证类别预置”窗口，根据实验资料，选择第2种分类方式，如图2-28所示。

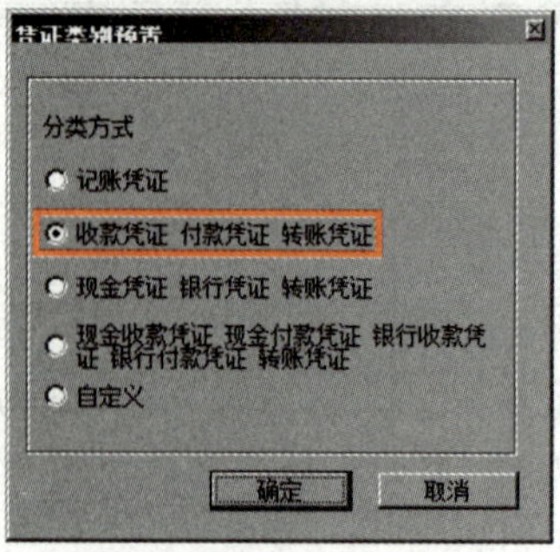

图2-28　选择凭证分类

（2）单击“确定”按钮，打开“凭证类别”窗口，单击“修改”按钮，选择各类凭证的“限制类型”，并输入其限制科目，如图2-29所示。退出该窗口。

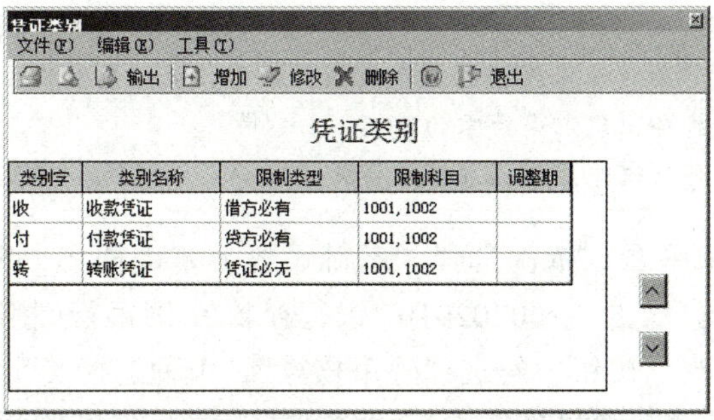

图2-29 “凭证类别”窗口

> **提示**
>
> 已使用的凭证类别不能删除，也不能修改类别字。
>
> 以转账支票结算的业务应填制付款凭证，而非转账凭证。
>
> 采用专用记账凭证的情况下，对于库存现金、银行存款之间的收付业务（如存现、取现等），为避免重复记账，一般只填制付款凭证。

知识点024 设置外币核算

【实验资料】

（1）定义外币。币符：USD；币名：美元；汇率小数位：4；浮动汇率；假定2025年1月1日记账汇率为7.1854；其他默认。

（2）修改会计科目。为会计科目“1002020102 银行存款/中国银行/沈阳皇姑支行/美元”设置美元外币核算。

【实验过程】

设置外币核算

（1）在U8企业应用平台，依次选择“基础设置→基础档案→财务→外币设置”命令，打开“外币设置”窗口。根据实验资料，选择“浮动汇率”，在“币符”栏输入“USD”，“币名”栏输入“美元”，“汇率小数位”改为“4”，单击“确认”按钮。在1月1日的“记账汇率”栏输入“7.1854”，如图2-30所示。退出该窗口。

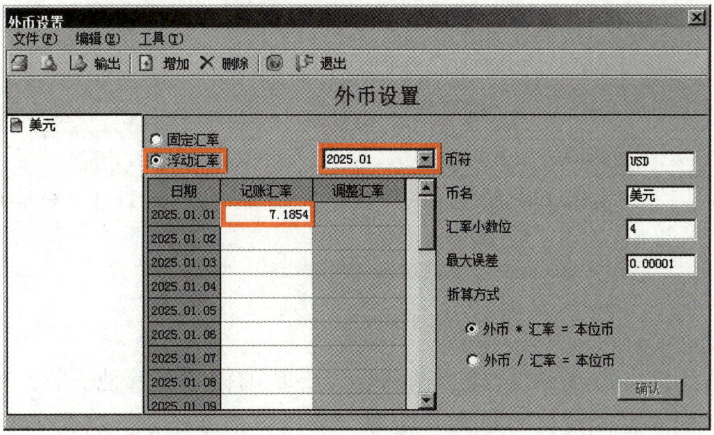

图2-30 “外币设置”窗口

提示

若选择“固定汇率”作为记账汇率，每月在填制凭证前，应预先在此录入该月的记账汇率，否则在填制该月外币凭证时，将会出现汇率为零的错误。

若选择“浮动汇率”作为记账汇率，在填制当天凭证前，应预先在此录入当天的记账汇率。

（2）在U8企业应用平台，依次选择“基础设置→基础档案→财务→会计科目”命令，打开“会计科目”窗口。双击“1002020102 银行存款/中国银行/沈阳皇姑支行/美元”科目，单击窗口右下方的“修改”按钮，勾选“外币核算”，币种选择美元，如图2-31所示。

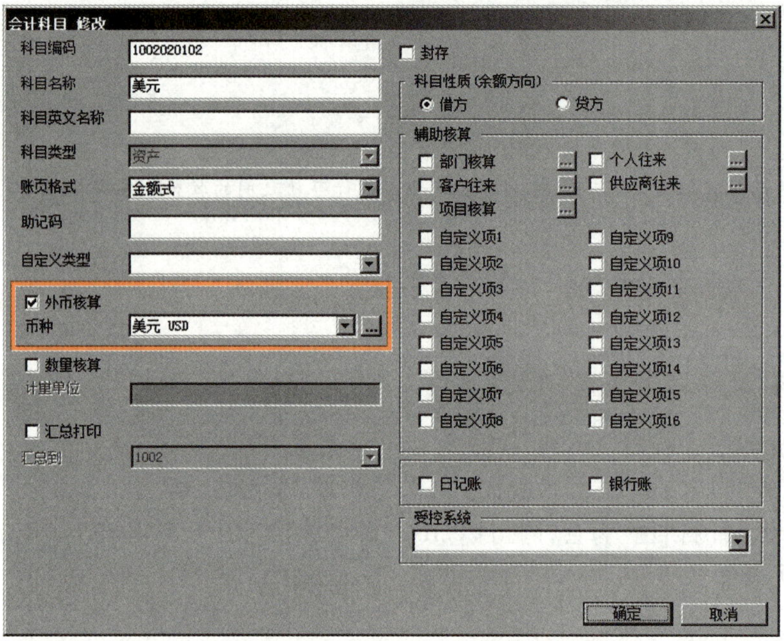

图2-31 设置外币核算

知识点025 设置常用摘要

【实验资料】

根据表2-17增加常用摘要。

表2-17 常用摘要

摘要编码	摘要内容	相关科目
01	报销办公费	
02	发放上月工资	221101 应付职工薪酬/工资
03	借入流动资金贷款	

【实验过程】

在U8企业应用平台，依次选择“基础设置→基础档案→其他→常用摘要”命令，打开“常用摘要”窗口。单击“增加”按钮，根据实验资料添加常用摘要，如图2-32所示。退出该窗口。

设置常用摘要

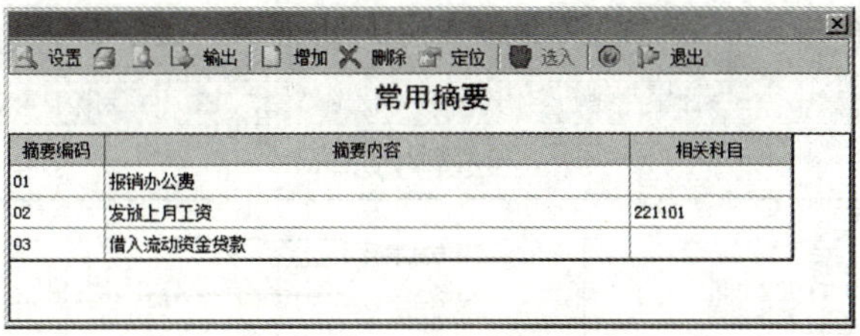

图2-32 “常用摘要”窗口

提示

［相关科目］如果某条常用摘要设置了“相关科目”，填制凭证时，在调用常用摘要的同时可自动调入该相关科目。

填制凭证时，在“摘要”栏输入常用摘要编码，系统自动调入该摘要正文和相关科目。

任务6　设置收付结算

知识点026　设置结算方式

【实验资料】

根据表2-18增加常用结算方式。

表 2-18　常用结算方式

结算方式编码	结算方式名称
1	现金
2	支票
201	现金支票
202	转账支票
3	汇票
301	银行汇票
302	银行承兑汇票
303	商业承兑汇票
4	汇兑
401	电汇
402	信汇
5	委托收款
6	托收承付
9	其他

【实验过程】

设置结算方式

（1）2025年1月1日，由李成喜（A01）登录企业应用平台。

（2）在U8企业应用平台，依次选择“基础设置→基础档案→收付结算→结算方式”命令，打开“结算方式”窗口。单击“增加”按钮，根据实验资料添加结算方式并保存。结果如图2-33所示。退出该窗口。

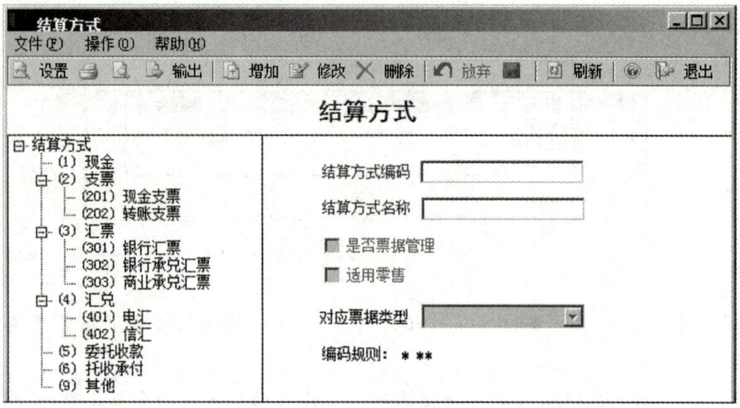

图2-33 “结算方式”窗口

提示

[是否票据管理] 勾选该项的结算方式将进行支票登记簿管理。比如，在应收应付系统中，勾选票据管理的结算方式的收付款单可登记到总账系统的支票登记簿中。

知识点027 设置付款条件

【实验资料】

根据表2-19增加付款条件。

表 2-19 付款条件

编码	付款条件名称	信用天数	优惠天数 1	优惠率 1	优惠天数 2	优惠率 2
01	4/10，2/20，n/30	30	10	4	20	2
02	3/10，1.5/20，n/30	30	10	3	20	1.5

【实验过程】

设置付款条件

在U8企业应用平台，依次选择“基础设置→基础档案→收付结算→付款条件”命令，打开“付款条件”窗口。单击“增加”按钮，根据实验资料输入“付款条件编码”“信用天数”，以及优惠天数和优惠率并保存。结果如图2-34所示。退出该窗口。

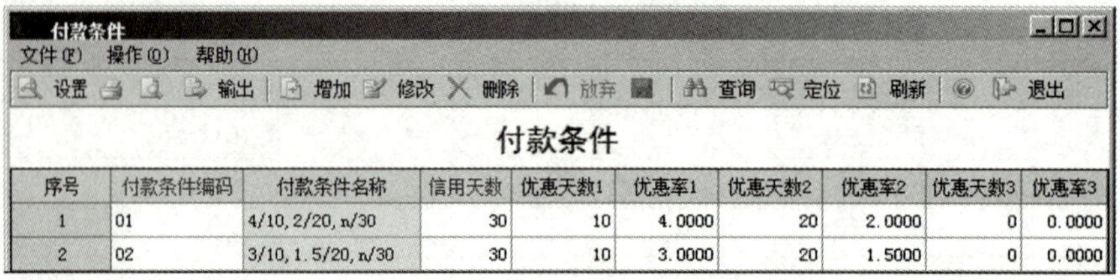

图2-34 “付款条件”窗口

提示

[付款条件编码] 应唯一，最多3个字符。

[付款条件名称] 自动形成，不可修改。

[信用天数] 指最大的信用天数，如超过此天数，则不仅要按全额支付货款，还可能要支付逾期付款利息或违约金。

付款条件在订单、发票、客户档案、供应商档案等表单中被引用。付款条件一旦被引用，便不能进行修改和删除的操作。

知识点028　设置银行档案

【实验资料】

（1）增加银行档案。

根据表2-20增加银行档案，并设置企业账户、个人账户均为定长，录入时自动带出的账号长度为15位。

表2-20　银行档案

银行编码	银行名称	企业账号长度	个人账号长度
05	盛京银行	19	19

（2）修改银行档案。将“01 中国工商银行”的企业账户、个人账户定长均设为19。

【实验过程】

设置银行档案

（1）在U8企业应用平台，依次选择“基础设置→基础档案→收付结算→银行档案”命令，打开“银行档案”窗口。单击“增加”按钮，根据实验资料输入盛京银行的档案信息，如图2-35所示。保存后退出添加界面返回“银行档案”窗口。

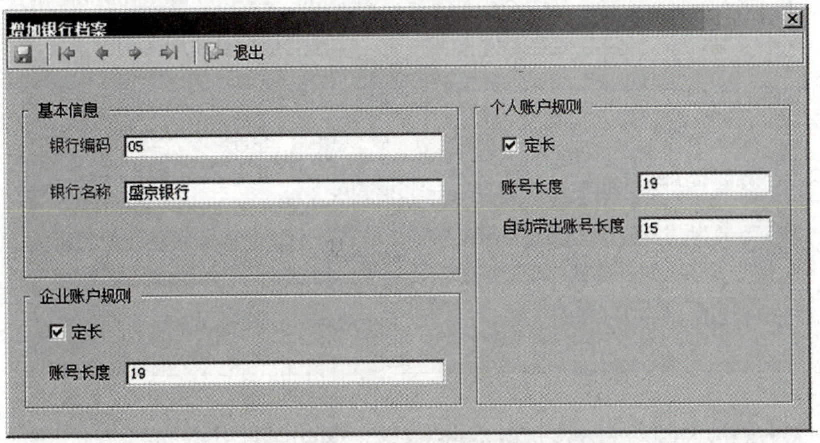

图2-35　增加银行档案界面

（2）在“银行档案”窗口，单击编码为01的中国工商银行，单击“修改”按钮，将“企业账户规则”“个人账户规则”中的账号长度均改为定长“19”，保存并退出该窗口。

提示

该功能用来建立和管理用户在经营活动中所涉及的银行总行档案。

[银行名称] 不允许为空，长度不得超过20个字符。

[银行编码] 不允许为空，长度不得超过5个字符。

[定长] 勾选此项，则要求所有企业账户或个人账户的长度必须相同。

知识点029　设置本单位开户银行

【实验资料】

根据表2-21设置“辽宁恒通商贸有限公司”的开户银行信息。

表 2-21　　本单位开户银行

编码	银行账号	开户银行	币种	所属银行
01	2107 0240 1589 0035 666	中国工商银行沈阳皇姑支行	人民币	01
02	2107 3817 6532 3431 951	中国银行沈阳皇姑支行 机构号：10422 联行号：104221012516	人民币	00002
03	2107 3817 6532 3431 982	中国银行沈阳皇姑支行 机构号：10422 联行号：104221012516	美元	00002

【实验过程】

设置本单位开户银行

在U8企业应用平台，依次选择“基础设置→基础档案→收付结算→本单位开户银行”命令，打开“本单位开户银行”窗口。单击“增加”按钮，根据实验资料输入工行沈阳皇姑支行的档案信息，如图2-36所示。保存后继续添加剩余两个开户银行信息，全部添加完毕退出添加界面返回“本单位开户银行”窗口，结果如图2-37所示。

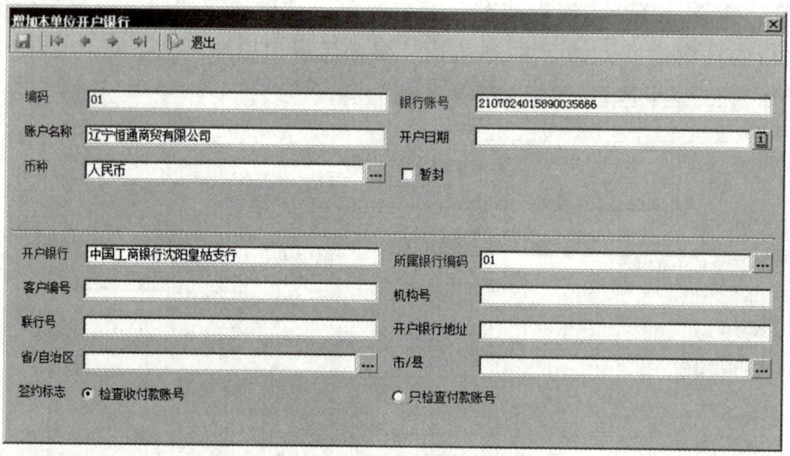

图2-36　增加本单位开户银行界面

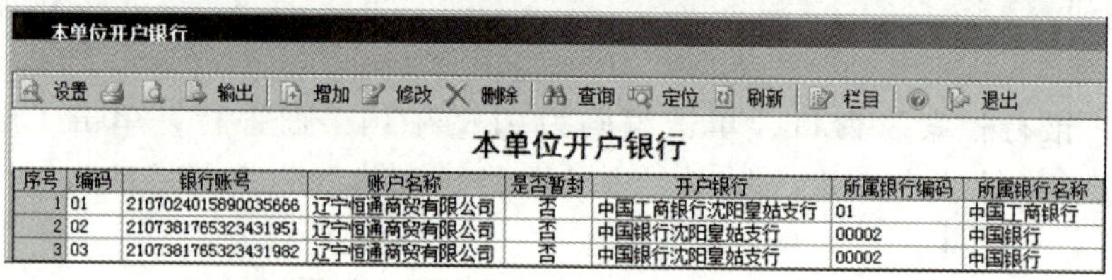

图2-37　“本单位开户银行”窗口

提示

编码、银行账号、币种、开户银行、所属银行编码为必输项。

[编码] 最多可输入3个字符。

[银行账号] 必须唯一，最多可输入20个字符。

［开户银行］可以重复，最多可输入30个字符或15个汉字。
“本单位开户银行”档案一旦被引用，将不能进行修改和删除的操作。

任务7　单据设置

知识点030　单据格式设置

【实验资料】

（1）将销售管理系统中销售专用发票表头项目中的“销售类型”改为非必输项，将其表体项目中的“数量”改为非必输项。为其表体增加“退补标志”项；

（2）将销售管理系统中销售普通发票表头项目中的“销售类型”改为非必输项。

【实验过程】

单据格式设置

（1）2025年1月1日，由李成喜（A01）登录企业应用平台。

（2）在U8企业应用平台，依次选择“基础设置→单据设置→单据格式设置”命令，打开“单据格式设置”窗口。根据实验资料，在销售管理中找到“销售专用发票显示模板”，如图2-38所示。

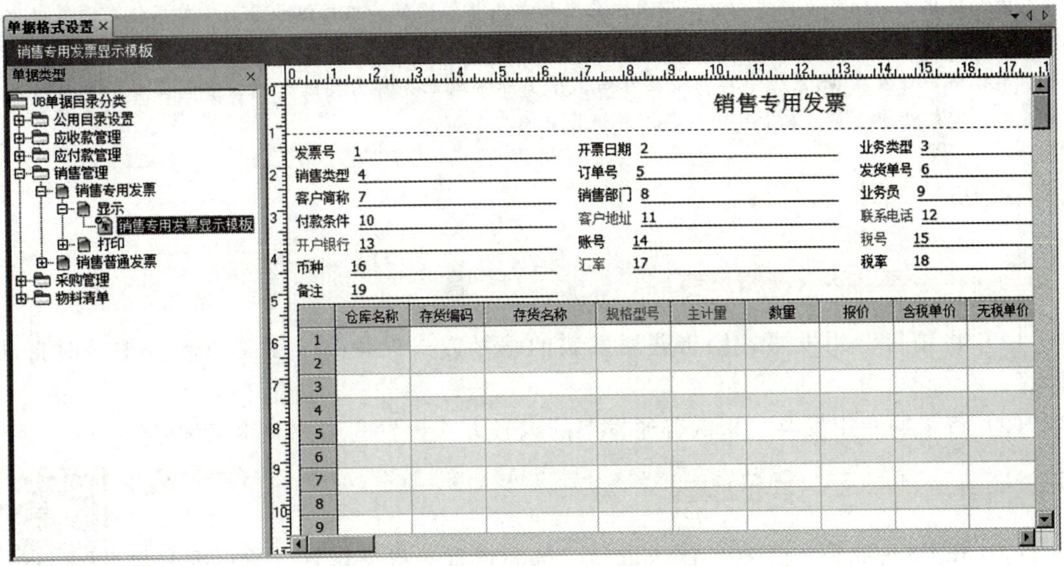

图2-38　销售专用发票显示模板

（3）单击选中销售专用发票“销售类型”项，单击工具栏的“表头项目”，打开“表头”窗口，取消勾选“必输”项，如图2-39所示，单击“确定”按钮。

（4）单击工具栏的“表体项目”，打开“表体”窗口，在“项目名称”列表中勾选“40退补标志”项，再在该列表中单击“10数量”项，取消勾选“必输”项，如图2-40所示，单击“确定”按钮。勾选表体项目名称列表中的“40退补标志”项。单击工具栏的“保存”按钮，保存此次设置。

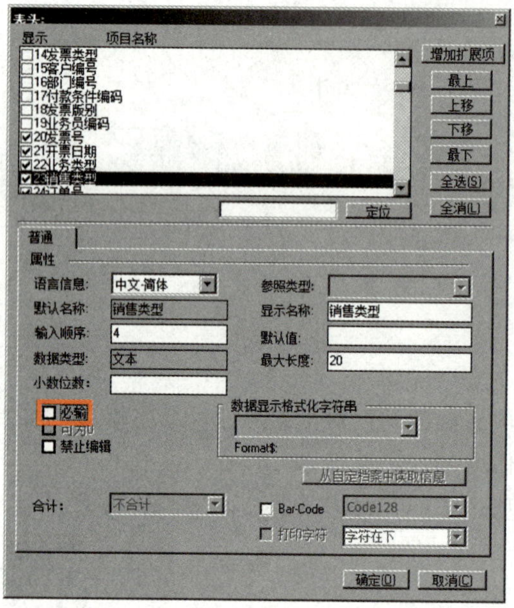

图2-39 “表头”窗口

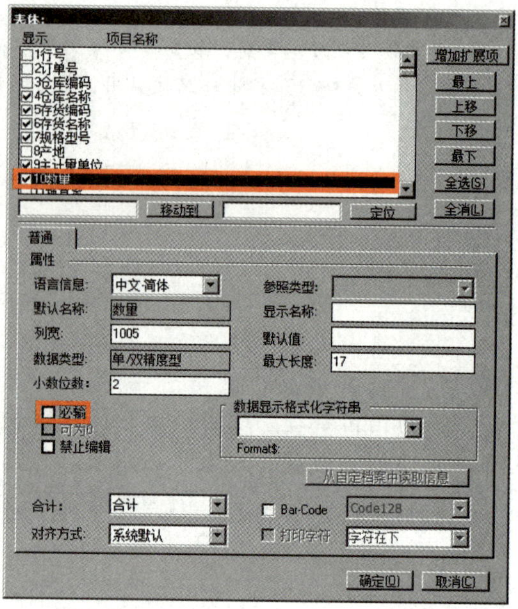

图2-40 “表体”窗口

（5）按上述方法继续完成销售普通发票的单据格式设置。

提示

在用友U8系统中，为描述和处理各种现实业务而设置的如采购发票、销售订单、收款单、付款单、出入库单等，称之为单据。单据设置主要包括单据格式设置和单据编号设置。单据格式设置分为显示单据格式设置和打印单据格式设置。

单据格式设置在U8系统中具有重要作用，很多非常规业务都需要进行单据格式设置，如销售定金业务、现款结算业务、发货签回业务以及代管采购业务等。

知识点031　单据编号设置

【实验资料】

（1）将销售专用发票、销售普通发票的编号方式设置为“手工改动，重号时自动重取”；

（2）将采购专用发票、采购普通发票的编号方式设置为“完全手工编号”。

【实验过程】

（1）在U8企业应用平台，依次选择“基础设置→单据设置→单据编号设置”命令，打开“单据编号设置”窗口。

（2）根据实验资料，在销售管理中找到“销售专用发票”，单击“”（编辑）按钮，勾选“手工改动，重号时自动重取”，如图2-41所示。单击“”（保存）按钮，完成该单据的单据编号设置。按上述方法继续对剩余3张单据进行单据编号设置。

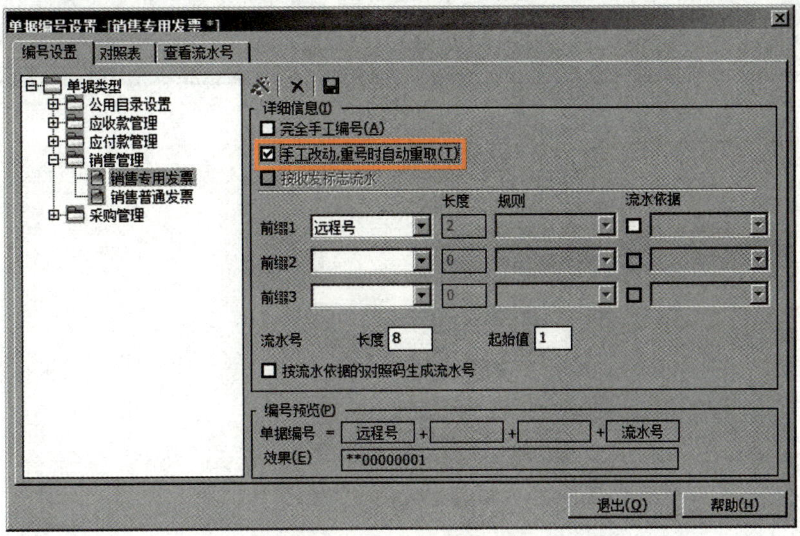

图2-41　单据编号设置

提示

[完全手工编号] 新增单据时，单据号为空，直接输入单据号即可。

[手工改动，重号时自动重取] 如果批量生单或自动生单不能显示生成的单据并填入单据号，则无法保存单据，那么该种单据应采用此种编号方式。

[按收发标志流水] 一般入库单、出库单采用这种方式编号。

在“查看流水号”页签，可查看某种单据的流水号，包括收发标志、流水依据、级次、编码等信息。这里的流水号是指该种单据已经使用的最大编号（含已删除单据的编号）。假如某种单据的流水号为3号，可是由于种种原因，第2、3号两张单据已被删除，为充分利用空号，可在这里将流水号改为1号，则表示最大流水号是1号，以后按流水依据自动编号时，从2开始编号。

任务8　设置数据权限

知识点032　数据权限控制设置

【实验资料】

取消对“仓库”、“工资权限”和“科目”这3个业务对象的“记录级”权限控制，仅保留“用户”的“记录级”权限控制。

【实验过程】

数据权限控制设置

（1）2025年1月1日，由李成喜（A01）登录企业应用平台。

（2）在U8企业应用平台，依次选择“系统服务→权限→数据权限控制设置”命令，打开“数据权限控制设置”窗口。

（3）取消勾选“仓库”、“工资权限”和“科目”这3个业务对象的“是否控制”项，如图2-42所示。单击“确定”按钮完成设置。

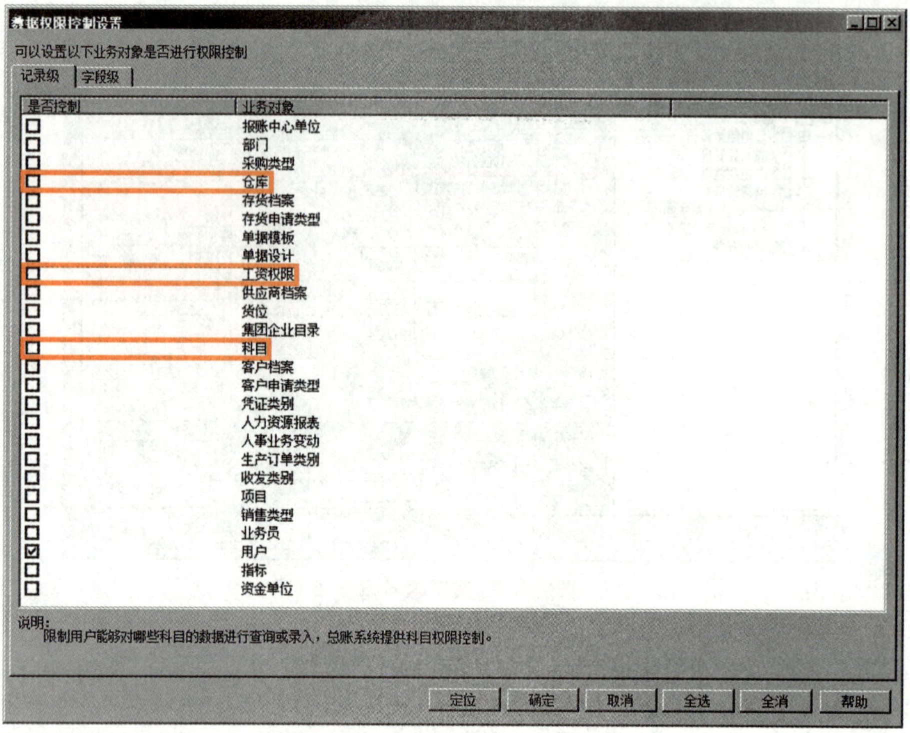

图2-42　数据权限控制设置

提示

数据权限的控制分为记录级和字段级两个层次，对应“记录级”和“字段级”两个页签。“是否控制”项被勾选的业务对象将在“数据权限设置”的“业务对象”中显示。

对业务对象启用记录级权限控制后，默认所有操作员对此业务对象没有任何权限。

对业务对象启用字段级权限控制后，默认所有操作员对此业务对象有读写权限，可以按业务对象设置默认“有权”还是“无权”。

图2-42中的“用户”指的是系统的操作员（图1-6）。

知识点033　数据权限分配

【实验资料】

设置操作员王钰茹有权对赵凯杰所填制单据进行查询、删除、审核、弃审以及撤销。

设置操作员赵凯杰有权对自己所填制单据进行查询、删除、审核、弃审以及撤销。

【实验过程】

数据权限分配

（1）在U8企业应用平台，依次选择“系统服务→权限→数据权限分配”命令，打开“权限浏览”窗口。

（2）在用户中单击选中“王钰茹”，单击工具栏的“授权”按钮，打开“记录权限设置”窗口。单击“>”按钮，逐个将赵凯杰由“禁用”区移动到“可用”区，如图2-43所示，单击“保存”按钮，系统弹出“保存成功”信息提示框。关闭该窗口。

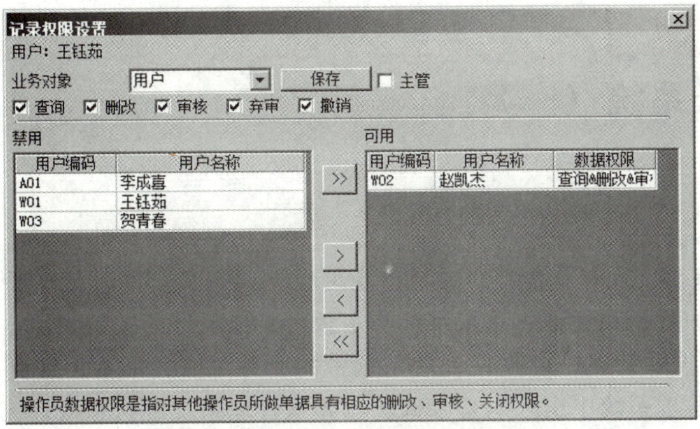

图2-43 为王钰茹分配记录权限

(3) 按照上述方法为赵凯杰授权，结果如图2-44所示。

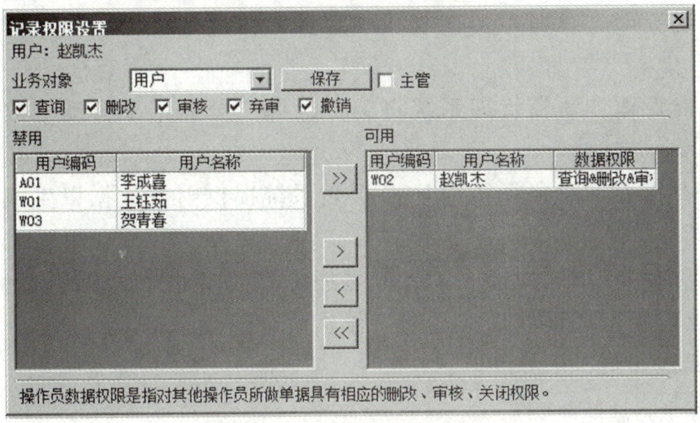

图2-44 为赵凯杰分配记录权限

提示

如果用户或角色为账套主管，则其拥有所有记录权限，不参加数据权限分配。

只有在“数据权限控制设置”中至少选择控制一个记录级业务对象，才能进行数据权限分配。

只有在系统管理中定义角色或用户并分配完功能权限后，才能进行数据权限分配。

【课程思政点睛】

【复习思考题】

1. 简述U8子系统的启用方法。
2. 简述功能级权限、数据级权限和金额级权限之间的关系。
3. 举例说明浮动换算率计量单位的使用方法。
4. 简述指定科目的重要作用。
5. 简述设置项目目录的基本流程。

项目3
总账系统（一）

总账系统是U8产品中最重要的系统，既可独立运行又可同其他产品协同运转，与其他系统传递相关的数据和凭证。总账系统与本教材其他系统的关系如下：

① 总账与应收款管理。应收款管理系统中的所有记账凭证都传递到总账系统，总账系统可从应收款管理系统中引入期初余额。应收款管理系统可与总账系统进行期初对账。

② 总账与应付款管理。应付款管理系统中的所有记账凭证都传递到总账系统，总账系统可从应付款管理系统中引入期初余额。应付款管理系统可与总账系统进行期初对账。

③ 总账与固定资产。总账系统接收从固定资产传递的凭证。固定资产系统可与总账系统进行对账。

④ 总账与薪资管理。薪资管理系统将工资计提、分摊结果自动生成记账凭证，传递到总账系统。

⑤ 总账与UFO报表。总账系统为UFO报表系统提供财务数据以生成财务报表及其他报表。

本项目的重点内容：填制凭证。读者应多加练习，以掌握其中的各种操作技巧。

本项目的难点内容：凭证处理的逆向操作。

本项目总体流程如图3-1所示。

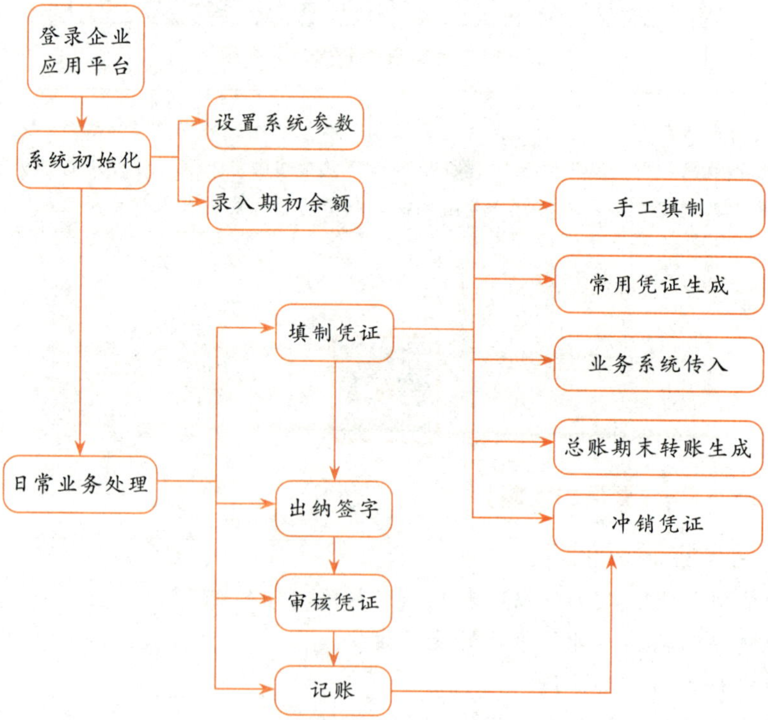

图3-1　本项目总体流程

任务1　系统初始化

知识点034　设置系统参数

【实验资料】

根据表3-1设置总账系统参数。

表3-1　总账系统参数

系统名称	页签	选项设置
总账	凭证	取消“制单序时控制”
	权限	凭证审核控制到操作员 不允许修改、作废他人填制的凭证
	其他	汇率方式：浮动汇率 设置项目排序方式：按编码排序

【实验过程】

设置系统参数

（1）2025年1月1日，由李成喜（A01）登录企业应用平台。

（2）在U8企业应用平台，依次选择“业务工作→财务会计→总账→设置→选项”命令，打开“选项”窗口。

（3）单击“编辑”按钮，在“凭证”页签中取消勾选“制单序时控制”复选框，如图3-2所示。

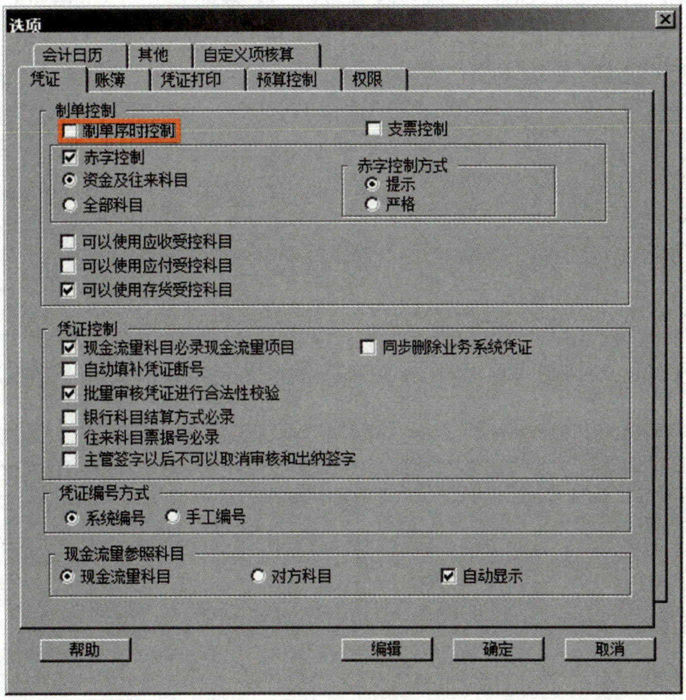

图3-2　“凭证”页签

（4）在“权限”页签中勾选“凭证审核控制到操作员”，取消勾选“允许修改、作废他人填制的凭证”复选框，如图3-3所示。

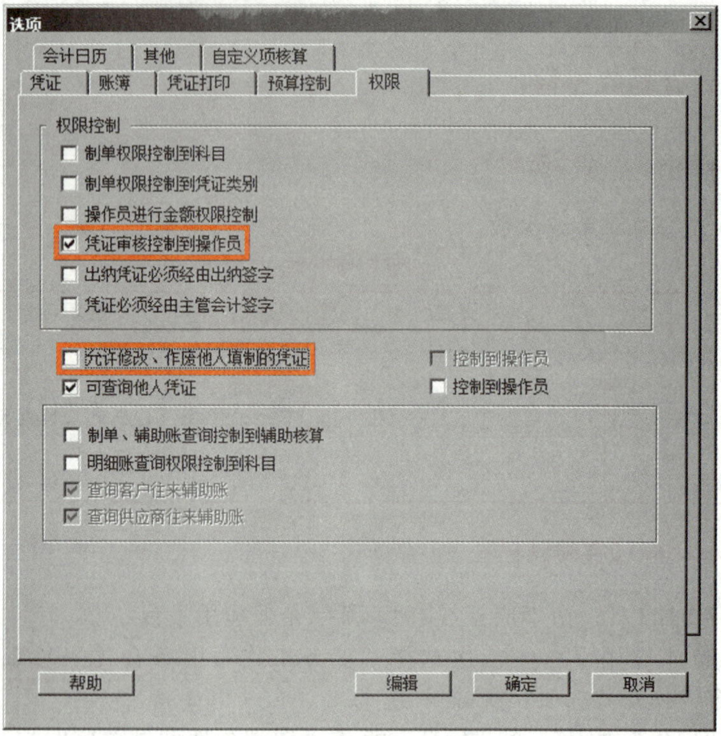

图3-3 “权限”页签

（5）在“其他”页签中，“汇率方式”选择“浮动汇率”，“项目排序方式”选择“按编码排序”，如图3-4所示。设置完成，单击“确定”按钮，保存并返回。

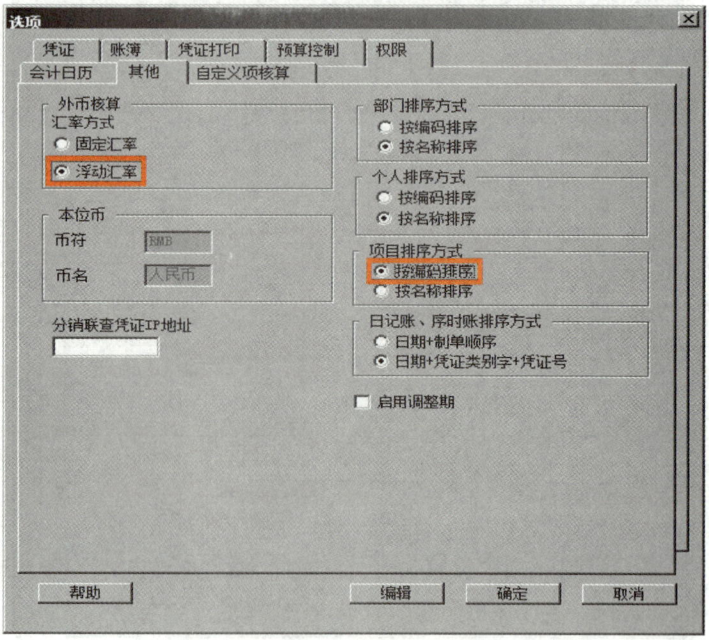

图3-4 “其他”页签

提示

系统参数是一个系统的灵魂。设置系统参数操作简单，但对后续操作影响重大。

［制单序时控制］勾选此项和“系统编号”，制单时凭证编号必须按日期顺序排列。如有特殊需要，可将其改为不按序时制单。

［同步删除业务系统凭证］若勾选此项，业务系统（如应收款管理系统、固定资产系统等）删除凭证时相应地将原该系统已传递至总账的记账凭证同步删除。否则，该凭证在总账中显示“作废”字样，不予删除。

［允许修改、作废他人填制的凭证］若勾选此项，在制单时可修改或作废别人填制的凭证，否则不能修改。如果勾选“控制到操作员”，则还需在“数据权限分配”中设置用户权限，此时，操作员只能对相应人员的凭证进行修改或作废。

［外币核算］“固定汇率”方式在制单时，一个月只按一个固定的汇率将外币金额折算为本位币金额。“浮动汇率”方式在制单时，按当日汇率将外币金额折算为本位币金额。

知识点035　录入期初余额

【实验资料】

根据以下资料录入总账系统期初余额：

（1）总账系统期初余额（见表3-2）。

表3-2　总账系统期初余额

科目	方向	辅助核算	对账系统	金额
库存现金	借			8 532.00
银行存款/中国工商银行/沈阳皇姑支行	借			86 080 345.00
银行存款/中国银行/沈阳皇姑支行/人民币	借			1 613 501.00
银行存款/中国银行/沈阳皇姑支行/美元	借	外币核算		6 107 590.00 USD 850 000.00
其他货币资金/存出投资款	借			300 000.00
应收票据	借	客户往来	应收系统	97 000.00
应收账款	借	客户往来	应收系统	678 000.00
预付账款	借	供应商往来	应付系统	20 000.00
其他应收款/职工个人往来	借	个人往来		1 000.00
坏账准备	贷		应收系统	3 240.00
库存商品	借			2 091 500.00
固定资产	借		固定资产	21 890 300.00
累计折旧	贷		固定资产	1 785 153.68
短期借款	贷			200 000.00
应付票据	贷	供应商往来	应付系统	25 740.00
应付账款/一般应付账款	贷	供应商往来	应付系统	584 775.00
预收账款	贷	客户往来	应收系统	30 000.00
应付职工薪酬/工资	贷			38 952.69
应付职工薪酬/社会保险费/基本医疗保险费	贷			1 641.60
应付职工薪酬/社会保险费/工伤保险费	贷			102.60

续表

科目	方向	辅助核算	对账系统	金额
应付职工薪酬/社会保险费/生育保险费	贷			174.42
应付职工薪酬/设定提存计划/基本养老保险费	贷			2 462.40
应付职工薪酬/设定提存计划/失业保险费	贷			410.40
应付职工薪酬/住房公积金	贷			2 052.00
应付职工薪酬/工会经费	贷			867.99
应交税费/未交增值税	贷			461 502.40
应交税费/应交企业所得税	贷			363 128.50
应交税费/应交个人所得税	贷			137.56
应交税费/应交城市维护建设税	贷			32 305.17
应交税费/应交教育费附加	贷			13 845.07
应交税费/应交地方教育附加	贷			9 230.05
其他应付款/代扣医疗保险	贷			410.40
其他应付款/代扣养老保险	贷			1 641.60
其他应付款/代扣失业保险	贷			205.20
其他应付款/代扣住房公积金	贷			2 052.00
长期借款	贷			50 000 000.00
实收资本	贷			15 000 000.00
盈余公积	贷			2 129 405.00
利润分配/未分配利润	贷			48 198 332.27

（2）带辅助核算会计科目的期初余额明细。

①应收票据期初余额见表3-3。

表3-3　应收票据（1121）期初余额

日期	客户	业务员	摘要	方向	金额	票号	票据日期
2024-12-20	北京汇鑫	刘晓洺	期初余额	借	97 000.00	35978808	2024-12-20

②应收账款期初余额见表3-4。

表3-4　应收账款（1122）期初余额

日期	客户	业务员	摘要	方向	金额	票号	票据日期
2024-12-17	沈阳金泰	刘晓洺	期初余额	借	678 000.00	21323501	2024-12-17

③预付账款期初余额见表3-5。

表3-5　预付账款（1123）期初余额

日期	供应商	业务员	摘要	方向	金额	票号	票据日期
2024-12-29	天津惠阳	张宏亮	期初余额	借	20 000.00	10561995	2024-12-29

④“其他应收款/职工个人往来”期初余额见表3-6。

表3-6　其他应收款/职工个人往来（122101）期初余额

日期	部门	个人	摘要	方向	金额
2024-12-16	采购部	张宏亮	期初余额	借	1 000.00

⑤应付票据期初余额见表3-7。

表 3-7 应付票据（2201）期初余额

日期	供应商	业务员	摘要	方向	金额	票号	票据日期
2024-10-30	北京嘉伟	张宏亮	期初余额	贷	25 740.00	63295321	2024-10-30

⑥“应付账款/一般应付账款”期初余额见表3-8。

表 3-8 应付账款/一般应付账款（220201）期初余额

日期	供应商	业务员	摘要	方向	金额	票号	票据日期
2024-12-15	大连博伦	张宏亮	期初余额	贷	584 775.00	14035890	2024-12-15

⑦预收账款期初余额见表3-9。

表 3-9 预收账款（2203）期初余额

日期	客户	业务员	摘要	方向	金额	票号	票据日期
2024-11-26	上海乐淘	何丽平	期初余额	贷	30 000.00	98503712	2024-11-26

【实验过程】

录入期初余额

（1）2025年1月1日，由李成喜（A01）登录企业应用平台。

（2）在U8企业应用平台，依次选择“业务工作→财务会计→总账→设置→期初余额”命令，打开“期初余额录入”窗口，如图3-5所示。

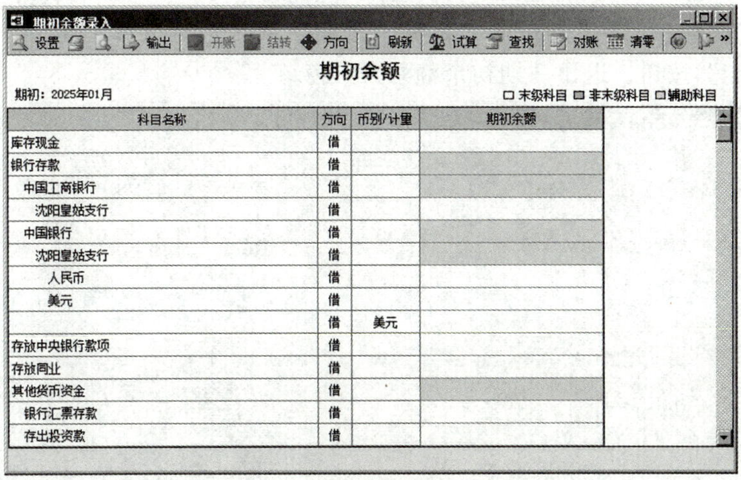

原图

图3-5

图3-5 “期初余额录入”窗口

（3）“期初余额”那一列单元格有3种颜色。

① 灰色单元格对应的科目设有明细科目，待末级科目输入完成后其期初余额自动汇总生成，无须手工输入。

② 白色单元格对应的科目为末级科目，直接输入数据即可。如库存现金8 532、银行存款/中国工商银行/沈阳皇姑支行86 080 345等。

③ 黄色单元格对应的科目设有辅助核算。以应收票据为例，双击该科目，打开“辅助期初余额”窗口，单击工具栏的“往来明细”按钮，进入“期初往来明细”窗口。单击“增行”按钮，根据实验资料，“日期”选择“2024-12-20”，“客户”选择“北京汇鑫”，“业务员”选择“刘晓洺”，“摘要”输入“期初余额”，“金额”输入“97000”，“票号”输入“35978808”，“票据日期”选择“2024-12-20”，如图3-6所示。单击“汇总”按钮，系统弹出“完成了往来明

细到辅助期初表的汇总!”提示框，单击“确定”后，再单击“退出”按钮。

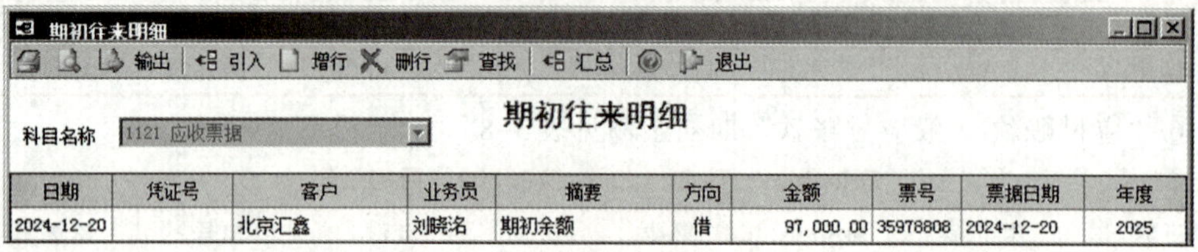

图3-6 “期初往来明细”窗口

提示

录入期初往来明细时，在当前行最后一栏按回车键后系统将自动新增一空行记录。如果输入过程中发现某项输入错误，可按［Esc］键取消当前项输入，将光标移到需要修改的编辑项上，直接修改即可。如果想放弃整行增加数据，在取消当前输入后，再按［Esc］键即可。

在“辅助期初余额”窗口，点击“科目名称”下拉框可选择相同辅助核算的其他科目录入期初余额。若为项目核算科目则可选择相同项目大类的其他科目录入期初余额。

如何“引入”期初往来科目明细账?

在新建账套或年度账未记账且启用了应收/应付系统（其期初余额已经录入）的前提下，可将应收/应付系统的期初余额引入总账对应科目的期初往来明细中。

（4）按照上述方法继续录入剩余科目的期初余额。

（5）录入完毕，单击工具栏的“试算”按钮，系统进行试算平衡，结果如图3-7所示。单击“确定”按钮。退出“期初余额录入”窗口。

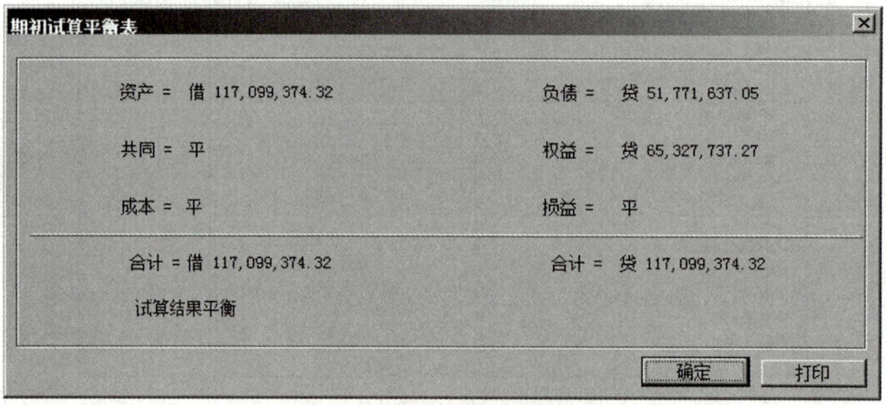

图3-7 期初试算平衡表

提示

如果是年中启用系统，还可以录入年初至建账月份的借贷方累计发生额，年初余额由系统自动计算生成。

在“期初余额录入”窗口，单击“对账”按钮，可检查总账、明细账、辅助账的期初余额是否相符。

如果期初余额试算不平衡，系统将不能记账，但可以填制凭证。

若系统已经记账，则不能录入、修改期初余额。

如果所录明细科目的余额方向与总账科目相反，则明细科目的余额用负数表示。

应收票据期初往来明细中的“日期”及“票据日期”均指的是“收到日期”。

应付票据期初往来明细中的“日期”及“票据日期”均指的是“出票日期”。

任务2　日常业务处理

知识点036　填制凭证

总账系统凭证处理的核心流程：填制凭证→审核凭证→记账。

1.普通日常业务

这里的普通日常业务是指其会计分录借贷方不含银行存款、数量核算、外币核算以及辅助核算的经济业务。该类业务的会计分录可以是简单分录，也可以是复合分录。

【实验资料】

（1）2025年1月2日，收到员工违纪罚款100元。

（2）2025年1月2日，以现金支付本月广告宣传费300元，取得的增值税专用发票上注明的增值税税额为18元。

（3）2025年1月2日，按税法规定计提本月房产税160 000元、城镇土地使用税45 000元、车船税38 000元。

【实验过程】

普通日常业务

（1）2025年1月2日，由赵凯杰（W02）登录U8企业应用平台。

（2）在U8企业应用平台，依次双击“业务工作→财务会计→总账→凭证→填制凭证”菜单，打开“填制凭证”窗口，如图3-8所示。

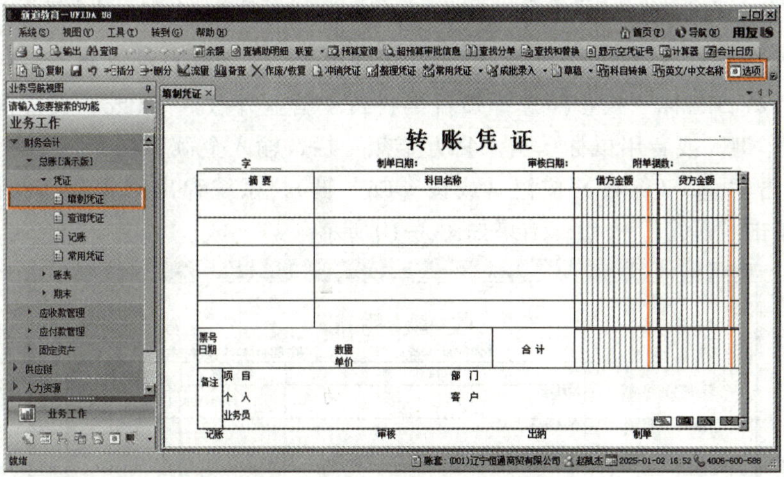

图3-8　“填制凭证”窗口

（3）单击工具栏的“[+]”增加按钮（或按［F5］键），增加一张新凭证。

（4）选择凭证类别。单击“[...]”按钮（或按［F2］键）参照选择“收款凭证”类别（或直接输入凭证类别字“收”），确定后按回车键，系统自动生成凭证编号。否则，请手工编号。

（5）输入制单日期。首次填制凭证，系统取登录U8企业应用平台时输入的操作日期作为记账凭证的填制日期，可修改或单击“ ”按钮参照输入。

（6）附单据数为非必输项。“附单据数”上方两行为凭证自定义项，单击后直接进行输入即可，系统对这些信息只保存不校验。

（7）输入摘要。每笔分录均由摘要、科目、发生额构成，缺一不可。在“摘要”栏直接输入“收到员工违纪罚款”（如果存在恰当的常用摘要（图2-32），可单击“ ”按钮（或按［F2］键）参照选择常用摘要），按回车键。

（8）输入借方科目和金额。在“科目名称”栏，单击“ ”按钮（或按［F2］键），打开“科目参照”窗口，如图3-9所示，选择资产类科目“库存现金”（或者直接输入科目编码1001），单击“确定”按钮，按回车键，或者用鼠标单击“借方金额”栏，录入金额“100”。

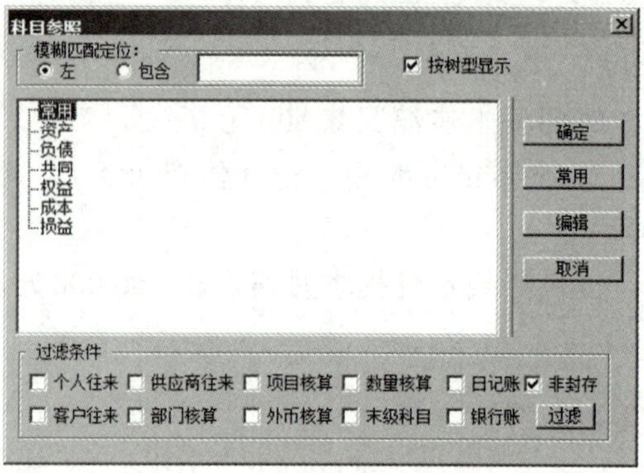

图3-9 “科目参照”窗口

提示

通过图3-9中的“模糊匹配定位”栏，可查找需要输入的会计科目。

如果会计分录中的会计科目不存在，可以单击图3-9中的“编辑”按钮直接新增会计科目。

（9）输入贷方科目和金额。按回车键跳转到第2行，系统自动复制上一行摘要。再按回车键，在“科目名称”栏参照选择损益类科目“营业外收入”（或者直接输入科目编码6301）。按回车键，或者用鼠标单击“贷方金额”栏，输入金额“100”。

（10）单击“ ”（保存）按钮（或按［F6］键），系统弹出“凭证已保存成功！”信息提示框，单击“确定”按钮，结果如图3-10所示。

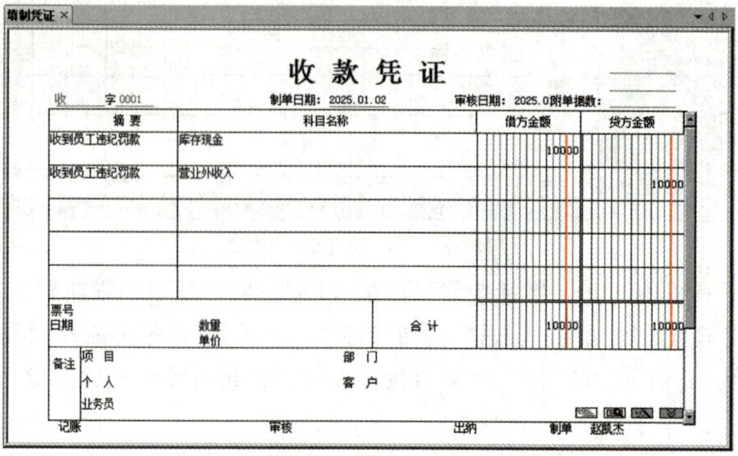

图3-10 第（1）笔业务记账凭证

（11）参照步骤（1）~（10），填制第（2）笔和第（3）笔业务的记账凭证，结果如图3-11、图3-12所示。

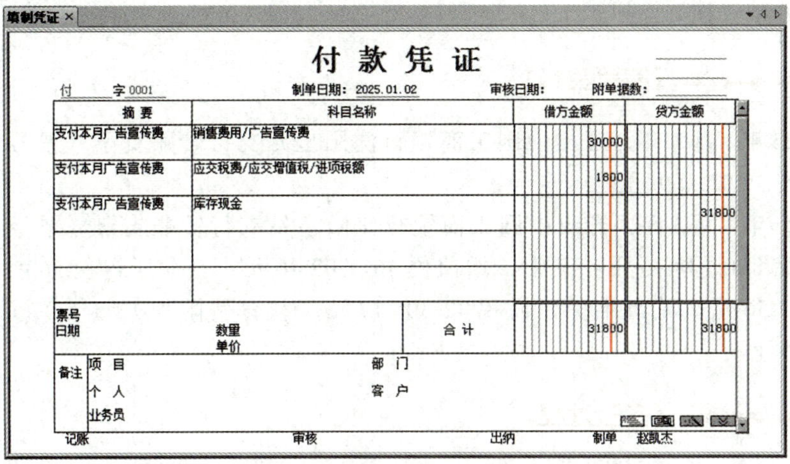

图3-11 第（2）笔业务记账凭证

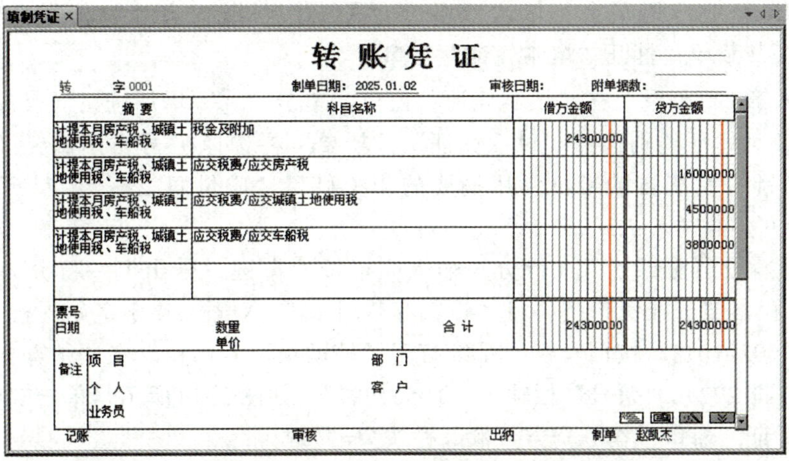

图3-12 第（3）笔业务记账凭证

提示

如果会计分录的金额方向错误，可按空格键调整金额方向。

如果会计分录的金额为负数，录入金额之前或之后按“-”减号键，当金额为红字时即表示负数。

在图3-8“填制凭证”窗口，单击工具栏的“选项”按钮，调出“凭证选项设置”窗口，如图3-13所示。

［自动携带上条分录信息］选择录入凭证时分录自动携带上条分录信息的内容选项，可提高会计分录的录入速度。

［凭证显示］系统默认凭证窗口显示5行分录，可在此处调整窗口显示分录的行数。

［新增凭证日期］“新增凭证类别最后一张日期”：新增凭证时，将本凭证类别中最后一张凭证的日期作为新增凭证自动带出的日期。“登录日期”：新增凭证时，将登录U8企业应用平台的操作日期作为新增凭证自动带出的日期。

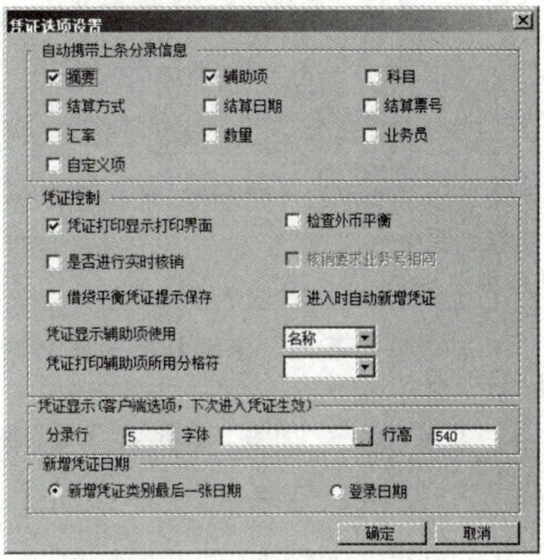

图3-13 凭证选项设置

2.银行存款业务

这类业务重在强调其会计分录借、贷方涉及银行存款，在填制凭证时需输入结算方式、票号和发生日期。

【实验资料】

（1）2025年1月3日，开出中国工商银行沈阳皇姑支行转账支票（票号：10561997）发放上月工资38 952.69元。

（2）2025年1月3日，开出中国工商银行沈阳皇姑支行转账支票（票号：10561998）缴纳上月税费880 148.75元。其中，增值税461 502.40元，企业所得税363 128.50元，个人所得税137.56元，城市维护建设税32 305.17元，教育费附加13 845.07元，地方教育附加9 230.05元。

【实验过程】

银行存款业务

（1）2025年1月3日，由赵凯杰（W02）登录U8企业应用平台。

（2）在U8企业应用平台，依次双击“业务工作→财务会计→总账→凭证→填制凭证”菜单，打开“填制凭证”窗口。

（3）输入第1行分录。在“填制凭证”窗口，单击“”增加按钮（或按［F5］键），增加一张凭证。凭证类别选择“付款凭证”，“摘要”栏选择02号常用摘要（发放上月工资），按回车键，系统自动带出常用摘要的相关科目“应付职工薪酬/工资”（科目编码221101），借方金额输入“38952.69”。

（4）输入第2行分录。第1行分录输入完毕按回车键，带出上一行分录的摘要。在“科目名称”栏参照选择资产类科目“银行存款/中国工商银行/沈阳皇姑支行”（或直接输入科目编码10020101）。按回车键，系统打开“辅助项”对话框。在“结算方式”栏选择“转账支票”（即202），“票号”栏输入“10561997”，如图3-14所示。单击“确定”按钮，返回“填制凭证”窗口，在“贷方金额”栏按“=”键。

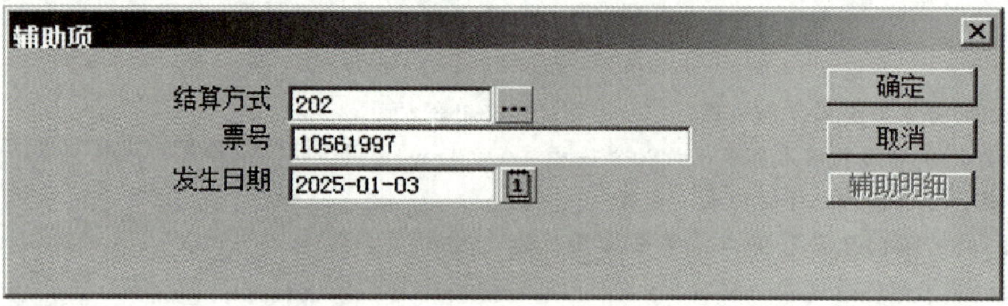

图3-14 “辅助项”对话框

提示

若“银行存款”未被指定为银行科目，则填制凭证时将不弹出如图3-14所示的对话框。

（5）单击“”（保存）按钮，系统弹出“凭证已保存成功！”信息提示框，单击“确定”按钮，结果如图3-15所示。

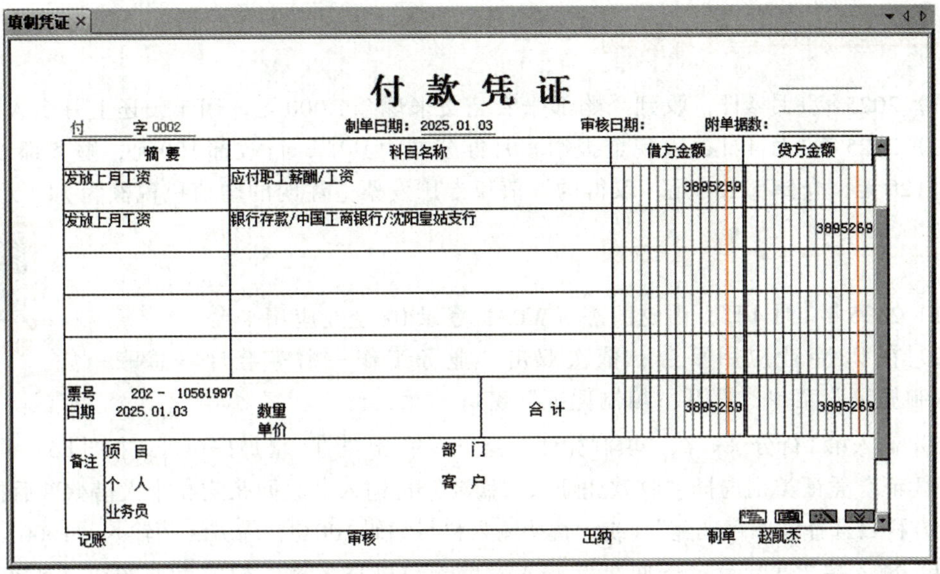

图3-15　第（1）笔业务记账凭证

（6）参照步骤（1）~（5），填制第（2）笔业务的记账凭证，结果如图3-16所示。填制凭证时，录入会计科目后按“Ctrl+Y”组合键可查询当前科目的最新余额。

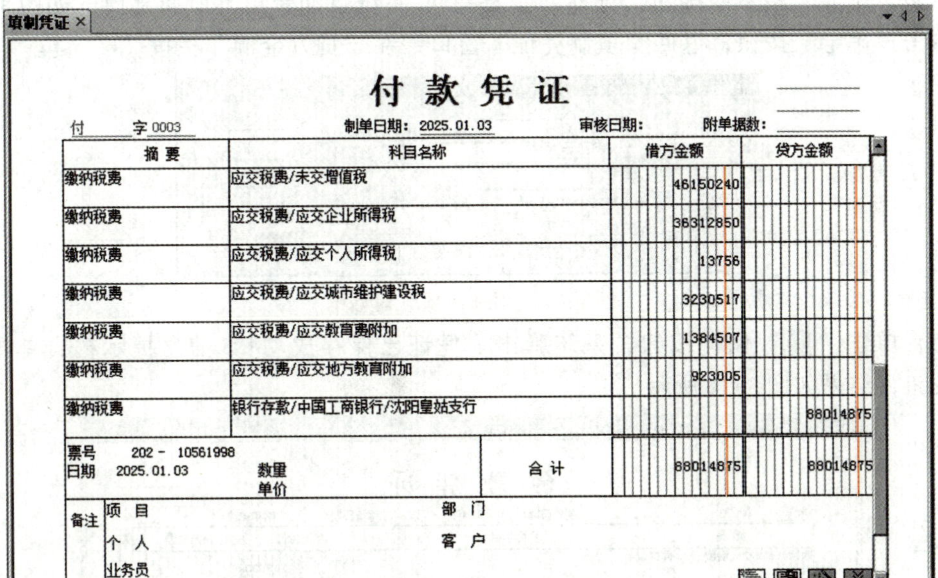

图3-16　第（2）笔业务记账凭证

3.辅助核算业务

这类业务的典型特征是其会计分录借方或贷方涉及辅助核算，即部门核算、个人往来、项目核算、客户往来以及供应商往来等。当然这类业务也可能涉及货币资金的收付。若输入的会计科目已设置辅助核算，系统根据科目属性要求在“辅助项”窗口输入相应的辅助信息。但是，如果设置客户往来、供应商往来的会计科目同时也关联了受控系统，那么包含该科目的记账凭证只能由应收、应付系统生成并传递至总账。

【实验资料】

（1）2025年1月4日，收到采购部张宏亮交来现金1 000元，用于归还上月个人借款。

（2）2025年1月4日，以现金报销本月办公费，其中，行政部100元，财务部200元，采购部120元，仓储部150元，取得的增值税专用发票上注明的增值税税额为74.1元。

【实验过程】

辅助核算业务

（1）2025年1月4日，由赵凯杰（W02）登录U8企业应用平台。

（2）在U8企业应用平台，依次双击“业务工作→财务会计→总账→凭证→填制凭证”菜单，打开“填制凭证”窗口。

（3）输入第1行分录。在“填制凭证”窗口，单击“”增加按钮（或按［F5］键），增加一张凭证。凭证类别选择“收款凭证”，“摘要”栏输入“收回张宏亮个人借款”后按回车键，借方科目选择“库存现金”（或者直接输入科目编码1001），借方金额输入“1000”。

（4）输入第2行分录。按回车键，或者单击“科目名称”栏的参照按钮（或按［F2］键），选择资产类科目“其他应收款/职工个人往来”（或直接输入科目编码122101），按回车键，系统自动弹出“辅助项”对话框。

单击“个人”栏参照按钮，选择“张宏亮”，系统自动带出其所属部门，如图3-17所示。单击“确定”按钮，返回“填制凭证”窗口，在“贷方金额”栏按“=”键。

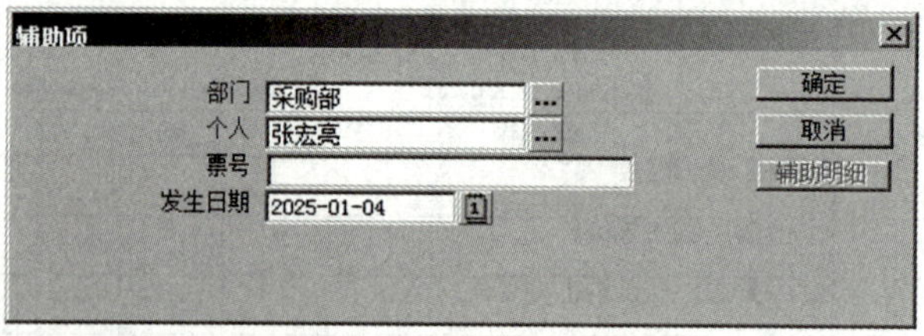

图3-17 “辅助项”对话框

（5）单击“”保存按钮，系统弹出“凭证已保存成功！”信息提示框，单击“确定”按钮，结果如图3-18所示。

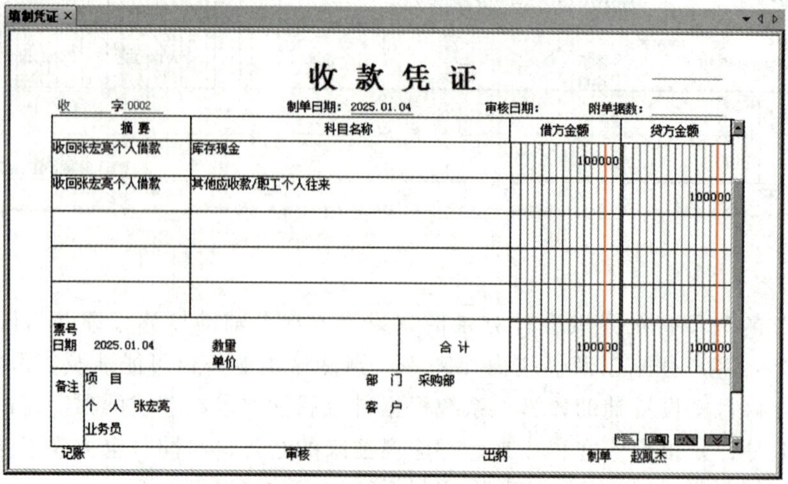

图3-18 第（1）笔业务记账凭证

提示

在“辅助项”窗口录入的辅助信息将在凭证下方的“备注”栏显示。

(6) 继续填制第2笔业务的记账凭证。在“填制凭证”窗口，单击“[icon]”增加按钮（或按［F5］键），增加一张新凭证。凭证类别选择“付款凭证”，“摘要”栏输入“报销办公费”（或选择01号常用摘要），借方科目选择损益类科目“管理费用/办公费”科目（或直接输入科目编码660205），按回车键，弹出“辅助项”对话框，如图3-19所示。单击“辅助明细”按钮，打开“分录合并录入”窗口。

图3-19 “辅助项”对话框

(7) 在“分录合并录入”窗口，单击“增加”按钮，根据实验资料录入各部门办公费，结果如图3-20所示。

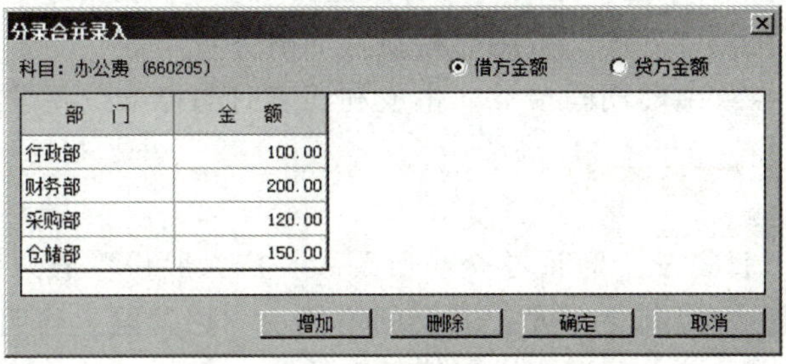

图3-20 “分录合并录入”窗口

(8) 单击“确定”按钮，如图3-21所示。连续按4次回车键，录入第5行和贷方的科目及金额。录入完毕单击“保存”按钮，系统弹出“凭证已保存成功！”信息提示框，单击“确定”按钮，结果如图3-22所示。

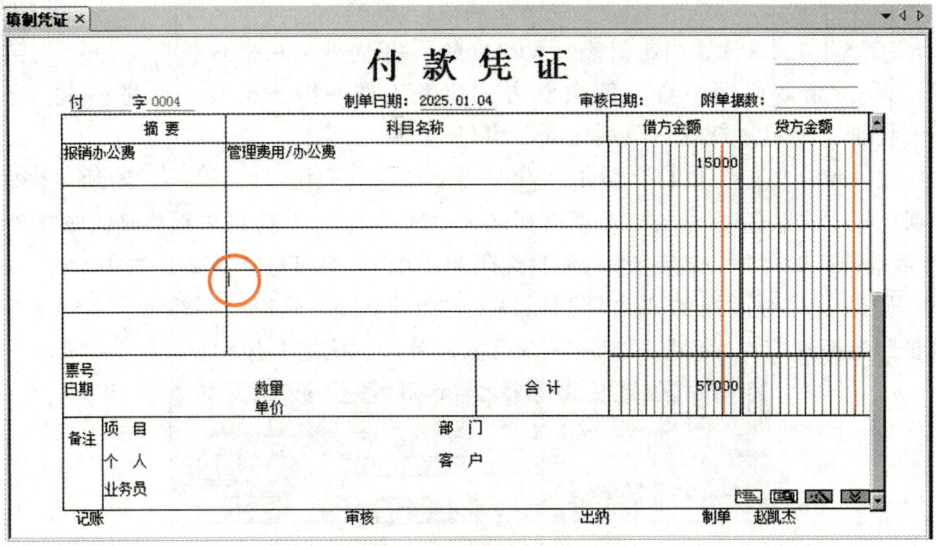

图3-21 借方辅助项录入完毕

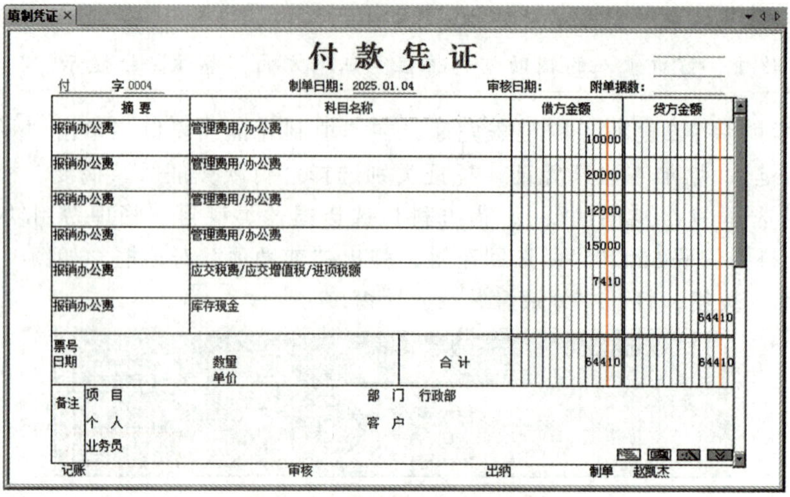

图3-22 第（2）笔业务记账凭证

4.负向损益业务

本类业务重在强调如何正确处理负向的损益类科目。U8系统要求收入类科目（如投资收益等）的发生额在贷方处理，费用类科目（如财务费用等）的发生额在借方处理。如果不按要求处理，将导致结转期间损益、生成利润表时漏掉未按要求处理科目的发生额。

【实验资料】

（1）2025年1月5日，从上海证券交易所购入“广大股份”股票20 000股，每股售价8.5元。另支付相关交易费用2 500元，取得的增值税专用发票上注明的增值税税额为150元。公司将其划分为交易性金融资产进行管理和核算。

（2）2025年1月5日，本月中国工商银行沈阳皇姑支行的活期存款利息200元，已自动存入该账户。（结算方式：其他）

【实验过程】

负向损益业务

（1）2025年1月8日，由赵凯杰（W02）登录U8企业应用平台。

（2）在U8企业应用平台，依次双击“业务工作→财务会计→总账→凭证→填制凭证”菜单，打开“填制凭证”窗口。

（3）在“填制凭证”窗口，单击“[+]”增加按钮（或按［F5］键），增加一张新凭证。凭证类别选择“转账凭证”。在“摘要”栏输入“购买股票”，科目名称参照选择资产类科目“交易性金融资产/成本”（或直接输入科目编码110101），按回车键，弹出“辅助项”对话框。

在“辅助项”对话框的“数量”栏输入“20000”，“单价”栏输入“8.5”，“项目名称”栏参照选择“广大股份”，如图3-23所示，单击“确定”按钮。

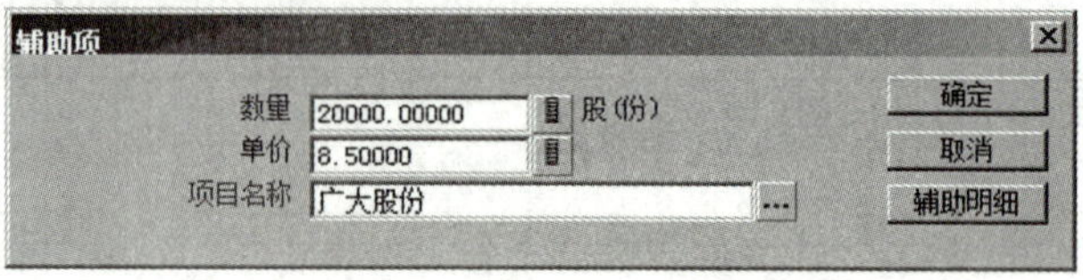

图3-23 “辅助项”对话框

（4）按回车键，第2行科目名称参照选择损益类科目“投资收益”，在“贷方金额”栏输入“2500”，并按“-”键。继续完成第3、4行会计分录的输入。

分录输入完毕，单击“”（保存）按钮，系统弹出“凭证已保存成功！”信息提示框，单击“确定”按钮，结果如图3-24所示。

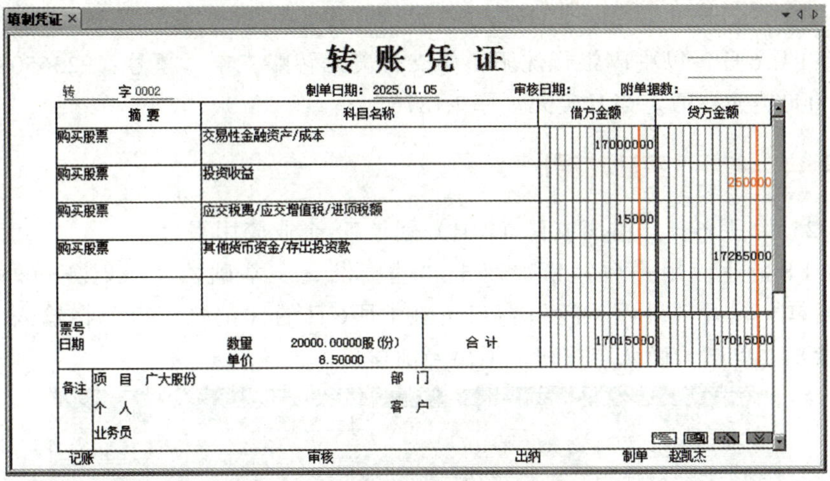

图3-24　第（1）笔业务记账凭证

（5）继续填制第（2）笔业务的记账凭证。在“填制凭证”窗口，单击“”增加按钮（或按［F5］键），增加一张新凭证。凭证类别选择“收款凭证”，“摘要”栏输入“活期存款利息”，科目名称参照选择资产类科目“银行存款/中国工商银行/沈阳皇姑支行”（或直接输入科目编码10020101），按回车键，弹出“辅助项”对话框。在“结算方式”栏选择“其他”，单击“确定”按钮，返回“填制凭证”窗口，在“借方金额”栏输入“200”。

（6）按回车键，第2行科目名称参照选择损益类科目“财务费用/利息支出”，在“借方金额”栏输入“200”，并按“-”键。单击“”（保存）按钮，系统弹出“凭证已保存成功！”信息提示框，单击“确定”按钮，结果如图3-25所示。

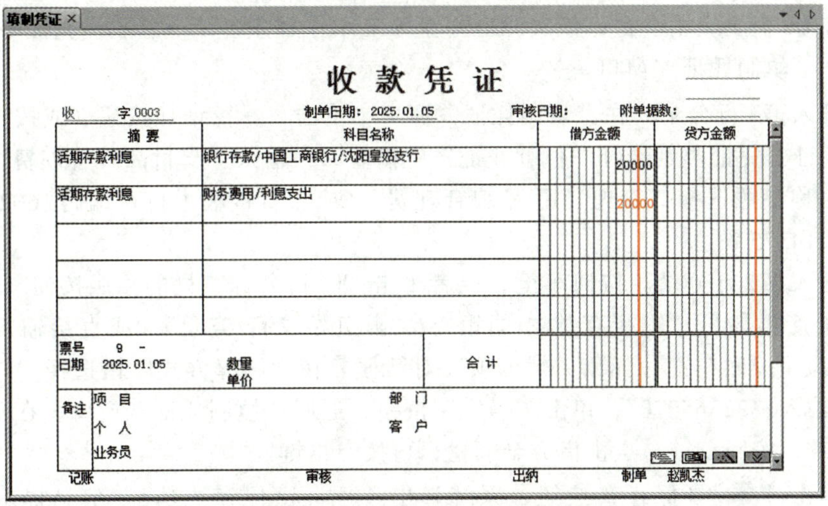

图3-25　第（2）笔业务记账凭证

5.外币核算业务

本类业务重在处理外币核算会计科目。如果在记账凭证中输入外币核算会计科目，系统自动将凭证格式改为外币式。

【实验资料】

2025年1月6日，以中国银行沈阳皇姑支行美元转账支票（票号：92365078）支付品牌管理费2 000美元，假定当日美元汇率7.1876。

【实验过程】

外币核算业务

（1）2025年1月6日，由李成喜（A01）登录U8企业应用平台。

（2）在U8企业应用平台，依次双击“基础设置→基础档案→财务→外币设置”菜单，打开“外币设置”窗口，在1月6日的“记账汇率”栏输入“7.1876”，如图3-26所示。单击“确认”按钮，退出当前窗口。

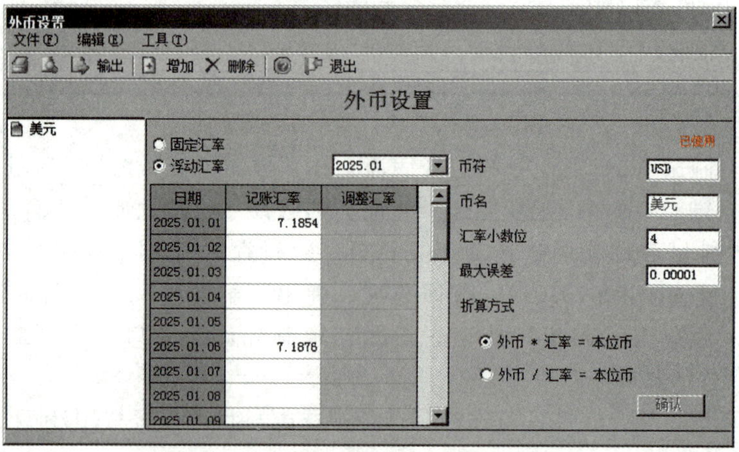

图3-26 外币设置

（3）点击工具栏的“重注册”按钮，由赵凯杰（W02）登录U8企业应用平台。

（4）在U8企业应用平台，依次双击“业务工作→财务会计→总账→凭证→填制凭证”菜单，打开“填制凭证”窗口。

（5）输入第1行分录。在“填制凭证”窗口，单击“”增加按钮（或按［F5］键），增加一张凭证。凭证类别选择“付款凭证”，“摘要”栏输入“支付品牌管理费”后按回车键，科目名称参照选择“管理费用/品牌管理费”（或者直接输入科目编码660207），借方金额输入“14375.2”。

（6）输入第2行分录。按回车键，或者单击“科目名称”栏的参照按钮（或按［F2］键）选择资产类科目“银行存款/中国银行/沈阳皇姑支行/美元”（或直接输入科目编码1002020102），按回车键，弹出“辅助项”对话框。在“结算方式”栏选择“转账支票”，“票号”栏输入“92365078”，单击“确定”按钮，返回“填制凭证”窗口。在“外币”栏输入“2000”，按回车键，点击借方金额栏，再按空格键。

（7）单击“”（保存）按钮，系统弹出“凭证已保存成功！”信息提示框，单击“确定”按钮，结果如图3-27所示。

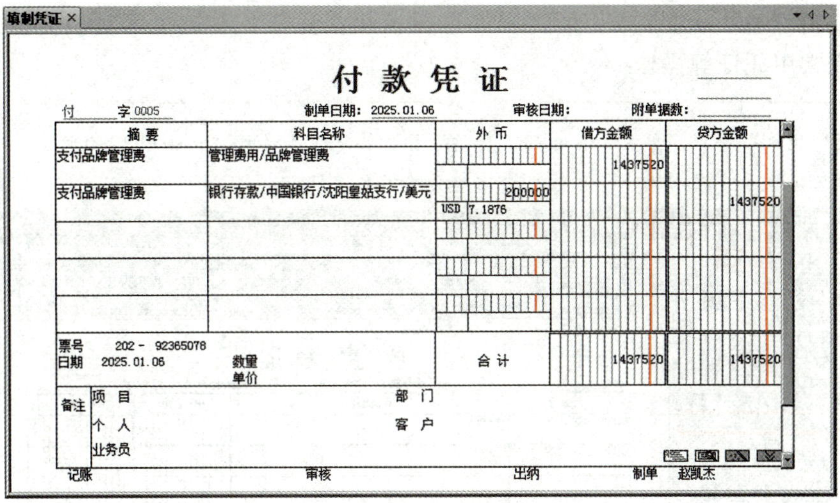

图3-27　记账凭证

提示

填制记账凭证是总账系统日常业务处理的起点。记账凭证是所有查询数据最主要的来源。

知识点037　查询凭证

【实验资料】

2025年1月6日，查询2025年1月份第1号收款凭证。

【实验过程】

查询凭证

（1）在U8企业应用平台，依次选择“业务工作→财务会计→总账→凭证→查询凭证”命令，打开“凭证查询”窗口，根据实验资料录入查询条件，如图3-28所示。

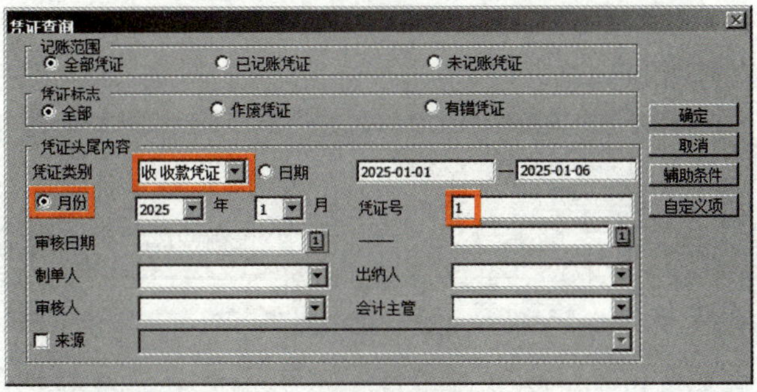

图3-28　“凭证查询”对话框

（2）单击“确定”按钮，屏幕显示查询凭证列表，如图3-29所示。

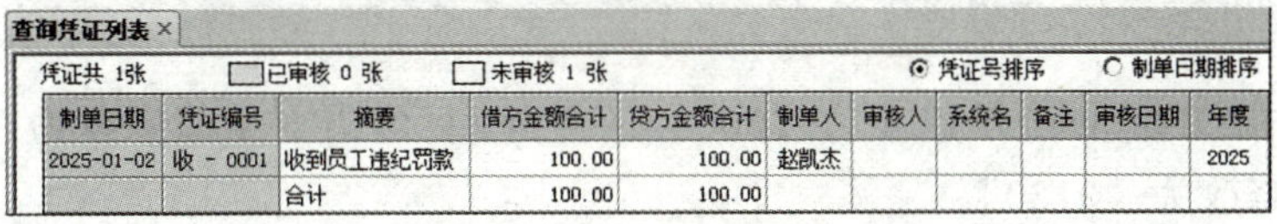

制单日期	凭证编号	摘要	借方金额合计	贷方金额合计	制单人	审核人	系统名	备注	审核日期	年度
2025-01-02	收 - 0001	收到员工违纪罚款	100.00	100.00	赵凯杰					2025
		合计	100.00	100.00						

图3-29　查询凭证列表

（3）双击“收-0001”号凭证，则屏幕显示此张凭证。在这里可对该凭证进行修改、冲销、生成常用凭证等操作。

提示

在“填制凭证”窗口，单击工具栏的“查询”按钮，也可查询凭证，如图3-30所示。但此处只能查询未记账凭证，而“查询凭证”功能可查询所有的记账凭证。

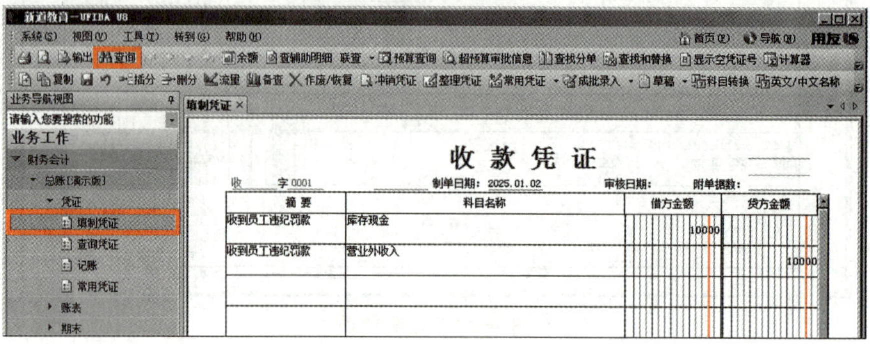

图3-30　第2种查询方式

知识点038　修改凭证

【实验资料】

2025年1月6日，假定1月份第1号付款凭证填写有误，对其进行修改。其发生额应为3 000元，增值税进项税额应为180元，贷方结算方式应为中国工商银行沈阳皇姑支行电汇（票号：25896302）。

【实验过程】

修改凭证

（1）在U8企业应用平台，依次选择“业务工作→财务会计→总账→凭证→填制凭证”命令，打开“填制凭证”窗口，单击工具栏的“查询”按钮，打开“凭证查询”对话框，根据实验资料录入查询条件，如图3-31所示。单击“确定”按钮，返回该凭证的填制窗口。

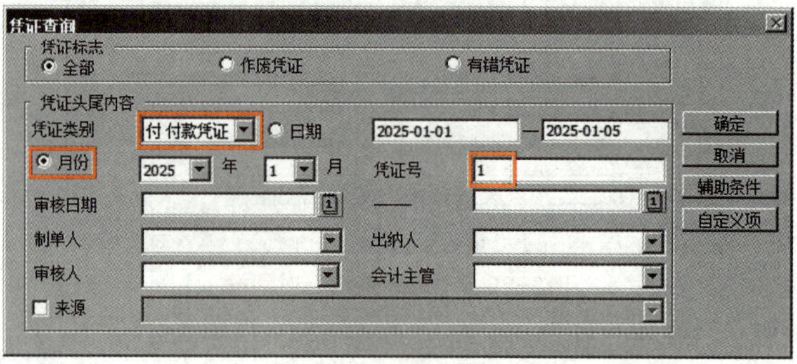

图3-31　“凭证查询”对话框

（2）将第1行的借方金额修改为“3000”，将第2行的借方金额修改为“180”，将第3行的贷方金额修改为“3180”。

（3）单击第3行任意位置，将光标移动到凭证备注栏的“票号”处，此时光标呈笔头状，双击该票号信息即可调出“辅助项”对话框。将结算方式改为“电汇”即401，票号改为“25896302”，单击“确定”，再单击“保存”，完成修改，结果如图3-32所示。

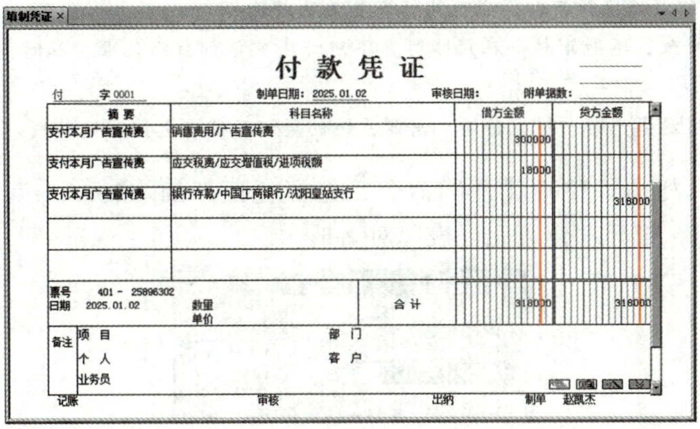

图3-32 修改后的第1号付款凭证

> **提示**
>
> 除上述调出“辅助项”对话框的方法外，还可通过按“Ctrl+S”键或双击凭证右下方的“ ”按钮调出该对话框。
>
> 本例中，由于该凭证借贷方均有辅助核算，系统默认显示第1行的辅助项。若想调出第2行辅助项，必须先用鼠标单击该行任意位置才能调出。

知识点039 删除凭证

【实验资料】

2025年1月6日，假定1月份第4号付款凭证有误，要求对其进行删除。

【实验过程】

删除凭证

（1）在U8企业应用平台，依次选择“业务工作→财务会计→总账→凭证→填制凭证”命令，打开“填制凭证”窗口，参照知识点37的方法找到1月份第4号付款凭证。

（2）单击工具栏的“作废/恢复”按钮，将该凭证打上“作废”标志，如图3-33所示。

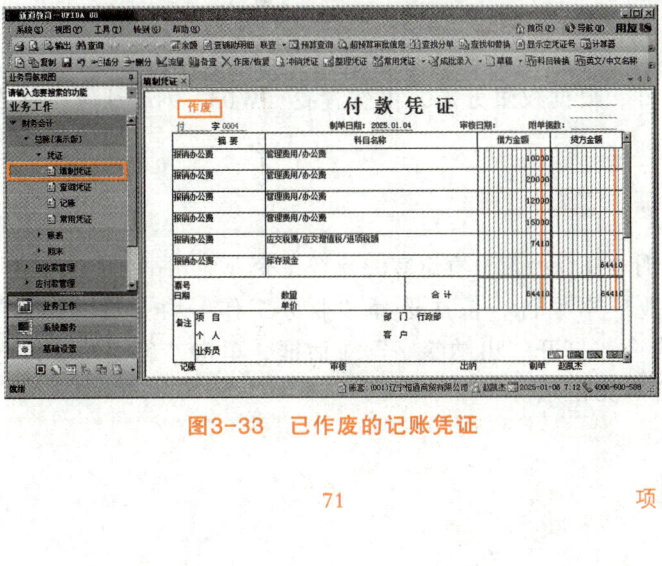

图3-33 已作废的记账凭证

提示

已作废凭证仍保留凭证内容及凭证编号，在凭证左上角显示“作废”字样。单击工具栏的“作废/恢复”按钮，可取消作废标志，将当前凭证恢复为有效凭证。

作废凭证不能修改，不能审核。在记账时，不对作废凭证作数据处理。在账簿查询时，也查不到作废凭证的数据。

外部系统（如固定资产等系统）传递至总账系统的凭证不能在总账系统作废。

（3）单击工具栏的“整理凭证”命令，选择凭证期间“2025.01”，如图3-34所示。单击“确定”按钮，打开“作废凭证表”对话框。

图3-34　凭证期间选择

（4）在“作废凭证表”对话框中，双击“付-0004”号凭证的“删除”栏，如图3-35所示。单击“确定”按钮，系统弹出“是否还需整理凭证断号”信息提示框，并提示3种断号整理方式，默认选择“按凭证号重排”，单击“是”，系统将该凭证从数据库中彻底删除掉，并对剩余凭证重新排号。

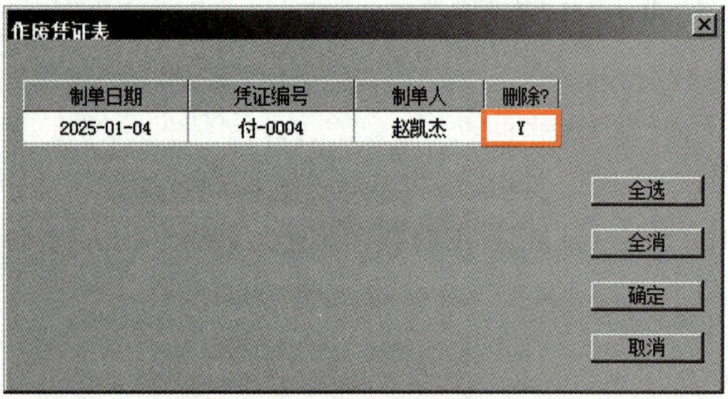

图3-35　凭证删除

知识点040　出纳签字

【实验资料】

2025年1月6日，根据权限分工，由贺青春（W03）对1月份所有收付款记账凭证进行出纳签字。

【实验过程】

出纳签字

（1）2025年1月6日，由贺青春（W03）登录企业应用平台。

（2）在U8企业应用平台，依次选择“业务工作→财务会计→总账→凭证→出纳签字”命令，打开“出纳签字”对话框，单击“确定”按钮，打开“出纳签字列表”窗口，如图3-36所示。

出纳签字列表

凭证共 7张　已签字 0张　未签字 7张　⊙ 凭证号排序　○ 制单日期排序

制单日期	凭证编号	摘要	借方金额合计	贷方金额合计	制单人	签字人	系统名	备注	审核日期	年度
2025-01-02	收 - 0001	收到员工违纪罚款	100.00	100.00	赵凯杰					2025
2025-01-04	收 - 0002	收回张宏亮个人借款	1,000.00	1,000.00	赵凯杰					2025
2025-01-05	收 - 0003	活期存款利息	0.00	0.00	赵凯杰					2025
2025-01-02	付 - 0001	支付本月广告宣传费	3,180.00	3,180.00	赵凯杰					2025
2025-01-03	付 - 0002	发放上月工资	38,952.69	38,952.69	赵凯杰					2025
2025-01-03	付 - 0003	缴纳税费	880,148.75	880,148.75	赵凯杰					2025
2025-01-06	付 - 0004	支付品牌管理费	14,375.20	14,375.20	赵凯杰					2025

图3-36　出纳签字列表

提示

如果提示“不存在符合条件的凭证”，表明未指定现金科目、银行科目。

小于操作日期的记账凭证将不显示在“出纳签字列表”，也不能被签字。

（3）双击第1张待签字凭证，即可打开该凭证。单击工具栏的“签字”按钮，凭证下方“出纳”右侧将显示出纳员贺青春的名字，如图3-37所示，完成本张凭证的出纳签字。

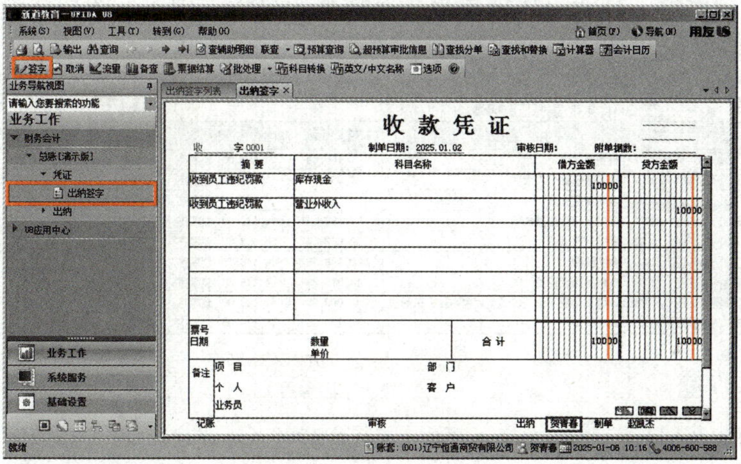

图3-37　单张出纳签字

（4）选择工具栏的“批处理→成批出纳签字”命令，如图3-38所示。系统提示有6张凭证成功进行了批量签字。单击“确定”，系统提示“是否重新刷新凭证列表数据”，单击“是”，完成签字。

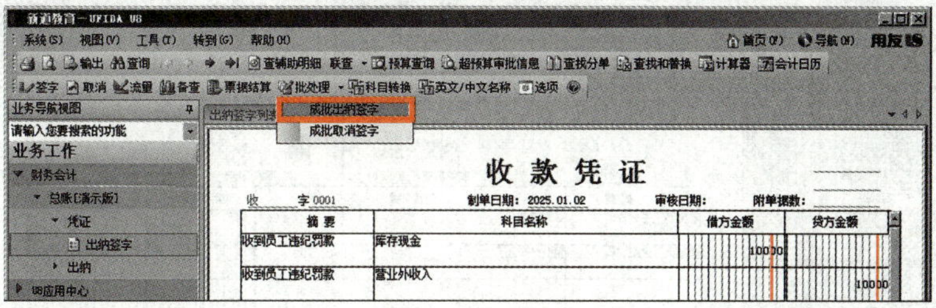

图3-38　批量出纳签字

提示

出纳签字完毕，系统自动将登录企业应用平台的操作员作为签字人。

记账凭证一经签字，就不能被修改、删除，只有取消签字后才可以进行修改或删除。单击“签字”按钮右侧的“取消”按钮可取消签字。取消签字只能由出纳员自己进行。

填制记账凭证后，如果该凭证是出纳凭证，且在总账系统选项的“权限”页签中选择“出纳凭证必须经由出纳签字”，则出纳凭证由出纳员签字后才能记账；如果不勾选此项，出纳凭证不经出纳员签字也可进行审核、记账。

知识点041 审核凭证

【实验资料】

2025年1月6日，根据权限分工，由王钰茹（W01）对本月记账凭证进行审核。

【实验过程】

审核凭证

（1）2025年1月6日，由王钰茹（W01）登录企业应用平台。

（2）在U8企业应用平台，依次选择“业务工作→财务会计→总账→凭证→审核凭证”命令，打开“凭证审核”对话框，单击“确定”按钮，打开“凭证审核列表”窗口，如图3-39所示。

凭证审核列表 ×

凭证共 9张　□已审核 0 张　□未审核 9 张　◉ 凭证号排序　○ 制单日期排序

制单日期	凭证编号	摘要	借方金额合计	贷方金额合计	制单人	审核人	系统名	备注	审核日期	年度
2025-01-02	收 - 0001	收到员工违纪罚款	100.00	100.00	赵凯杰					2025
2025-01-04	收 - 0002	收回张宏亮个人借款	1,000.00	1,000.00	赵凯杰					2025
2025-01-05	收 - 0003	活期存款利息	0.00	0.00	赵凯杰					2025
2025-01-02	付 - 0001	支付本月广告宣传费	3,180.00	3,180.00	赵凯杰					2025
2025-01-03	付 - 0002	发放上月工资	38,952.69	38,952.69	赵凯杰					2025
2025-01-03	付 - 0003	缴纳税费	880,148.75	880,148.75	赵凯杰					2025
2025-01-06	付 - 0004	支付品牌管理费	14,375.20	14,375.20	赵凯杰					2025
2025-01-02	转 - 0001	计提本月房产税、城镇土地使用税、车船税	243,000.00	243,000.00	赵凯杰					2025
2025-01-05	转 - 0002	购买股票	170,150.00	170,150.00	赵凯杰					2025

图3-39　凭证审核列表

提示

小于操作日期的记账凭证将不显示在“凭证审核列表”，也不能被审核。

（3）双击第1张待审核凭证，即可打开该凭证，如图3-40所示。单击工具栏的“审核”按钮，凭证下方“审核”右侧将显示审核人王钰茹的名字，系统自动跳转到下一张待审核凭证。

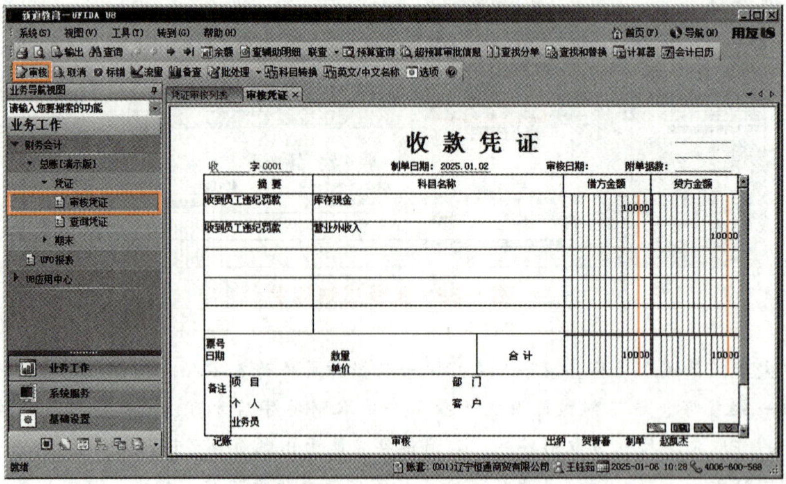

图3-40　待审核凭证

（4）选择工具栏的“批处理→成批审核凭证”命令，系统提示有8张凭证成功进行了批量审核。单击“确定”，系统提示“是否重新刷新凭证列表数据”，单击“是”，完成审核。

提示

凭证审核完毕，系统自动将登录企业应用平台的操作员作为审核人，操作日期作为审核日期。

凭证一经审核，就不能被修改、删除，只有取消审核后才可以进行修改或删除。单击“审核”按钮右侧的“取消”按钮可取消审核签字。取消审核签字只能由审核人自己进行。

审核人必须具有系统管理中的“审核凭证”（GL0204）功能权限（参考知识点006），还须具有对待审核凭证制单人所制凭证的“审核”数据权限（参考知识点033）。

制单人与审核人不能是同一人。

出纳签字与审核凭证在操作上没有先后顺序。

作废凭证不能被审核，也不能被标错。

已标错的凭证不能被审核。

知识点042　记账

【实验资料】

2025年1月6日，根据权限分工，由赵凯杰（W02）对本月记账凭证进行记账。

【实验过程】

记账

（1）2025年1月6日，由赵凯杰（W02）登录企业应用平台。

（2）在U8企业应用平台，依次选择“业务工作→财务会计→总账→凭证→记账”命令，打开“记账”窗口，如图3-41所示。

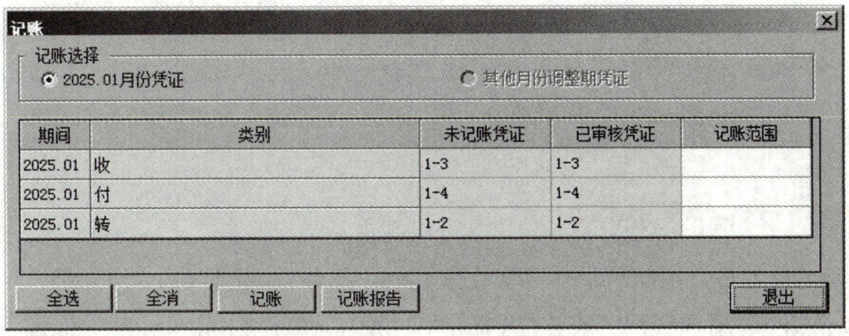

图3-41　“记账”窗口

提示

如果不选择记账范围，系统将对所有凭证进行记账。

（3）单击“全选”按钮，再单击“记账”按钮，弹出“期初试算平衡表”窗口，单击“确定”按钮，系统自动进行记账。记账完成后，系统弹出“记账完毕！”提示框，单击“确定”按钮，再单击“退出”按钮，退出“记账”窗口。

提示

期初余额试算平衡和凭证已经审核是记账的两个最基本条件。连续使用系统的情况下，上月已结转本月才可以记账。

记账过程一旦因断电或其他原因造成中断后，系统将自动调用“恢复记账前状态”功能恢复数据，如图3-42所示，恢复完成后再重新记账。

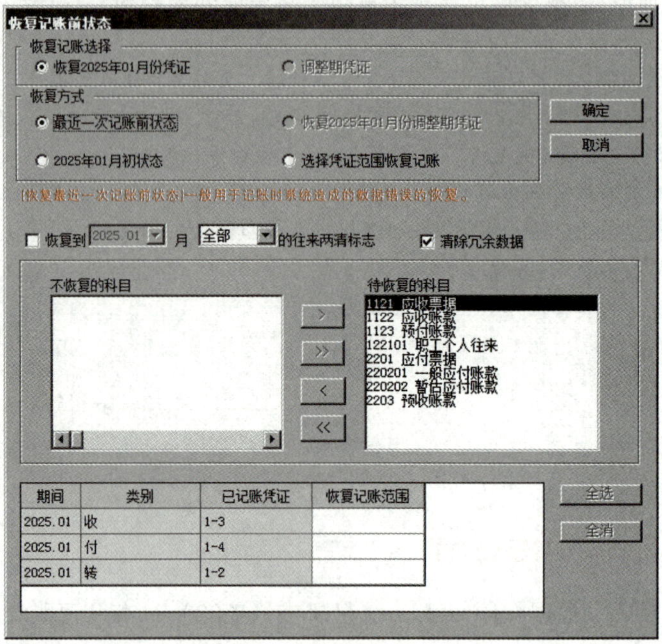

图3-42　恢复记账前状态

只有账套主管才能恢复到月初的记账前状态。

已结账的月份，不能恢复至记账前状态。

知识点043　冲销凭证

【实验资料】

2025年1月6日，冲销本月第1号收款凭证。

【实验过程】

冲销凭证

（1）2025年1月5日，由赵凯杰（W02）登录企业应用平台。

（2）在U8企业应用平台，依次选择“业务工作→财务会计→总账→凭证→填制凭证”命令，打开“填制凭证”窗口。单击工具栏的“冲销凭证”按钮，打开“冲销凭证”对话框。根据实验资料，“凭证类别”选择“收款凭证”，“凭证号”录入“1”，如图3-43所示。

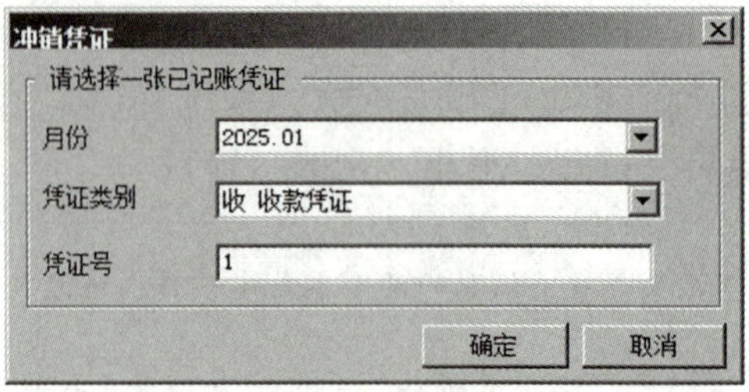

图3-43　冲销凭证

（3）单击“确定”按钮，系统自动生成一张红字冲销凭证，如图3-44所示。

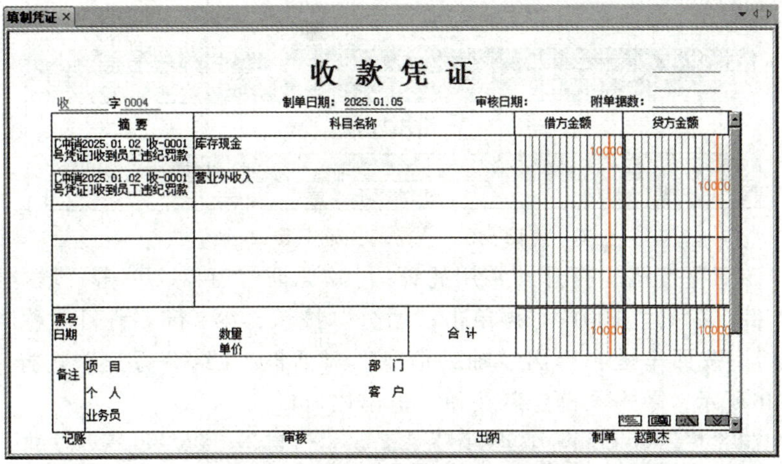

图3-44　系统自动生成的红字冲销凭证

提示

冲销凭证只能冲销已记账凭证。

系统自动生成的红字冲销凭证视为普通凭证，可进行修改、删除等操作，仍需进行后续的审核、出纳签字、记账等操作。

知识点044　常用凭证处理

1.第1种处理方式

【实验资料】

（1）设置常用凭证。

根据表3-10设置常用凭证。

表3-10　常用凭证

编码	说明	凭证类别	详细信息
01	从工行提现金	付款凭证	借：库存现金 　贷：银行存款/中国工商银行/沈阳皇姑支行（现金支票）

（2）调用常用凭证。

2025年1月7日，出纳员贺青春以现金支票（票号：65302695）从中国工商银行沈阳皇姑支行提取现金500元。

借：库存现金　500
　贷：银行存款/中国工商银行/沈阳皇姑支行　500

【实验过程】

第1种常用凭证处理方式

（1）设置常用凭证。

①2025年1月7日，由赵凯杰（W02）登录企业应用平台。

②在U8企业应用平台，依次选择“业务工作→财务会计→总账→凭证→常用凭证”

命令，打开“常用凭证”窗口。单击“增加”按钮，根据实验资料，“编码”录入“01”，“说明”输入“从工行提现金”，“凭证类别”选择“付款凭证”，如图3-45所示。

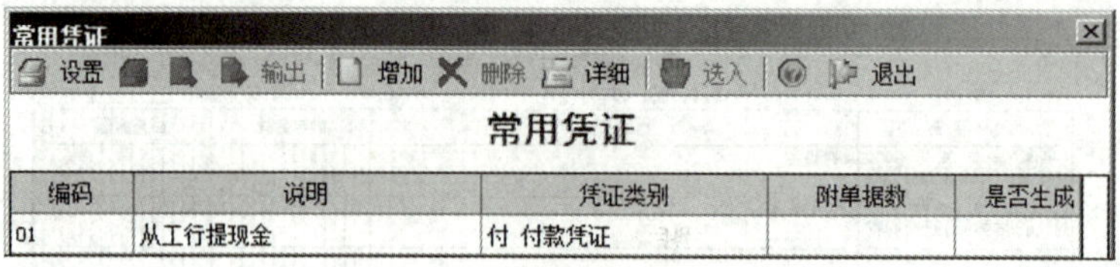

图3-45 “常用凭证”窗口

③单击“详细”按钮，打开“常用凭证-付款凭证”窗口，单击“增分”按钮，“科目名称”输入科目编码“1001”。再单击“增分”按钮，第2行“科目名称”输入科目编码“10020101”，按回车键，弹出“辅助信息”对话框，“结算方式”选择“201 现金支票”，如图3-46所示，单击“确定”按钮。退出该窗口。

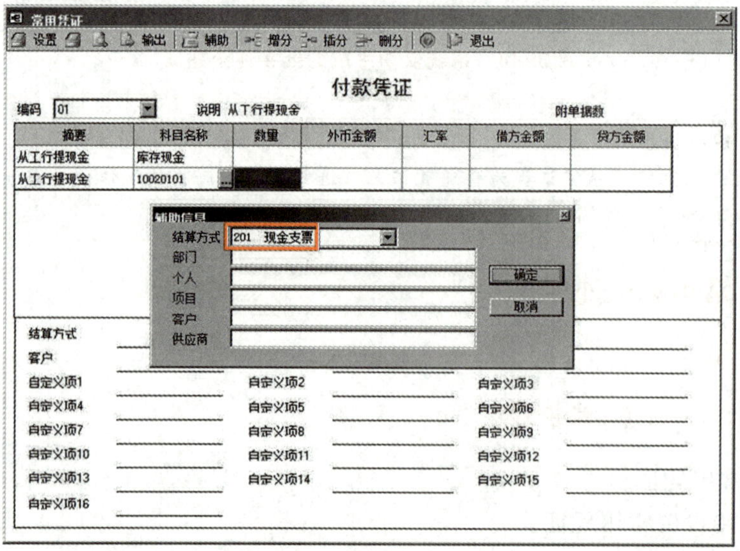

图3-46 设置常用凭证

提示

图3-46中摘要和科目名称为必输项，会计科目可以录入非末级科目。借贷方金额或辅助核算信息可暂不输入，在调用常用凭证时再进行输入。

（2）调用常用凭证。

①在U8企业应用平台，依次选择“业务工作→财务会计→总账→凭证→填制凭证”命令，打开“填制凭证”窗口。选择工具栏“常用凭证→调用常用凭证”命令，打开“调用常用凭证”对话框，输入常用凭证代号“01”，如图3-47所示，单击“确定”按钮，系统将该常用凭证“复制”到“填制凭证”窗口。

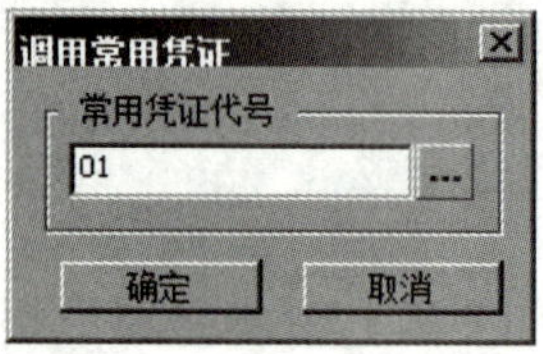

图3-47 调用常用凭证

②根据实验资料，补充凭证的金额及贷方的辅助项。保存该凭证，结果如图3-48所示。

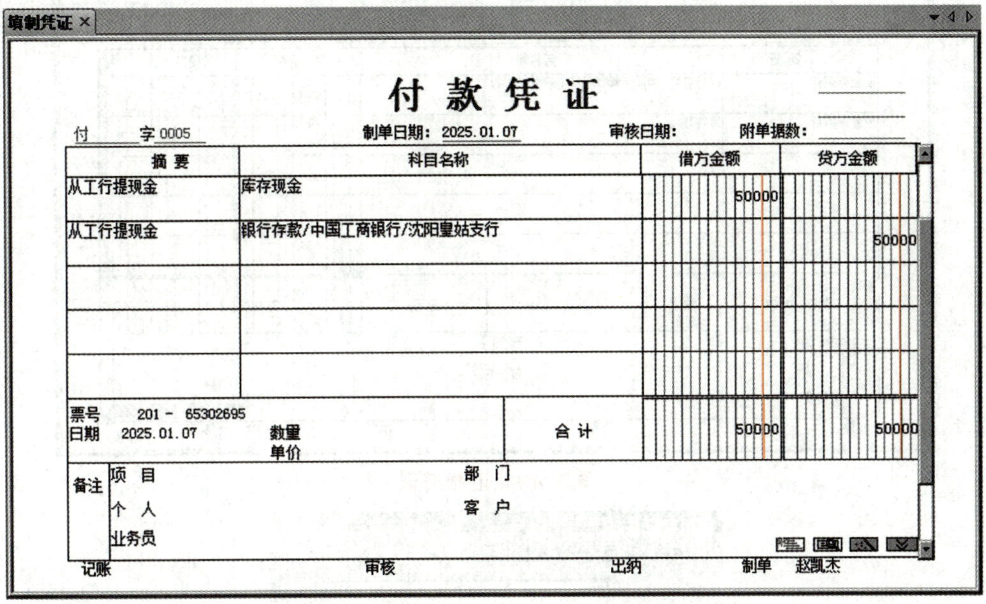

图3-48 记账凭证

提示

在调用常用凭证时，如果不修改直接保存凭证，此时生成的凭证不受任何权限的控制，包括金额权限控制，不受辅助核算及辅助项内容的限制等。

2.第2种处理方式

【实验资料】

2025年1月7日，出纳员贺青春将700元现金交存中国工商银行沈阳皇姑支行。

借：银行存款/中国工商银行/沈阳皇姑支行　　700
　贷：库存现金　　700

将该凭证设置为常用凭证。代号：02；说明：现金存银行。

【实验过程】

第2种常用凭证处理方式

①2025年1月7日，由赵凯杰（W02）登录企业应用平台。

②在U8企业应用平台，依次选择“业务工作→财务会计→总账→凭证→填制凭证”命令，打开“填制凭证”窗口。根据实验资料填制一张付款凭证并保存，结果如图3-49所示。

③选择工具栏“常用凭证→生成常用凭证”命令，打开“常用凭证生成”窗口，“代号”输入“02”，“说明”输入“现金存银行”，结果如图3-50所示。单击“确认”，成功生成常用凭证。

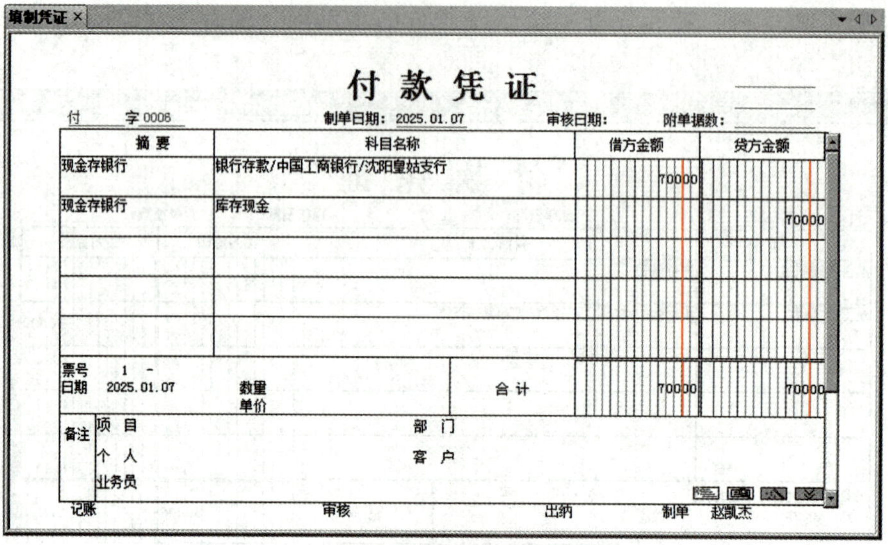

图3-49 记账凭证

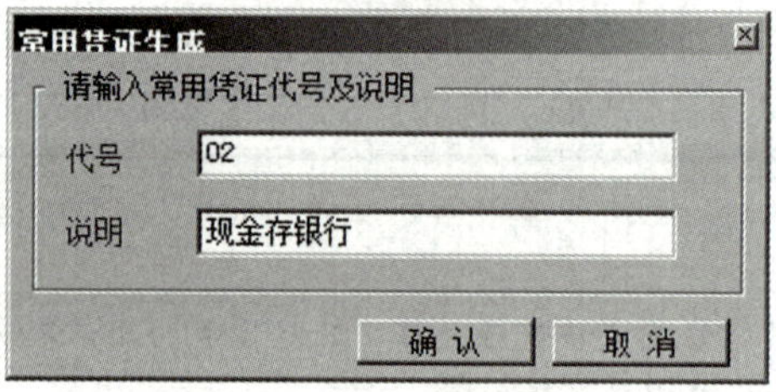

图3-50 常用凭证生成

提示

生成常用凭证后，以后再发生同类业务可调用这张常用凭证，以提高工作效率。

【课程思政点睛】

【复习思考题】

1. 简述总账系统与其他子系统之间的数据传递关系。
2. 举例说明总账选项设置的重要意义。
3. 简述总账系统凭证处理的核心流程。
4. 请问已记账凭证可以修改或删除吗？
5. 除了手工填制外，记账凭证还有哪几种生成方式？

4 项目 4 应付款管理系统

应付款管理系统，简称应付系统，用于对企业在采购过程中发生的业务进行处理。该系统提供了参数设置、初始设置、日常处理、单据查询、账表管理、其他处理等功能。根据对供应商往来款项核算和管理的程度不同，系统提供了应付款详细核算和简单核算两种应用方案。应付系统与其他系统的关系如下：

① 应付系统生成的所有记账凭证都传递到总账系统中。

② 应付系统与供应链系统、总账系统集成使用时，应付系统可接收在采购管理系统中所填制的采购发票，审核并生成记账凭证后传递至总账系统。销售管理系统的销售费用支出单审核后可以自动生成其他应付单，并传递至应付系统。

③ 应收款、应付款之间可以相互对冲。应收系统的商业汇票背书可以冲减应付系统的应付账款。通过应付系统的“应付冲应收”功能，可以冲减应收系统的应收账款。

④ 应付系统为UFO报表系统提供往来数据。

本项目的重点内容：应付单据、付款单据的日常处理。

本项目的难点内容：已完成业务的逆向操作。

本项目总体流程如图4-1所示。

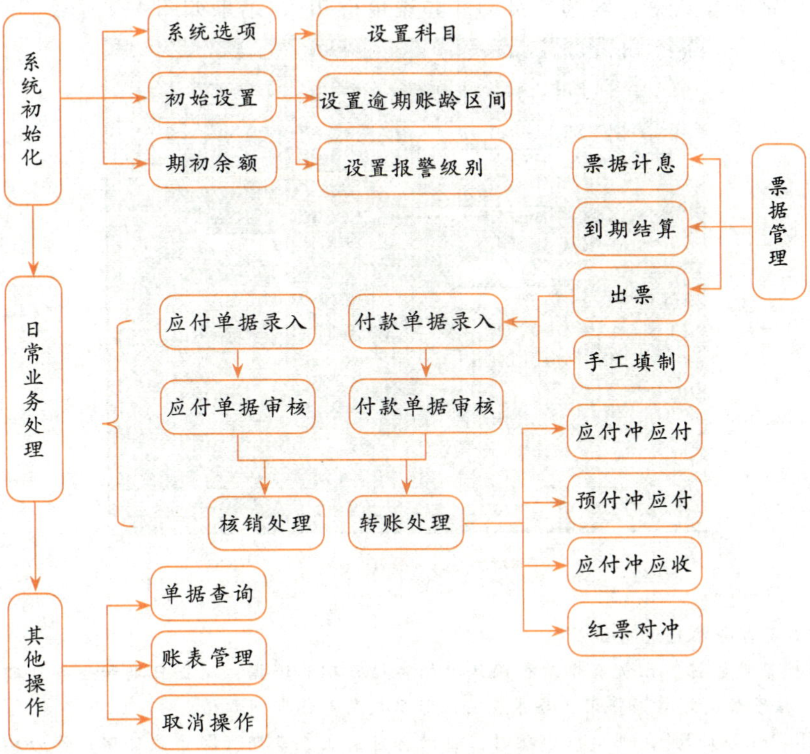

图4-1　本项目总体流程

任务1　系统初始化

知识点045　设置系统参数

【实验资料】

根据表4-1设置应付系统参数。

表4-1　　应付系统参数

系统名称	页签	选项设置
应付款管理	常规	自动计算现金折扣
	凭证	受控科目制单方式：明细到单据
	权限与预警	取消“控制操作员权限” 按信用方式根据单据提前7天自动报警

【实验过程】

设置系统参数

（1）2025年1月1日，由赵凯杰（W02）登录企业应用平台。

（2）在U8企业应用平台，依次选择“业务工作→财务会计→应付款管理→设置→选项”命令，打开“账套参数设置”窗口。单击“编辑”按钮，系统提示“选项修改需要重新登录才能生效”，单击“确定”按钮，开始参数设置。

（3）在“常规”页签，勾选“自动计算现金折扣”，结果如图4-2所示。

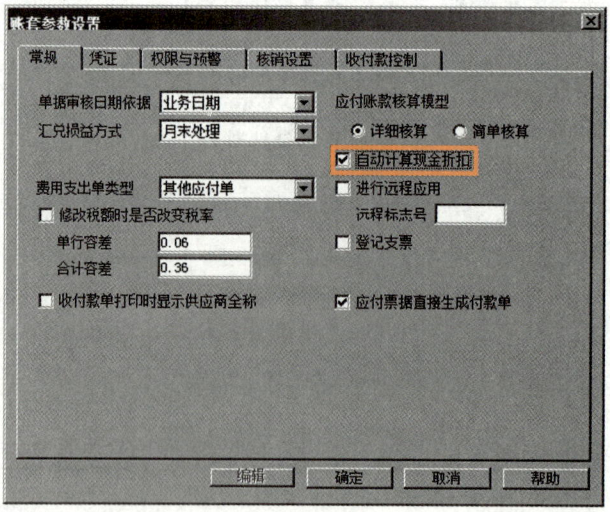

图4-2　“常规”页签

提示

“常规”页签部分参数说明如下：

［单据审核日期依据］系统提供两种确认单据审核日期的依据：单据日期和业务日期。由于单据审核后记账，该参数决定单据登记业务账表的入账日期及查询期间取值。

如果选择“业务日期”，则单据审核时，自动将当前业务日期（即登录日期）作为单据的审核日期（即入账日期）。

如果选择“单据日期”，则单据审核时，自动将该单据的单据日期作为单据的审核日期（即入账日期）。该参数要求月末结账时单据必须全部审核。业务日期无此要求。

［应付账款核算模型］系统提供两种应付账款核算模型：简单核算和详细核算。必须选择其中之一，系统缺省选择详细核算方式。系统一旦处理任何业务（包括期初数据录入），该参数将不能修改。

［自动计算现金折扣］若勾选此项，系统会在核销界面自动计算可享受折扣。

［登记支票］若勾选此项，则系统自动将具有票据管理结算方式的付款单登记支票登记簿；否则用户应通过付款单上的“登记”按钮，手工登记支票登记簿。

该选项要求在总账系统的选项中选择“支票控制”。

［应付票据直接生成付款单］该选项默认选择为是，表示应付票据保存时，系统能够自动生成未审核、未核销的付款单；反之则不能，需在票据界面单击“生成”按钮才可生成付款单。

（4）单击“凭证”页签，“受控科目制单方式”选择“明细到单据”，结果如图4-3所示。

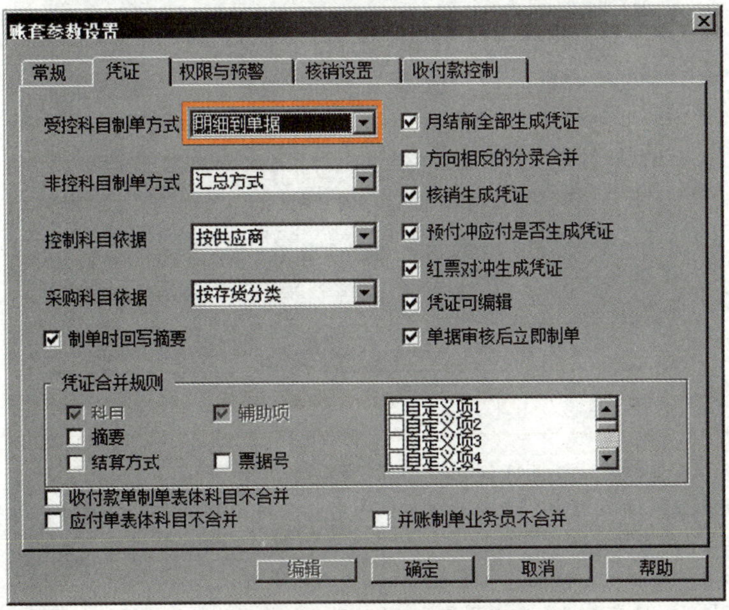

图4-3　“凭证”页签

提示

“凭证”页签部分参数说明如下：

［受控科目制单方式］系统提供两种受控科目制单方式：明细到供应商和明细到单据。

明细到供应商：将一个供应商的多笔业务合并生成一张凭证时，如果这些业务的控制科目相同，则系统将自动将其合并成一条分录。

明细到单据：将一个供应商的多笔业务合并生成一张凭证时，系统将每一笔业务形成一条分录。

［非控科目制单方式］系统提供3种非控科目制单方式：明细到供应商、明细到单据和汇总方式。

汇总方式：将多个供应商的多笔业务合并生成一张凭证时，如果这些业务的非控制科目相同，且其所带辅助核算项目也相同，则系统将自动将其合并成一条分录。

［控制科目依据］控制科目是指带有供应商往来辅助核算并受应付系统控制的会计科目。应付系统提供以下控制科目依据：按供应商分类、按供应商、按地区、按采购类型、按存货分类、按存货。根据这里选择的“依据”，可在“初始设置→控制科目设置”中对该“依据”设置不同的控制科目。

［采购科目依据］在此设置的采购科目，是系统自动制单科目取值的依据。应付系统提供以下采

购科目依据：按存货分类、按存货、按供应商分类、按供应商、按采购类型。根据这里选择的“依据”，可在“初始设置→产品科目依据”中对该“依据”设置不同的采购科目。假如采购科目依据选择“按采购类型”，则在“初始设置→产品科目设置”中可针对不同的采购类型设置不同的采购科目。

［核销生成凭证］若勾选此项，当核销双方的单据原入账科目不相同时，则核销后需要生成一张调增凭证。

（5）单击“权限与预警”页签，取消勾选“控制操作员权限”，单据报警的“提前天数”栏输入“7”，结果如图4-4所示。

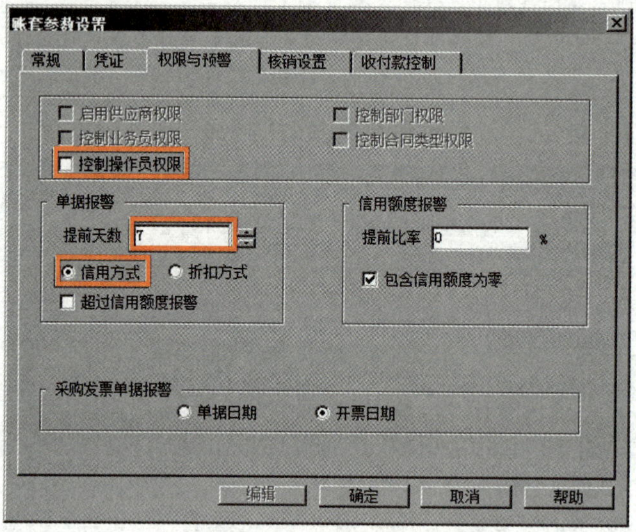

图4-4　“权限与预警”页签

提示

“权限与预警”页签部分参数说明如下：

［控制操作员权限］本案例中，由于赵凯杰本人的记录级数据权限已被控制，如果此处不取消勾选，那么赵凯杰将不能对其本人的单据进行审核、查询、删除、修改等操作。如果这里勾选“控制操作员权限”，那么在“数据权限控制”中为赵凯杰本人授权也可以。

［启用供应商权限］只有在“企业应用平台→系统服务→权限→数据权限控制设置”中对“供应商档案”进行记录级数据权限控制时该选项才可设置，否则该选项为屏蔽状态。

［单据报警］若选择按信用方式，在使用预警平台时系统会依据该项设置将“（单据到期日-提前天数）≤当前注册日期”的已经审核的单据显示出来，提醒您及时付款。

“核销设置”页签部分参数说明如下：

［应付款核销方式］核销，即已付款冲销应付款，系统提供两种冲销应付款的方式：按单据和按产品。按单据核销：系统将满足条件的未结算单据全部列出，根据所选择的单据进行核销。按产品核销：系统将满足条件的未结算单据全部列出，根据所选择的存货进行核销。

知识点046　设置科目

【实验资料】

（1）设置基本科目

根据表4-2设置基本科目。

表 4-2 设置基本科目

基础科目种类	科目	币种
应付科目	220201 应付账款/一般应付账款	人民币
预付科目	1123 预付账款	人民币
采购科目	1405 库存商品	人民币
税金科目	22210101 应交税费/应交增值税/进项税额	人民币
商业承兑科目	2201 应付票据	人民币
银行承兑科目	2201 应付票据	人民币
票据利息科目	660301 财务费用/利息支出	人民币
票据费用科目	660301 财务费用/利息支出	人民币
收支费用科目	660205 管理费用/办公费	人民币
现金折扣科目	660304 财务费用/现金折扣	人民币

（2）设置结算方式科目

根据表4-3设置结算方式科目。

表 4-3 设置结算方式科目

结算方式	币种	本单位账号	科目
现金	人民币	2107024015890035666	1001 库存现金
现金支票	人民币	2107024015890035666	10020101 银行存款/中国工商银行/沈阳皇姑支行
转账支票	人民币	2107024015890035666	10020101 银行存款/中国工商银行/沈阳皇姑支行
银行汇票	人民币	2107024015890035666	101201 其他货币资金/银行汇票存款
电汇	人民币	2107024015890035666	10020101 银行存款/中国工商银行/沈阳皇姑支行
信汇	人民币	2107024015890035666	10020101 银行存款/中国工商银行/沈阳皇姑支行
委托收款	人民币	2107024015890035666	10020101 银行存款/中国工商银行/沈阳皇姑支行
托收承付	人民币	2107024015890035666	10020101 银行存款/中国工商银行/沈阳皇姑支行
其他	人民币	2107024015890035666	10020101 银行存款/中国工商银行/沈阳皇姑支行

【实验过程】

设置科目

（1）2025年1月1日，由赵凯杰（W02）登录企业应用平台。

（2）在U8企业应用平台，依次选择“业务工作→财务会计→应付款管理→设置→初始设置”命令，打开“初始设置”窗口。在“设置科目”项下选择“基本科目设置”，单击“增加”按钮，根据实验资料设置基本科目，结果如图4-5所示。

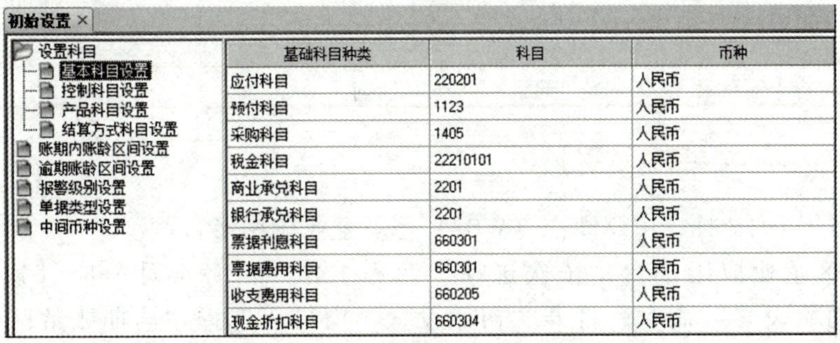

图4-5 设置基本科目

（3）在“设置科目”项下选择“结算方式科目设置”，单击“增加”按钮，根据实验资料设置结算方式科目，结果如图4-6所示。

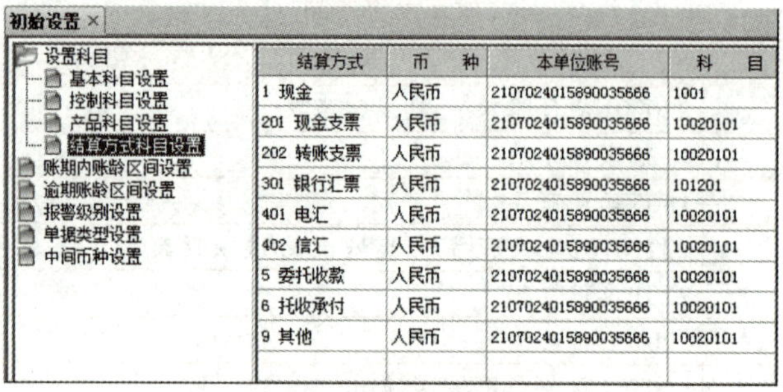

图4-6 设置结算方式科目

提示

商业承兑汇票和银行承兑汇票对应“应付票据”科目，已在基本科目中设置，此处无须设置。

［控制科目设置］该功能用于进行更加详细的应付科目、预付科目的设置。根据系统选项中的“控制科目依据”而显示设置依据。

［产品科目设置］该功能用于进行更加详细的采购科目、税金科目的设置。根据系统选项中的“采购科目依据”而显示设置依据。

制单时，基本科目、控制科目、产品科目、结算方式科目的选取规则如下：

单据上科目→控制科目、产品科目或结算方式科目→基本科目→手工输入科目。

以采购发票制单为例，系统先判断控制科目是否设置，若设置则取该科目。同时判断产品科目是否设置，若设置则取该科目。若没有设置控制科目或产品科目，则取“基本科目设置”中设置的应付科目、采购科目和税金科目。若没有设置基本科目，则弹出记账凭证的“科目名称”栏为空，须手工输入科目。若单据上有科目，则优先使用该科目。

知识点047 设置逾期账龄区间

【实验资料】

根据表4-4设置逾期账龄区间。

表4-4 设置逾期账龄区间

序号	起止天数（天）	总天数（天）
01	1—30	30
02	31—60	60
03	61—90	90
04	91—120	120
05	121以上	

【实验过程】

设置逾期账龄区间

（1）2025年1月1日，由赵凯杰（W02）登录企业应用平台。

（2）在U8企业应用平台，依次选择“业务工作→财务会计→应付款管理→设置→初始设置”命令，打开“初始设置”窗口。选择“逾期账龄区间设置”，根据实验资料在第1行的“总天数”栏输入“30”，按回车键，继续后续天数的录入，结果如图4-7所示。

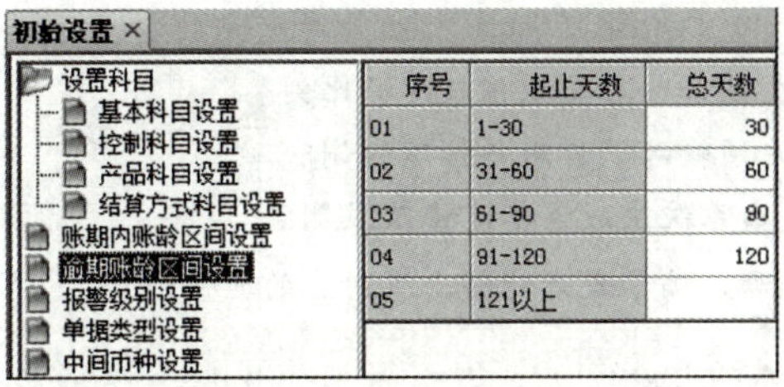

图4-7　设置逾期账龄区间

提示

该功能用于定义逾期应付账款或付款时间间隔，后续可进行逾期应付账款或付款的账龄查询和账龄分析。

最后一个区间不能修改或删除。

［序号］由系统生成，不能修改或删除。

［总天数］直接输入该区间的截止天数。

［起止天数］系统自动生成，无须手工输入。

知识点048　设置报警级别

【实验资料】

根据表4-5设置报警级别。

表4-5　设置报警级别

序号	起止比率	总比率（%）	级别名称
01	0—10%	10	A
02	10%—20%	20	B
03	20%—30%	30	C
04	30%—40%	40	D
05	40%—50%	50	E
06	50%以上		F

【实验过程】

设置报警级别

（1）2025年1月1日，由赵凯杰（W02）登录企业应用平台。

（2）在U8企业应用平台，依次选择“业务工作→财务会计→应付款管理→设置→初始设置”命令，打开“初始设置”窗口。选择“报警级别设置”，根据实验资料输入第1行的“总比率”和“级别名称”，输入完毕按回车键，继续后续级别的录入，结果如图4-8所示。

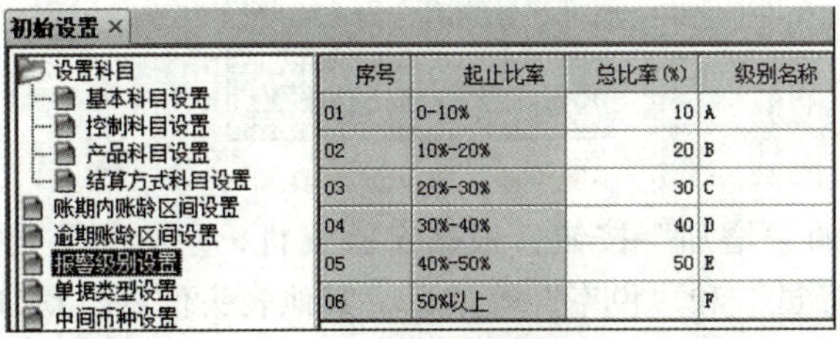

图4-8　设置报警级别

提示

这里的比率是指供应商欠款余额与其授信额度的比例。

最后一个级别的总比率无须输入。最后一行不能删除。

[序号] 和 [起止比率] 由系统生成，不能修改或删除。

[级别名称] 可以采用字母、编号或者能够上下对应的其他形式。

知识点049 录入期初余额

【实验资料】

（1）根据表4-6录入应付账款期初余额，业务员张宏亮。

表 4-6 应付账款期初余额

单据类型	发票号	开票日期	供应商	科目	存货编码	数量	单价	金额
采购专用发票	14035890	2024-12-15	大连博伦	220201	1202	150	3 450.00	584 775.00

（2）根据表4-7录入应付票据期初余额，承兑银行为中国工商银行，业务员张宏亮。

表 4-7 应付票据期初余额

单据名称	单据类型	票据编号	收票单位	科目	票据面值	签发日期	到期日
应付票据	银行承兑汇票	63295321	北京嘉伟	2201	25 740.00	2024-10-30	2025-01-30

（3）根据表4-8录入预付账款期初余额，业务员张宏亮。

表 4-8 预付账款期初余额

单据名称	单据类型	日期	供应商名称	结算方式	金额	票据号	科目
预付款	付款单	2024-12-29	天津惠阳	转账支票	20 000.00	10561995	1123

（4）应付系统与总账系统进行对账。

【实验过程】

录入期初余额

（1）2025年1月1日，由赵凯杰（W02）登录企业应用平台。

（2）在U8企业应用平台，依次选择“业务工作→财务会计→应付款管理→设置→期初余额”命令，打开“期初余额-查询”对话框。单击“确定”按钮，打开“期初余额”窗口。

（3）单击工具栏的“增加”按钮，弹出“单据类别”对话框，如图4-9所示。单击“确定”按钮，打开“采购发票”窗口。

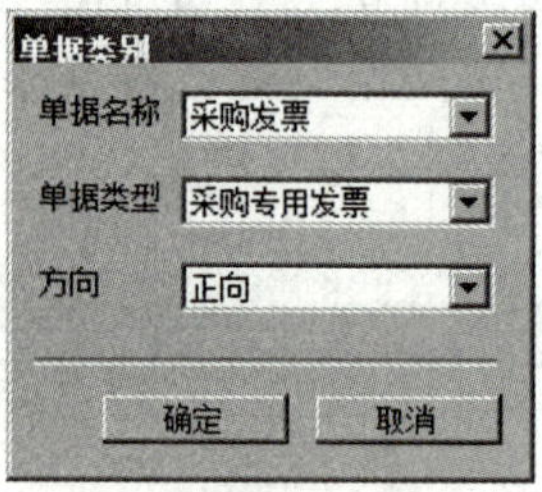

图4-9 选择单据类别

（4）单击工具栏的“增加”按钮，根据实验资料，录入表头的“发票号”、“开票日期”、“供应商”、“业务员”和“税率”等信息，其他表头信息自动带入。

录入表体的“存货编码”、“数量”和“原币单价”等信息，其他表体信息自动带入。

录入完毕单击“保存”按钮，结果如图4-10所示。关闭“采购发票”窗口。

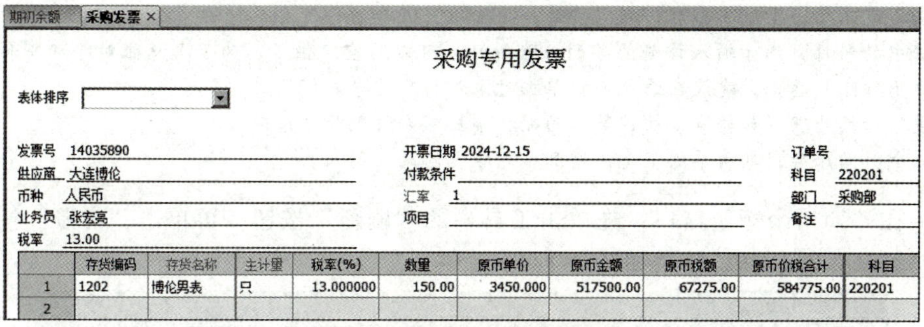
期初余额　采购发票 ×

采购专用发票

表体排序

发票号 14035890　开票日期 2024-12-15　订单号
供应商 大连博伦　付款条件　科目 220201
币种 人民币　汇率 1　部门 采购部
业务员 张宏亮　项目　备注
税率 13.00

	存货编码	存货名称	主计量	税率(%)	数量	原币单价	原币金额	原币税额	原币价税合计	科目
1	1202	博伦男表	只	13.000000	150.00	3450.000	517500.00	67275.00	584775.00	220201
2										

图4-10　期初采购专用发票

提示

期初发票是指还未核销的应付账款，已核销部分金额不显示。

期初发票中表头、表体中均可以输入科目、项目。表头、表体科目必须全为应付系统受控科目。

（5）在“期初余额”窗口，单击工具栏的“增加”按钮，在“单据类别”对话框的“单据名称”栏选择“应付票据”，如图4-11所示。单击“确定”按钮，打开“期初单据录入”窗口。单击“增加”按钮，根据资料录入期初应付票据，结果如图4-12所示，单击“保存”按钮。关闭“期初单据录入”窗口，返回“期初余额”窗口。

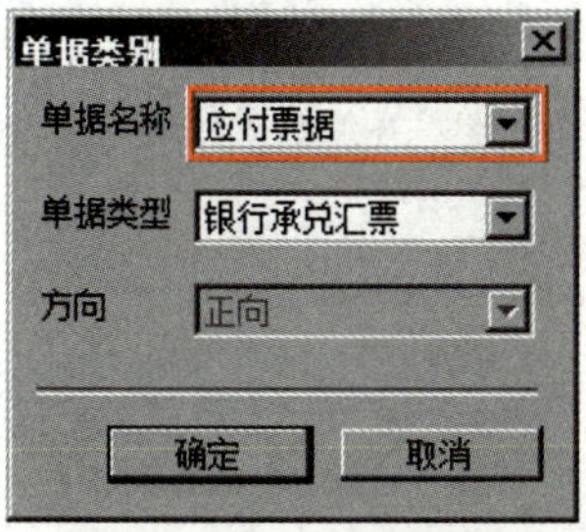

图4-11　选择单据类别

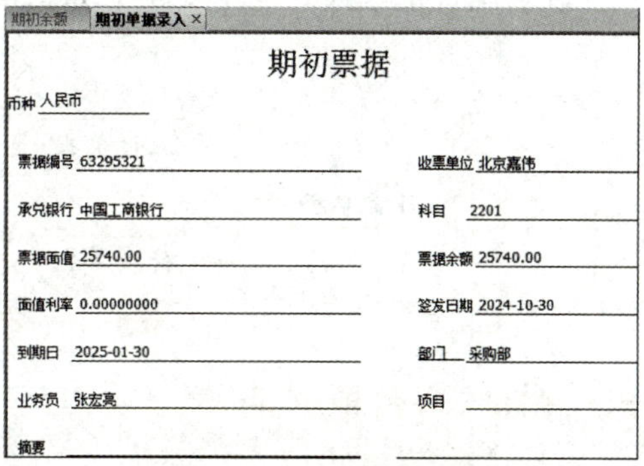
期初余额　期初单据录入 ×

期初票据

币种 人民币

票据编号 63295321　收票单位 北京嘉伟
承兑银行 中国工商银行　科目 2201
票据面值 25740.00　票据余额 25740.00
面值利率 0.00000000　签发日期 2024-10-30
到期日 2025-01-30　部门 采购部
业务员 张宏亮　项目
摘要

图4-12　期初应付票据

（6）在“期初余额”窗口，单击工具栏的“增加”按钮，在“单据类别”对话框的“单据名称”栏选择“预付款”。单击“确定”按钮，打开“期初单据录入”窗口。单击“增加”按钮，根据资料录入期初预付款单，录入完毕单击工具栏的“保存”按钮，结果如图4-13所示。关闭“期初单据录入”窗口，返回“期初余额”窗口。

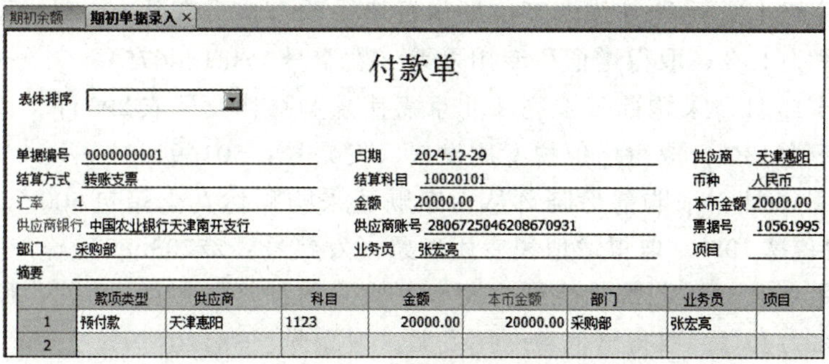
期初余额　期初单据录入 ×

付款单

表体排序

单据编号 0000000001　日期 2024-12-29　供应商 天津惠阳
结算方式 转账支票　结算科目 10020101　币种 人民币
汇率 1　金额 20000.00　本币金额 20000.00
供应商银行 中国农业银行天津南开支行　供应商账号 2806725046208670931　票据号 10561995
部门 采购部　业务员 张宏亮　项目
摘要

	款项类型	供应商	科目	金额	本币金额	部门	业务员	项目
1	预付款	天津惠阳	1123	20000.00	20000.00	采购部	张宏亮	
2								

图4-13　期初预付款单

提示

单据日期必须小于该账套启用期间（第一年使用）或者该年度会计期初（以后年度使用）。

单据中的科目，用于输入该笔业务的入账科目，可以为空。但是，为了与总账对账相符和查询正确的科目明细账、总账，建议在录入期初单据时录入科目信息。

已进行后续处理（如转账、核销等）的期初单据不允许删除、修改。

第一个月结账后，期初单据不允许增加、删除、修改、引入。

（7）在“期初余额”窗口，先单击工具栏的“刷新”按钮，再单击“对账”按钮，打开“期初对账”对话框，结果如图4-14所示。

科目		应付期初		总账期初		差额	
编号	名称	原币	本币	原币	本币	原币	本币
1123	预付账款	-20,000.00	-20,000.00	-20,000.00	-20,000.00	0.00	0.00
2201	应付票据	25,740.00	25,740.00	25,740.00	25,740.00	0.00	0.00
220201	一般应付账款	584,775.00	584,775.00	584,775.00	584,775.00	0.00	0.00
	合计		590,515.00		590,515.00		0.00

图4-14　与总账期初对账结果

任务2　日常单据处理

应付系统日常单据处理主要是对如图4-15所示的几种单据进行操作。

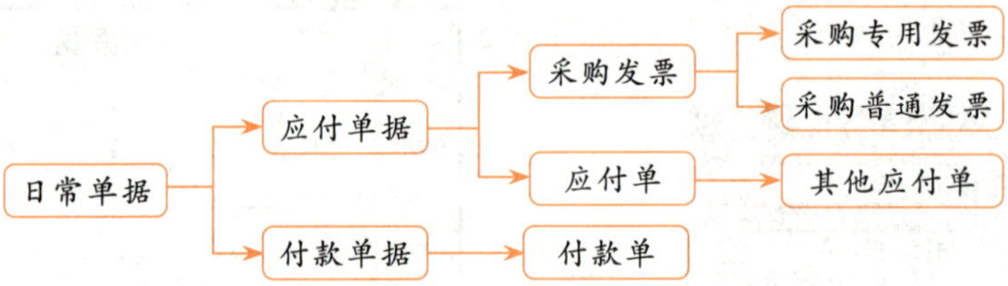

图4-15　应付系统日常单据

知识点050　应付单据录入

应付单据处理基本流程：填制应付单据→审核→制单。

1.填制应付单据

（1）采购专用发票。

【实验资料】

2025年1月15日，采购部张宏亮从湖南百盛采购百盛男套装100套，原币单价为328元，增值税税率为13%，取得增值税专用发票（发票号：38120675）。

2025年1月15日，采购部张宏亮从北京嘉伟采购嘉伟女风衣200件，原币单价为498元，增值税税率为13%，取得增值税专用发票（发票号：50169283）。

2025年1月16日，采购部徐晓辉从山东顺达采购顺达女士箱包500个，原币单价为278元，增值税税率13%，取得增值税专用发票（发票号：25703689）。

2025年1月16日，采购部徐晓辉向湖南百盛采购百盛男夹克300件，原币单价为298元，增值税税率为13%，取得增值税专用发票（发票号：38120679）。

【实验过程】

填制采购专用发票

①2025年1月15日，由赵凯杰（W02）登录企业应用平台。

②在U8企业应用平台，依次选择“业务工作→财务会计→应付款管理→应付单据处理→应付单据录入”命令，打开“单据类别”对话框。单击“确定”按钮，打开“采购发票”窗口。

③单击工具栏的“增加”按钮，根据实验资料，表头录入“发票号”、“供应商”、“税率”和“业务员”等信息，表体录入“存货编码”、“数量”和“原币单价”等信息。录入完毕单击“保存”按钮，结果如图4-16所示。

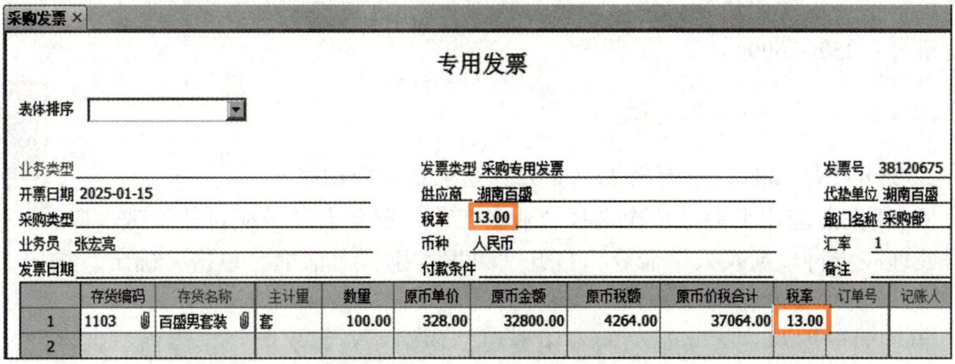

图4-16 采购专用发票

④按照上述方法继续录入剩余的3张发票。后两张发票建议以16日登录平台后填制。

提示

我国现行增值税征收主要实行的是凭增值税专用发票等合法凭证所注明的税款进行扣税的办法，制定了严格的增值税专用发票管理制度。发票包括纸质发票和电子发票。电子发票与纸质发票的法律效力相同，任何单位和个人不得拒收。2024年11月12日，国家税务总局发布《国家税务总局关于推广应用全面数字化电子发票的公告》（国家税务总局公告2024年第11号），决定在全国正式推广应用数电发票。电子发票（增值税专用发票）票样如图4-17所示。

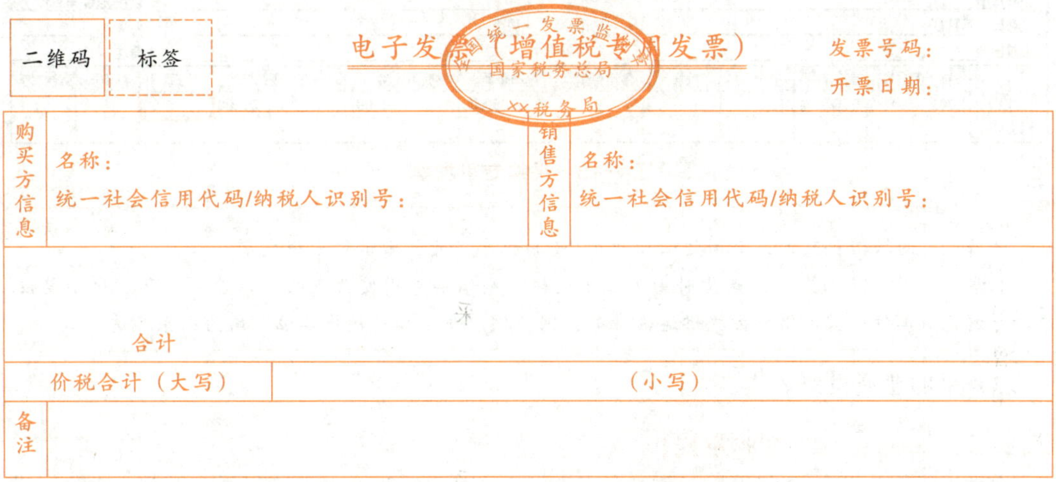

图4-17 电子发票（增值税专用发票）

若启用采购管理系统，则采购发票不在应付系统录入，而应在采购管理系统录入，并传递给应付系统，但须在应付系统进行审核。

若未启用采购管理系统，则在应付系统录入各类采购发票。

录入应付单据时，选择供应商后，系统自动将与供应商相关的信息全部带出。

若表体科目的项目大类与表头相同，则自动将表头项目带入该条表体记录的项目中。

（2）运费专用发票。

【实验资料】

2025年1月16日，采购部徐晓辉从山东顺达采购顺达女士箱包时，发生代垫运费800元，该运输劳务由沈阳通达提供，增值税税率9%，进项税额为72元，取得增值税专用发票（发票号：25703699）。

【实验过程】

填制运费专用发票

① 2025年1月16日，由赵凯杰（W02）登录企业应用平台。

② 在U8企业应用平台，依次选择“业务工作→财务会计→应付款管理→应付单据处理→应付单据录入”命令，打开“单据类别”对话框。单击“确定”按钮，打开“采购发票”窗口。

③ 根据实验资料录入一张采购专用发票，特别注意表头的“供应商”选择“沈阳通达”，“代垫单位”选择“山东顺达”；表头、表体的税率应均为9%。结果如图4-18所示。

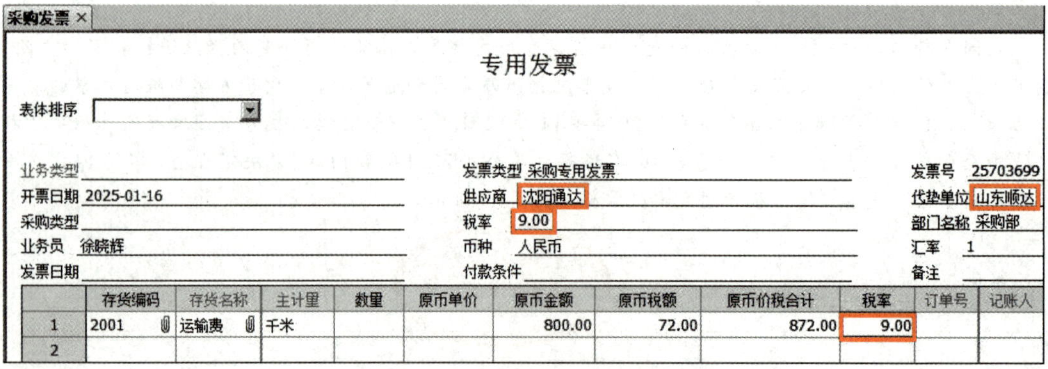

采购发票 ×

专用发票

表体排序

业务类型　　发票类型 采购专用发票　　发票号 25703699

开票日期 2025-01-16　　供应商 沈阳通达　　代垫单位 山东顺达

采购类型　　税率 9.00　　部门名称 采购部

业务员 徐晓辉　　币种 人民币　　汇率 1

发票日期　　付款条件　　备注

	存货编码	存货名称	主计量	数量	原币单价	原币金额	原币税额	原币价税合计	税率	订单号	记账人
1	2001	运输费	千米			800.00	72.00	872.00	9.00		
2											

图4-18　采购专用发票

提示

根据现行的增值税政策，交通运输业执行9%的税率，开具增值税专用发票。

本案例中，若从山东顺达购货时由第三方运输，则采购专用发票表头“供应商”和“代垫单位”应均为该运输单位；若由供货方提供运输劳务，则“供应商”和“代垫单位”均为山东顺达。

（3）采购普通发票。

【实验资料】

2025年1月20日，采购部张宏亮从大连博伦采购博伦女表1只，无税单价为3 450元，增值税税率为13%，取得增值税普通发票（发票号：68159207）。

【实验过程】

填制采购普通发票

①2025年1月20日，由赵凯杰（W02）登录企业应用平台。

②在U8企业应用平台，依次选择“业务工作→财务会计→应付款管理→应付单据处理→应付单据录入”命令，打开“单据类别”对话框，在“单据类型”栏选择“采购普通发票”，如图4-19所示。单击“确定”按钮，打开“采购发票”窗口。

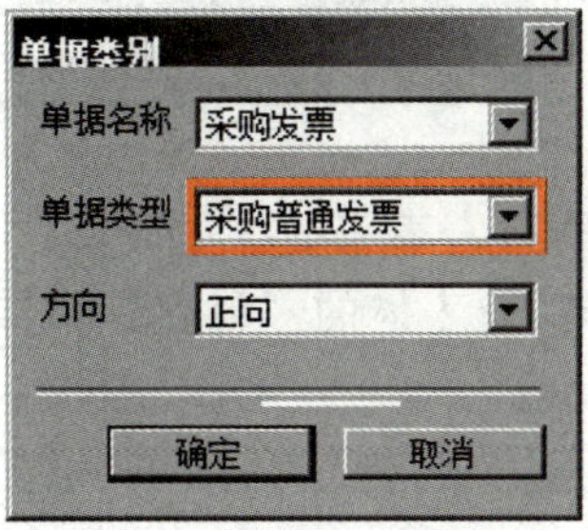

图4-19　选择单据类别

③单击“增加”，根据实验资料，表头项目录入方法同专用发票。录入表体项目时，先选择存货编码，再将该行存货的“税率”改为“0”，数量正常输入，“原币金额”栏输入价税合计金额。保存后结果如图4-20所示。

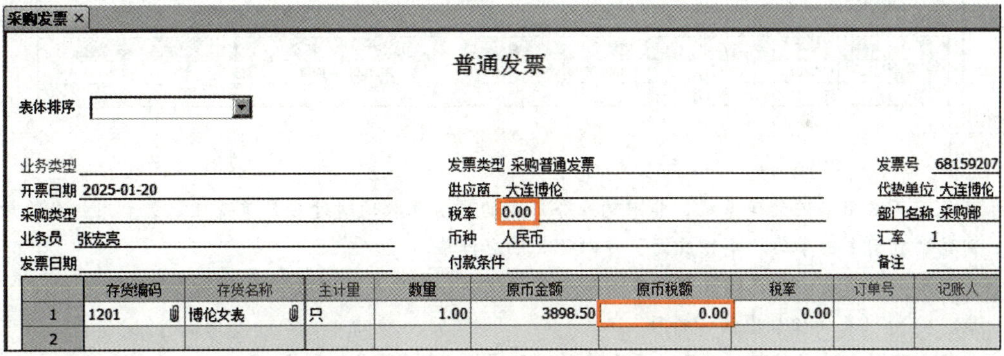

图4-20　采购普通发票

提示

购货取得增值税普通发票，其增值税进项税额不得抵扣，应计入存货成本。

（4）其他应付单。

【实验资料】

2025年1月21日，采购部张宏亮与沈阳通达结算当月货车租赁费1 000元，款项下月支付。

【实验过程】

填制其他应付单

①2025年1月21日，由赵凯杰（W02）登录企业应用平台。

②在U8企业应用平台，依次选择“业务工作→财务会计→应付款管理→应

付单据处理→应付单据录入”命令，打开“单据类别”对话框，在“单据名称”栏选择“应付单”，如图4-21所示。单击“确定”按钮，打开“应付单”窗口。

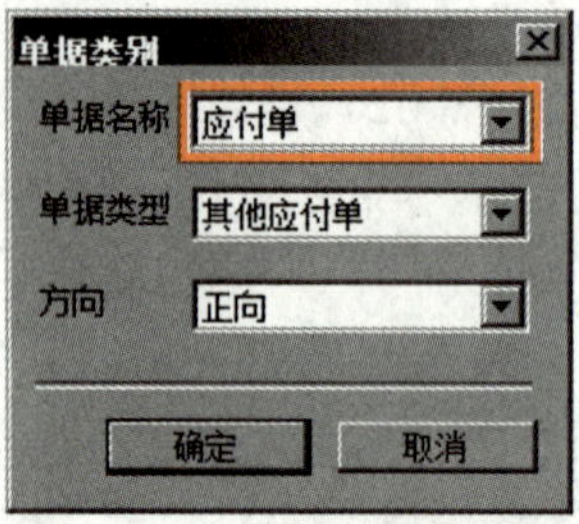

图4-21　选择单据类别

③单击“增加”，根据实验资料，表头的“供应商”选择“沈阳通达”，“金额”输入“1000”，“业务员”选择“张宏亮”。表体的“科目”栏参照选择“660205”（管理费用/办公费）。保存后结果如图4-22所示。

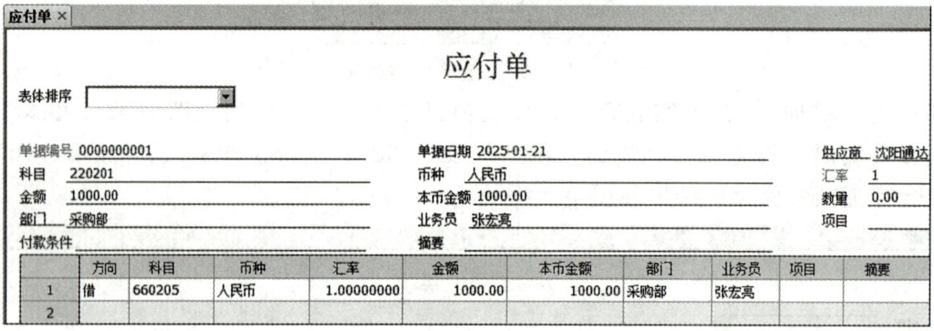

应付单

表体排序

单据编号 0000000001　单据日期 2025-01-21　供应商 沈阳通达
科目 220201　币种 人民币　汇率 1
金额 1000.00　本币金额 1000.00　数量 0.00
部门 采购部　业务员 张宏亮　项目
付款条件　摘要

	方向	科目	币种	汇率	金额	本币金额	部门	业务员	项目	摘要
1	借	660205	人民币	1.00000000	1000.00	1000.00	采购部	张宏亮		
2										

图4-22　其他应付单

提示

无论是否启用采购管理系统，非采购业务形成的应付账款均通过应付单处理。若启用销售管理系统，则销售费用支出单的“单据流向”可以是其他应付单。

应付单实质上是一张记账凭证，表头反映贷方信息，表体反映借方信息，如下所示：

借：××××（表体项目中的“科目”）

　贷：应付系统受控科目（表头项目中的“科目”，必须是受控科目）

应付单表体信息可以不输入，若不输入保存单据时系统会自动形成一条方向相反、金额相等的记录，该记录可修改。

（5）负向的应付单据。

【实验资料】

2025年1月22日，发现本月15日张宏亮从北京嘉伟采购的嘉伟女风衣中有100件发生质量问题，经协商，将货物退给供应商，当日收到对方开具的红字增值税专用发票（发票号：50169287）。

【实验过程】

填制负向的应付单据

①2025年1月22日，由赵凯杰（W02）登录企业应用平台。

②在U8企业应用平台，依次选择“业务工作→财务会计→应付款管理→应

付单据处理→应付单据录入”命令，打开“单据类别”对话框，“方向”栏选择“负向”，如图4-23所示。单击“确定”按钮，打开“采购发票”窗口。

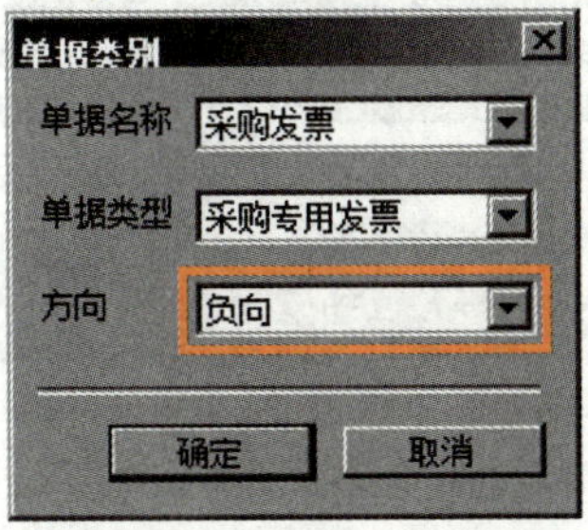

图4-23 选择单据类别

③单击“增加”，根据实验资料填制红字采购专用发票。除表体数量须填列负数外，其他信息的录入与正向的专用发票相同。保存后结果如图4-24所示。

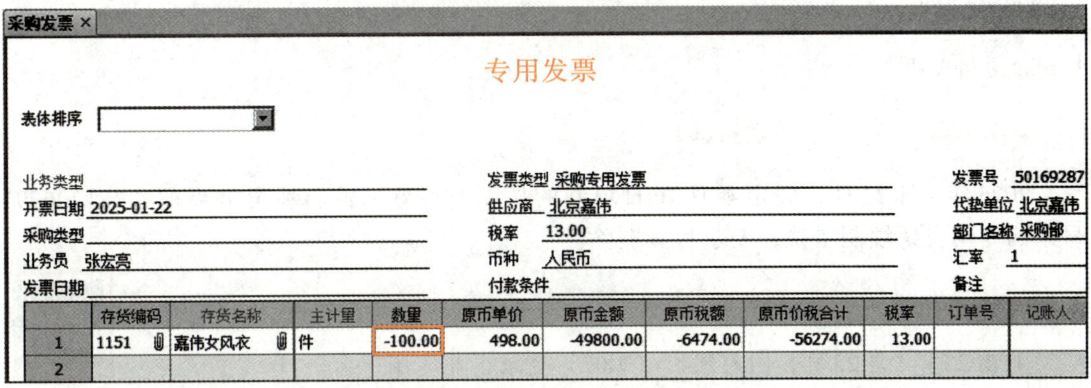

图4-24 红字采购专用发票

提示

采购过程中如果发生退货、销售折让等，则需要填制负向的应付单据。

2.修改应付单据

【实验资料】

2025年1月23日，假定本月15日填制的从湖南百盛采购百盛男套装的“38120675”号采购专用发票中原币单价有误，应为320元，对其进行修改。

【实验过程】

①2025年1月23日，由赵凯杰（W02）登录企业应用平台。

②在U8企业应用平台，依次选择“业务工作→财务会计→应付款管理→应付单据处理→应付单据录入”命令，打开“单据类别”对话框，单击“确定”按钮，打开“采购发票”窗口。

修改应付单据

③单击工具栏的“定位”按钮，打开“单据定位条件”对话框，在“单据编号”栏输入“38120675”，如图4-25所示。单击“确定”找到该发票。单击“修改”按钮，将表体中“单价”改为“320”后保存该发票。

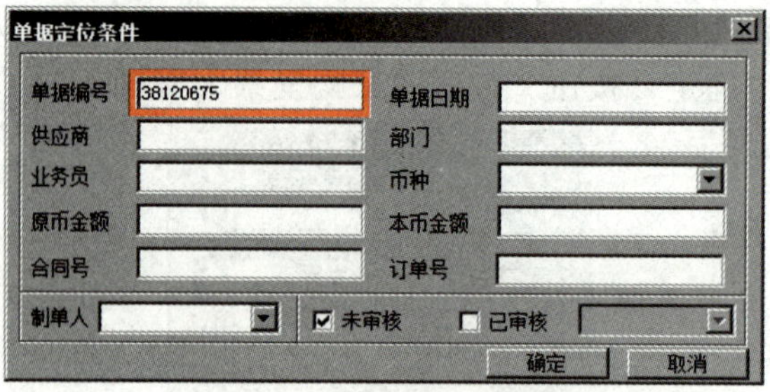

图4-25　单据定位条件

提示

通过点击“定位”按钮右側的“←”（上张）、“→”（下张）、“|←”（首张）和“→|”（末张）等按钮也可查找单据。

在未启用采购管理系统的情况下，若发现采购发票错误，则在应付系统进行修改。单据名称、单据类型不可修改。

3. 删除应付单据

【实验资料】

2025年1月23日，假定本月16日填制的从湖南百盛采购百盛男夹克的“38120679”号采购专用发票填制错误，要求将其删除。

【实验过程】

删除应付单据

① 2025年1月23日，由赵凯杰（W02）登录企业应用平台。

② 在U8企业应用平台，依次选择“业务工作→财务会计→应付款管理→应付单据处理→应付单据录入”命令，打开“单据类别”对话框，单击“确定”按钮，打开“采购发票”窗口。

③ 单击工具栏的“定位”按钮，打开“单据定位条件”对话框，在“单据编号”栏输入“38120679”，单击“确定”找到该发票。单击“删除”按钮，弹出“单据删除后不能恢复，是否继续？”提示框，单击“是”，将该发票删除。

提示

如果采购发票已做过后续处理，如审核、制单、核销、转账等，则该发票不能修改或删除。但是，系统对所有的处理都提供了逆向操作功能，通过逆向操作把后续处理全部取消，此时发票可修改或删除。

知识点051　应付单据审核

【实验资料】

2025年1月23日，将本月应付单据全部审核。

【实验过程】

应付单据审核

（1）2025年1月23日，由赵凯杰（W02）登录企业应用平台。

（2）在U8企业应用平台，依次选择“业务工作→财务会计→应付款管理→应付单据处理→应付单据审核”命令，打开“应付单查询条件”对话框，如图4-26所示。单击“确定”按钮，打开“单据处理”窗口，显示应付单据列表，如图4-27所示。

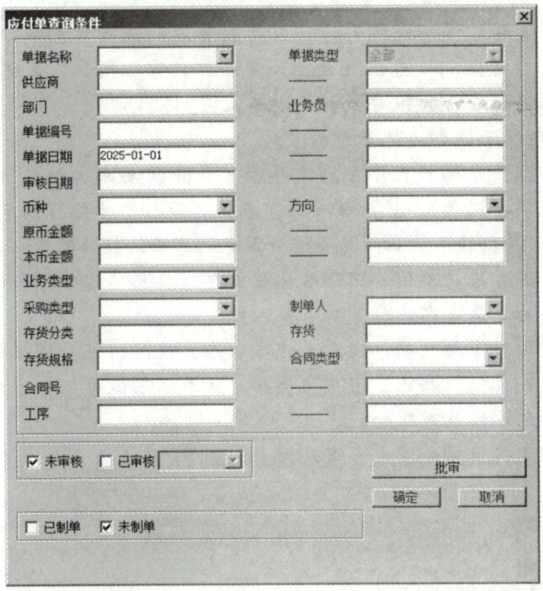

图4-26 “应付单查询条件”对话框

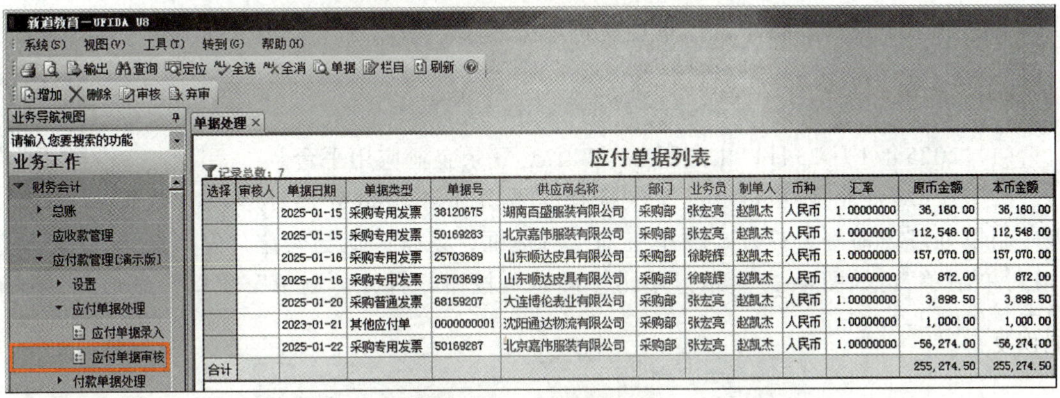

图4-27 应付单据列表

（3）单击工具栏的“全选”按钮，此时每张单据最左侧的“选择”栏显示“Y”字样，表示该单据被选中。单击工具栏的“审核”按钮，弹出如图4-28所示的提示框，单击“确定”按钮，此时每张单据左侧的“审核人”栏均显示“赵凯杰”，完成审核工作。

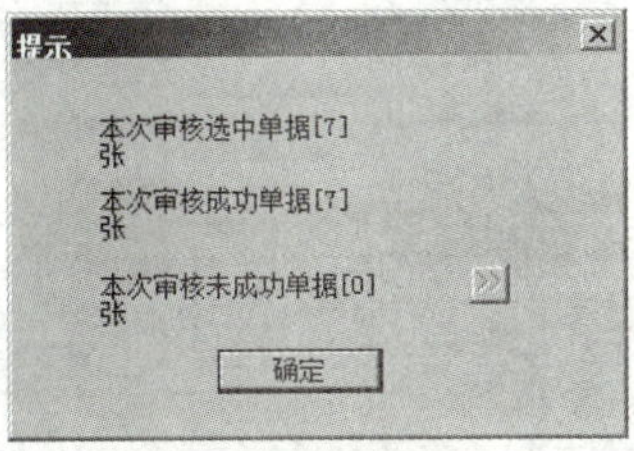

图4-28 审核结果

提示

［审核日期］主要决定应付单据的入账日期，依据系统参数而定，详见知识点045。

［审核人］单据审核后，系统自动将当前操作员填列为审核人。

系统提供3种审核方式：自动批审、批量审核、单张审核。

［自动批审］选择“业务工作→财务会计→应付款管理→应付单据处理→应付单据审核”命令，打开“应付单查询条件”对话框，如图4-26所示。单击“批审”按钮，系统根据当前的过滤条件将符合条件的未审核单据全部进行后台的一次性审核处理。

［批量审核］本案例所演示的即为批量审核方式。

［单张审核］在图4-27所示的应付单据列表界面，选中需要审核的记录，点击工具栏的“单据”按钮（或直接双击那一行单据记录），显示该单据，点击“审核”按钮将该单据审核。

审核有3个含义：①对单据输入的正确与否进行审查；②确认应付账款；③对应付单据进行记账。

在本系统中，采购发票和应付单的处理都基于该发票或应付单已经审核的基础上。

在采购管理系统录入的发票也在应付系统审核入账。

取消审核将清空审核人和审核日期，回到未记账状态，此时，可对该应付单据进行修改或删除。

已经做过后续处理（如核销、转账、汇兑损益等）的单据不能进行弃审处理。

已审核的应付单据不允许修改或删除。

不能在已结账月份中进行审核处理或弃审处理。

知识点052　制单处理

【实验资料】

2025年1月23日，将本月已审核应付单据制单处理。

【实验过程】

制单处理

（1）2025年1月23日，由赵凯杰（W02）登录企业应用平台。

（2）在U8企业应用平台，依次选择“业务工作→财务会计→应付款管理→制单处理”命令，打开“制单查询”对话框，系统默认已勾选“发票制单”，再勾选“应付单制单”，如图4-29所示。单击“确定”按钮，打开“制单”窗口，显示应付制单列表，如图4-30所示。

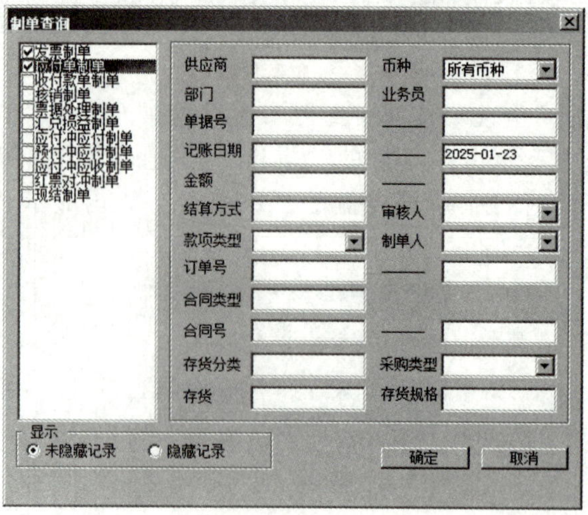

图4-29　制单查询

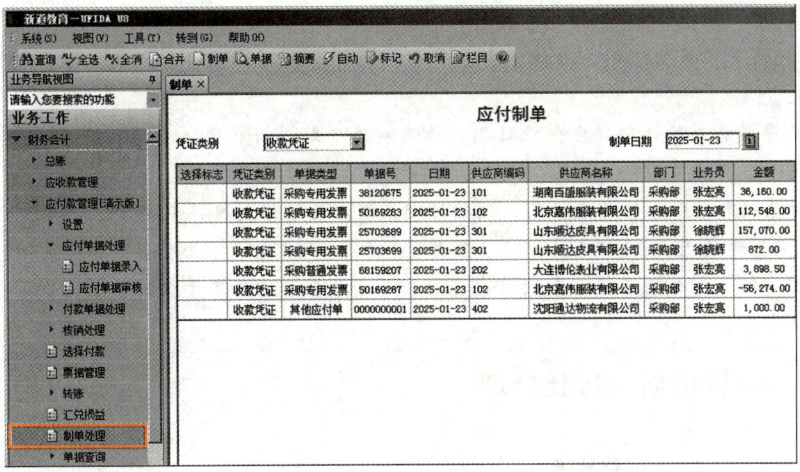

图4-30 应付制单列表

(3) 在“凭证类别”栏，用下拉框选择“转账凭证”(也可在凭证中修改该类别)。

(4) 单击工具栏的“全选”按钮，选择要进行制单的单据，此时“选择标志”栏自动生成数字序号，如图4-31所示。

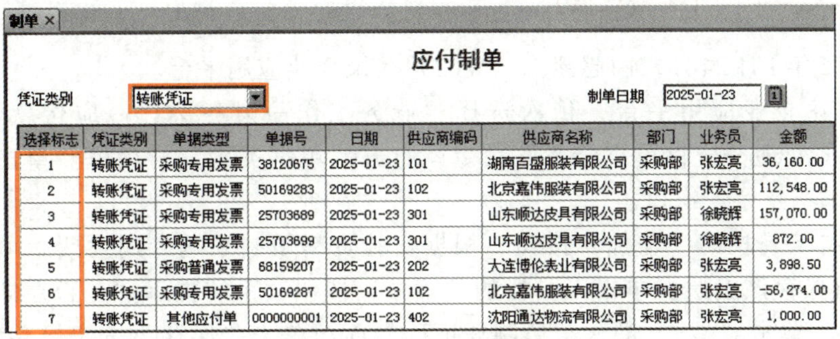

图4-31 选择制单单据

(5) 点击工具栏的“制单”按钮，进入“填制凭证”界面，单击“保存”按钮，保存当前记账凭证并将其传递到总账系统，如图4-32所示。单击“➡”后再单击“保存”，将后续6张凭证逐一保存，或者直接单击“批量保存凭证”按钮，一次性将全部凭证保存。

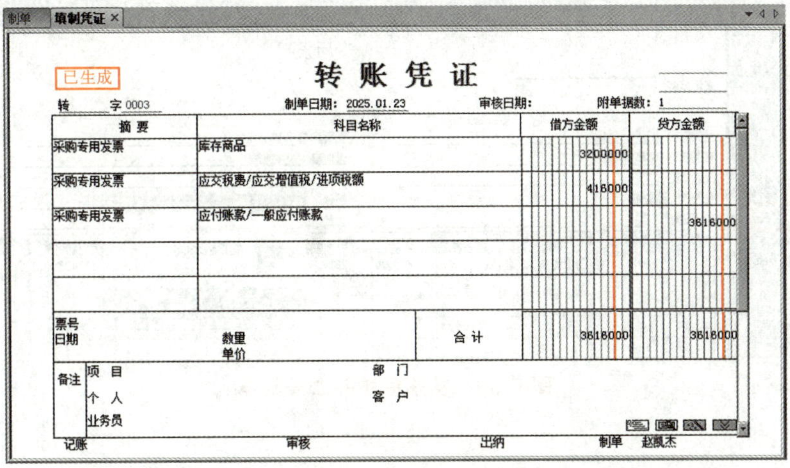

图4-32 记账凭证

提示

“制单处理”是系统提供的一个统一制单平台。此外，系统还在各个业务处理的过程中提供了实时制单的功能。

系统默认将当前业务日期（即登录日期）作为制单日期。制单日期应大于等于所选单据的最大日期，但小于等于当前业务日期。

如果应付系统与总账系统集成使用，制单日期应该满足总账制单日期要求。

［合并制单］通过图4-30中工具栏的“合并”按钮，可以进行合并制单。合并制单一次可以选择多个制单类型，但至少必须选择一个制单类型。合并分录后若出现本币金额为零的情况，则该分录不能传递到凭证中去。

知识点053　应付单据一体化处理

【实验资料】

2025年1月24日，采购部张宏亮从天津惠阳采购博伦男表700只，原币单价为2 850元，增值税税率为13%，取得增值税专用发票（发票号：35187102），价税合计2 254 350元。

【实验过程】

应付单据一体化处理

（1）2025年1月24日，由赵凯杰（W02）登录企业应用平台。

（2）在U8企业应用平台，依次选择“业务工作→财务会计→应付款管理→应付单据处理→应付单据录入”命令，打开“单据类别”对话框。单击“确定”按钮，打开“采购发票”窗口。

（3）单击工具栏的“增加”按钮，根据实验资料填制采购专用发票。填制完毕单击“保存”按钮保存该发票。单击工具栏的“审核”按钮，系统提示“是否立即制单?”，如图4-33所示。单击“是”，进入“填制凭证”界面，单击“保存”按钮保存该记账凭证，如图4-34所示。

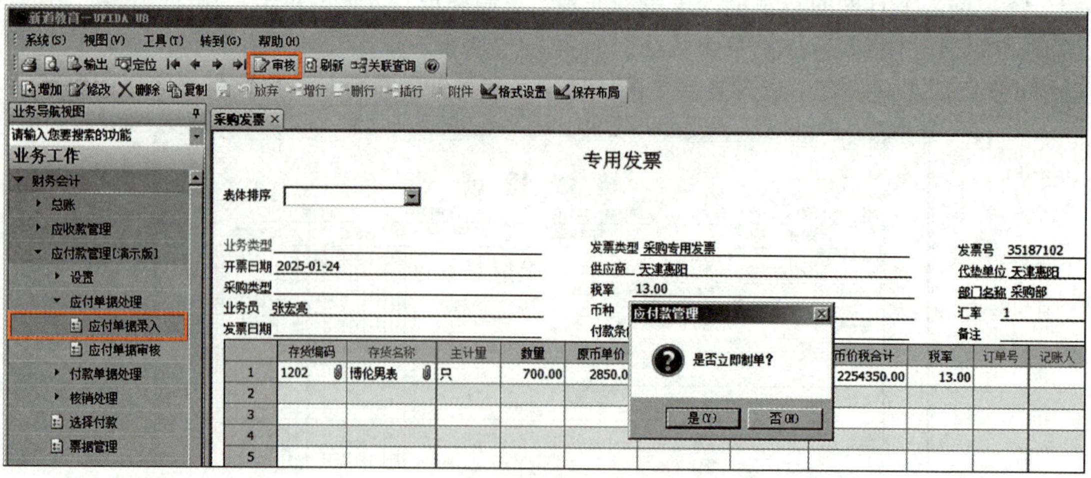

图4-33　发票审核并立即制单

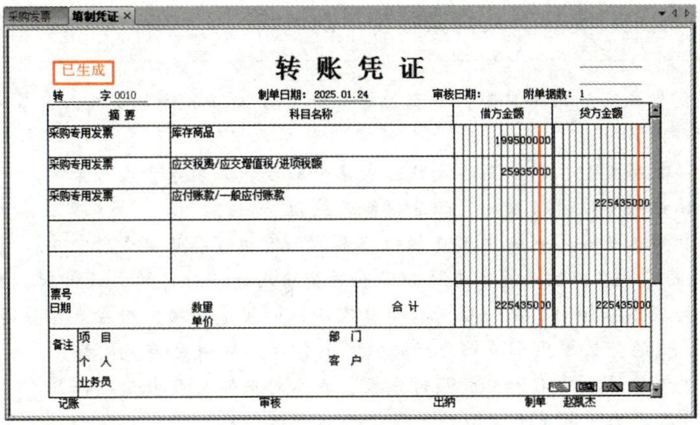

图4-34　记账凭证

知识点054　付款单据录入

付款单据处理基本流程：录入→审核→核销→制单。

1.填制付款单

（1）偿还前欠货款的付款单。

【实验资料】

2025年1月23日，经采购部张宏亮申请，以转账支票（票据号：10562001）向湖南百盛支付本月15日货款38 160元。

2025年1月23日，经采购部徐晓辉申请，以电汇方式（票据号：25896303）向山东顺达支付本月16日的货款及运费175 942元。

2025年1月23日，经采购部张宏亮申请，以转账支票（票据号：10562002）向大连博伦支付本月20日货款3 898.5元。

【实验过程】

填制偿还前欠货款的付款单

①2025年1月23日，由赵凯杰（W02）登录企业应用平台。

②在U8企业应用平台，依次选择“业务工作→财务会计→应付款管理→付款单据处理→付款单据录入”命令，打开“收付款单录入”窗口。

③单击工具栏的“增加”按钮，根据实验资料，表头录入“日期”、“供应商”、“结算方式”、“金额”、“票据号”和“业务员”等信息。录入完毕单击“保存”按钮，结果如图4-35所示。

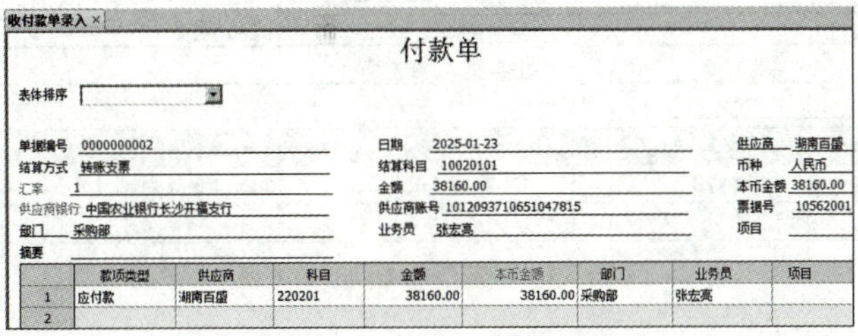

图4-35　偿还前欠货款的付款单

④参照上述方法继续完成剩余两张付款单的填制。

提示

表头必输项目：供应商、单据日期、单据编号、结算方式、币种、金额，当币种为外币时，汇率也必须输入。

表体必输项目：款项类型、供应商、金额。表体金额合计必须等于表头金额。

缺省带入的表体记录可以进行增加、删除、修改处理。

如果启用了付款申请业务，则点击工具栏的“生单”按钮可参照生成付款单。

［款项类型］系统提供3种款项类型来区分不同的款项用途：应付款、预付款、其他费用。不同的款项类型后续业务处理不尽相同。若一张付款单具有不同的用途款项，应在表体分行处理。

a.应付款：该类型的付款单用于冲销应付账款，表体对应的科目为受控科目。

b.预付款：该类型的付款单用于形成预付账款，表体对应的科目为受控科目。

c.其他费用：该类型的付款单表体对应的科目为非受控科目。

只有应付款和预付款性质的付款单才能与采购发票、应付单进行核销勾兑。

［代付款］若付款单表头供应商与表体供应商不同，则表体记录所在的款项为代付款。在核销时，代付款的供应商的记录只能与其本身的应付款核销。

（2）预付货款的付款单。

【实验资料】

2025年1月23日，经采购部张宏亮申请，以转账支票（票据号：10562003）预付上海恒久货款30 000元。

【实验过程】

填制预付货款的付款单

① 2025年1月23日，由赵凯杰（W02）登录企业应用平台。

② 在U8企业应用平台，依次选择“业务工作→财务会计→应付款管理→付款单据处理→付款单据录入”命令，打开“收付款单录入”窗口。

③ 单击工具栏的“增加”按钮，根据实验资料，表头录入“供应商”、“结算方式”、“金额”、“票据号”和“业务员”等信息。表头录入完毕将表体第1行的“款项类型”单元格选择为“预付款”，单击“保存”按钮，结果如图4-36所示。

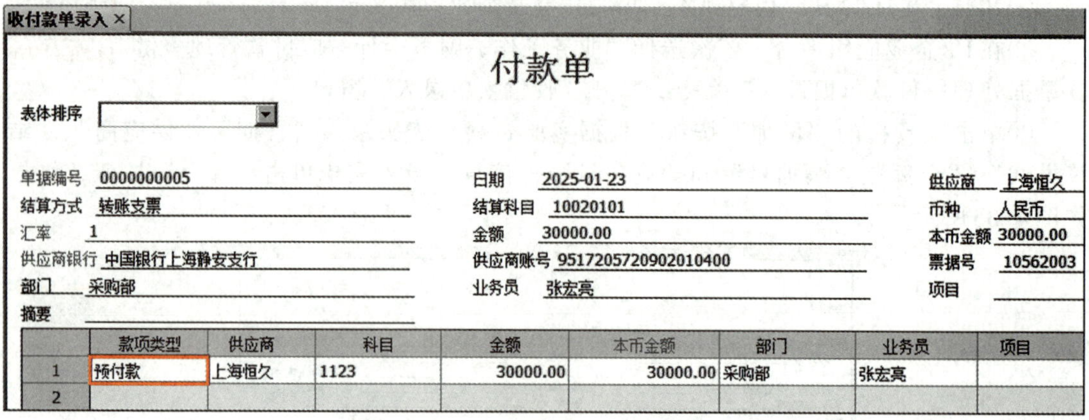

收付款单录入 ×

付款单

表体排序

单据编号 0000000005　日期 2025-01-23　供应商 上海恒久

结算方式 转账支票　结算科目 10020101　币种 人民币

汇率 1　金额 30000.00　本币金额 30000.00

供应商银行 中国银行上海静安支行　供应商账号 9517205720902010400　票据号 10562003

部门 采购部　业务员 张宏亮　项目

摘要

	款项类型	供应商	科目	金额	本币金额	部门	业务员	项目
1	预付款	上海恒久	1123	30000.00	30000.00	采购部	张宏亮	
2								

图4-36　预付货款的付款单

（3）虚拟付款单。

【实验资料】

2025年1月23日，经采购部张宏亮与大连博伦协商，对方同意减免上月15日所欠货款775元。

【实验过程】

① 2025年1月23日，由赵凯杰（W02）登录企业应用平台。

② 在U8企业应用平台，依次选择“业务工作→财务会计→应付款管理→付款单据处理→付款单据录入”命令，打开“收付款单录入”窗口。

填制虚拟付款单

③ 单击工具栏的“增加”按钮，根据实验资料，表头“供应商”选择“大连博伦”，“结算方式”选择“其他”，“结算科目”修改为“6117”（其他收益），“金额”输入“775”，“业务员”选择“张宏亮”。单击“保存”按钮，结果如图4-37所示。

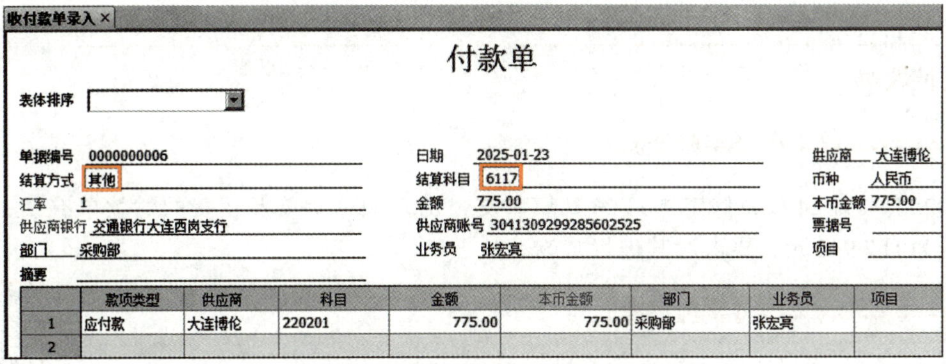
收付款单录入

付款单

表体排序

单据编号 0000000006　日期 2025-01-23　供应商 大连博伦
结算方式 其他　结算科目 6117　币种 人民币
汇率 1　金额 775.00　本币金额 775.00
供应商银行 交通银行大连西岗支行　供应商账号 3041309299285602525　票据号
部门 采购部　业务员 张宏亮　项目
摘要

	款项类型	供应商	科目	金额	本币金额	部门	业务员	项目
1	应付款	大连博伦	220201	775.00	775.00	采购部	张宏亮	
2								

图4-37 （虚拟）付款单

提示

所谓虚拟付款单，是指表头“结算方式”栏为“其他”、“结算科目”栏为非银行科目的付款单。

（4）收款单。

【实验资料】

2025年1月23日，采购部张宏亮通知财务，收回多付湖南百盛的购货款2 000元，当日收到电汇款（票据号：59720715）。

【实验过程】

① 2025年1月23日，由赵凯杰（W02）登录企业应用平台。

② 在U8企业应用平台，依次选择“业务工作→财务会计→应付款管理→付款单据处理→付款单据录入”命令，打开“收付款单录入”窗口。点击“切换”按钮。

填制收款单

③ 单击工具栏的“增加”按钮，根据实验资料填制收款单。单击“保存”按钮，结果如图4-38所示。

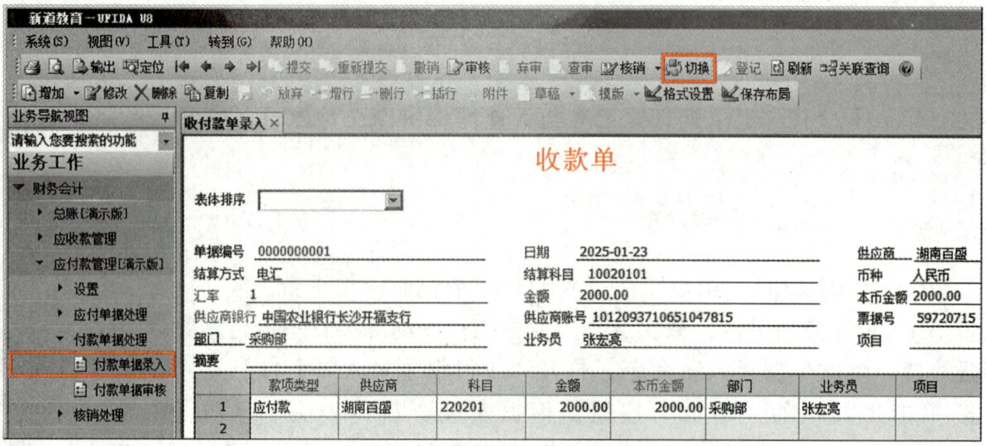

图4-38 应付系统收款单

提示

应付、预付用途的收款单可与应付、预付用途的付款单进行“红票对冲”操作。

应付、预付用途的收款单可与应付、预付用途的付款单或红字应付单据进行核销操作。

2. 修改付款单

【实验资料】

2025年1月24日，假定本月23日填制支付山东顺达货款及运费的付款单有误，付款金额应为157 942元，要求对其进行修改。

【实验过程】

修改付款单

① 2025年1月24日，由赵凯杰（W02）登录企业应用平台。

② 在U8企业应用平台，依次选择“业务工作→财务会计→应付款管理→付款单据处理→付款单据录入”命令，打开“收付款单录入”窗口。

③ 单击工具栏的“定位”按钮，打开“收付款单定位条件”对话框，在“供应商”栏参照选择“301”（山东顺达），如图4-39所示，单击“确定”找到该付款单。单击“修改”按钮，将表头、表体中的“金额”栏均改为“157942”。保存该付款单，结果如图4-40所示。

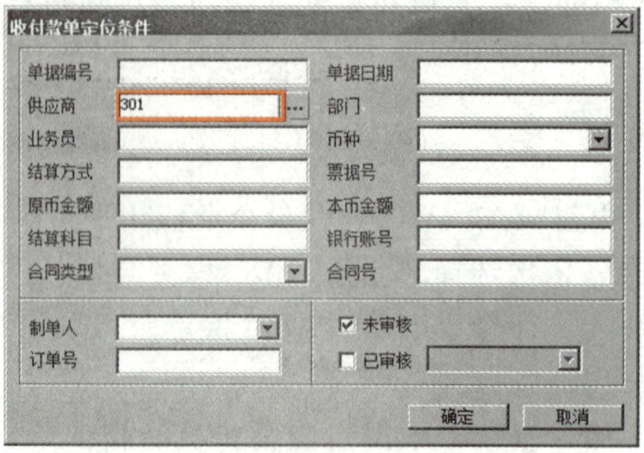

图4-39 收付款单定位条件

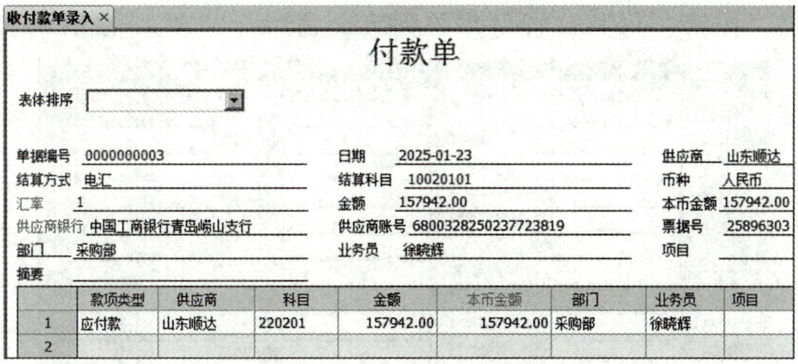

图4-40 修改后的付款单

提示

通过点击“定位”按钮右侧的“◆”（上张）、“◆”（下张）、“|◆”（首张）和“◆|”（末张）等按钮也可查找单据。

3.删除付款单

【实验资料】

2025年1月24日，假定本月23日填制支付大连博伦货款3 898.5元的付款单有误，要求删除该付款单。

【实验过程】

删除付款单

① 2025年1月24日，由赵凯杰（W02）登录企业应用平台。

② 在U8企业应用平台，依次选择“业务工作→财务会计→应付款管理→付款单据处理→付款单据录入”命令，打开“收付款单录入”窗口。

③ 单击工具栏的“定位”按钮，打开“收付款单定位条件”对话框，在“供应商”栏参照选择“大连博伦”，单击“确定”找到该付款单。单击“删除”按钮，弹出“单据删除后不能恢复，是否继续?”提示框，单击“是”，将该付款单删除。

提示

如果付款单已做过后续处理，如审核、制单、核销、预付冲应付、红票对冲等，则该付款单不能修改或删除。但是，系统对所有的处理都提供了逆向操作功能，通过逆向操作把后续处理全部取消，此时付款单可修改或删除。

知识点055 付款单据审核

【实验资料】

2025年1月25日，将本月收付款单全部审核。

【实验过程】

付款单据审核

（1）2025年1月25日，由赵凯杰（W02）登录企业应用平台。

（2）在U8企业应用平台，依次选择“业务工作→财务会计→应付款管理→付款单据处理→付款单据审核”命令，打开“付款单查询条件”对话框，如图4-41

所示。单击“确定”按钮，打开“收付款单列表”窗口，如图4-42所示。

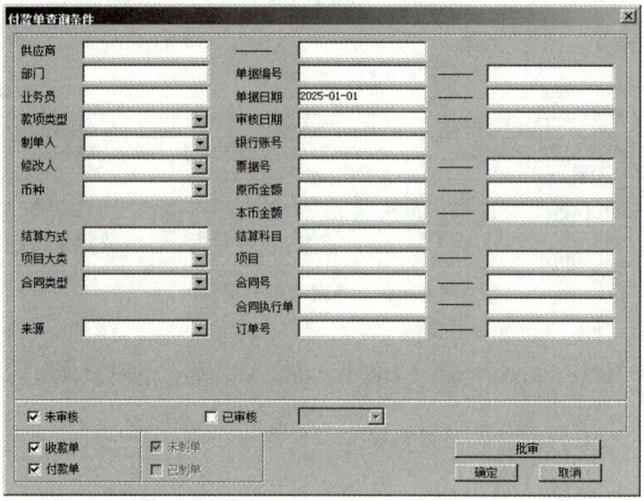

图4-41　付款单查询条件

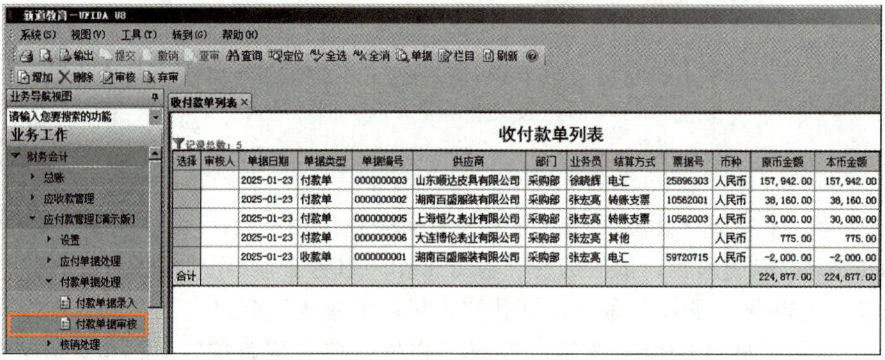

图4-42　收付款单列表

（3）单击工具栏的“全选”按钮，此时每张单据最左侧的“选择”栏显示“Y”字样，表示该单据被选中。单击工具栏的“审核”按钮，弹出如图4-43所示的提示框，单击“确定”按钮，此时每张单据左侧的“审核人”栏均显示“赵凯杰”，完成审核工作。

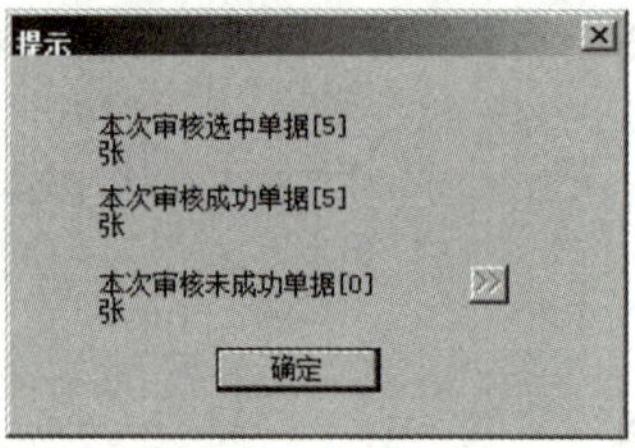

图4-43　审核结果

提示

付款单的审核即对付款单据进行记账，并在单据上填上审核日期、审核人的过程。系统将单据日期作为审核日期，将当前操作员作为审核人。

不能在已结账月份中进行审核或弃审处理。

系统提供3种审核方式：自动批审、批量审核、单张审核。具体操作方法参考应付单据的3种审核方式，详见知识点051。

知识点056　核销处理

【实验资料】

2025年1月25日，对山东顺达、大连博伦、湖南百盛本月发生的采购业务进行核销处理。

【实验过程】

核销处理

（1）2025年1月25日，由赵凯杰（W02）登录企业应用平台。

（2）在U8企业应用平台，依次选择“业务工作→财务会计→应付款管理→核销处理→手工核销”命令，打开“核销条件”对话框，在“供应商”栏参照选择“301”（山东顺达），如图4-44所示。单击“确定”按钮，打开“单据核销”窗口。

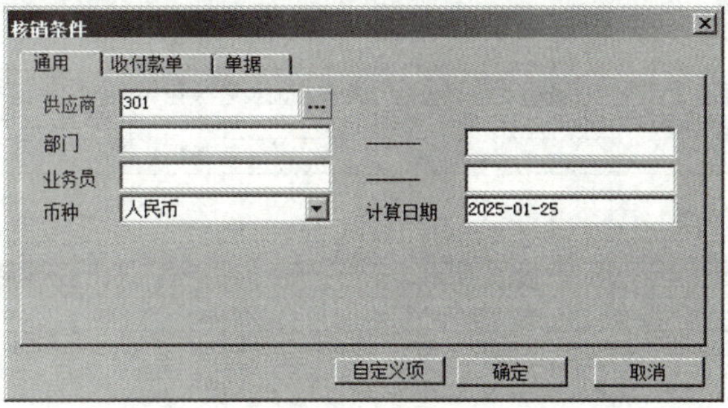

图4-44　核销条件

提示

若“收付款单”页签的“单据类型”选择付款单，被核销单据列表中可以显示：蓝字发票、蓝字其他应付单、收款单。

若“收付款单”页签的“单据类型”选择收款单，被核销单据列表中可以显示：红字发票、红字其他应付单、付款单。

（3）在窗口下方“25703689”号发票的“本次结算”栏输入“157070”，“25703699”号发票的“本次结算”栏输入“872”，如图4-45所示。单击“保存”按钮，完成核销。

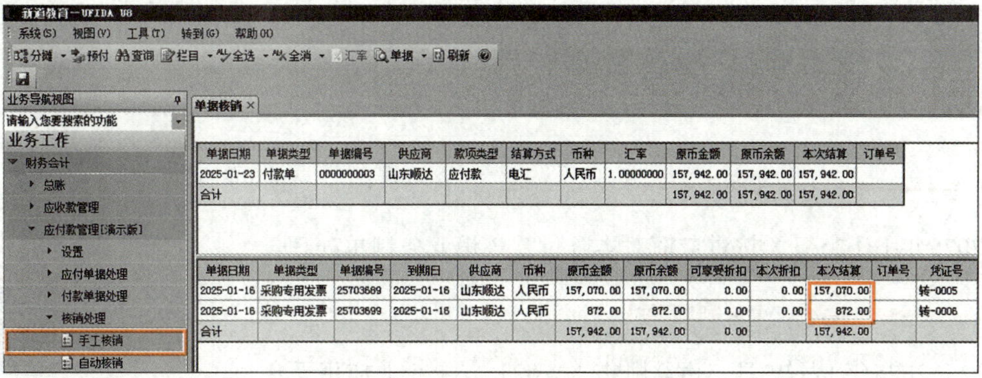

图4-45　山东顺达核销界面

（4）参照上述方法继续完成对大连博伦的核销处理，界面如图4-46所示。

单据核销 ×

单据日期	单据类型	单据编号	供应商	款项类型	结算方式	币种	汇率	原币金额	原币余额	本次结算	订单号
2025-01-23	付款单	0000000006	大连博伦	应付款	其他	人民币	1.00000000	775.00	775.00	775.00	
合计								775.00	775.00	775.00	

单据日期	单据类型	单据编号	到期日	供应商	币种	原币金额	原币余额	可享受折扣	本次折扣	本次结算	订单号	凭证号
2025-01-20	采购普通发票	68159207	2025-01-20	大连博伦	人民币	3,898.50	3,898.50	0.00				转-0007
2024-12-15	采购专用发票	14035890	2024-12-15	大连博伦	人民币	584,775.00	584,775.00	0.00	0.00	775.00		
合计						588,673.50	588,673.50	0.00		775.00		

图4-46　大连博伦核销界面

（5）参照前述方法继续完成对湖南百盛的核销处理，界面如图4-47所示。

单据核销 ×

单据日期	单据类型	单据编号	供应商	款项类型	结算方式	币种	汇率	原币金额	原币余额	本次结算	订单号
2025-01-23	付款单	0000000002	湖南百盛	应付款	转账支票	人民币	1.00000000	38,160.00	38,160.00	38,160.00	
合计								38,160.00	38,160.00	38,160.00	

单据日期	单据类型	单据编号	到期日	供应商	币种	原币金额	原币余额	可享受折扣	本次折扣	本次结算	订单号	凭证号
2025-01-15	采购专用发票	38120675	2025-01-15	湖南百盛	人民币	36,160.00	36,160.00	0.00	0.00	36,160.00		转-0003
2025-01-23	收款单	0000000001	2025-01-23	湖南百盛	人民币	2,000.00	2,000.00	0.00	0.00	2,000.00		
合计						38,160.00	38,160.00	0.00		38,160.00		

图4-47　湖南百盛核销界面

提示

通过核销功能可将付款单与发票或应付单相关联，冲减本期应付，减少企业债务。

未审核过的或者原币余额为零的单据记录均不显示在收付款单、被核销单据列表中。

红字单据整条记录金额、余额均以正数显示，单据类型为收款单。

收付款单原币余额=原币金额-本次结算。

发票、应付单在自动计算现金折扣的情况下，原币余额=原币金额-本次结算-本次折扣；在无现金折扣的情况下，原币余额=原币金额-本次结算。

款项类型为应付款或预付款的付款单均可进行核销。

若付款单数额等于原有单据数额，付款单与原有单据完全核销。

若付款单数额大于原有单据数额，部分核销原有单据，部分形成预付款。

若付款单数额小于原有单据数额，原有单据仅得到部分核销。

知识点057　制单处理

【实验资料】

2025年1月25日，按供应商对本月付款核销业务制单处理。

【实验过程】

制单处理

（1）2025年1月25日，由赵凯杰（W02）登录企业应用平台。

(2) 在U8企业应用平台，依次选择“业务工作→财务会计→应付款管理→制单处理”命令，打开“制单查询”对话框，勾选“收付款单制单”和“核销制单”，如图4-48所示。单击“确定”按钮，打开“制单”窗口，显示应付制单列表。

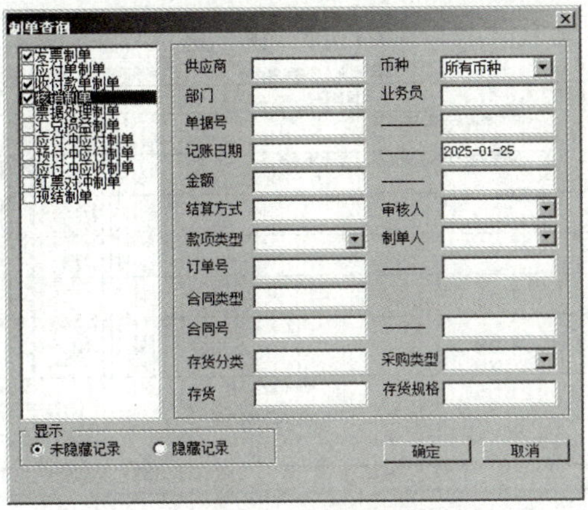

图4-48　制单查询

(3) 单击列表表头“供应商名称”项，此时单据按供应商名称排序，在各单据左侧的“选择标志”栏输入制单序号，供应商名称相同的序号相同。在“凭证类别”栏，用下拉框选择“付款凭证”，如图4-49所示。

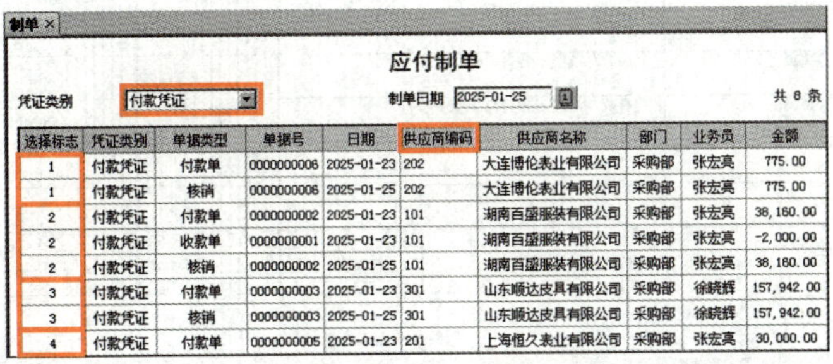

应付制单

凭证类别 付款凭证　制单日期 2025-01-25　共 8 条

选择标志	凭证类别	单据类型	单据号	日期	供应商编码	供应商名称	部门	业务员	金额
1	付款凭证	付款单	0000000006	2025-01-23	202	大连博伦表业有限公司	采购部	张宏亮	775.00
1	付款凭证	核销	0000000006	2025-01-25	202	大连博伦表业有限公司	采购部	张宏亮	775.00
2	付款凭证	付款单	0000000002	2025-01-23	101	湖南百盛服装有限公司	采购部	张宏亮	38,160.00
2	付款凭证	收款单	0000000001	2025-01-23	101	湖南百盛服装有限公司	采购部	张宏亮	-2,000.00
2	付款凭证	核销	0000000002	2025-01-25	101	湖南百盛服装有限公司	采购部	张宏亮	38,160.00
3	付款凭证	付款单	0000000003	2025-01-23	301	山东顺达皮具有限公司	采购部	徐晓辉	157,942.00
3	付款凭证	核销	0000000003	2025-01-25	301	山东顺达皮具有限公司	采购部	徐晓辉	157,942.00
4	付款凭证	付款单	0000000005	2025-01-23	201	上海恒久表业有限公司	采购部	张宏亮	30,000.00

图4-49　应付制单列表

(4) 单击工具栏的“制单”按钮，保存当前记账凭证并将其传递到总账系统，如图4-50所示。

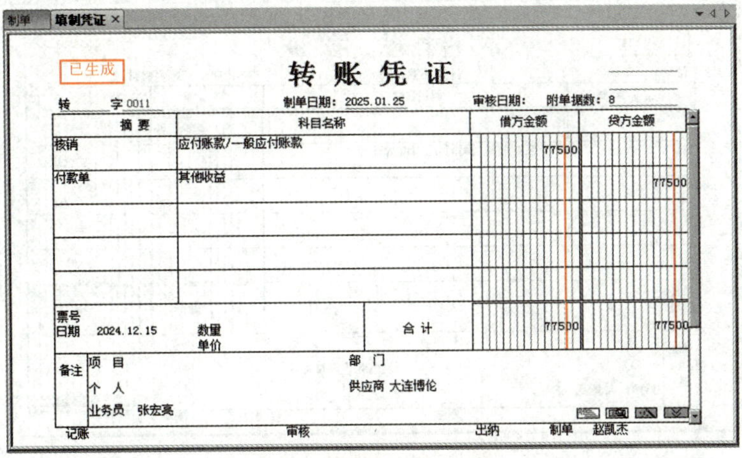

图4-50　记账凭证（1）

（5）单击“➡”，再单击“保存”，将后续3张记账凭证逐一保存，结果如图4-51至图4-53所示。

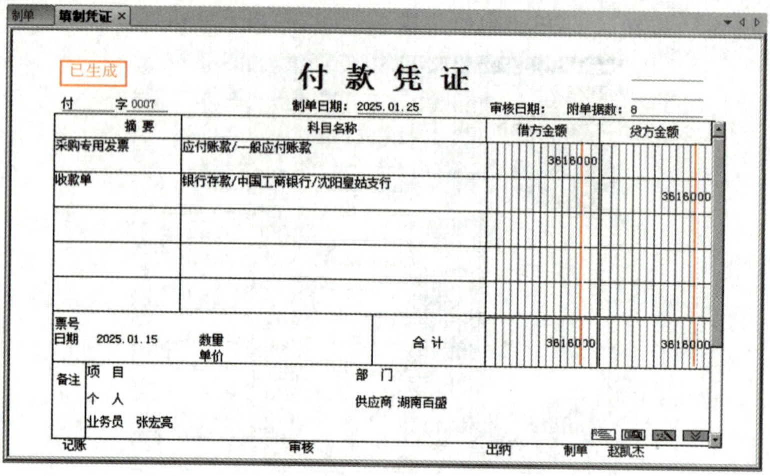

图4-51 记账凭证（2）

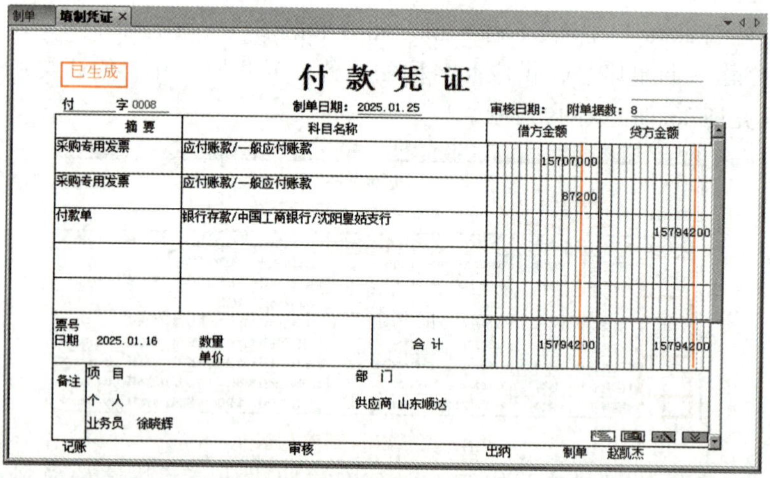

图4-52 记账凭证（3）

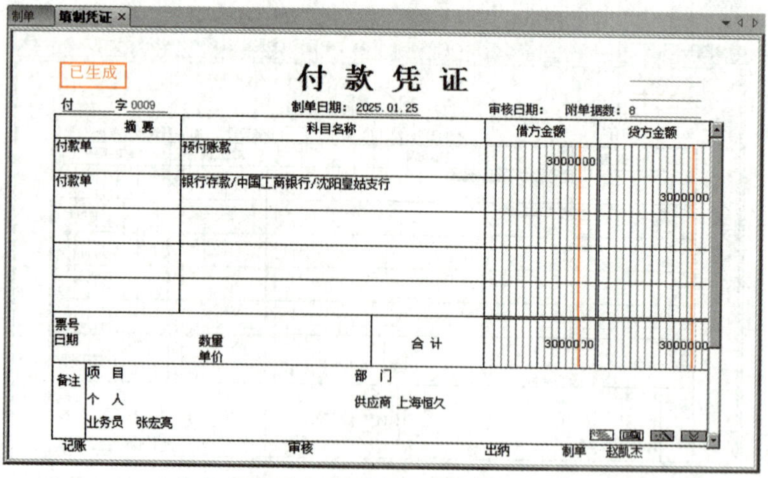

图4-53 记账凭证（4）

提示

［收付款单制单］收付款单制单借方取表体科目，贷方取表头的结算科目，用会计分录表示如下：

借：应付科目（款项类型=应付款）

　　预付科目（款项类型=预付款）

　　费用科目（款项类型=其他费用）

　贷：结算科目（表头金额）

［核销制单］当核销双方的入账科目不相同时需要进行核销制单，但该功能受系统参数的控制（参考知识点045），若未勾选“核销生成凭证”，则即使入账科目不一致也不制单。

但是，如果核销双方入账科目相同的核销记录不制单，则该记录将一直显示在应付制单列表，这样容易对其他制单类型的制单造成影响。为此，在实际操作中，习惯于将“收付款单制单”与“核销制单”进行合并处理。

知识点058　付款单据一体化处理

【实验资料】

2025年1月26日，经采购部张宏亮申请，向天津惠阳签发金额为2 234 350元的转账支票一张（票据号：10562004），用于偿还本月24日的部分货款。

【实验过程】

付款单据一体化处理

（1）2025年1月26日，由赵凯杰（W02）登录企业应用平台。

（2）在U8企业应用平台，依次选择“业务工作→财务会计→应付款管理→付款单据处理→付款单据录入”命令，单击“确定”按钮，打开“收付款单录入”窗口。

（3）单击工具栏的“增加”按钮，根据实验资料填制付款单。填制完毕单击“保存”按钮保存该付款单，如图4-54所示。单击工具栏的“审核”按钮，系统提示“是否立即制单?”，单击“否”，再单击工具栏的“核销”按钮，弹出“核销条件”对话框，单击“确定”按钮，进入核销界面。

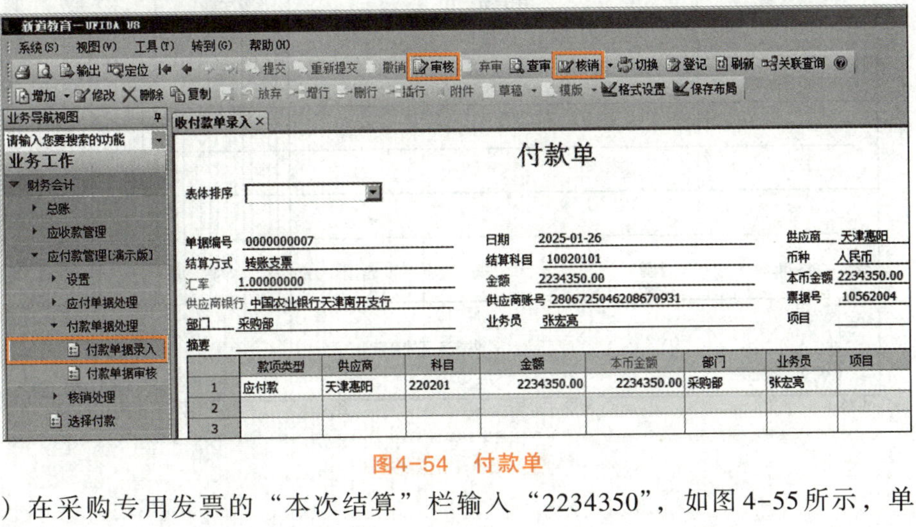

图4-54　付款单

（4）在采购专用发票的“本次结算”栏输入“2234350”，如图4-55所示，单击“保存”按钮。

收付款单录入 | 单据核销

单据日期	单据类型	单据编号	供应商	款项类型	结算方式	币种	汇率	原币金额	原币余额	本次结算	订单号
2025-01-26	付款单	0000000007	天津惠阳	应付款	转账支票	人民币	1.00000000	2,234,350.00	2,234,350.00	2,234,350.00	
合计								2,234,350.00	2,234,350.00	2,234,350.00	

单据日期	单据类型	单据编号	到期日	供应商	币种	原币金额	原币余额	可享受折扣	本次折扣	本次结算	订单号	凭证号
2025-01-24	采购专用发票	35187102	2025-01-24	天津惠阳	人民币	2,254,350.00	2,254,350.00	0.00	0.00	2,234,350.00		转-0010
合计						2,254,350.00	2,254,350.00	0.00		2,234,350.00		

图4-55 天津惠阳核销界面

（5）选择“业务工作→财务会计→应付款管理→制单处理”命令，单击“确定”按钮，打开“制单查询”对话框，勾选“收付款单制单”和“核销制单”，单击“确定”，打开应付制单列表，如图4-56所示。

收付款单录入 | 单据核销 | 制单

应付制单

凭证类别 收款凭证　　制单日期 2025-01-26　　共 2 条

选择标志	凭证类别	单据类型	单据号	日期	供应商编码	供应商名称	部门	业务员	金额
	收款凭证	付款单	0000000007	2025-01-26	401	天津惠阳商贸有限公司	采购部	张宏亮	2,234,350.00
	收款凭证	核销	0000000007	2025-01-26	401	天津惠阳商贸有限公司	采购部	张宏亮	2,234,350.00

图4-56 应付制单列表

（6）在应付制单列表，“凭证类别”栏选择“付款凭证”，依次单击工具栏的“全选”、“合并”和“制单”按钮，进入“填制凭证”界面，单击“保存”按钮，保存当前记账凭证并将其传递到总账系统，如图4-57所示。

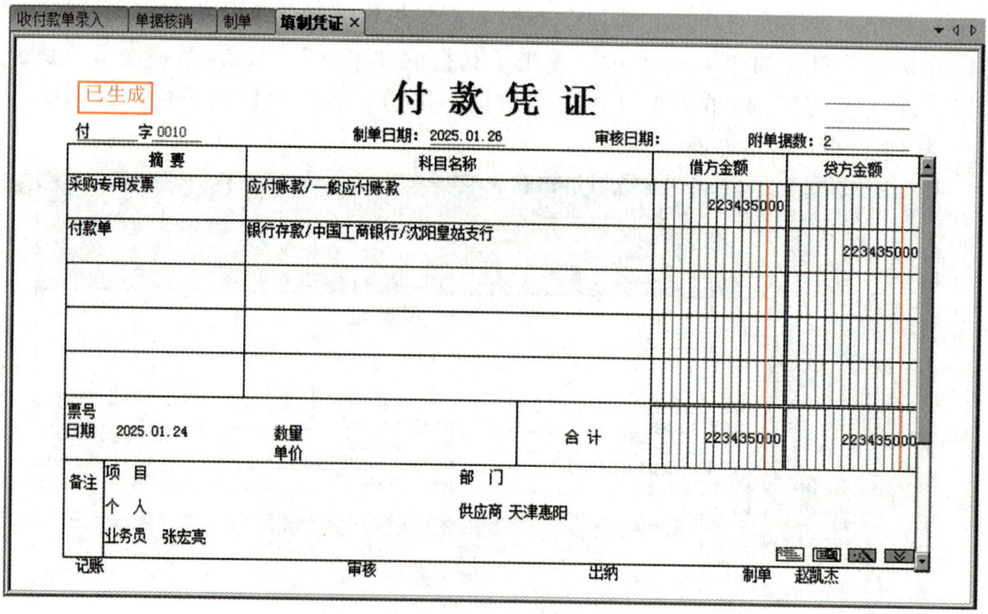
收付款单录入 | 单据核销 | 制单 | 填制凭证

已生成

付款凭证

付 字 0010　　制单日期：2025.01.26　　审核日期：　　附单据数：2

摘要	科目名称	借方金额	贷方金额
采购专用发票	应付账款/一般应付账款	223435000	
付款单	银行存款/中国工商银行/沈阳皇姑支行		223435000
票号 日期 2025.01.24	数量 单价　　合计	223435000	223435000

备注　项目　　部门
个人　　供应商 天津惠阳
业务员 张宏亮

记账　　审核　　出纳　　制单 赵凯杰

图4-57 记账凭证

知识点059　选择付款

【实验资料】

2025年1月27日，经采购部张宏亮申请，向大连博伦签发金额为200 000元的转账支票一张（票据号：10562005），用于偿还上月15日部分货款。

【实验过程】

选择付款

（1）2025年1月27日，由赵凯杰（W02）登录企业应用平台。

（2）在U8企业应用平台，依次选择“业务工作→财务会计→应付款管理→选择付款”命令，打开“选择付款-条件”对话框。在该对话框的“供应商”栏选择“大连博伦”，如图4-58所示。单击“确定”按钮，打开“选择付款-单据”窗口。

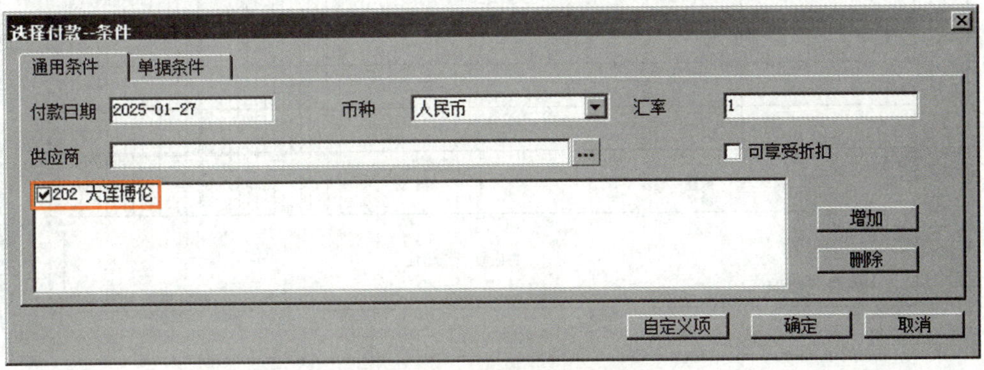

图4-58　选择付款过滤窗口

（3）在“付款金额”栏输入“200000”，单击回车键，结果如图4-59所示。

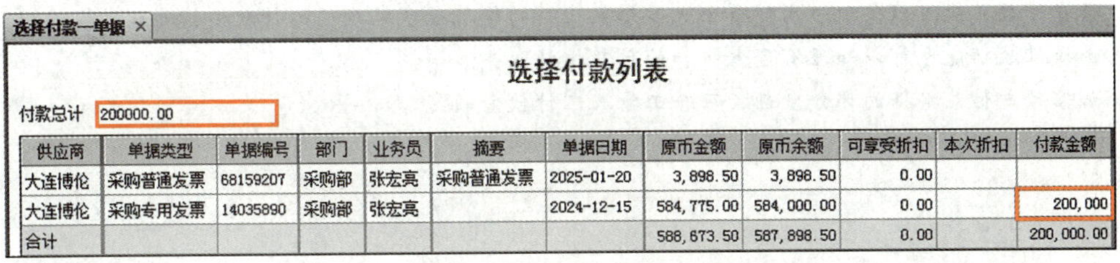

供应商	单据类型	单据编号	部门	业务员	摘要	单据日期	原币金额	原币余额	可享受折扣	本次折扣	付款金额
大连博伦	采购普通发票	68159207	采购部	张宏亮	采购普通发票	2025-01-20	3,898.50	3,898.50	0.00		
大连博伦	采购专用发票	14035890	采购部	张宏亮		2024-12-15	584,775.00	584,000.00	0.00		200,000
合计							588,673.50	587,898.50	0.00		200,000.00

图4-59　“选择付款-单据”窗口

（4）单击工具栏的“确认”按钮，打开“选择付款-付款单”窗口。“结算方式”栏选择“转账支票”，“票据号”栏输入“10562005”，如图4-60所示。单击“确定”按钮，完成选择付款。

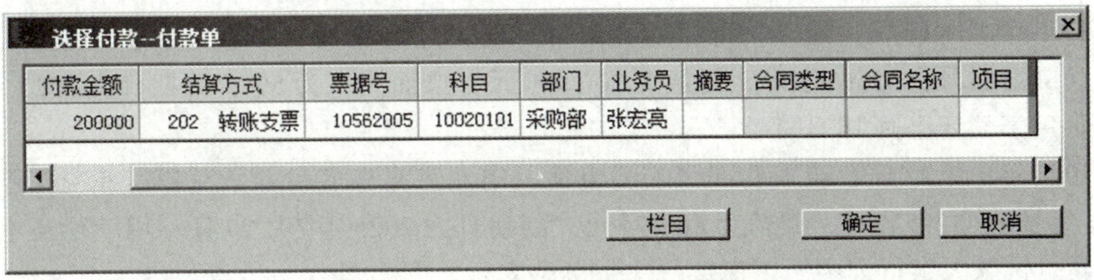

付款金额	结算方式	票据号	科目	部门	业务员	摘要	合同类型	合同名称	项目
200000	202　转账支票	10562005	10020101	采购部	张宏亮				

图4-60　“选择付款-付款单”窗口

提示

选择付款后系统自动生成已审核、已核销的付款单。

（5）选择“业务工作→财务会计→应付款管理→制单处理”命令，单击“确定”按钮，打开“制单查询”对话框，勾选“收付款单制单”和“核销制单”，单击“确定”，打开应付制单列表。依次单击工具栏的“全选”、“合并”和“制单”按钮，进入“填制凭证”界面，单击“保存”按钮，保存当前记账凭证并将其传递到总账系统，如图4-61所示。

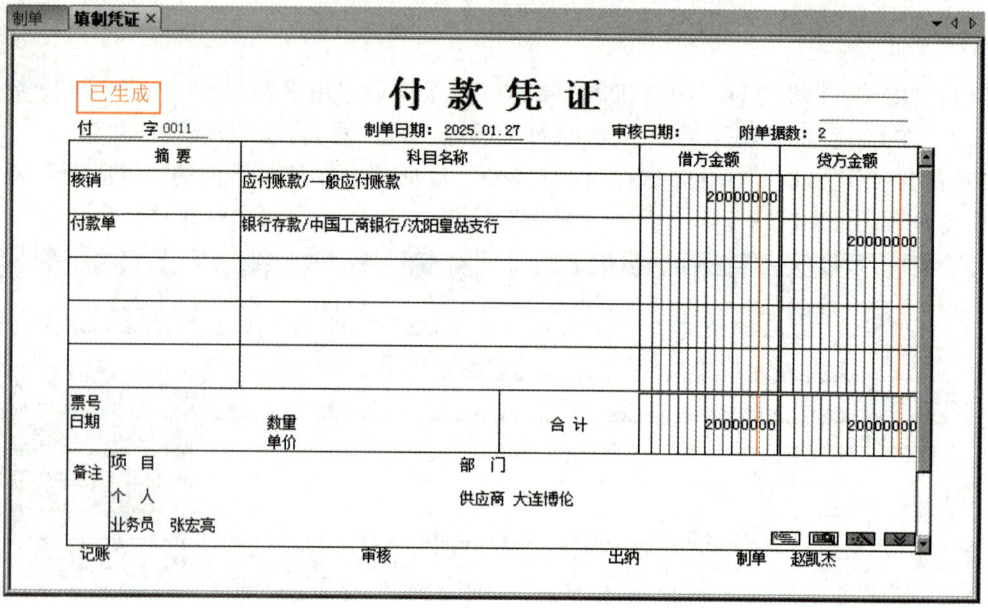

制单　填制凭证 ×

已生成

付款凭证

付　字 0011　　制单日期：2025.01.27　　审核日期：　　附单据数：2

摘要	科目名称	借方金额	贷方金额
核销	应付账款/一般应付账款	20000000	
付款单	银行存款/中国工商银行/沈阳皇姑支行		20000000
票号 日期	数量 单价 合计	20000000	20000000

备注　项目　　部门

个人　　供应商 大连博伦

业务员 张宏亮

记账　　审核　　出纳　　制单 赵凯杰

图4-61　记账凭证

提示

选择付款功能可以实现一次对单个或多个供应商的单笔或多笔款项的付款核销处理。

选择付款功能也可以处理有现金折扣的付款核销业务。

如果只支付某单据的部分金额，可手工输入“付款金额”。

任务3　票据管理

知识点060　商业汇票出票

【实验资料】

2025年1月18日，经采购部张宏亮申请，向大连博伦签发并承兑带息商业承兑汇票一张（票据编号：82563561），面值为300 000元，票面利率为5%，到期日为2025年4月18日。用于偿还上月15日货款。

2025年1月27日，经采购部张宏亮申请，向北京嘉伟签发并承兑银行承兑汇票一张（票据编号：63295322），面值为56 274元，到期日为2025年7月27日。用于偿还本月15日货款。付款人银行为中国工商银行沈阳皇姑支行。

商业汇票出票

【实验过程】

（1）填制商业汇票。

①2025年1月18日，由赵凯杰（W02）登录企业应用平台。在U8企业应用平台，依次选择“业务工作→财务会计→应付款管理→票据管理”命令，打开“条件查询选择”对话框，单击“确定”按钮，打开“票据管理”窗口。

②单击工具栏的“增加”按钮，根据实验资料填制商业承兑汇票。填制完毕单击“保存”按钮保存该单据，结果如图4-62所示。

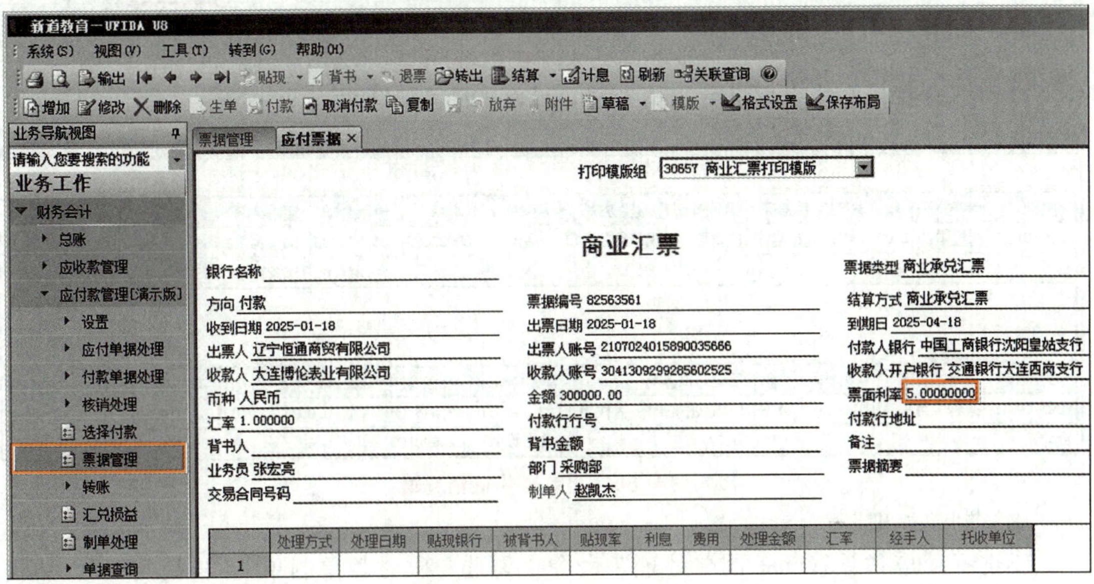

图4-62 商业承兑汇票

③重新登录企业应用平台，操作日期为1月27日。按照上述方法继续填制银行承兑汇票。

提示

如果系统参数选择“应付票据直接生成付款单”（系统缺省值为勾选此项，如图4-2所示），则商业汇票保存完毕，系统自动生成一张未审核、未核销付款单，可对该付款单进行后续处理。该付款单的后续处理与在付款单据录入中填制的付款单相同。

如果启用付款申请业务，在票据录入界面，点击“生单”按钮，可参照已经审核的付款申请单生成票据。

如果商业汇票出票作为预付款，则保存票据后到“付款单据录入”中，找到该汇票自动生成的付款单，将表体的“款项类型”改为“预付款”即可。

（2）审核付款单据。

选择“应付款管理→付款单据处理→付款单据审核”命令，对上述汇票自动生成的两张付款单进行审核。

（3）手工核销处理。

①选择“应付款管理→核销处理→手工核销”命令，对大连博伦的往来款进行核销处理，核销界面如图4-63所示。

单据核销 ×

单据日期	单据类型	单据编号	供应商	款项类型	结算方式	币种	汇率	原币金额	原币余额	本次结算	订单号
2025-01-18	付款单	0000000009	大连博伦	应付款	商业承兑汇票	人民币	1.00000000	500,000.00	500,000.00	500,000.00	
合计								500,000.00	500,000.00	500,000.00	

单据日期	单据类型	单据编号	到期日	供应商	币种	原币金额	原币余额	可享受折扣	本次折扣	本次结算	订单号	凭证号
2025-01-20	采购普通发票	68159207	2025-01-20	大连博伦	人民币	3,898.50	3,898.50	0.00				转-0007
2024-12-15	采购专用发票	14035890	2024-12-15	大连博伦	人民币	584,775.00	384,000.00	0.00	0.00	300,000.00		
合计						588,673.50	387,898.50	0.00		300,000.00		

图4-63　大连博伦核销界面

②对北京嘉伟的往来款进行核销处理，界面如图4-64所示。

单据核销 ×

单据日期	单据类型	单据编号	供应商	款项类型	结算方式	币种	汇率	原币金额	原币余额	本次结算	订单号
2025-01-27	付款单	0000000010	北京嘉伟	应付款	银行承兑汇票	人民币	1.00000000	56,274.00	56,274.00	56,274.00	
合计								56,274.00	56,274.00	56,274.00	

单据日期	单据类型	单据编号	到期日	供应商	币种	原币金额	原币余额	可享受折扣	本次折扣	本次结算	订单号	凭证号
2025-01-15	采购专用发票	50169283	2025-01-15	北京嘉伟	人民币	112,548.00	112,548.00	0.00	0.00	56,274.00		转-0004
合计						112,548.00	112,548.00	0.00		56,274.00		

图4-64　北京嘉伟核销界面

（4）制单处理。

①选择“应付款管理→制单处理”命令，勾选“收付款单制单”“核销制单”，单击“确定”，打开“制单”窗口。

单击列表表头“供应商名称”项，此时单据按供应商名称排序，在各单据左侧的“选择标志”栏输入制单序号，供应商名称相同的序号相同。在“凭证类别”栏，用下拉框选择“转账凭证”，如图4-65所示。

制单 ×

应付制单

凭证类别　转账凭证　　制单日期　2025-01-27　　共 4 条

选择标志	凭证类别	单据类型	单据号	日期	供应商编码	供应商名称	部门	业务员	金额
1	转账凭证	付款单	0000000009	2025-01-18	202	大连博伦表业有限公司	采购部	张宏亮	300,000.00
1	转账凭证	核销	0000000009	2025-01-27	202	大连博伦表业有限公司	采购部	张宏亮	300,000.00
2	转账凭证	付款单	0000000010	2025-01-27	102	北京嘉伟服装有限公司	采购部	张宏亮	56,274.00
2	转账凭证	核销	0000000010	2025-01-27	102	北京嘉伟服装有限公司	采购部	张宏亮	56,274.00

图4-65　应付制单列表

②单击“制单”按钮，进入“填制凭证”界面，单击“成批保存凭证”按钮，保存两张转账凭证，结果如图4-66、图4-67所示。

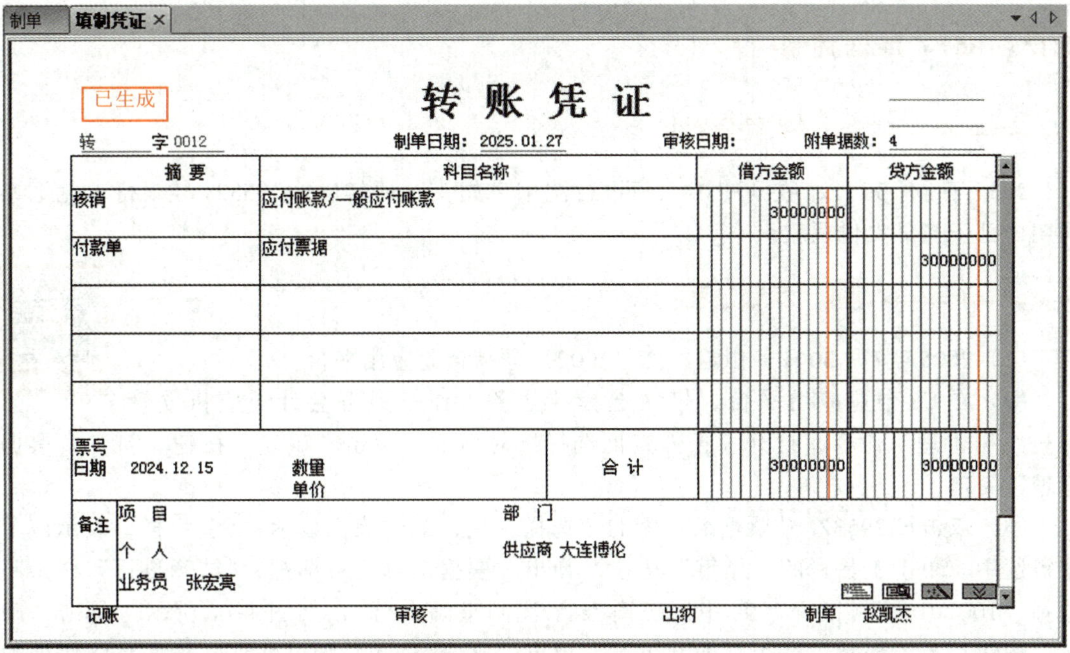

图4-66　记账凭证（1）

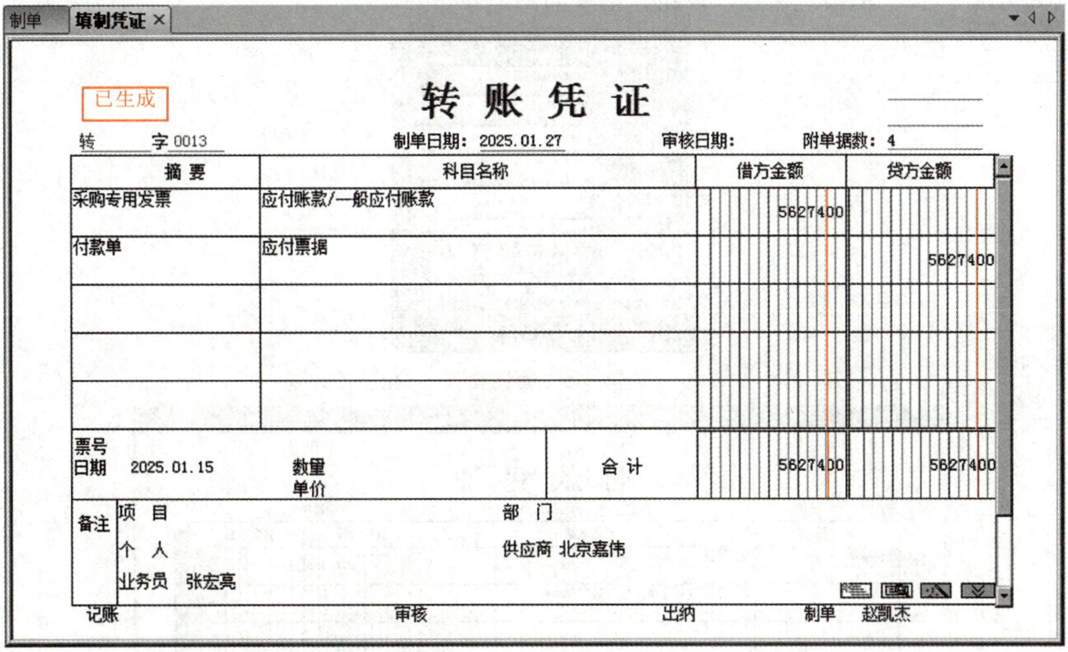

图4-67　记账凭证（2）

提示

在票据列表界面或票据填制界面，单击“删除”或“修改”按钮，可对商业汇票进行修改或删除。但以下几种情况不能修改或删除：

①票据自动生成的付款单已经进行核销、转账等后续处理的；

②出票日期所在月份已经结账的票据；

③已经进行计息、结算、转出等处理的票据。

知识点061　票据到期结算

【实验资料】

2025年1月30日，收到中国工商银行沈阳皇姑支行通知，63295321号银行承兑汇票到期，已于当日支付票款。

【实验过程】

票据到期结算

（1）2025年1月30日，由赵凯杰（W02）登录企业应用平台。

（2）在U8企业应用平台，依次选择“业务工作→财务会计→应付款管理→票据管理”命令，打开“条件查询选择”对话框，单击“确定”按钮，打开“票据管理”窗口。

（3）双击63295321号票据最左侧的“选择”栏，此时该栏显示“Y”字样，表示该单据被选中。单击工具栏的“结算”按钮，弹出“票据结算”对话框，“结算科目”栏参照选择“10020101”（银行存款/中国工商银行/沈阳皇姑支行），如图4-68所示。单击“确定”按钮，系统提示“是否立即制单?”，单击“是”，进入“填制凭证”界面，将凭证类别字改为“付”，单击“保存”按钮，结果如图4-69所示。

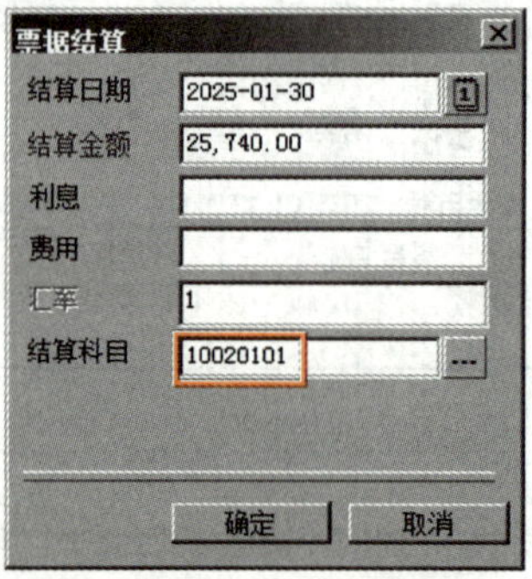

图4-68　票据结算

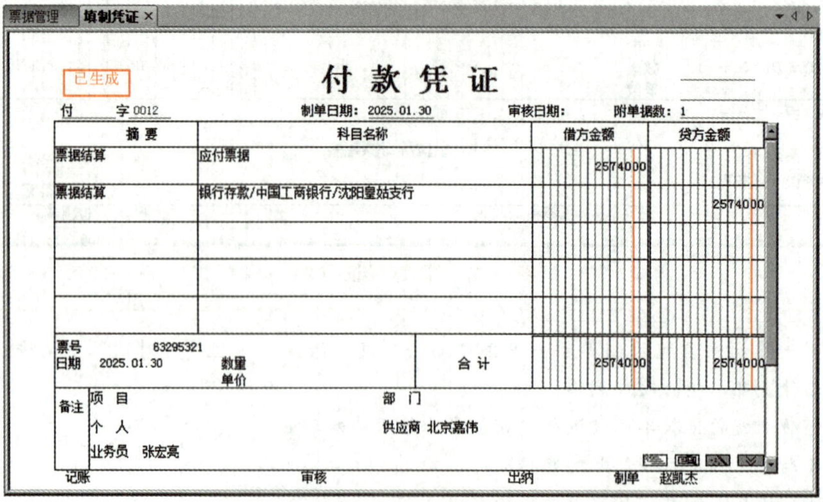

图4-69　记账凭证

知识点062　带息票据计息

【实验资料】

2025年1月31日，对82563561号带息商业承兑汇票计息。

【实验过程】

带息票据计息

（1）2025年1月31日，由赵凯杰（W02）登录企业应用平台。

（2）在U8企业应用平台，依次选择“业务工作→财务会计→应付款管理→票据管理”命令，打开“条件查询选择”对话框，单击“确定”按钮，打开“票据管理”窗口。

（3）双击82563561号票据最左侧的“选择”栏，此时该栏显示“Y”字样，表示该单据被选中。单击工具栏的“计息”按钮，弹出“票据计息”对话框，如图4-70所示。单击“确定”按钮，系统提示“是否立即制单？”，单击“是”，进入“填制凭证”界面，将凭证类别字改为“转”，单击“保存”按钮，结果如图4-71所示。

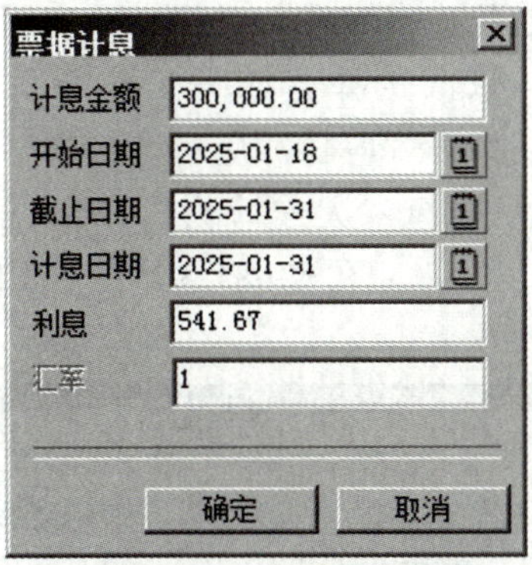

图4-70　票据计息

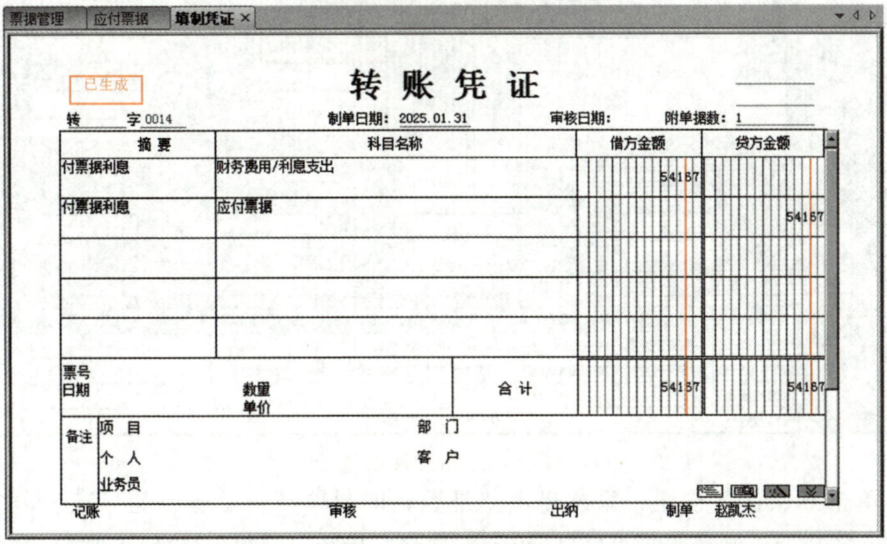

图4-71　记账凭证

提示

计息日期应大于已经结账月、小于等于当前业务月日期。

本例商业承兑汇票利息金额的计算过程如下：300 000×0.05÷360×13≈541.67（元）

利息金额系统自动计算，可修改。

任务4　转账处理

知识点063　应付冲应付

【实验资料】

2025年1月31日，经三方协商一致，将本月20日形成的应向大连博伦支付的应付款3 898.5元转为应付沈阳通达的往来款。

【实验过程】

应付冲应付

（1）2025年1月31日，由赵凯杰（W02）登录企业应用平台。

（2）在U8企业应用平台，依次选择“业务工作→财务会计→应付款管理→转账→应付冲应付”命令，打开“应付冲应付”窗口。

（3）在转出的“供应商”栏选择“大连博伦”，转入的“供应商”栏选择“沈阳通达”，单击工具栏的“查询”按钮。在“68159207”号发票的“并账金额”栏输入“3898.5”，如图4-72所示。

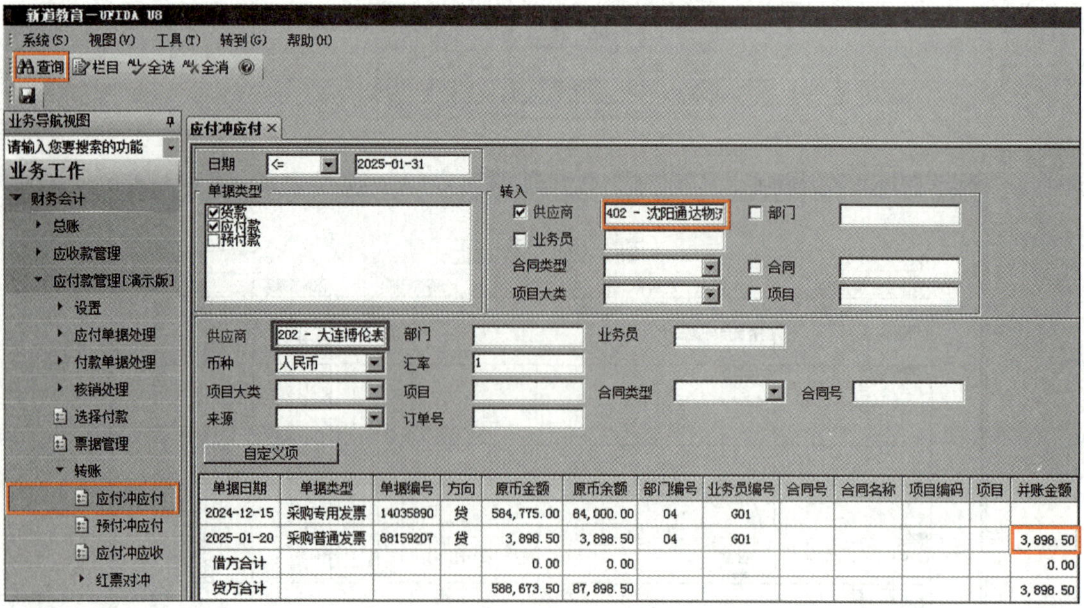

图4-72　应付冲应付

（4）单击“保存”按钮，系统提示“是否立即制单？”，单击“是”，进入“填制凭证”界面，将凭证类别字改为“转”，单击“保存”按钮，结果如图4-73所示。

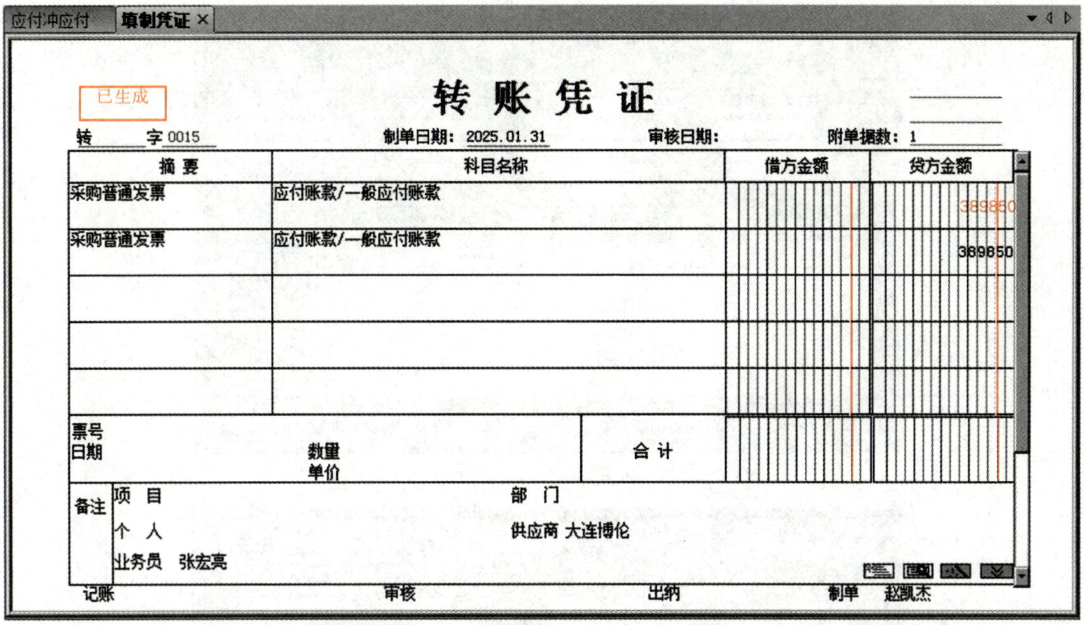

图4-73 记账凭证

提示

应付冲应付也称并账，指将应付款在供应商、部门、业务员、项目和合同之间进行转移，实现应付业务的调整。以下情况可能需要使用该功能：

①操作性错误，如所填制的应付单据供应商选择错误且无法修改。

②实际工作需要，如债权债务转移、部门合并、分管某供应商的业务员离职等。

每一笔应付款的并账金额应大于零、小于等于其原币余额。

知识点064 预付冲应付

【实验资料】

2025年1月31日，经双方协商一致，用天津惠阳上月29日的预付款20 000元冲减本月24日的应付款。

【实验过程】

预付冲应付

（1）2025年1月31日，由赵凯杰（W02）登录企业应用平台。

（2）在U8企业应用平台，依次选择“业务工作→财务会计→应付款管理→转账→预付冲应付”命令，打开“预付冲应付”窗口。

（3）在“预付款”页签，“供应商”栏选择“天津惠阳”，单击“过滤”按钮，在所过滤单据的“转账金额”栏输入“20000”，如图4-74所示。

（4）单击“应付款”页签，单击“过滤”按钮，在所过滤采购发票的“转账金额”栏输入“20000”，如图4-75所示。

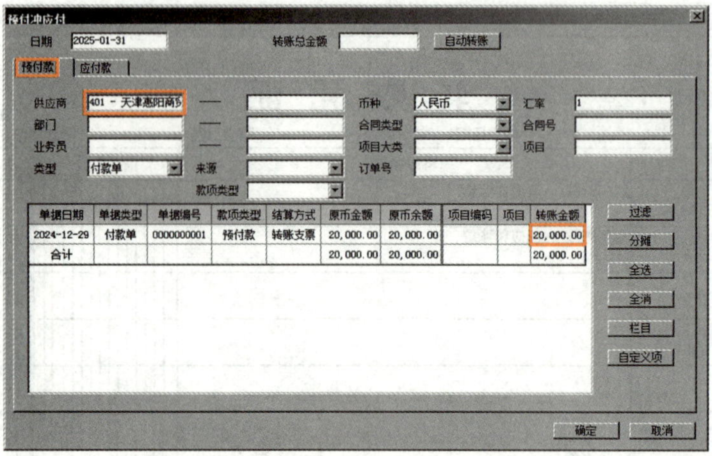

图4-74 预付冲应付——“预付款”页签

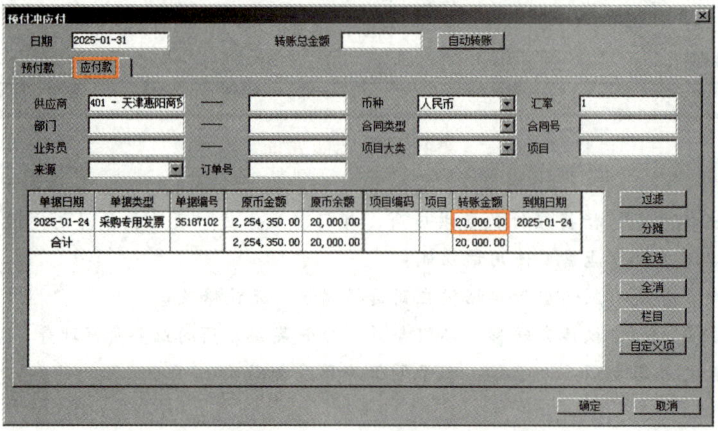

图4-75 预付冲应付——“应付款”页签

（5）单击“确定”按钮，系统提示“是否立即制单？”，单击“是”，进入“填制凭证”界面，将凭证类别字改为“转”，单击“保存”按钮，结果如图4-76所示。

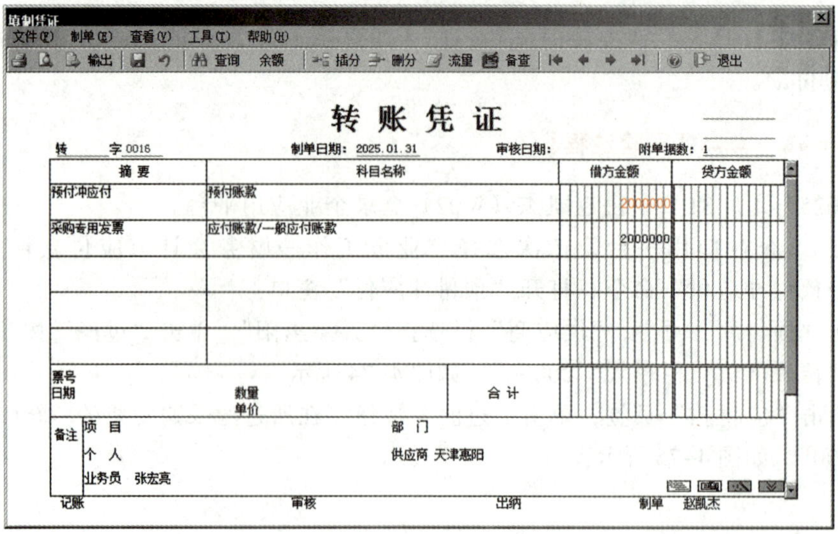

图4-76 记账凭证

提示

预付冲应付就是将预付款与应付款进行勾对。

每一笔预付款、应付款的转账金额不能大于其自身余额。

预付款的转账金额合计应等于应付款的转账金额合计，且不能超过两者金额的较小者。

红字预付款也可冲销红字应付款，此时“预付款”页签中的“类型”应为收款单。

蓝字预付款冲销蓝字应付款与红字预付款冲销红字应付款不能同时进行。

预付款与应付款之间也可通过“核销”进行勾对。

知识点065　红票对冲

【实验资料】

2025年1月31日，对本月北京嘉伟的退货业务进行红票对冲。

【实验过程】

红票对冲

（1）2025年1月31日，由赵凯杰（W02）登录企业应用平台。

（2）在U8企业应用平台，依次选择“业务工作→财务会计→应付款管理→转账→红票对冲→手工对冲”命令，打开“红票对冲条件”对话框。在“通用”页签，“供应商”栏选择“北京嘉伟”，如图4-77所示。单击“确定”按钮，打开“红票对冲”窗口。

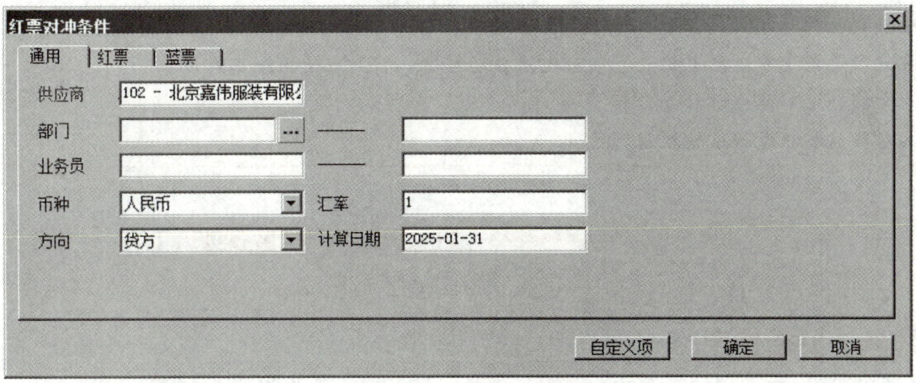

图4-77　红票对冲条件

（3）在“红票对冲”窗口下方采购专用发票的“对冲金额”栏输入“56274”，如图4-78所示。

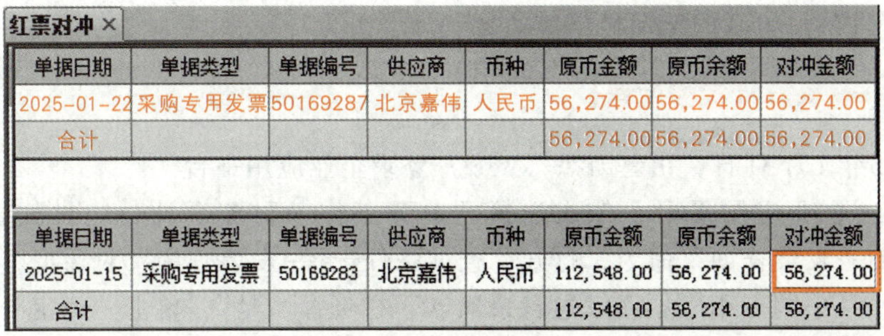
红票对冲

单据日期	单据类型	单据编号	供应商	币种	原币金额	原币余额	对冲金额
2025-01-22	采购专用发票	50169287	北京嘉伟	人民币	56,274.00	56,274.00	56,274.00
合计					56,274.00	56,274.00	56,274.00

单据日期	单据类型	单据编号	供应商	币种	原币金额	原币余额	对冲金额
2025-01-15	采购专用发票	50169283	北京嘉伟	人民币	112,548.00	56,274.00	56,274.00
合计					112,548.00	56,274.00	56,274.00

图4-78　红票对冲

（4）单击“保存”按钮，系统提示“是否立即制单？”，单击“是”，进入“填制凭证”界面，将凭证类别字改为“转”，单击“保存”按钮，结果如图4-79所示。

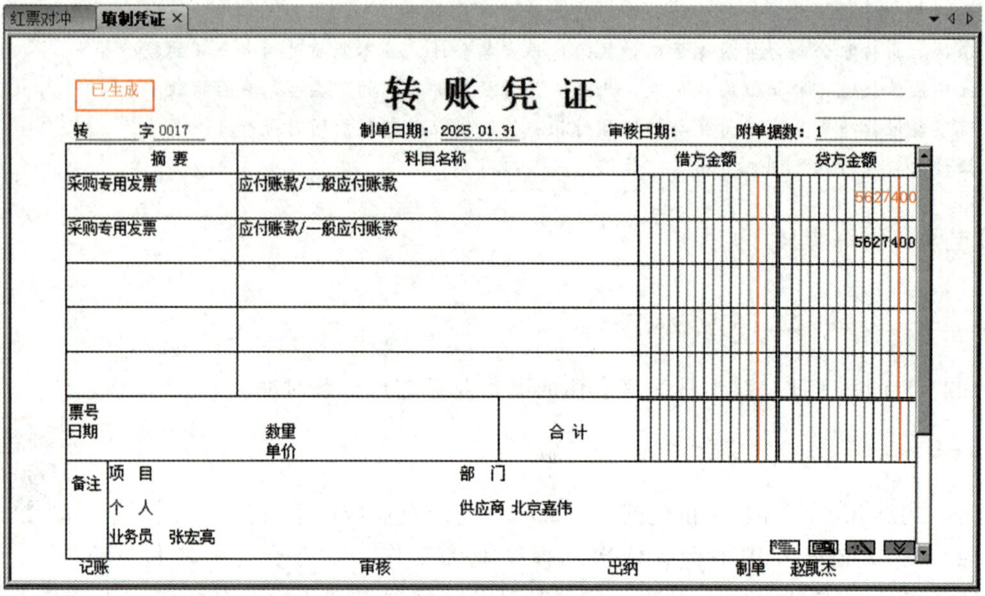
红票对冲　填制凭证

已生成

转账凭证

转　字 0017　制单日期：2025.01.31　审核日期：　附单据数：1

摘要	科目名称	借方金额	贷方金额
采购专用发票	应付账款/一般应付账款		5627400
采购专用发票	应付账款/一般应付账款		5627400
票号 日期	数量 单价 合计		

备注　项目　部门
个人　供应商 北京嘉伟
业务员 张宏亮

记账　审核　出纳　制单 赵凯杰

图4-79　记账凭证

提示

红票对冲就是用某供应商的红字发票与其蓝字发票进行冲抵。

系统提供两种对冲方式：手工对冲和自动对冲。

如果红字单据中有对应单据号，则可使用自动对冲，否则应使用手工对冲。

对冲金额合计不能大于红票金额。

红票对冲同样应遵循核销规则。

任务5　其他操作

知识点066　单据查询

【实验资料】

（1）查询1月份填制的全部采购专用发票。

（2）查询1月份填制的全部付款单。

【实验过程】

单据查询

（1）2025年1月31日，由赵凯杰（W02）登录企业应用平台。

（2）在U8企业应用平台，依次选择“业务工作→财务会计→应付款管理→单据查询→发票查询”命令，打开“查询条件选择-发票查询”对话框，在“发票类型”栏选择“01采购专用发票”，“包含余额=0”栏选择“是”，单击“确定”按钮，打开查询列表，如图4-80所示。

单据查询结果列表 ×

发票查询

记录总数：6

单据日期	单据类型	单据编号	供应商	币种	汇率	原币金额	原币余额	本币金额	本币余额	打印次数
2025-01-15	采购专用发票	38120675	湖南百盛服装有限公司	人民币	1.00000000	36,160.00	0.00	36,160.00	0.00	0
2025-01-15	采购专用发票	50169283	北京嘉伟服装有限公司	人民币	1.00000000	112,548.00	0.00	112,548.00	0.00	0
2025-01-16	采购专用发票	25703689	山东顺达皮具有限公司	人民币	1.00000000	157,070.00	0.00	157,070.00	0.00	0
2025-01-16	采购专用发票	25703699	山东顺达皮具有限公司	人民币	1.00000000	872.00	0.00	872.00	0.00	0
2025-01-22	采购专用发票	50169287	北京嘉伟服装有限公司	人民币	1.00000000	-56,274.00	0.00	-56,274.00	0.00	0
2025-01-24	采购专用发票	35187102	天津惠阳商贸有限公司	人民币	1.00000000	2,254,350.00	0.00	2,254,350.00	0.00	0
合计						2,504,726.00		2,504,726.00		

图4-80　采购专用发票查询结果

（3）在应付系统依次选择“单据查询→收付款单查询”命令，打开“查询条件选择-收付款单查询”对话框，在“单据类型”栏选择“付款单”，“包含余额=0”栏选择“是”，单击“确定”按钮，打开查询列表，如图4-81所示。

单据查询结果列表 ×

收付款单查询

记录总数：8

选择打印	单据日期	单据类型	单据编号	供应商	币种	原币金额	原币余额	本币金额	本币余额	打印次数
	2025-01-18	付款单	0000000009	大连博伦表业有限公司	人民币	300,000.00	0.00	300,000.00	0.00	0
	2025-01-23	付款单	0000000002	湖南百盛服装有限公司	人民币	38,160.00	0.00	38,160.00	0.00	0
	2025-01-23	付款单	0000000003	山东顺达皮具有限公司	人民币	157,942.00	0.00	157,942.00	0.00	0
	2025-01-23	付款单	0000000005	上海恒久表业有限公司	人民币	30,000.00	30,000.00	30,000.00	30,000.00	0
	2025-01-23	付款单	0000000006	大连博伦表业有限公司	人民币	775.00	0.00	775.00	0.00	0
	2025-01-26	付款单	0000000007	天津惠阳商贸有限公司	人民币	2,234,350.00	0.00	2,234,350.00	0.00	0
	2025-01-27	付款单	0000000008	大连博伦表业有限公司	人民币	200,000.00	0.00	200,000.00	0.00	0
	2025-01-27	付款单	0000000010	北京嘉伟服装有限公司	人民币	56,274.00	0.00	56,274.00	0.00	0
合计						3,017,501.00	30,000.00	3,017,501.00	30,000.00	

图4-81　付款单查询结果

知识点067　账表管理

【实验资料】

（1）查询1月份业务总账。

（2）查询1月份应付票据科目明细账。

（3）进行1月份付款账龄分析。

【实验过程】

账表管理

（1）2025年1月31日，由赵凯杰（W02）登录企业应用平台。

（2）在应付系统选择“账表管理→业务账表→业务总账”命令，打开“查询条件选择-应付总账表”对话框，单击“确定”按钮，打开应付总账表，如图4-82所示。

应付总账表 ×

应付总账表

币种：

期间：2025 . 1 - 2025 . 1

期间	本期应付	本期付款	余额	月回收率%	年回收率%
	本币	本币	本币		
期初余额			564,775.00		
202501	2,509,624.50	3,015,501.00	58,898.50	120.16	120.16
总计	2,509,624.50	3,015,501.00	58,898.50		

图4-82　应付总账表

（3）在应付系统选择“账表管理→科目账查询→科目明细账”命令，打开“供应商往来科目明细账”对话框，在查询条件的“科目”栏选择“2201应付票据”，单击“确定”按钮，打开应付票据科目明细账，如图4-83所示。

单位往来科目明细账 ×

科目明细账

科目 2201 应付票据　　金额式　　期间：2025.01-2025.01

年	月	日	凭证号	科目 编号	科目 名称	供应商 编号	供应商 名称	摘要	借方 本币	贷方 本币	方向	余额 本币
				2201	应付票据	102	北京嘉伟	期初余额			贷	25,740.00
2025	01	27	转-0013	2201	应付票据	102	北京嘉伟	付款单		56,274.00	贷	82,014.00
2025	01	30	付-0012	2201	应付票据	102	北京嘉伟	票据结算	25,740.00		贷	56,274.00
2025	01			2201	应付票据	102	北京嘉伟	本月合计	25,740.00	56,274.00	贷	56,274.00
2025	01			2201	应付票据	102	北京嘉伟	本年累计	25,740.00	56,274.00	贷	56,274.00
2025	01	27	转-0012	2201	应付票据	202	大连博伦	付款单		300,000.00	贷	300,000.00
2025	01	31	转-0014	2201	应付票据	202	大连博伦	付票据利息		541.67	贷	300,541.67
2025	01			2201	应付票据	202	大连博伦	本月合计		300,541.67	贷	300,541.67
2025	01			2201	应付票据	202	大连博伦	本年累计		300,541.67	贷	300,541.67
				2201	应付票据			合　计	25,740.00	356,815.67	贷	356,815.67
				2201	应付票据			累　计	25,740.00	356,815.67	贷	356,815.67
								合　计	25,740.00	356,815.67	贷	356,815.67
								累　计	25,740.00	356,815.67	贷	356,815.67

图4-83　应付票据科目明细账

（4）在应付系统选择“账表管理→统计分析→付款账龄分析”命令，打开“付款账龄分析”对话框，单击“确定”按钮，打开“付款账龄分析”窗口，如图4-84所示。

付款账龄分析 ×

付款账龄分析

供应商 全部　　账龄　　币种：所有币种　　截止日期：2025-01-31

供应商 编号	供应商 名称	金额	预付款 金额	预付款 %	账期内 金额	账期内 %	1-30 金额	1-30 %	31-60 金额	31-60 %	61-90 金额	61-90 %	91-120 金额	91-120 %	121 金额	121 %
101	湖南百盛服装有限公司	36,160.00					36,160.00	100.00								
102	北京嘉伟服装有限公司	56,274.00					56,274.00	100.00								
201	上海恒久表业有限公司	30,000.00	30,000.00	100.00												
202	大连博伦表业有限公司	500,775.00							500,775.00	100.00						
301	山东顺达皮具有限公司	157,942.00					157,942.00	100.00								
401	天津惠阳商贸有限公司	2,234,350.00					2,234,350.00	100.00								
合计：	数量	5					4	80.00	1	20.00						
合计：	金额	3,015,501.00	30,000.00	0.99			2,484,726.00	82.40	500,775.00	16.61						

图4-84　付款账龄分析

知识点068　取消操作

【实验资料】

2025年1月31日，取消本月对北京嘉伟的红票对冲处理。

【实验过程】

取消操作

（1）2025年1月31日，由赵凯杰（W02）登录企业应用平台。

（2）在U8企业应用平台，依次选择“业务工作→财务会计→应付款管理→单据查询→凭证查询”命令，打开“凭证查询条件”对话框，“业务类型”选择“转账制单”，单击“确定”按钮，打开“凭证查询”窗口，如图4-85所示。

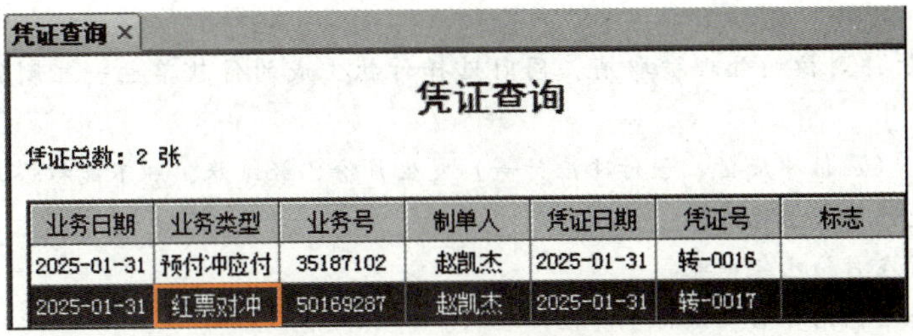

图4-85　应付系统凭证列表

单击选中“业务类型”为“红票对冲”的转账凭证，单击工具栏的“删除”按钮，系统提示“确定要删除此凭证吗”，单击“是”，该记账凭证从应付系统删除。

提示

从应付系统删除的凭证在总账中显示“作废”字样，并未予以删除，可通过“整理凭证”功能将其彻底清除掉。

(3) 在应付系统选择“其他处理→取消操作”命令，打开“取消操作条件”对话框，在“操作类型”下拉框中选择“红票对冲”，如图4-86所示。单击“确定”按钮，打开“取消操作”窗口，如图4-87所示。

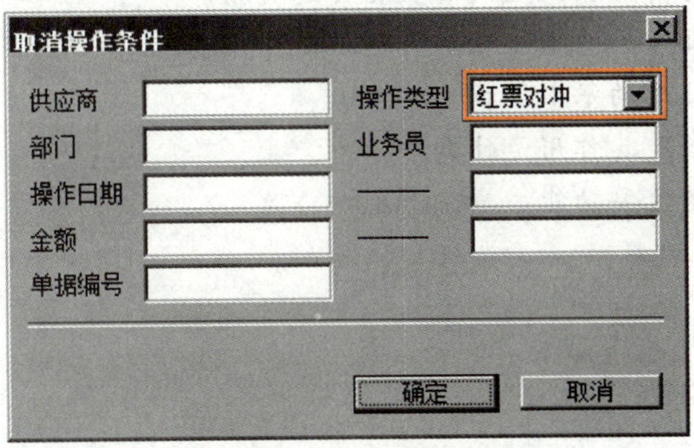

图4-86　取消操作条件

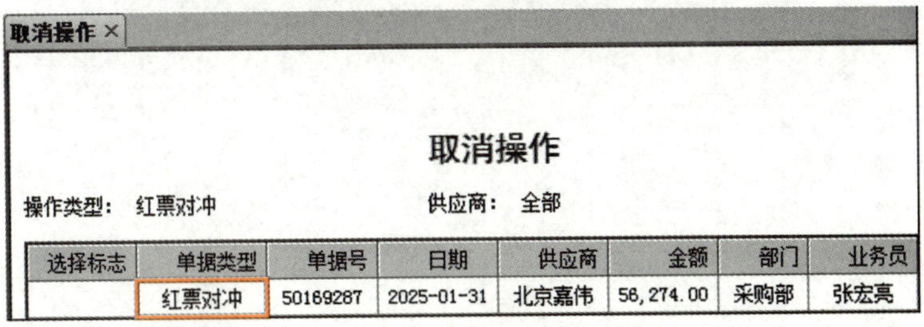

图4-87　“取消操作”窗口

(4) 双击“红票对冲”栏左侧的“选择标志”栏，单击工具栏的“确认”按钮，完成本次取消操作。

提示

可以取消的操作类型包括：核销、选择付款、汇兑损益、票据处理、应付冲应付、应付冲应收、预付冲应付和红票对冲等8种。

如果某操作类型已经制单处理，在取消操作前，应先到“单据查询→凭证查询”中将该记账凭证删除，再进行取消操作。

取消选择付款，则核销处理被取消，同时选择付款生成的付款单也一并删除，应付单据恢复原状。

如果转账处理（应付冲应付、预付冲应付等）发生月份已经结账，则不能被恢复。

以下情况不允许取消票据处理：

①票据日期所在月份已经结账。

②票据计息和票据结算后又进行了其他处理。

③票据转出后所生成的应付单已经进行了核销等处理。

【课程思政点睛】

【复习思考题】

1. 简述应付系统与其他系统之间的数据传递关系。
2. 简述应付单据处理的基本流程。
3. 简述付款单据处理的基本流程。
4. 请问什么是核销，其作用是什么？
5. 简述票据管理的主要功能。

5 项目5 应收款管理系统

应收款管理系统，简称应收系统，用于对企业在销售过程中发生的业务进行处理。该系统提供了参数设置、初始设置、日常处理、单据查询、账表管理、其他处理等功能。根据对客户往来款项核算和管理的程度不同，系统提供了应收款详细核算和简单核算两种应用方案。应收系统与其他系统的关系如下：

① 应收系统生成的所有记账凭证都传递到总账系统中。

② 应收系统与供应链系统、总账系统集成使用时，应收系统可接收在销售管理系统中所填制的销售发票，审核并生成记账凭证后传递至总账系统。销售管理系统的代垫费用单审核后自动生成其他应收单，并传递至应收系统。

③ 应收款、应付款之间可以相互对冲。应收系统的商业汇票背书可以冲减应付系统的应付账款。通过应收系统的“应收冲应付”功能，可以冲减应付系统的应付账款。

④ 应收系统为UFO报表系统提供往来数据。

本项目的重点内容：应收单据、收款单据的日常处理。

本项目的难点内容：已完成业务的逆向操作。

本项目总体流程如图5-1所示。

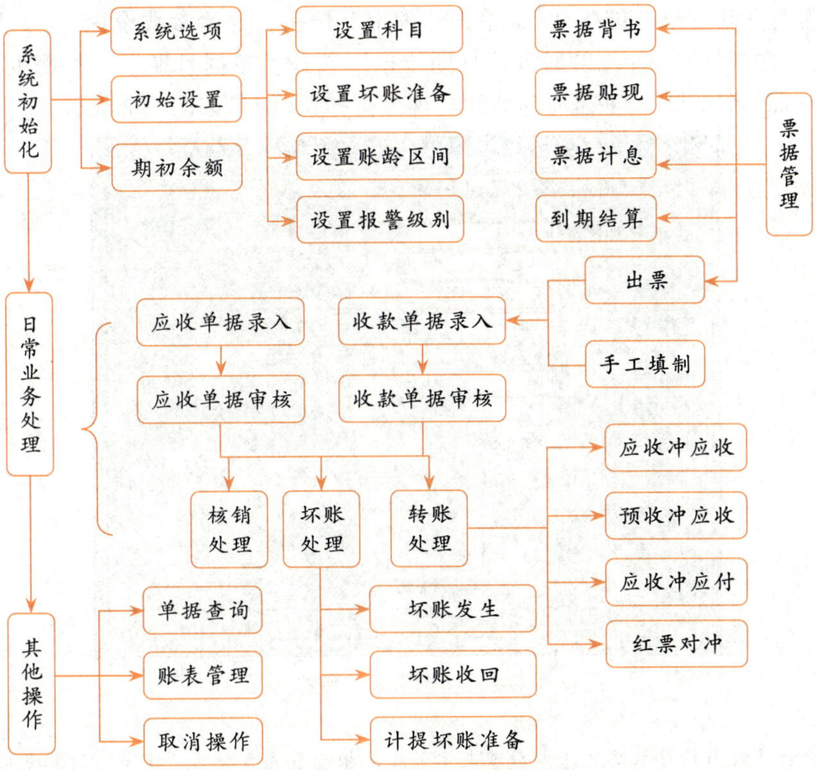

图5-1 本项目总体流程

知识点069　设置系统参数

【实验资料】

根据表5-1设置应收系统参数。

表5-1　　应收系统参数

系统名称	页签	选项设置
应收款管理	常规	单据审核日期依据：单据日期 坏账处理方式：应收余额百分比法 自动计算现金折扣
	凭证	受控科目制单方式：明细到单据
	权限与预警	取消“控制操作员权限” 按信用方式根据单据提前7天自动报警

【实验过程】

设置系统参数

（1）2025年1月1日，由赵凯杰（W02）登录企业应用平台。

（2）在U8企业应用平台，依次选择“业务工作→财务会计→应收款管理→设置→选项”命令，打开“账套参数设置”窗口。单击“编辑”按钮，系统提示“选项修改需要重新登录才能生效”，单击“确定”按钮，开始参数设置。

（3）在“常规”页签，“单据审核日期依据”选择“单据日期”，“坏账处理方式”选择“应收余额百分比法”，勾选“自动计算现金折扣”，结果如图5-2所示。

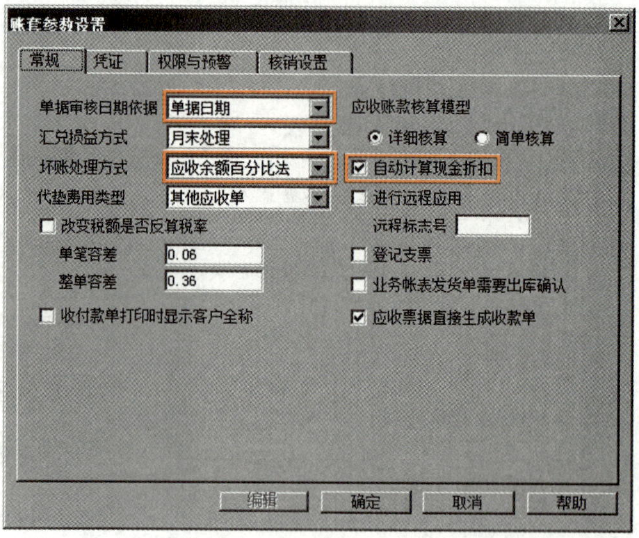

图5-2　“常规”页签

提示

说明：应收系统与应付系统的基本原理大体一致，相关系统参数的“提示”请参见项目4（知识点045)，本项目仅就项目4未说明之处或两系统差异之处（如坏账相关问题、票据贴现与背书等）进行提示。

[坏账处理方式] 系统提供以下4种坏账处理方式：应收余额百分比法、销售收入百分比法、账龄分析法和直接转销法。前3种方式统称为备抵法。

采用备抵法，需在初始设置中进行坏账准备设置等，才能在坏账处理中进行后续操作。

采用直接转销法，初始设置中无“坏账准备设置”项，坏账发生时，直接到“坏账处理→坏账发生”中将应收账款转为损失即可。

(4) 单击“凭证”页签，“受控科目制单方式”选择“明细到单据”，结果如图5-3所示。

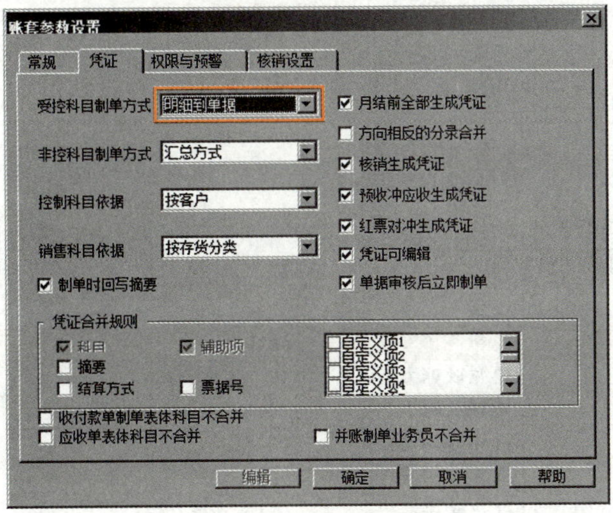

图5-3 “凭证”页签

提示

[控制科目依据] 控制科目是指带有客户往来辅助核算并受应收系统控制的会计科目。应收系统提供以下控制科目依据：按客户分类、按客户、按地区、按销售类型、按存货分类、按存货。根据这里选择的“依据”，可在“初始设置→控制科目设置”中对该“依据”设置不同的控制科目。

[销售科目依据] 在此设置的销售科目，是系统自动制单科目取值的依据。应收系统提供以下销售科目依据：按存货分类、按存货、按客户分类、按客户、按销售类型。根据这里选择的“依据”，可在“初始设置→产品科目依据”中对该“依据”设置不同的销售科目。假如销售科目依据选择“按销售类型”，则在“初始设置→产品科目设置”中可针对不同的销售类型设置不同的销售收入科目。

例如，在收取手续费方式的代销业务中，受托方销售受托代销货物时，根据销售专用发票制单：

借：应收账款（或银行存款、应收票据等）

　贷：应付账款/受托代销（该科目为供应商往来辅助核算，但不受控于应付系统）

　　应交税费/应交增值税/销项税额

此时，销售科目依据应选择“按销售类型”，在产品科目设置中设置“销售受托代销货物（手续费）”这一销售类型的“销售收入科目”为“应付账款/受托代销”，则该销售类型的销售发票制单时自动生成上述会计分录。

(5) 单击“权限与预警”页签，取消勾选“控制操作员权限”，“提前天数”栏输入“7”，结果如图5-4所示。

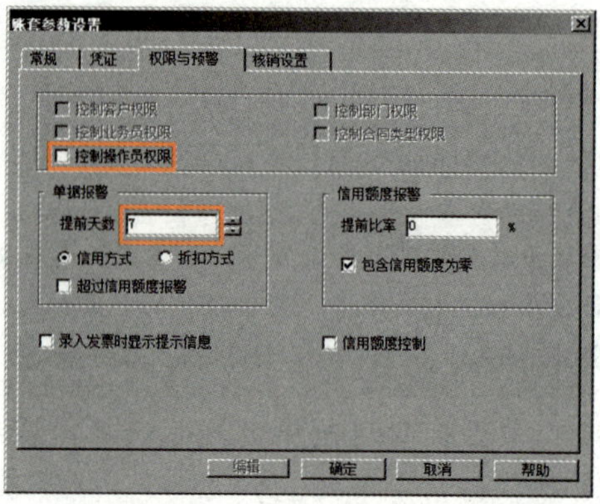

图5-4 “权限与预警”页签

知识点070 设置科目

【实验资料】

（1）设置基本科目。

根据表5-2设置基本科目。

表5-2 基本科目

基础科目种类	科目	币种
应收科目	1122应收账款	人民币
预收科目	2203预收账款	人民币
坏账入账科目	1231坏账准备	人民币
商业承兑科目	1121应收票据	人民币
银行承兑科目	1121应收票据	人民币
票据利息科目	660301财务费用/利息支出	人民币
票据费用科目	660305财务费用/票据贴现	人民币
收支费用科目	660105销售费用/办公费	人民币
现金折扣科目	6001主营业务收入	人民币
税金科目	22210106应交税费/应交增值税/销项税额	人民币
销售收入科目	6001主营业务收入	人民币
销售退回科目	6001主营业务收入	人民币

（2）设置结算方式科目。

根据表5-3设置结算方式科目。

表5-3 结算方式科目

结算方式	币种	本单位账号	科目
现金	人民币	2107024015890035666	1001库存现金
现金支票	人民币	2107024015890035666	10020101银行存款/中国工商银行/沈阳皇姑支行
转账支票	人民币	2107024015890035666	10020101银行存款/中国工商银行/沈阳皇姑支行
银行汇票	人民币	2107024015890035666	10020101银行存款/中国工商银行/沈阳皇姑支行
电汇	人民币	2107024015890035666	10020101银行存款/中国工商银行/沈阳皇姑支行
信汇	人民币	2107024015890035666	10020101银行存款/中国工商银行/沈阳皇姑支行
委托收款	人民币	2107024015890035666	10020101银行存款/中国工商银行/沈阳皇姑支行
托收承付	人民币	2107024015890035666	10020101银行存款/中国工商银行/沈阳皇姑支行
其他	人民币	2107024015890035666	10020101银行存款/中国工商银行/沈阳皇姑支行

【实验过程】

设置科目

（1）2025年1月1日，由赵凯杰（W02）登录企业应用平台。

（2）在U8企业应用平台，依次选择“业务工作→财务会计→应收款管理→设置→初始设置”命令，打开“初始设置”窗口。在“设置科目”项下选择“基本科目设置”，单击“增加”按钮，根据实验资料设置基本科目，结果如图5-5所示。

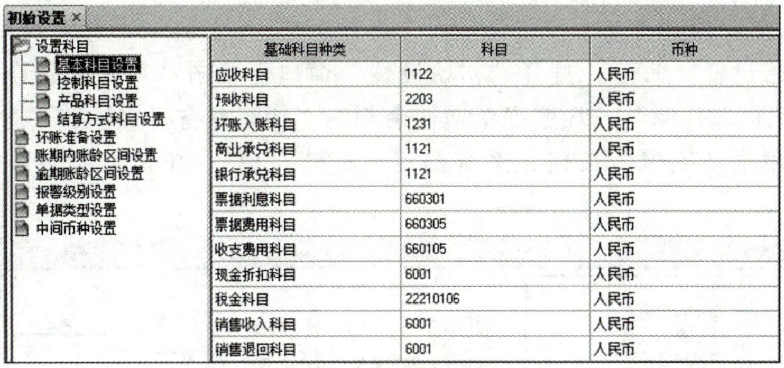

基础科目种类	科目	币种
应收科目	1122	人民币
预收科目	2203	人民币
坏账入账科目	1231	人民币
商业承兑科目	1121	人民币
银行承兑科目	1121	人民币
票据利息科目	660301	人民币
票据费用科目	660305	人民币
收支费用科目	660105	人民币
现金折扣科目	6001	人民币
税金科目	22210106	人民币
销售收入科目	6001	人民币
销售退回科目	6001	人民币

图5-5　设置基本科目

（3）在“设置科目”项下选择“结算方式科目设置”，单击“增加”按钮，根据实验资料设置结算方式科目，结果如图5-6所示。

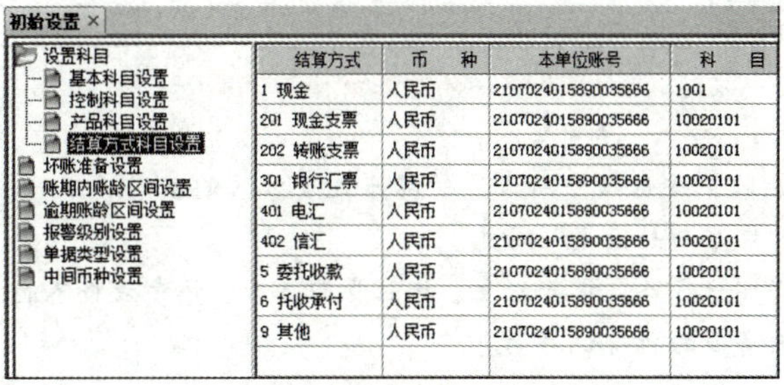

结算方式	币种	本单位账号	科目
1 现金	人民币	2107024015890035666	1001
201 现金支票	人民币	2107024015890035666	10020101
202 转账支票	人民币	2107024015890035666	10020101
301 银行汇票	人民币	2107024015890035666	10020101
401 电汇	人民币	2107024015890035666	10020101
402 信汇	人民币	2107024015890035666	10020101
5 委托收款	人民币	2107024015890035666	10020101
6 托收承付	人民币	2107024015890035666	10020101
9 其他	人民币	2107024015890035666	10020101

图5-6　设置结算方式科目

提示

“商业承兑汇票”和“银行承兑汇票”这两种结算方式的入账科目在“基本科目设置”的“商业承兑科目”和“银行承兑科目”中设置，不在“结算方式科目设置”中设置。

制单时，基本科目、控制科目、产品科目、结算方式科目的选取规则如下：

单据上科目→控制科目、产品科目或结算方式科目→基本科目→手工输入科目。

以销售发票制单为例，系统先判断控制科目是否设置，若设置则取该科目。同时判断产品科目是否设置，若设置则取该科目。若没有设置控制科目或产品科目，则取“基本科目设置”中设置的应收科目、销售收入科目和税金科目。若没有设置基本科目，则弹出记账凭证的“科目名称”栏为空，须手工输入科目。若单据上有科目，则优先使用该科目。

知识点071　设置坏账准备

【实验资料】

根据表5-4进行坏账准备设置。

表 5-4　　坏账准备设置

提取比率	坏账准备期初余额	坏账准备科目	对方科目
0.500%	3 240	1231 坏账准备	6702 信用减值损失

【实验过程】

设置坏账准备

（1）2025年1月1日，由赵凯杰（W02）登录企业应用平台。

（2）在U8企业应用平台，依次选择“业务工作→财务会计→应收款管理→设置→初始设置”命令，打开“初始设置”窗口。单击“坏账准备设置”项，根据实验资料录入“提取比率”、“坏账准备期初余额”、“坏账准备科目”和“对方科目”等信息，录入完毕单击“确定”按钮，系统提示“存储完毕”，单击“确定”按钮，结果如图5-7所示。

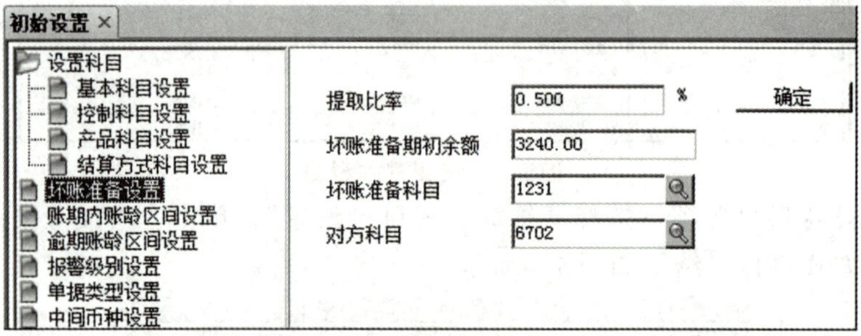

图5-7　坏账准备初始设置

提示

坏账初始设置根据应收系统选项中所设置的坏账处理方式的不同而不同。如果选择直接转销法，则在初始设置中不显示“坏账初始设置”功能。

进行坏账处理（计提坏账准备、坏账发生、坏账收回）后，该参数将不能修改。

坏账处理后应考虑该事项的所得税影响。

知识点072　设置账龄区间

【实验资料】

（1）设置账期内账龄区间。

根据表5-5设置账期内账龄区间。

表 5-5　　账期内账龄区间

序号	起止天数（天）	总天数（天）
01	1—10	10
02	11—30	30
03	31—60	60
04	61—90	90
05	91以上	

（2）设置逾期账龄区间。

根据表5-6设置逾期账龄区间。

表 5-6　　　　　　　　　　　　　　　逾期账龄区间

序号	起止天数（天）	总天数（天）
01	1—30	30
02	31—60	60
03	61—90	90
04	91—120	120
05	121 以上	

【实验过程】

设置账龄区间

（1）2025年1月1日，由赵凯杰（W02）登录企业应用平台。

（2）在U8企业应用平台，依次选择“业务工作→财务会计→应收款管理→设置→初始设置”命令，打开“初始设置”窗口。选择“账期内账龄区间设置”，根据实验资料在第1行的“总天数”栏输入“10”，按回车键，继续后续天数的录入，结果如图5-8所示。

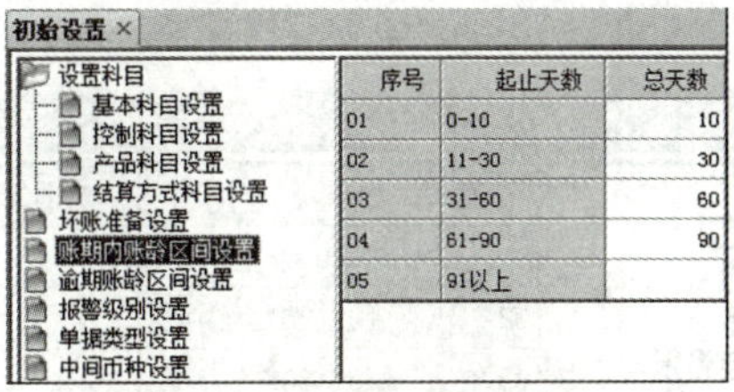

图5-8　设置账期内账龄区间

提示

该功能用于定义账期内应收账款或收款时间间隔，后续可进行账期内应收账款或收款的账龄查询和账龄分析。

［序号］序号由系统生成，不能修改或删除。

［总天数］直接输入该区间的截止天数。

［起止天数］系统自动生成，无须手工输入。

（3）选择“逾期账龄区间设置”，根据实验资料在第1行的“总天数”栏输入“30”，按回车键，继续后续天数的录入，结果如图5-9所示。

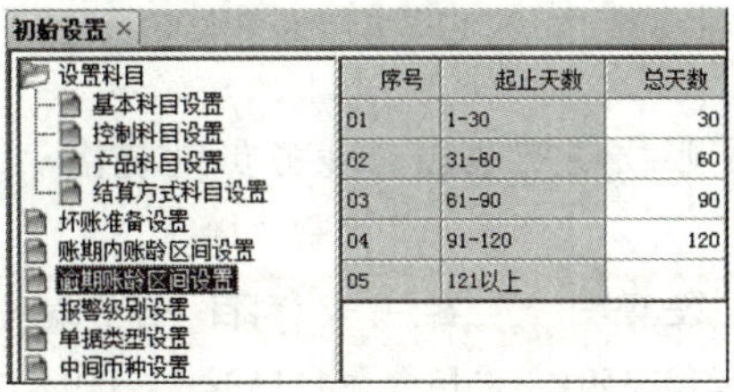

图5-9　设置逾期账龄区间

知识点073　设置报警级别

【实验资料】

根据表5-7设置报警级别。

表 5-7　　报警级别

序号	起止比率	总比率（%）	级别名称
01	0—10%	10	甲
02	10%—20%	20	乙
03	20%—30%	30	丙
04	30%—40%	40	丁
05	40%—50%	50	戊
06	50%以上		己

【实验过程】

设置报警级别

（1）2025年1月1日，由赵凯杰（W02）登录企业应用平台。

（2）在U8企业应用平台，依次选择“业务工作→财务会计→应收款管理→设置→初始设置”命令，打开“初始设置”窗口。选择“报警级别设置”，根据实验资料输入第1行的“总比率”和“级别名称”，输入完毕按回车键，继续后续级别的录入，结果如图5-10所示。

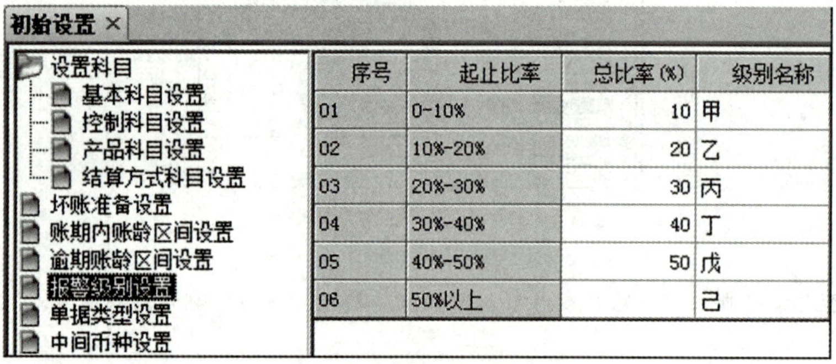

图5-10　设置报警级别

提示

这里的比率是指客户欠款余额与其授信额度的比例。

知识点074　录入期初余额

【实验资料】

（1）根据表5-8录入应收账款期初余额，业务员刘晓洺。

表 5-8　　应收账款期初余额

单据类型	开票日期	发票号	客户	科目	存货编码	数量	无税单价	金额
销售专用发票	2024-12-17	21323501	沈阳金泰	1122	1103	1 200	500	678 000.00

（2）根据表5-9录入应收票据期初余额，承兑银行为中国银行，业务员刘晓洺。

表 5-9　　应收票据期初余额

单据类型	票据编号	开票单位	票据面值	科目	签发日期	收到日期	到期日
银行承兑汇票	35978808	北京汇鑫	97 000.00	1121	2024-12-20	2024-12-20	2025-01-20

（3）根据表5-10录入预收账款期初余额，业务员何丽平。

表 5-10 预收账款期初余额

单据名称	单据类型	方向	日期	客户	结算方式	金额	票据号	科目编码
预收款	收款单	正	2024-11-26	上海乐淘	银行汇票	30 000.00	98503712	2203

（4）应收系统与总账系统进行对账。

【实验过程】

录入期初余额

（1）2025年1月1日，由赵凯杰（W02）登录企业应用平台。

（2）在U8企业应用平台，依次选择“业务工作→财务会计→应收款管理→设置→期初余额”命令，打开“期初余额-查询”对话框。单击“确定”按钮，打开“期初余额”窗口。

（3）单击工具栏的“增加”按钮，弹出“单据类别”对话框，如图5-11所示。单击“确定”按钮，打开“期初销售发票”窗口。

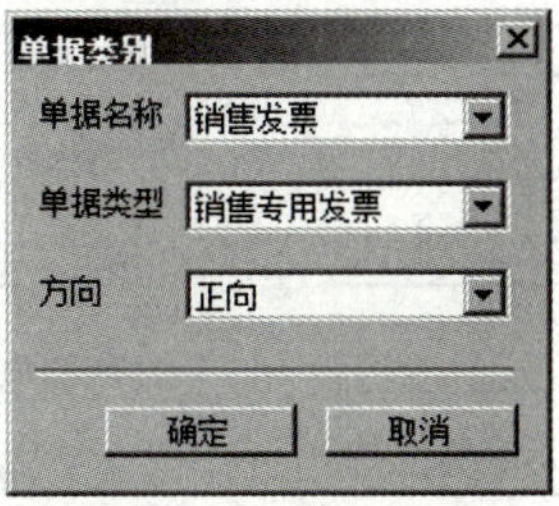

图5-11 选择单据类别

（4）单击工具栏的“增加”按钮，根据实验资料，录入表头的“发票号”、“开票日期”、“客户名称”和“业务员”等信息，其他表头信息自动带入。

录入表体的“存货编码”、“数量”和“无税单价”等信息，其他表体信息自动带入。录入完毕单击“保存”按钮，结果如图5-12所示。关闭“期初销售发票”窗口。

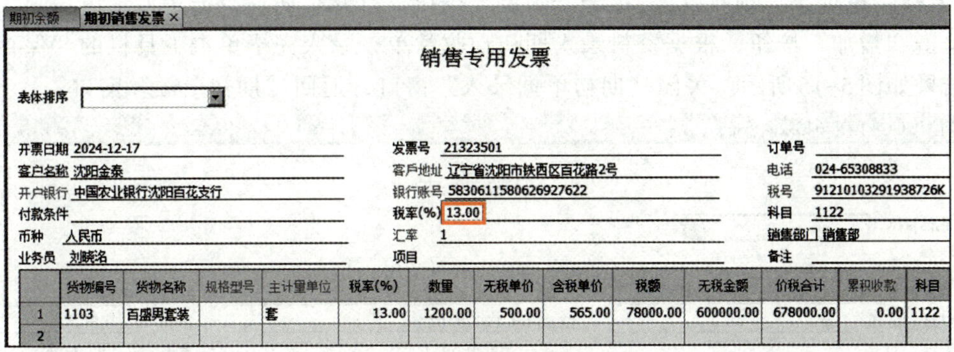

图5-12 期初应收账款

提示

对于销售发票以外其他情况形成的应收账款期初余额，可填制期初其他应收单。

（5）在“期初余额”窗口，单击工具栏的“增加”按钮，在“单据类别”对话框的“单据名称”栏选择“应收票据”，如图5-13所示。单击“确定”按钮，打开“期初单据录入”窗口。单击“增加”按钮，根据资料录入期初应收票据，结果如图5-14所示，单击“保存”按钮。关闭“期初单据录入”窗口，返回“期初余额”窗口。

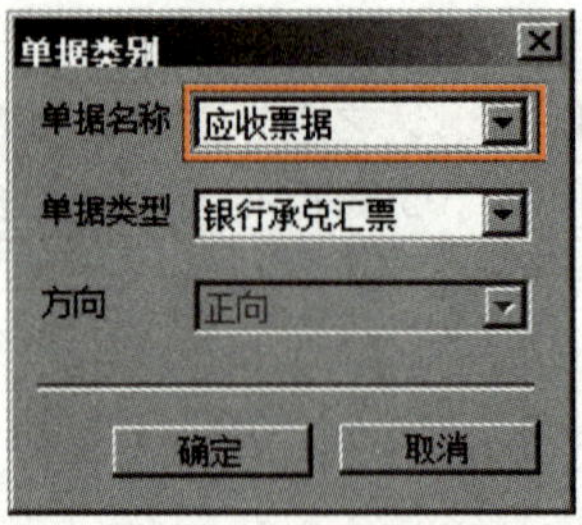

图5-13　选择单据类别

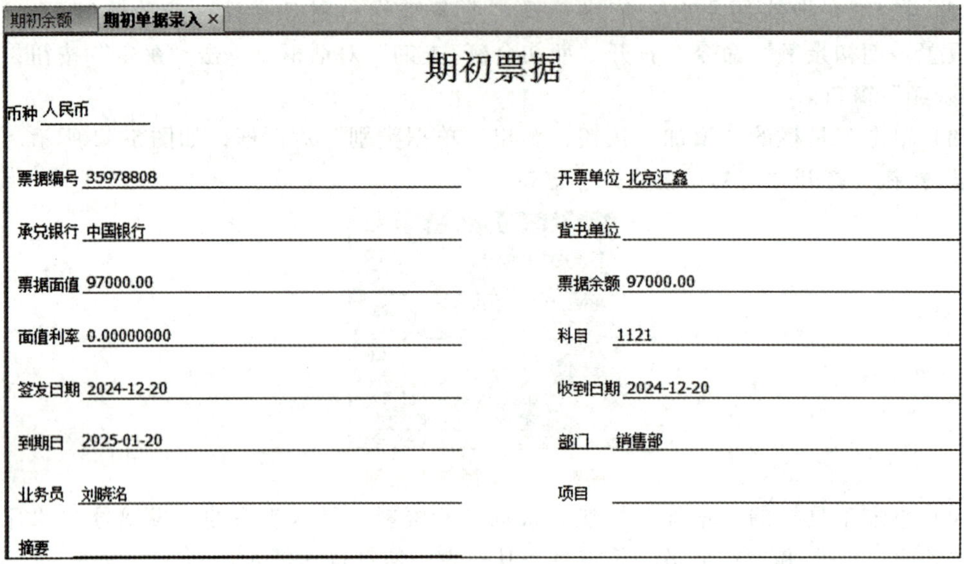

图5-14　期初应收票据

（6）在“期初余额”窗口，单击工具栏的“增加”按钮，在“单据类别”对话框的“单据名称”栏选择“预收款”。单击“确定”按钮，打开“期初单据录入”窗口。

单击“增加”按钮，根据资料录入期初预收款单，录入完毕单击工具栏的“保存”按钮，结果如图5-15所示。关闭“期初单据录入”窗口，返回“期初余额”窗口。

图5-15　期初预收账款

（7）在“期初余额”窗口，先单击工具栏的“刷新”按钮，再单击“对账”按钮，打开“期初对账”对话框，结果如图5-16所示。

期初余额 | 期初对账 ×

科目		应收期初		总账期初		差额	
编号	名称	原币	本币	原币	本币	原币	本币
1121	应收票据	97,000.00	97,000.00	97,000.00	97,000.00	0.00	0.00
1122	应收账款	678,000.00	678,000.00	678,000.00	678,000.00	0.00	0.00
2203	预收账款	-30,000.00	-30,000.00	-30,000.00	-30,000.00	0.00	0.00
	合计		745,000.00		745,000.00		0.00

图5-16 与总账期初对账结果

任务2 日常单据处理

应收系统日常单据处理主要是对如图5-17所示的几种单据进行操作。

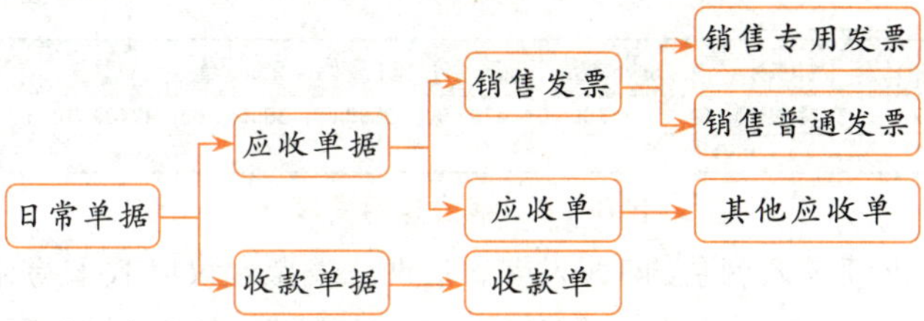

图5-17 应收系统日常单据

知识点075 应收单据录入

应收单据处理的基本流程：录入→审核→制单。

1.填制应收单据

（1）销售专用发票。

【实验资料】

2025年1月15日，销售部刘晓洺向上海乐淘销售博伦男表100只，无税单价为3 800元，增值税税率为13%（发票号：21323502）。

2025年1月15日，销售部刘晓洺向沈阳喜来销售博伦女表30只，无税单价为5 000元，增值税税率为13%（发票号：21323503）。

2025年1月16日，销售部何丽平向北京汇鑫销售嘉伟男风衣800件，无税单价为900元，增值税税率为13%（发票号：21323504）。

2025年1月16日，销售部何丽平向广州华丰销售百盛男套装200套，无税单价为500元，付款条件：4/10，2/20，n/30，增值税税率为13%（发票号：21323505）。

【实验过程】

填制销售专用发票

①2025年1月15日，由赵凯杰（W02）登录企业应用平台。

②在U8企业应用平台，依次选择“业务工作→财务会计→应收款管理→应收单据处理→应收单据录入”命令，打开“单据类别”对话框。单击“确定”按钮，打开“销售发票”窗口。

③单击工具栏的“增加”按钮，根据实验资料，表头录入“发票号”、“客户简称”、“业务员”和“税率”等信息，表体录入“存货编码”、“数量”和“无税单价”等信息。

录入完毕单击“保存”按钮，结果如图5-18所示。

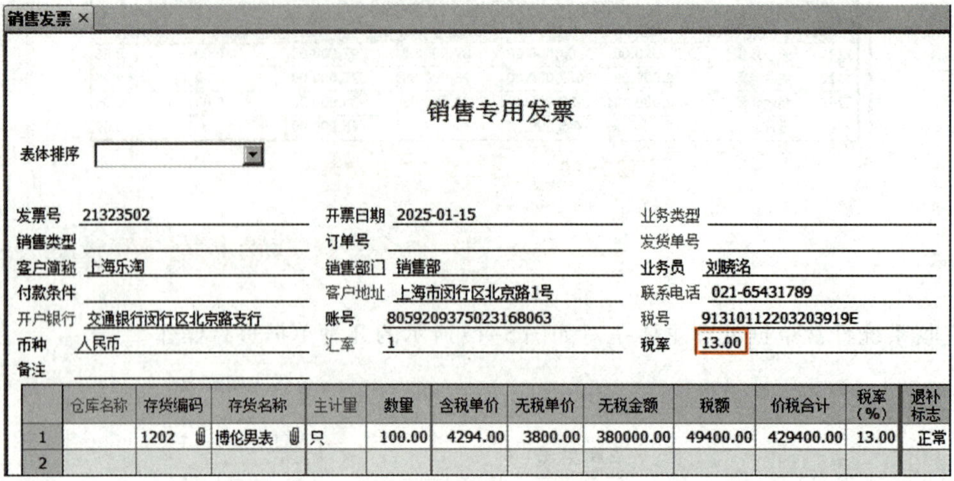
销售发票 ×

销售专用发票

表体排序

发票号 21323502　开票日期 2025-01-15　业务类型

销售类型　订单号　发货单号

客户简称 上海乐淘　销售部门 销售部　业务员 刘晓洺

付款条件　客户地址 上海市闵行区北京路1号　联系电话 021-65431789

开户银行 交通银行闵行区北京路支行　账号 8059209375023168063　税号 91310112203203919E

币种 人民币　汇率 1　税率 13.00

备注

	仓库名称	存货编码	存货名称	主计量	数量	含税单价	无税单价	无税金额	税额	价税合计	税率（%）	退补标志
1		1202	博伦男表	只	100.00	4294.00	3800.00	380000.00	49400.00	429400.00	13.00	正常
2												

图5-18　销售专用发票

④按照上述方法继续录入剩余的3张发票，后两张发票建议以16日登录平台后填制。最后一张发票表头的“付款条件”栏应选择“4/10，2/20，n/30”，如图5-19所示。关闭该窗口。

销售发票 ×

销售专用发票

表体排序

发票号 21323505　开票日期 2025-01-16　业务类型

销售类型　订单号　发货单号

客户简称 广州华丰　销售部门 销售部　业务员 何丽平

付款条件 4/10,2/20,n/30　客户地址 广东省广州市北市区向阳路108号　联系电话 020-52396012

开户银行 中国工商银行广州向阳支行　账号 2692006083025562331　税号 91440100613815327F

币种 人民币　汇率 1　税率 13.00

备注

	仓库名称	存货编码	存货名称	主计量	数量	含税单价	无税单价	无税金额	税额	价税合计	税率（%）	退补标志
1		1103	百盛男套装	套	200.00	565.00	500.00	100000.00	13000.00	113000.00	13.00	正常
2												

图5-19　销售专用发票

提示

若启用销售管理系统，则销售发票不在应收系统录入，而应在销售管理系统录入，并传递给应收系统，但须在应收系统进行审核。

若未启用销售管理系统，则在应收系统录入各类销售发票。

录入应收单据时，选择客户后，系统自动将与客户相关的信息全部带出。

若表体科目的项目大类与表头相同，则自动将表头项目带入该条表体记录的项目中。

（2）销售普通发票。

【实验资料】

2025年1月16日，销售部刘晓洺向沈阳喜来销售恒久情侣表60对，无税单价9 999元，增值税税率为13%（发票号：90336015）。

【实验过程】

填制销售普通发票

① 在应收系统选择“应收单据处理→应收单据录入”命令，打开“单据类别”对话框，“单据类型”选择“销售普通发票”，如图5-20所示。单击“确定”按钮，打开“销售发票”窗口。

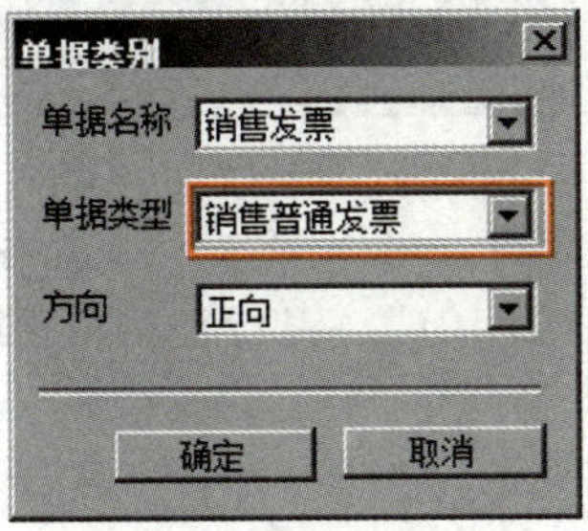

图5-20　选择单据类别

②单击工具栏的“增加”按钮，根据实验资料，表头录入“发票号”、“客户简称”和“业务员”等信息，表体录入“存货编码”、“数量”和“无税单价”等信息。录入完毕单击“保存”按钮，结果如图5-21所示。

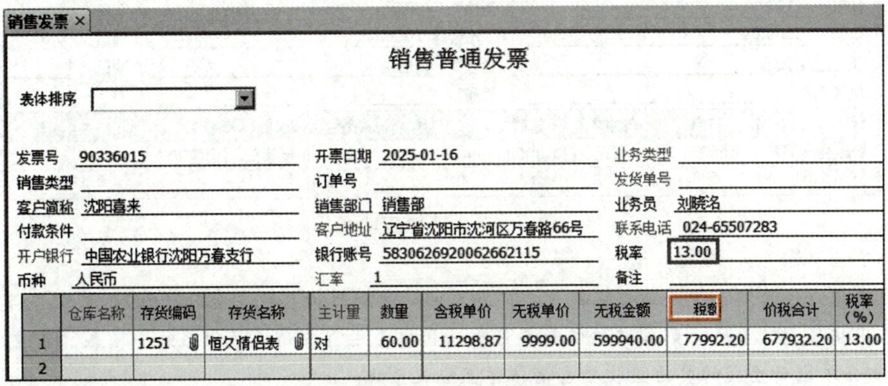

销售发票

销售普通发票

表体排序

发票号	90336015	开票日期	2025-01-16	业务类型	
销售类型		订单号		发货单号	
客户简称	沈阳喜来	销售部门	销售部	业务员	刘晓洺
付款条件		客户地址	辽宁省沈阳市沈河区万春路66号	联系电话	024-65507283
开户银行	中国农业银行沈阳万春支行	银行账号	5830626920062662115	税率	13.00
币种	人民币	汇率	1	备注	

	仓库名称	存货编码	存货名称	主计量	数量	含税单价	无税单价	无税金额	税额	价税合计	税率（%）
1		1251	恒久情侣表	对	60.00	11298.87	9999.00	599940.00	77992.20	677932.20	13.00
2											

图5-21　销售普通发票

提示

与采购普通发票表头、表体的“税率”均为零不同，销售普通发票应正常计算销项税额，表头、表体的“税率”均不为零。

（3）其他应收单。

【实验资料】

2025年1月16日，销售部何丽平向北京汇鑫销售商品时，以中国工商银行沈阳皇姑支行转账支票（票据号：10562000）代垫运费1 000元。

【实验过程】

填制其他应收单

①在应收系统选择“应收单据处理→应收单据录入”命令，打开“单据类别”对话框，在“单据名称”栏选择“应收单”，如图5-22所示。单击“确定”，打开“应收单”窗口。

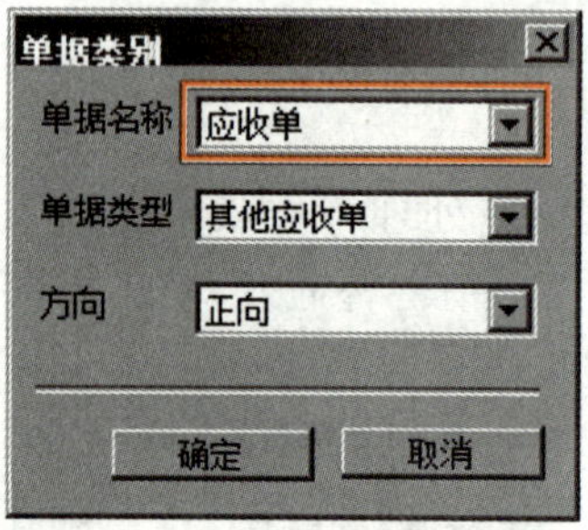

图5-22　选择单据类别

②单击“增加”，根据实验资料，录入表头项目“客户”“金额”“业务员”等信息。表体的“科目”栏参照选择“10020101”（银行存款/中国工商银行/沈阳皇姑支行）。保存后结果如图5-23所示。

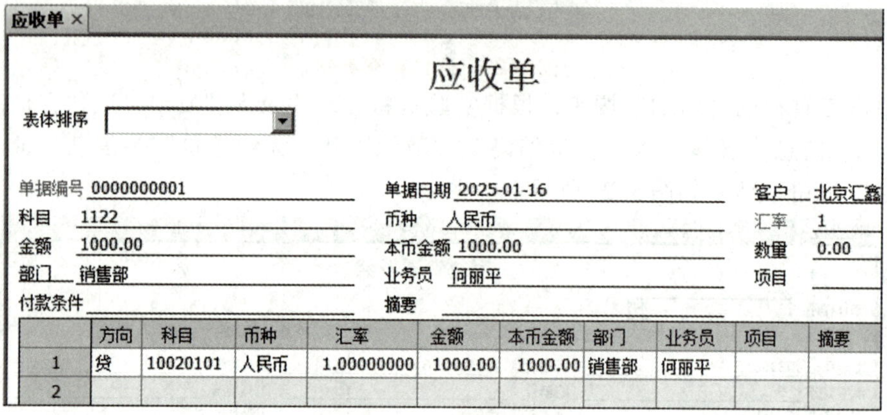

图5-23　其他应收单

提示

若未启用销售管理系统，则伴随销售业务产生的代垫费用由应收系统进行录入。

若启用销售管理系统，则伴随销售业务产生的代垫费用需在销售管理系统中填制“销售费用支出单”。该支出单自动生成的其他应收单自动传递至应收系统。

无论是否启用销售管理系统，除销售发票、代垫费用外，其他涉及“应收账款”科目的业务也可考虑使用其他应收单。

应收单实质上是一张记账凭证，表头反映借方信息，表体反映贷方信息，如下所示：

借：应收系统受控科目（表头项目中的“科目”，必须是受控科目）

　贷：××××（表体项目中的“科目”）

应收单表体信息可以不输入；若不输入，保存单据时系统会自动形成一条方向相反、金额相等的记录，该记录可修改。

（4）负向的应收单据。

【实验资料】

2025年1月16日，根据沈阳金泰反馈，上月17日业务员刘晓洺所售百盛男套装100套发生质量问题，经协商予以退货，辽宁恒通当日收到所退货物，并开具了红字增值税专用发票（发票号：21323506）。

【实验过程】

①在应收系统选择“应收单据处理→应收单据录入”命令，打开“单据类别”对话框，在“单据方向”栏选择“负向”，如图5-24所示。单击“确定”，打开“销售发票”窗口。

填制负向的应收单据

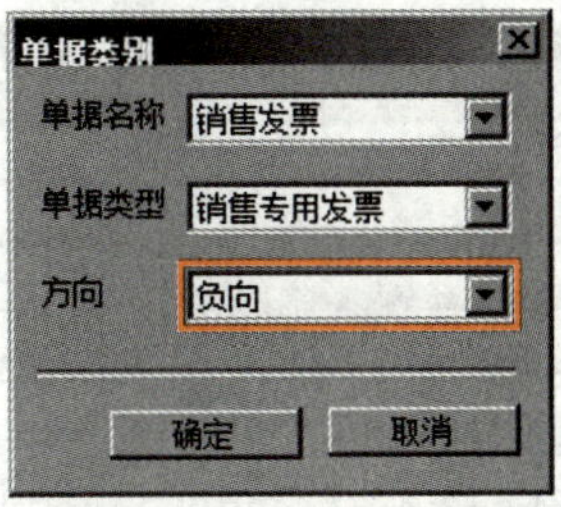

图5-24 选择单据类别

②单击“增加”，根据实验资料，录入表头项目“发票号”“客户简称”“业务员”等信息。表体录入“存货编码”、“数量”和“无税单价”等信息。录入完毕单击“保存”按钮，结果如图5-25所示。

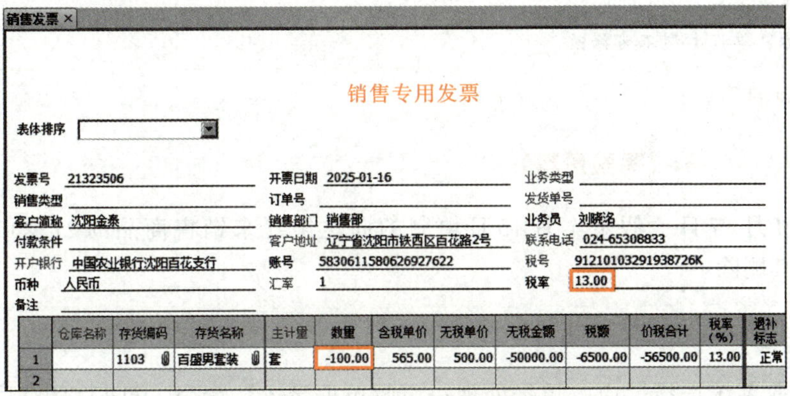

	仓库名称	存货编码	存货名称	主计量	数量	含税单价	无税单价	无税金额	税额	价税合计	税率（%）	退补标志
1		1103	百盛男套装	套	-100.00	565.00	500.00	-50000.00	-6500.00	-56500.00	13.00	正常
2												

图5-25 红字销售专用发票

提示

销售过程中如果发生退货、销售折让等，则需要填制负向的销售发票。如果填制销售折让发票，则红字销售专用发票表体录入“存货编码”、“无税金额”和“退补标志”即可，“数量”栏为空，且“退补标志”选择“退补”。

2.修改应收单据

【实验资料】

2025年1月17日，假定16日填制的向北京汇鑫销售商品的21323504号发票有误，所售货物应为“嘉伟女风衣”，单价仍为900元，要求对其进行修改。

【实验过程】

修改应收单据

① 2025年1月17日，由赵凯杰（W02）登录企业应用平台。

② 在应收系统选择“应收单据处理→应收单据录入”命令，打开“单据类

别”对话框，单击“确定”，打开“销售发票”窗口。

③ 单击工具栏的“定位”按钮，打开“单据定位条件”对话框，在“单据编号”栏输入“21323504”，如图5-26所示，单击“确定”找到该发票。单击“修改”按钮，双击表体第1行“存货编码”单元格，将“1152”清除后重新选择“1151”，“无税单价”再次输入“900”。单击“保存”按钮。关闭“销售发票”窗口。

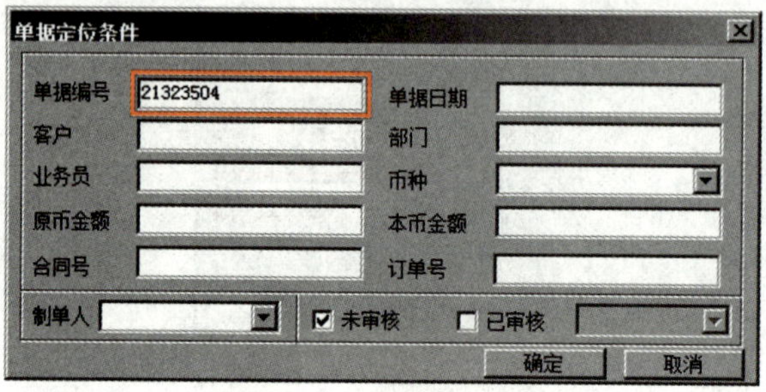

图5-26　单据定位条件

提示

通过点击“定位”按钮右侧的“←”（上张）、“→”（下张）、“|←”（首张）和“→|”（末张）等按钮也可查找单据。

单据名称、单据类型不可修改。

3.删除应收单据

【实验资料】

2025年1月17日，假定本月15日填制的向沈阳喜来销售商品的21323503号发票有误，要求将其删除。

【实验过程】

删除应收单据

① 在应收系统选择“应收单据处理→应收单据录入”命令，打开“单据类别”对话框，单击“确定”，打开“销售发票”窗口。

② 单击工具栏的“定位”按钮，打开“单据定位条件”对话框，在“单据编号”栏输入“21323503”，单击“确定”找到该发票。

③ 单击“删除”按钮，弹出“单据删除后不能恢复，是否继续？”提示框，单击“是”，将该发票删除。

提示

如果销售发票已做过后续处理，如审核、制单、核销、转账、坏账处理等，则该发票不能修改或删除。但是，系统对所有的处理都提供了逆向操作功能，通过逆向操作把后续处理全部取消，此时发票可修改或删除。

知识点076　应收单据审核

【实验资料】

2025年1月18日，将本月应收单据全部审核。

【实验过程】

（1）2025年1月18日，由赵凯杰（W02）登录企业应用平台。

（2）在U8企业应用平台，依次选择“业务工作→财务会计→应收款管理→应收单据处理→应收单据审核”命令，打开“应收单查询条件”对话框，如图5-27所示。单击“确定”按钮，打开“单据处理”窗口，显示应收单据列表，如图5-28所示。

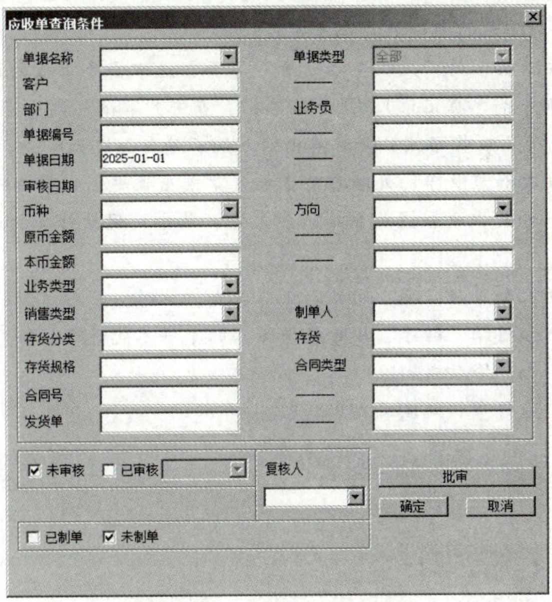

图5-27　应收单查询条件

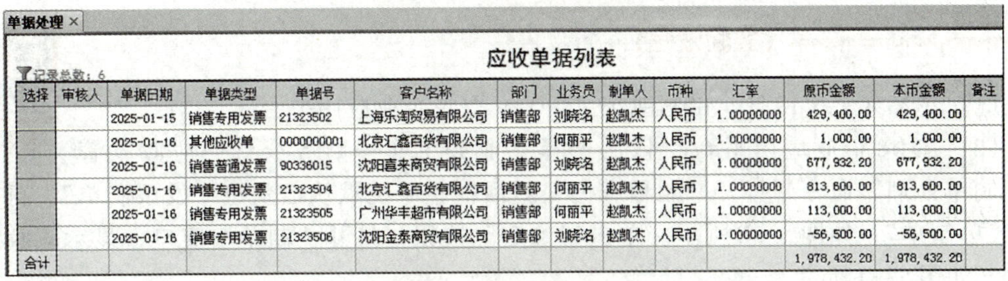

选择	审核人	单据日期	单据类型	单据号	客户名称	部门	业务员	制单人	币种	汇率	原币金额	本币金额	备注
		2025-01-15	销售专用发票	21323502	上海乐淘贸易有限公司	销售部	刘晓名	赵凯杰	人民币	1.00000000	429,400.00	429,400.00	
		2025-01-16	其他应收单	0000000001	北京汇鑫百货有限公司	销售部	何丽平	赵凯杰	人民币	1.00000000	1,000.00	1,000.00	
		2025-01-16	销售普通发票	90336015	沈阳喜来商贸有限公司	销售部	刘晓名	赵凯杰	人民币	1.00000000	677,932.20	677,932.20	
		2025-01-16	销售专用发票	21323504	北京汇鑫百货有限公司	销售部	何丽平	赵凯杰	人民币	1.00000000	813,600.00	813,600.00	
		2025-01-16	销售专用发票	21323505	广州华丰超市有限公司	销售部	何丽平	赵凯杰	人民币	1.00000000	113,000.00	113,000.00	
		2025-01-16	销售专用发票	21323506	沈阳金泰商贸有限公司	销售部	刘晓名	赵凯杰	人民币	1.00000000	-56,500.00	-56,500.00	
合计											1,978,432.20	1,978,432.20	

图5-28　应收单据列表

（3）单击工具栏的“全选”按钮，此时每张单据最左侧的“选择”栏显示“Y”字样，表示该单据被选中。单击工具栏的“审核”按钮，弹出如图5-29所示的提示框，单击“确定”按钮，此时每张单据左侧的“审核人”栏均显示“赵凯杰”，完成审核工作。

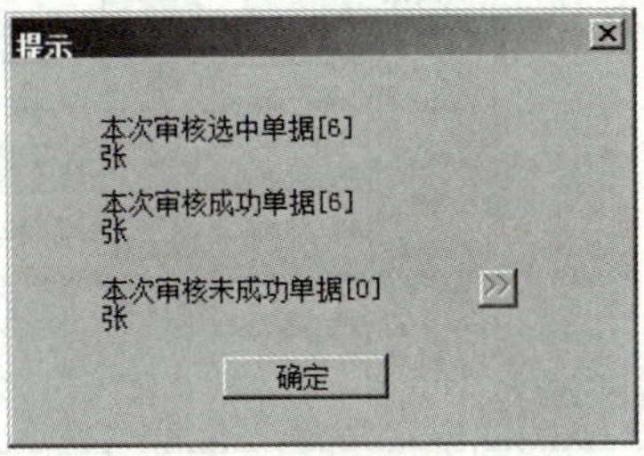

图5-29　审核结果

提示

[审核日期] 主要决定应收单据的入账日期，依据系统参数而定。

[审核人] 单据审核后，系统自动将当前操作员填列为审核人。

系统提供3种审核方式：自动批审、批量审核、单张审核。

[自动批审] 选择"业务工作→财务会计→应收款管理→应收单据处理→应收单据审核"命令，打开"应收单查询条件"对话框，如图5-27所示。单击"批审"按钮，系统根据当前的过滤条件将符合条件的未审核单据全部进行后台的一次性审核处理。

[批量审核] 本案例所演示的即为批量审核方式。

[单张审核] 在图5-28所示的"应收单据列表"界面，选中需要审核的记录，点击工具栏的"单据"按钮（或直接双击那一条单据记录），显示该单据，点击"审核"按钮将该单据审核。

审核有3个含义：①确认应收账款；②对单据输入的正确与否进行审查；③对应收单据进行记账。

在本系统中，销售发票和应收单的处理都基于该发票或应收单已经审核的基础上。

在销售管理系统录入的发票也在应收系统审核入账，其中，现款结算的销售发票审核时同步核销对应的现款结算收款单。

取消审核将清空审核人和审核日期，回到未记账状态，此时，可对该应收单据进行修改或删除。

已经做过后续处理（如核销、转账、坏账处理等）的单据不能进行弃审处理。

已审核的应收单据不允许修改或删除。

不能在已结账月份中进行审核处理或弃审处理。

知识点077 制单处理

【实验资料】

2025年1月19日，将本月已审核应收单据制单处理。

【实验过程】

制单处理

（1）2025年1月19日，由赵凯杰（W02）登录企业应用平台。

（2）在U8企业应用平台，依次选择"业务工作→财务会计→应收款管理→制单处理"命令，打开"制单查询"对话框，系统默认已勾选"发票制单"，再勾选"应收单制单"，如图5-30所示。单击"确定"按钮，打开"制单"窗口，显示应收制单列表，如图5-31所示。

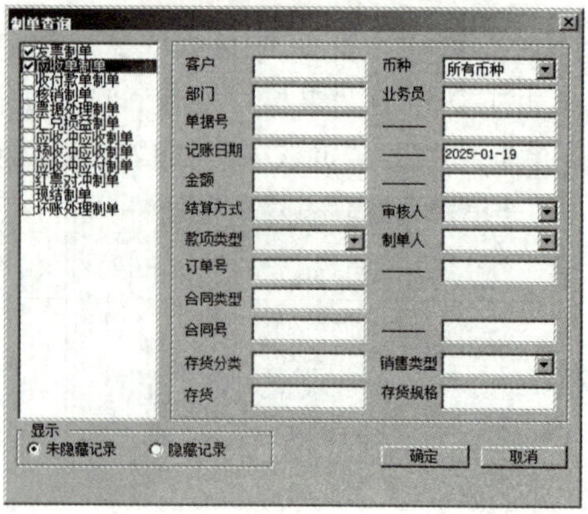

图5-30 制单查询

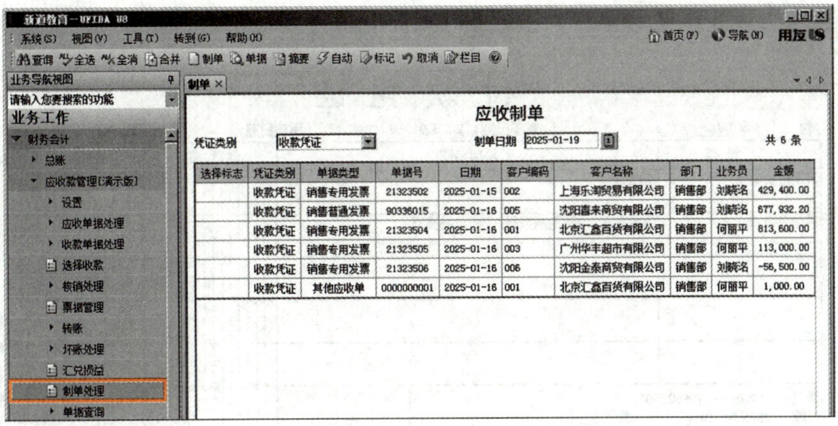

图5-31 应收制单列表

（3）在“凭证类别”栏，用下拉框选择“转账凭证”（也可在凭证中修改该类别）。

（4）单击工具栏的“全选”按钮，选择要进行制单的单据，此时“选择标志”栏自动生成数字序号，如图5-32所示。

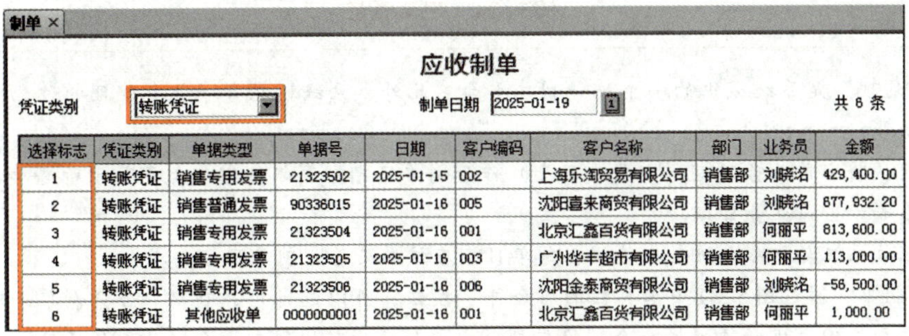

应收制单

凭证类别 转账凭证　制单日期 2025-01-19　共 6 条

选择标志	凭证类别	单据类型	单据号	日期	客户编码	客户名称	部门	业务员	金额
1	转账凭证	销售专用发票	21323502	2025-01-15	002	上海乐淘贸易有限公司	销售部	刘晓洺	429,400.00
2	转账凭证	销售普通发票	90336015	2025-01-16	005	沈阳喜来商贸有限公司	销售部	刘晓洺	677,932.20
3	转账凭证	销售专用发票	21323504	2025-01-16	001	北京汇鑫百货有限公司	销售部	何丽平	813,600.00
4	转账凭证	销售专用发票	21323505	2025-01-16	003	广州华丰超市有限公司	销售部	何丽平	113,000.00
5	转账凭证	销售专用发票	21323506	2025-01-16	006	沈阳金泰商贸有限公司	销售部	刘晓洺	-56,500.00
6	转账凭证	其他应收单	0000000001	2025-01-16	001	北京汇鑫百货有限公司	销售部	何丽平	1,000.00

图5-32 选择制单单据

（5）点击工具栏的“制单”按钮，进入“填制凭证”界面，单击“保存”按钮，保存当前记账凭证并将其传递到总账系统，如图5-33所示。单击“➡”后再单击“保存”，将后续5张凭证逐一保存。其中，其他应收单所生成的应为付款凭证，且保存前第2行会计分录应补充结算方式、票据号等信息，结果如图5-34所示。

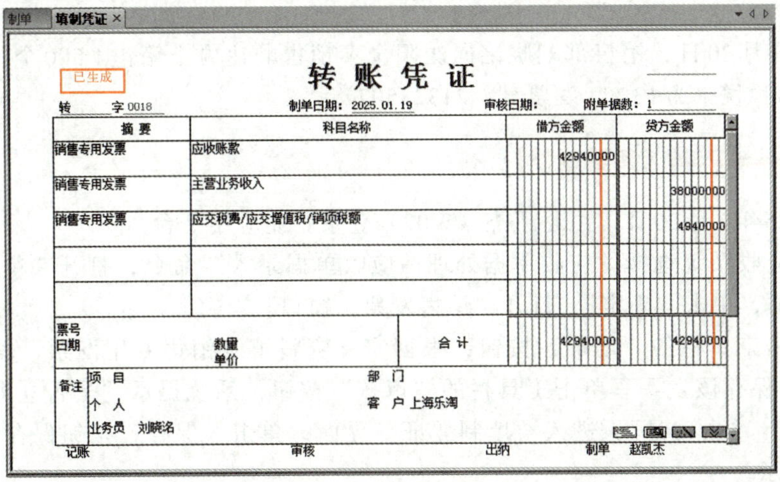

图5-33 记账凭证

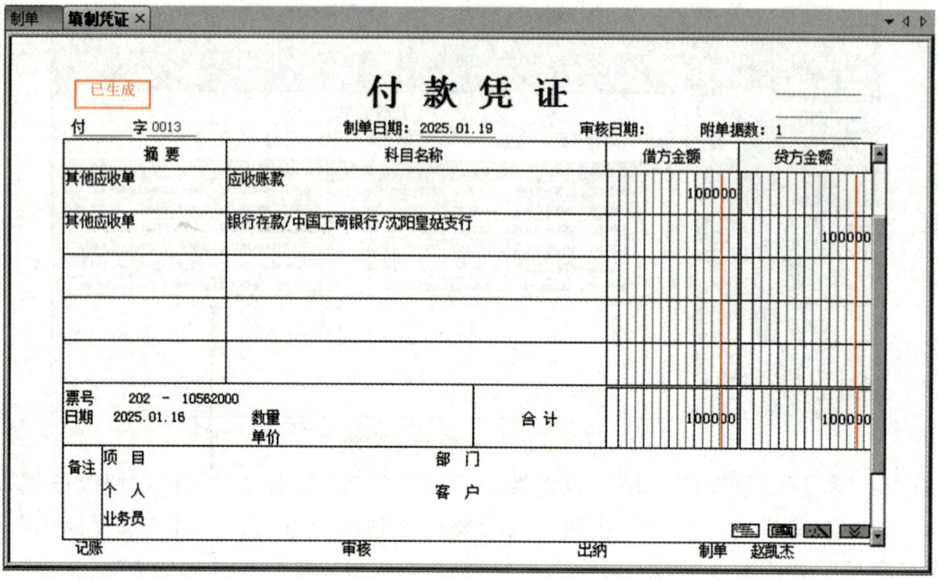

图5-34 记账凭证

提示

“制单处理”是系统提供的一个统一制单平台。此外，系统还在各个业务处理的过程中提供了实时制单的功能。

系统默认将当前业务日期（即登录日期）作为制单日期。制单日期应大于等于所选单据的最大日期，但小于等于当前业务日期。

如果应收系统与总账系统集成使用，制单日期应该满足总账制单日期要求。

[合并制单] 通过图5-31中工具栏的“合并”按钮，可以进行合并制单。合并制单一次可以选择多个制单类型，但至少必须选择一个制单类型。合并分录后若出现本币金额为零的情况，则该分录不能传递到凭证中去。

知识点078 应收单据一体化处理

【实验资料】

2025年1月20日，销售部刘晓洛向沈阳金泰销售顺达男士箱包1 500个，无税单价为800元，增值税税率为13%（发票号：21323507）。

【实验过程】

应收单据一体化处理

（1）2025年1月20日，由赵凯杰（W02）登录企业应用平台。

（2）在应收系统选择“应收单据处理→应收单据录入”命令，打开“单据类别”对话框，单击“确定”，打开“销售发票”窗口。

（3）单击工具栏的“增加”按钮，根据实验资料填制销售专用发票。填制完毕单击“保存”按钮保存该发票。单击工具栏的“审核”按钮，系统提示“是否立即制单?”，如图5-35所示。单击“是”，进入“填制凭证”界面，单击“保存”按钮保存该记账凭证，如图5-36所示。

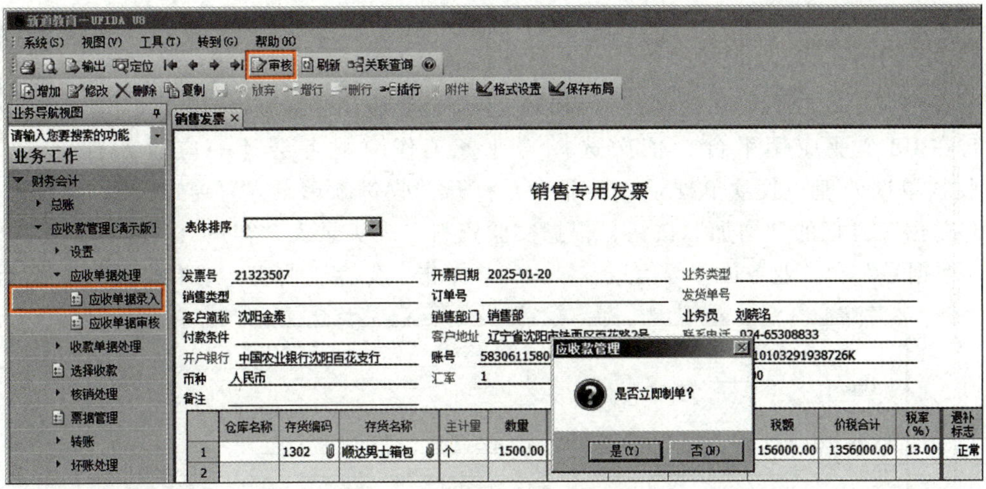

图5-35 发票审核并立即制单

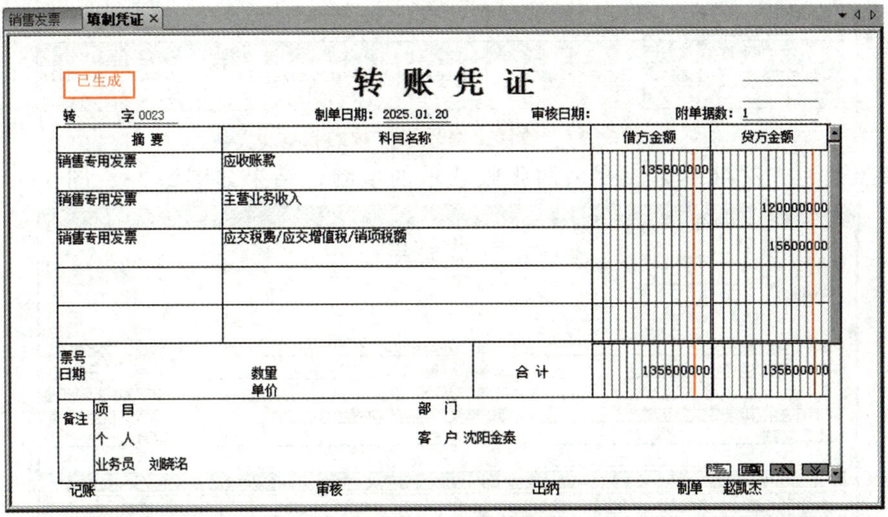

图5-36 记账凭证

知识点079 收款单据录入

收款单据处理基本流程：录入→审核→核销→制单。

1.填制收款单

（1）收回前欠货款的收款单。

【实验资料】

2025年1月22日，销售部刘晓洺通知财务，收到上海乐淘电汇款300 000元（票据号：85693256），用于支付本月15日的货款。

2025年1月22日，销售部刘晓洺通知财务，收到沈阳喜来一张169 500元的转账支票（票据号：12943715），用于支付本月15日的货款。

2025年1月22日，销售部何丽平通知财务，收到广州华丰电汇款109 000元（票据号：12159437），用于支付本月16日的货款。

【实验过程】

填制收回前欠货款的收款单

①2025年1月22日，由赵凯杰（W02）登录企业应用平台。

②在U8企业应用平台，依次选择“业务工作→财务会计→应收款管理→收款单据处理→收款单据录入”命令，打开“收付款单录入”窗口。

③单击工具栏的“增加”按钮，根据实验资料，表头录入“客户”、“结算方式”、“金额”、“票据号”和“业务员”等信息。录入完毕单击“保存”按钮，结果如图5-37所示。

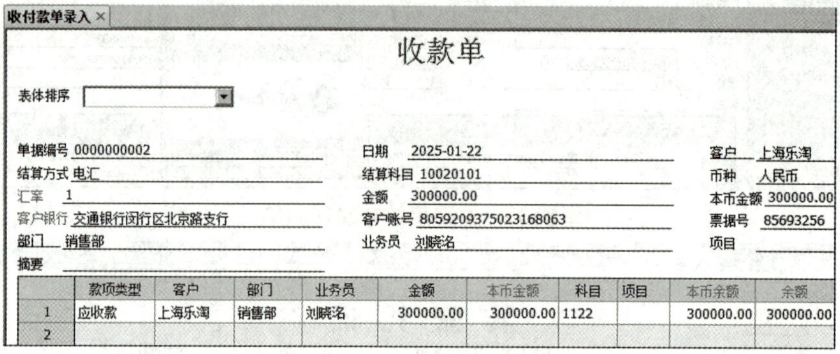
收付款单录入

收款单

表体排序

单据编号 0000000002　日期 2025-01-22　客户 上海乐淘
结算方式 电汇　结算科目 10020101　币种 人民币
汇率 1　金额 300000.00　本币金额 300000.00
客户银行 交通银行闵行区北京路支行　客户账号 8059209375023168063　票据号 85693256
部门 销售部　业务员 刘晓名　项目
摘要

	款项类型	客户	部门	业务员	金额	本币金额	科目	项目	本币余额	余额
1	应收款	上海乐淘	销售部	刘晓名	300000.00	300000.00	1122		300000.00	300000.00
2										

图5-37　收回上海乐淘欠款的收款单

④参照上述方法继续完成剩余两张收款单的填制，结果如图5-38、图5-39所示。

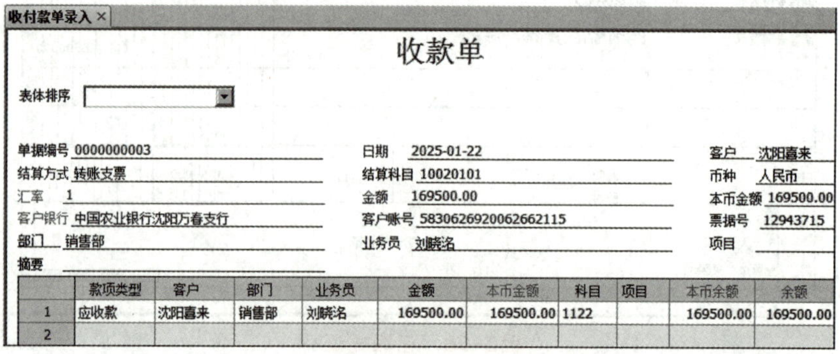
收付款单录入

收款单

表体排序

单据编号 0000000003　日期 2025-01-22　客户 沈阳喜来
结算方式 转账支票　结算科目 10020101　币种 人民币
汇率 1　金额 169500.00　本币金额 169500.00
客户银行 中国农业银行沈阳万春支行　客户账号 5830626920062662115　票据号 12943715
部门 销售部　业务员 刘晓名　项目
摘要

	款项类型	客户	部门	业务员	金额	本币金额	科目	项目	本币余额	余额
1	应收款	沈阳喜来	销售部	刘晓名	169500.00	169500.00	1122		169500.00	169500.00
2										

图5-38　收回沈阳喜来欠款的收款单

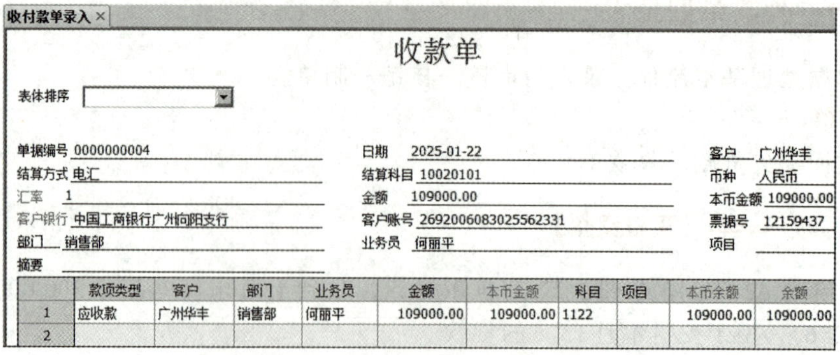
收付款单录入

收款单

表体排序

单据编号 0000000004　日期 2025-01-22　客户 广州华丰
结算方式 电汇　结算科目 10020101　币种 人民币
汇率 1　金额 109000.00　本币金额 109000.00
客户银行 中国工商银行广州向阳支行　客户账号 2692006083025562331　票据号 12159437
部门 销售部　业务员 何丽平　项目
摘要

	款项类型	客户	部门	业务员	金额	本币金额	科目	项目	本币余额	余额
1	应收款	广州华丰	销售部	何丽平	109000.00	109000.00	1122		109000.00	109000.00
2										

图5-39　收回广州华丰欠款的收款单

提示

表头必输项目：客户、日期、单据编号、结算方式、币种、金额；当币种为外币时，汇率也必须输入。表体必输项目：款项类型、客户、金额。表体金额合计必须等于表头金额。

缺省带入的表体记录可以进行增加、删除、修改处理。

[款项类型]系统提供以下几种款项类型来区分不同的款项用途：应收款、预收款、其他费用、现款结算、销售定金等。不同的款项类型后续业务处理不尽不同。若一张付款单具有不同的用途款项，应在表体分行处理。

①应收款：该类型的收款单用于冲销应收账款，表体对应的科目为受控科目。

②预收款：该类型的收款单用于形成预收账款，表体对应的科目为受控科目。

③其他费用：该类型的收款单表体对应的科目为非受控科目。

④现款结算：该类型的收款单用于核销现款结算的发票，表体对应的科目为受控科目。该收款单只能在对应发票审核时才能核销。

⑤销售定金：该类型的收款单是为了完成销售定金业务，表体对应的科目为非受控科目。

a.该收款单在“转货款”时，生成款项类型为“应收款”的收款单；

b.该收款单在“转营业外收入”时，生成款项类型为“其他费用”的收款单；

c.该收款单在“退回”时，生成款项类型为“销售定金”的付款单。

只有应收款、预收款、现款结算性质的收款单才能与销售发票、应收单进行核销勾对。

[代付款]若付款单表头客户与表体客户不同，则表体记录所在的款项为代付款。在核销时，代付款的客户的记录只能与其本身的应收款核销。

（2）预收货款的收款单。

【实验资料】

2025年1月23日，销售部何丽平通知财务，预收深圳裕丰货款80 000元，结算方式为电汇（票据号：93592137）。

【实验过程】

填制预收货款的收款单

①2025年1月23日，由赵凯杰（W02）登录企业应用平台。

②在U8企业应用平台，依次选择“业务工作→财务会计→应收款管理→收款单据处理→收款单据录入”命令，打开“收付款单录入”窗口。

③单击工具栏的“增加”按钮，根据实验资料，表头录入“客户”、“结算方式”、“金额”、“票据号”和“业务员”等信息。

表头录入完毕将表体第1行的“款项类型”单元格选择为“预收款”，单击“保存”按钮，结果如图5-40所示。

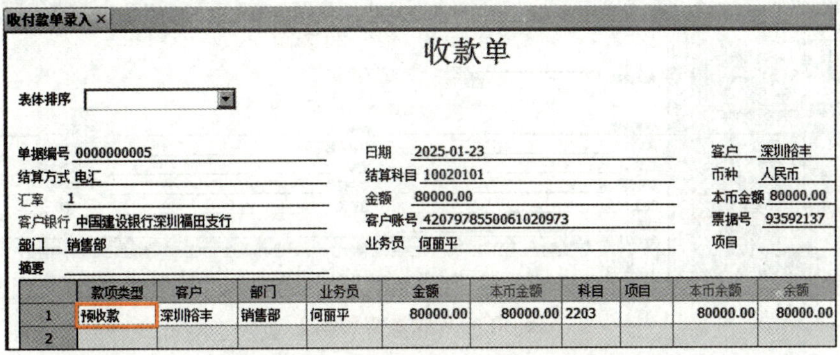

	款项类型	客户	部门	业务员	金额	本币金额	科目	项目	本币余额	余额
1	预收款	深圳裕丰	销售部	何丽平	80000.00	80000.00	2203		80000.00	80000.00
2										

图5-40　预收深圳裕丰货款的收款单

（3）虚拟收款单。

【实验资料】

2025年1月23日，沈阳金泰出现经营困难，经协商，辽宁恒通同意免除对方上月17日的所欠货款50 000元。业务员：刘晓洺。

【实验过程】

填制虚拟收款单

① 2025年1月23日，由赵凯杰（W02）登录企业应用平台。

② 在U8企业应用平台，依次选择“业务工作→财务会计→应收款管理→收款单据处理→收款单据录入”命令，打开“收付款单录入”窗口。

③ 单击工具栏的“增加”按钮，根据实验资料，表头“客户”选择“沈阳金泰”，“结算方式”选择“其他”，“结算科目”修改为“6111”（投资收益），“金额”输入“50000”。单击“保存”按钮，结果如图5-41所示。

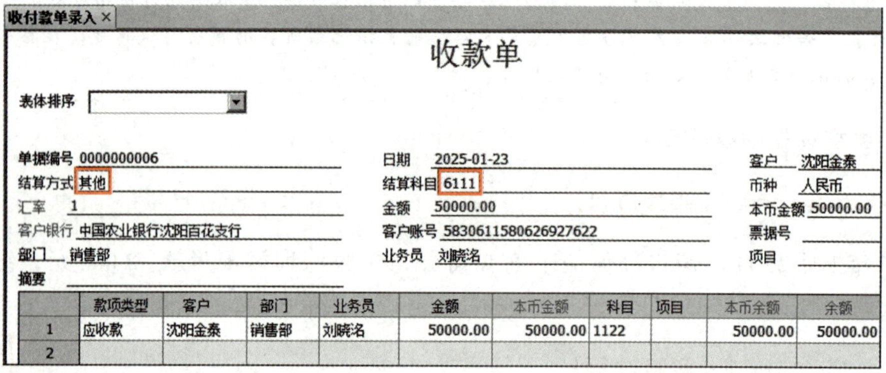

图5-41　（虚拟）收款单

提示

所谓虚拟收款单，是指表头“结算方式”栏为“其他”、“结算科目”栏为非银行科目的收款单。

如果企业需要退款给客户，则需要在应收系统填制付款单。方法如下：

选择“业务工作→财务会计→应收款管理→收款单据处理→收款单据录入”命令，打开“收付款单录入”窗口，点击“切换”按钮，即可进行付款单的录入，如图5-42所示。

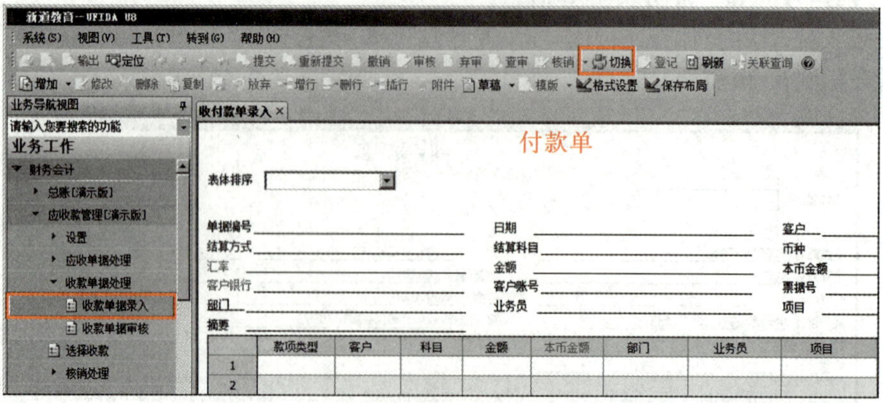

图5-42　应收系统付款单

提示

应收、预收用途的付款单可与应收、预收用途的收款单进行“红票对冲”操作。

应收、预收用途的付款单可与应收、预收用途的收款单或红字应收单据进行核销操作。

2.修改收款单

【实验资料】

2025年1月23日，假定本月22日填制收取上海乐淘货款的收款单有误，金额应为399 400元，要求对其进行修改。

【实验过程】

修改收款单

① 2025年1月23日，由赵凯杰（W02）登录企业应用平台。

② 在U8企业应用平台，依次选择“业务工作→财务会计→应收款管理→收款单据处理→收款单据录入”命令，打开“收付款单录入”窗口。

③ 单击工具栏的“定位”按钮，打开“收付款单定位条件”对话框，在“单据日期”栏参照选择“2025-01-22”，“客户”栏选择“上海乐淘”，如图5-43所示，单击“确定”找到该收款单。单击“修改”按钮，将表头、表体中的“金额”栏均改为“399400”。保存该收款单，结果如图5-44所示。

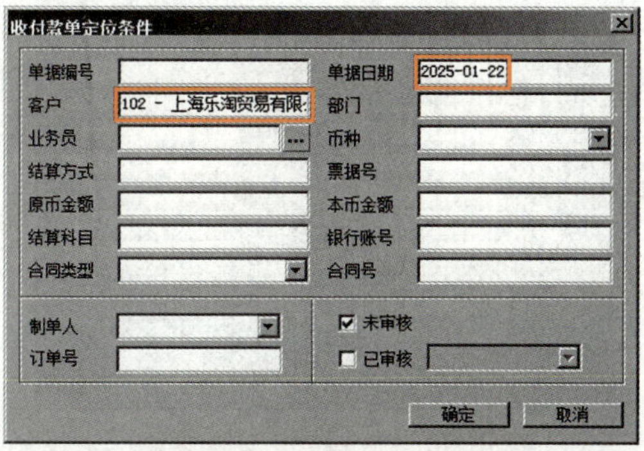

图5-43 收付款单定位条件

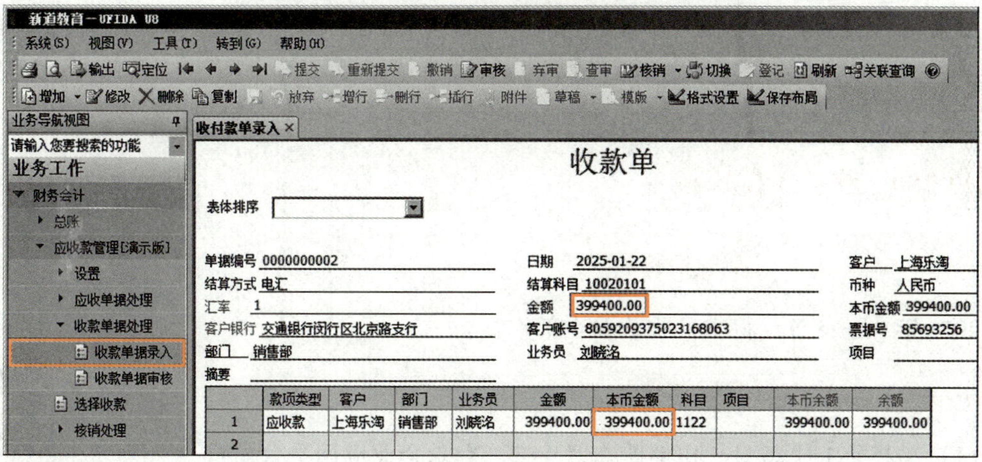

图5-44 修改后的收款单

提示

通过点击“定位”按钮右侧的“←”（上张）、“→”（下张）、“|←”（首张）和“→|”（末张）等按钮也可查找单据。

3.删除收款单

【实验资料】

2025年1月24日，假定本月22日填制收取沈阳喜来169 500元货款的收款单有误，要求删除该收款单。

【实验过程】

删除收款单

① 2025年1月24日，由赵凯杰（W02）登录企业应用平台。

② 在U8企业应用平台，依次选择“业务工作→财务会计→应收款管理→收款单据处理→收款单据录入”命令，打开“收付款单录入”窗口。

③ 单击工具栏的“定位”按钮，打开“收付款单定位条件”对话框，在“客户”栏参照选择“沈阳喜来”，“本币金额”栏输入“169500”，如图5-45所示。单击“确定”找到该收款单。单击“删除”按钮，弹出“单据删除后不能恢复，是否继续？”提示框，单击“是”，将该收款单删除。

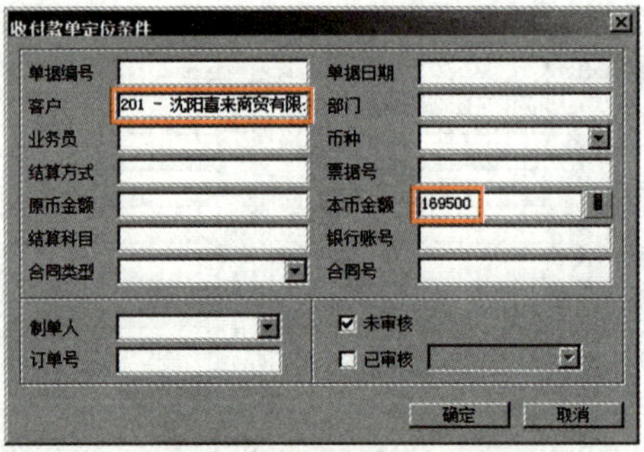

图5-45　收付款单定位条件

提示

如果收款单已做过后续处理，如审核、制单、核销、预收冲应收、红票对冲等，则该收款单不能修改或删除。但是，系统对所有的处理都提供了逆向操作功能，通过逆向操作把后续处理全部取消，此时收款单可修改或删除。

知识点080　收款单据审核

【实验资料】

2025年1月25日，将本月收款单全部审核。

【实验过程】

收款单据审核

（1）2025年1月25日，由赵凯杰（W02）登录企业应用平台。

（2）在U8企业应用平台，依次选择“业务工作→财务会计→应收款管理→收款单据处理→收款单据审核”命令，打开“收款单查询条件”对话框，如图5-46所示。单击“确定”按钮，打开“收付款单列表”窗口，如图5-47所示。

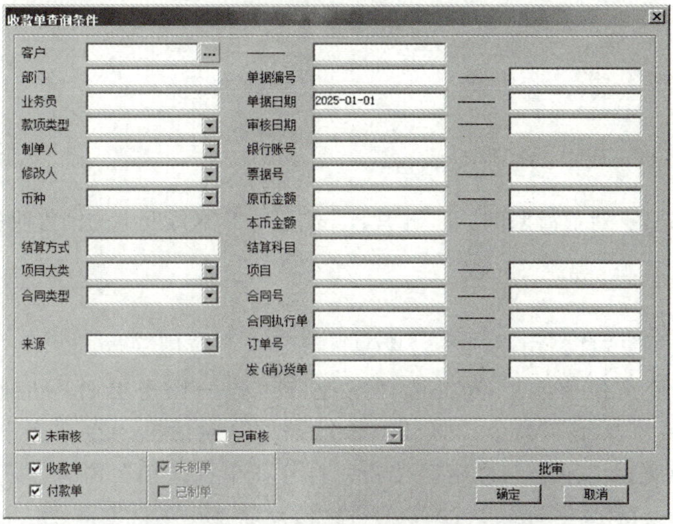

图5-46 收款单查询条件

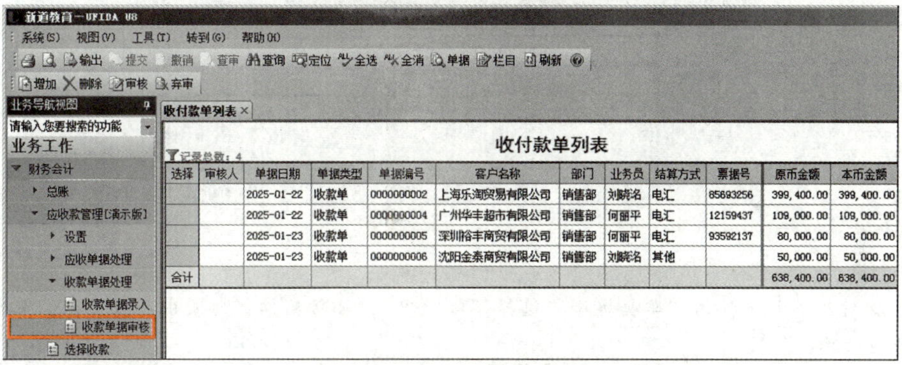

图5-47 收付款单列表

（3）单击工具栏的“全选”按钮，此时每张单据最左侧的“选择”栏显示“Y”字样，表示该单据被选中。单击工具栏的“审核”按钮，弹出如图5-48所示的提示框，单击“确定”按钮，此时每张单据左侧的“审核人”栏均显示“赵凯杰”，完成审核工作。

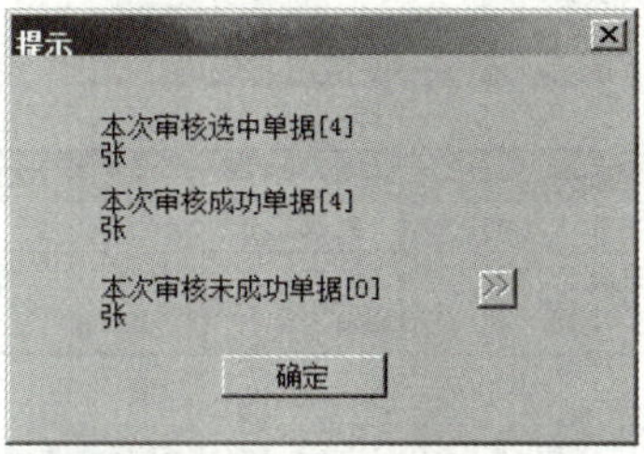

图5-48 审核结果

提示

付款单的审核即对付款单据进行记账，并在单据上填上审核日期、审核人的过程。系统将单据日期作为审核日期，将当前操作员作为审核人。

月末结账前收款单必须全部审核。不能在已结账月份进行审核或弃审处理。

系统提供3种审核方式：自动批审、批量审核、单张审核。具体操作方法参考应收单据的3种审核方式。

知识点081　核销处理

【实验资料】

2025年1月25日，对上海乐淘、广州华丰、沈阳金泰本月发生的销售业务进行核销处理。

【实验过程】

核销处理

（1）2025年1月25日，由赵凯杰（W02）登录企业应用平台。

（2）在U8企业应用平台，依次选择“业务工作→财务会计→应收款管理→核销处理→手工核销”命令，打开“核销条件”对话框，在“客户”栏选择“上海乐淘”，如图5-49所示。单击“确定”按钮，打开“单据核销”窗口。

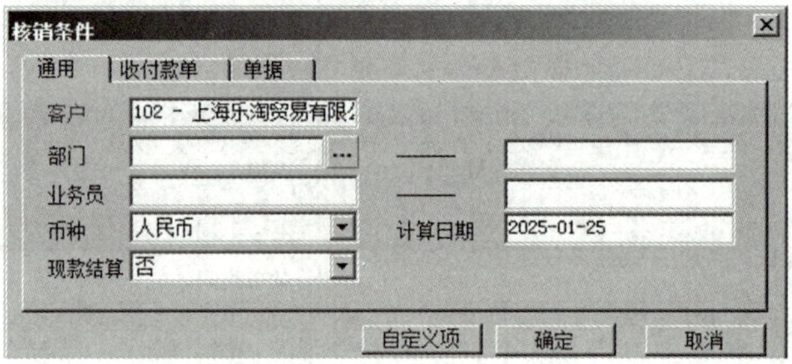

图5-49　核销条件

提示

若“收付款单”页签的“单据类型”选择“收款单”，被核销单据列表中可以显示：蓝字发票、蓝字其他应收单、付款单。

若“收付款单”页签的“单据类型”选择“付款单”，被核销单据列表中可以显示：红字发票、红字其他应收单、收款单。

（3）在窗口下方“21323502”号发票的“本次结算”栏输入“399400”，如图5-50所示。单击“保存”按钮，完成核销。

单据核销

单据日期	单据类型	单据编号	客户	款项类型	结算方式	原币金额	原币余额	本次结算金额	订单号
2024-12-31	收款单	0000000001	上海乐淘	预收款	银行汇票	30,000.00	30,000.00		
2025-01-22	收款单	0000000002	上海乐淘	应收款	电汇	399,400.00	399,400.00	399,400.00	
合计						429,400.00	429,400.00	399,400.00	

单据日期	单据类型	单据编号	到期日	客户	币种	原币金额	原币余额	可享受折扣	本次折扣	本次结算	订单号	凭证号
2025-01-15	销售专用发票	21323502	2025-01-15	上海乐淘	人民币	429,400.00	429,400.00	0.00	0.00	399,400.00		转-0018
合计						429,400.00	429,400.00	0.00		399,400.00		

图5-50　上海乐淘核销界面

（4）参照上述方法继续完成对广州华丰的核销处理。该笔销售有现金折扣，根据付款条件客户应享受4%的折扣，则实际收款109 000元（113 000−200×500×0.04）。核销时，21323505号发票的“本次折扣”栏录入“4000”，“本次结算”栏录入“109000”，如图5-51所示。单击“保存”按钮，完成核销。

单据核销 ×

单据日期	单据类型	单据编号	客户	款项类型	结算方式	原币金额	原币余额	本次结算金额	订单号
2025-01-22	收款单	0000000004	广州华丰	应收款	电汇	109,000.00	109,000.00	109,000.00	
合计						109,000.00	109,000.00	109,000.00	

单据日期	单据类型	单据编号	到期日	客户	币种	原币金额	原币余额	可享受折扣	本次折扣	本次结算	订单号	凭证号
2025-01-16	销售专用发票	21323505	2025-02-15	广州华丰	人民币	113,000.00	113,000.00	4,520.00	4,000.00	109,000.00		转-0021
合计						113,000.00	113,000.00	4,520.00	4,000.00	109,000.00		

图5-51　广州华丰核销界面

（5）参照前述方法继续完成对沈阳金泰的核销处理，界面如图5-52所示。

单据核销 ×

单据日期	单据类型	单据编号	客户	款项类型	结算方式	原币金额	原币余额	本次结算金额	订单号
2025-01-23	收款单	0000000006	沈阳金泰	应收款	其他	50,000.00	50,000.00	50,000.00	
合计						50,000.00	50,000.00	50,000.00	

单据日期	单据类型	单据编号	到期日	客户	币种	原币金额	原币余额	可享受折扣	本次折扣	本次结算	订单号	凭证号
2024-12-17	销售专用发票	21323501	2024-12-17	沈阳金泰	人民币	678,000.00	678,000.00	0.00	0.00	50,000.00		
2025-01-20	销售专用发票	21323507	2025-01-20	沈阳金泰	人民币	1,356,000.00	1,356,000.00	0.00				转-0023
合计						2,034,000.00	2,034,000.00	0.00		50,000.00		

图5-52　沈阳金泰核销界面

提示

通过核销功能可将收款单与发票或应收单相关联，冲减本期应收，减少企业债权。

未审核过的或者原币余额为零的单据记录均不显示在收付款单、被核销单据列表中。

红字单据整条记录金额、余额均正数显示，单据类型为付款单。

收付款单原币余额=原币金额-本次结算。

发票、应付单在自动计算现金折扣的情况下，原币余额=原币金额-本次结算-本次折扣；无现金折扣的情况下，原币余额=原币金额-本次结算。

款项类型为应收款或预收款的收款单均可进行核销。

若收款单数额等于原有单据数额，收款单与原有单据完全核销。

若收款单数额大于原有单据数额，部分核销原有单据，部分形成预收款。

若收款单数额小于原有单据数额，原有单据仅得到部分核销。

知识点082　制单处理

【实验资料】

2025年1月25日，按客户对本月收款核销业务制单处理。

【实验过程】

制单处理

（1）2025年1月25日，由赵凯杰（W02）登录企业应用平台。

（2）在U8企业应用平台，依次选择“业务工作→财务会计→应收款管理→制单处理”命令，打开“制单查询”对话框，勾选“收付款单制单”和“核销制单”，如图5-53所示。单击“确定”按钮，打开“制单”窗口，显示应收制单列表。

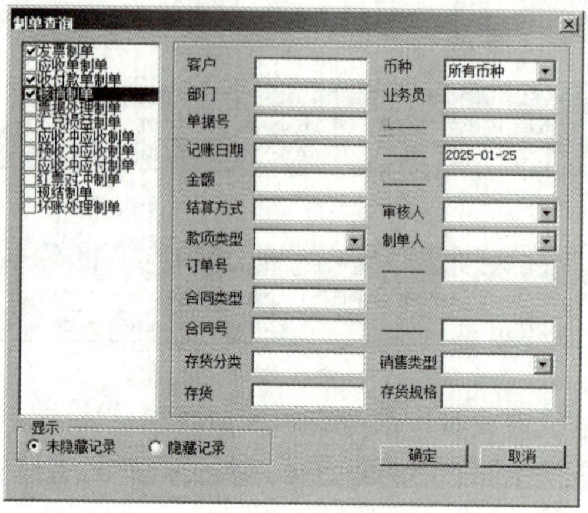

图5-53　制单查询

（3）单击列表表头“客户名称”项，此时单据按客户名称排序，在各单据左侧的“选择标志”栏输入制单序号，客户名称相同的序号相同，如图5-54所示。

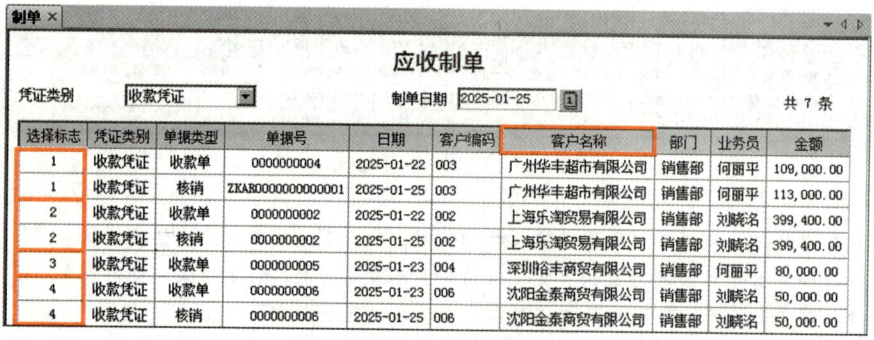
应收制单

凭证类别 收款凭证　制单日期 2025-01-25　共 7 条

选择标志	凭证类别	单据类型	单据号	日期	客户编码	客户名称	部门	业务员	金额
1	收款凭证	收款单	0000000004	2025-01-22	003	广州华丰超市有限公司	销售部	何丽平	109,000.00
1	收款凭证	核销	ZKAR0000000000001	2025-01-25	003	广州华丰超市有限公司	销售部	何丽平	113,000.00
2	收款凭证	收款单	0000000002	2025-01-22	002	上海乐淘贸易有限公司	销售部	刘晓洺	399,400.00
2	收款凭证	核销	0000000002	2025-01-25	002	上海乐淘贸易有限公司	销售部	刘晓洺	399,400.00
3	收款凭证	收款单	0000000005	2025-01-23	004	深圳裕丰商贸有限公司	销售部	何丽平	80,000.00
4	收款凭证	收款单	0000000006	2025-01-23	006	沈阳金秦商贸有限公司	销售部	刘晓洺	50,000.00
4	收款凭证	核销	0000000006	2025-01-25	006	沈阳金秦商贸有限公司	销售部	刘晓洺	50,000.00

图5-54　应收制单列表

（4）单击工具栏的“制单”按钮，将“主营业务收入”的发生额改为贷方红字，保存当前记账凭证并将其传递到总账系统，结果如图5-55所示。

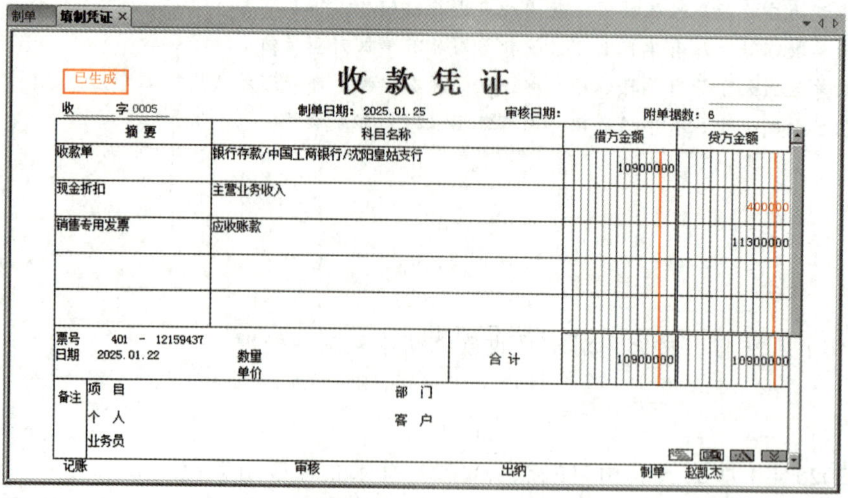

图5-55　记账凭证（1）

（5）单击工具栏的“ ”按钮，再单击“保存”将后续3张凭证逐一保存，其中“投资收益”的发生额应为贷方红字，结果如图5-56至图5-58所示。

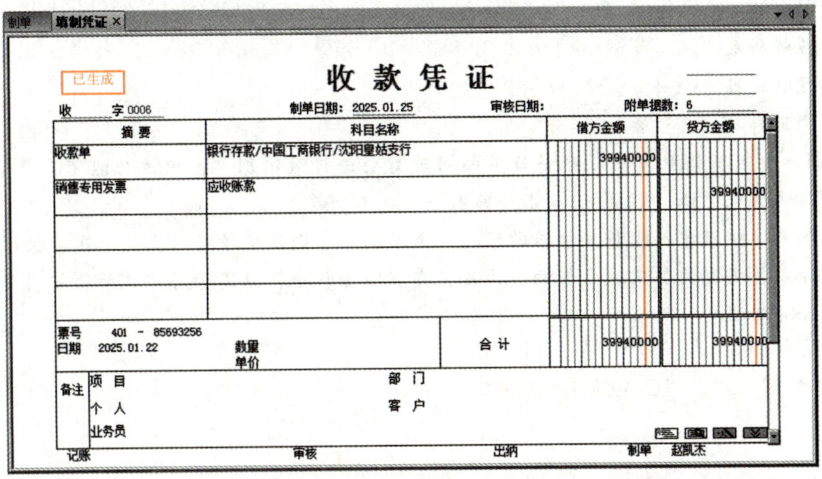

制单　填制凭证

已生成

收款凭证

收　字 0006　制单日期：2025.01.25　审核日期：　附单据数：6

摘要	科目名称	借方金额	贷方金额
收款单	银行存款/中国工商银行/沈阳皇姑支行	39940000	
销售专用发票	应收账款		39940000
票号 401 - 85693256 日期 2025.01.22　数量 单价	合计	39940000	39940000

备注　项目　部门　个人　客户　业务员

记账　审核　出纳　制单　赵飘杰

图5-56　记账凭证（2）

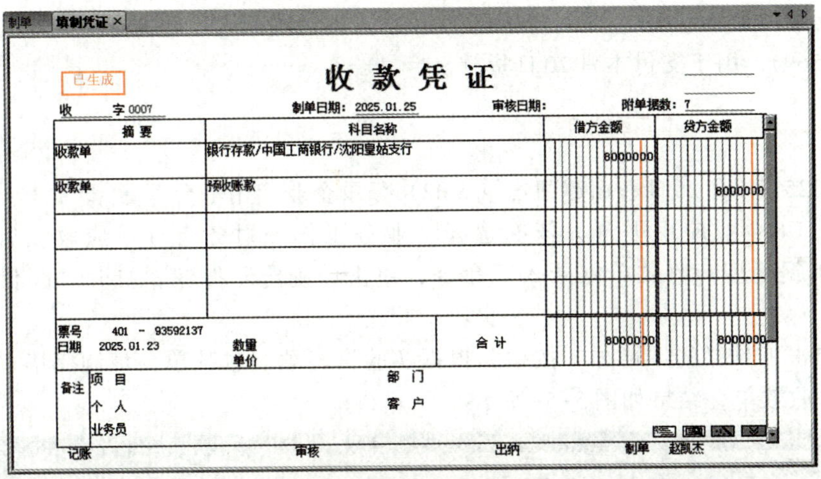

制单　填制凭证

已生成

收款凭证

收　字 0007　制单日期：2025.01.25　审核日期：　附单据数：7

摘要	科目名称	借方金额	贷方金额
收款单	银行存款/中国工商银行/沈阳皇姑支行	8000000	
收款单	预收账款		8000000
票号 401 - 93592137 日期 2025.01.23　数量 单价	合计	8000000	8000000

备注　项目　部门　个人　客户　业务员

记账　审核　出纳　制单　赵飘杰

图5-57　记账凭证（3）

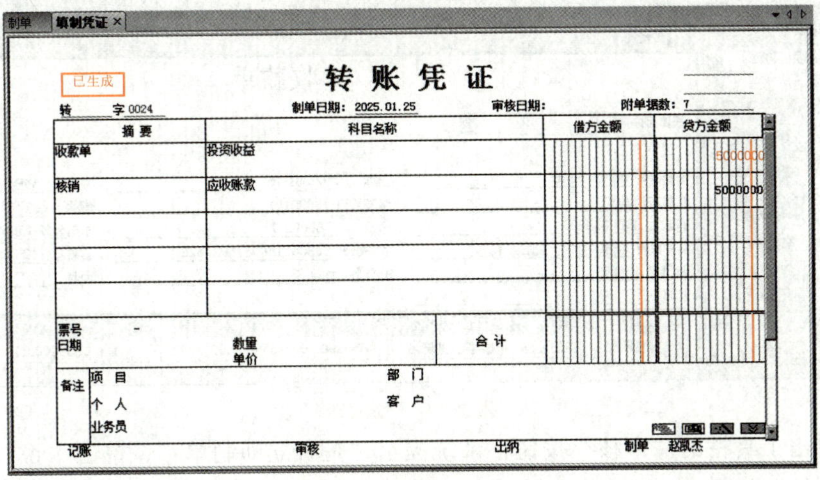

制单　填制凭证

已生成

转账凭证

转　字 0024　制单日期：2025.01.25　审核日期：　附单据数：7

摘要	科目名称	借方金额	贷方金额
收款单	投资收益		5000000
核销	应收账款		5000000
票号 - 日期　数量 单价	合计		

备注　项目　部门　个人　客户　业务员

记账　审核　出纳　制单　赵飘杰

图5-58　记账凭证（4）

提示

［收付款单制单］收付款单制单借方取表头的结算科目，贷方取表体科目，用会计分录表示如下：

借：结算科目（表头金额）

　贷：应收科目（款项类型=应收款）

　　　预收科目（款项类型=预收款）

　　　费用科目（款项类型=其他费用）

［核销制单］当核销双方的入账科目不相同时需要进行核销制单，但该功能受系统参数的控制，若未勾选“核销生成凭证”，则即使入账科目不一致也不制单。

但是，如果核销双方入账科目相同的核销记录不制单，则该记录将一直显示在应收制单列表，这样容易对其他制单类型的制单造成影响。为此，在实际操作中，习惯于将“收付款单制单”与“核销制单”进行合并处理。

知识点083　收款单据一体化处理

【实验资料】

2025年1月26日，销售部刘晓洺通知财务，收到沈阳金泰电汇款1 356 000元（票据号：12390569），用于支付本月20日货款。

【实验过程】

收款单据一体化处理

（1）2025年1月26日，由赵凯杰（W02）登录企业应用平台。

（2）在U8企业应用平台，依次选择“业务工作→财务会计→应收款管理→收款单据处理→收款单据录入”命令，单击“确定”按钮，打开“收付款单录入”窗口。

（3）单击工具栏的“增加”按钮，根据实验资料填制收款单。填制完毕单击“保存”按钮保存该收款单，结果如图5-59所示。

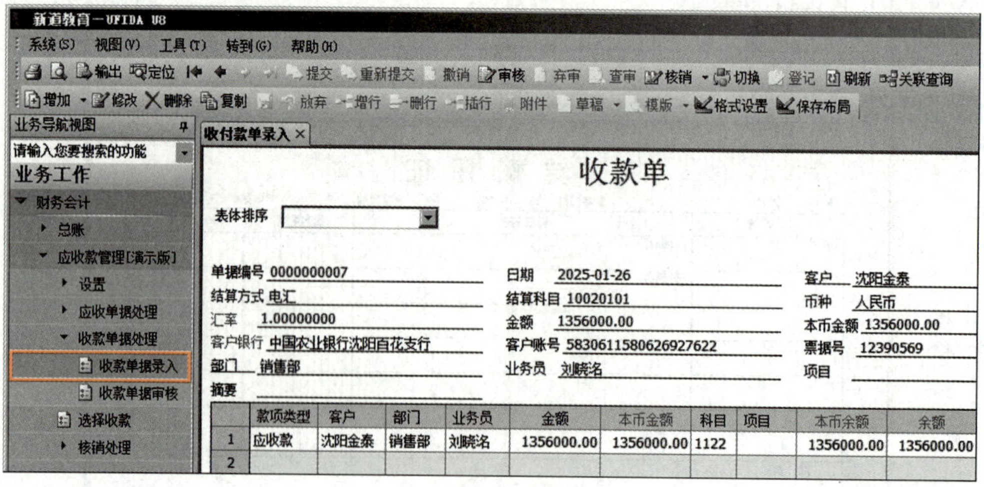

图5-59　收款单

（4）单击工具栏的“审核”按钮，系统提示“是否立即制单?”，单击“否”，再单击工具栏的“核销”按钮，弹出“核销条件”对话框，单击“确定”按钮，进入核销界面，在

21323507号发票的“本次结算”栏输入“1356000”，如图5-60所示，单击“保存”按钮。

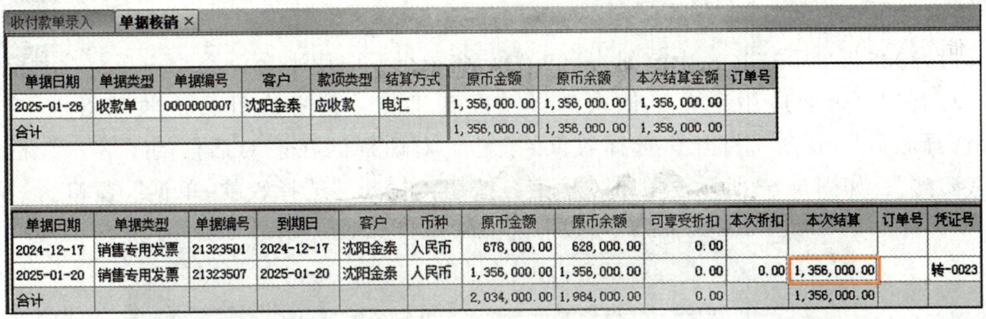

单据日期	单据类型	单据编号	客户	款项类型	结算方式	原币金额	原币余额	本次结算金额	订单号
2025-01-26	收款单	0000000007	沈阳金泰	应收款	电汇	1,356,000.00	1,356,000.00	1,356,000.00	
合计						1,356,000.00	1,356,000.00	1,356,000.00	

单据日期	单据类型	单据编号	到期日	客户	币种	原币金额	原币余额	可享受折扣	本次折扣	本次结算	订单号	凭证号
2024-12-17	销售专用发票	21323501	2024-12-17	沈阳金泰	人民币	678,000.00	628,000.00	0.00				
2025-01-20	销售专用发票	21323507	2025-01-20	沈阳金泰	人民币	1,356,000.00	1,356,000.00	0.00	0.00	1,356,000.00		转-0023
合计						2,034,000.00	1,984,000.00	0.00		1,356,000.00		

图5-60　沈阳金泰核销界面

（5）选择“业务工作→财务会计→应收款管理→制单处理”命令，单击“确定”按钮，打开“制单查询”对话框，勾选“收付款单制单”和“核销制单”，单击“确定”，打开应收制单列表，如图5-61所示。

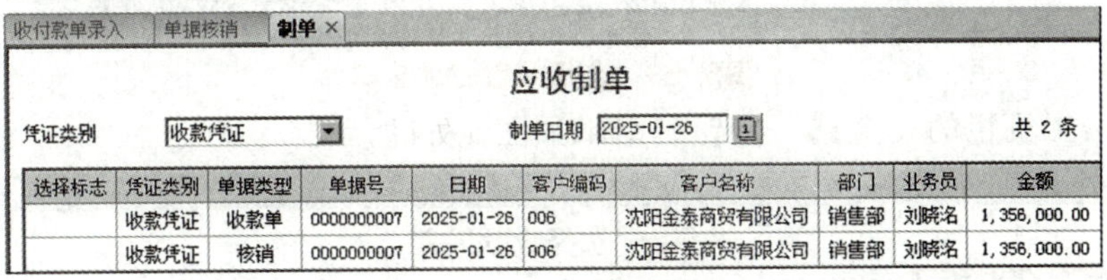

选择标志	凭证类别	单据类型	单据号	日期	客户编码	客户名称	部门	业务员	金额
	收款凭证	收款单	0000000007	2025-01-26	006	沈阳金泰商贸有限公司	销售部	刘晓洺	1,356,000.00
	收款凭证	核销	0000000007	2025-01-26	006	沈阳金泰商贸有限公司	销售部	刘晓洺	1,356,000.00

图5-61　应收制单列表

（6）在应收制单列表，依次单击工具栏的“全选”、“合并”和“制单”按钮，进入“填制凭证”界面，单击“保存”按钮，保存当前记账凭证并将其传递到总账系统，如图5-62所示。

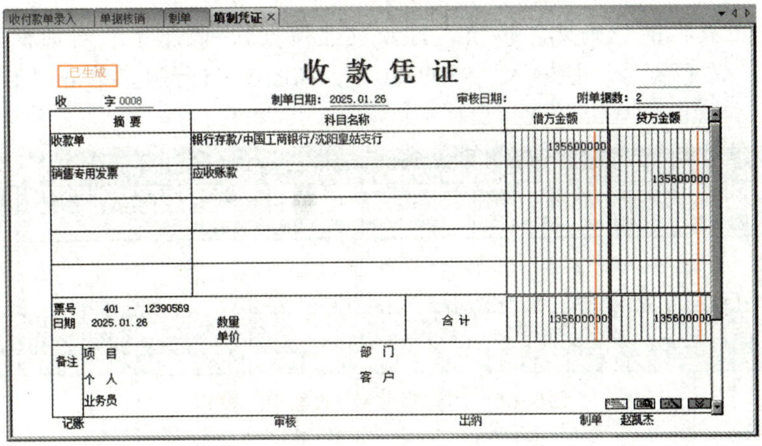

图5-62　记账凭证

知识点084　选择收款

【实验资料】

2025年1月27日，销售部何丽平通知财务，收到北京汇鑫本月16日货款及代垫运费814 600元，结算方式为电汇（票据号：91681702）。

【实验过程】

选择收款

（1）2025年1月27日，由赵凯杰（W02）登录企业应用平台。

（2）在U8企业应用平台，依次选择“业务工作→财务会计→应收款管理→选择收款”命令，打开“选择收款-条件”对话框。在该对话框的“客户”栏选择“北京汇鑫”，如图5-63所示。单击“确定”按钮，打开“选择收款-单据”窗口。

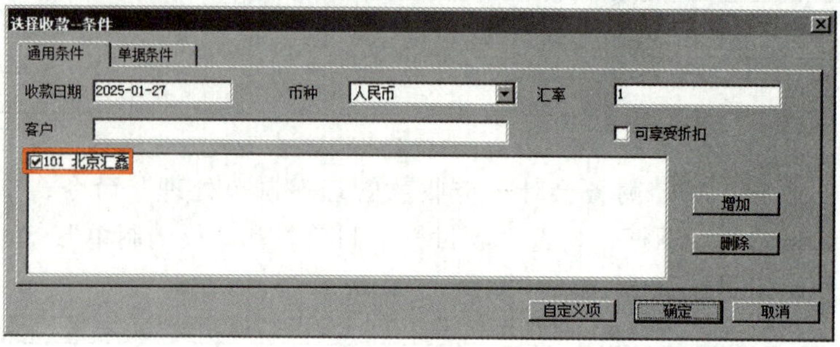

图5-63 选择收款过滤窗口

（3）单击工具栏的“全选”按钮，结果如图5-64所示。

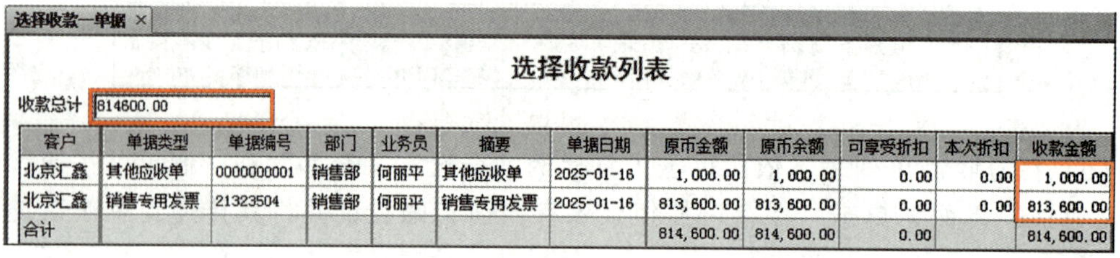

选择收款一单据

选择收款列表

收款总计 814600.00

客户	单据类型	单据编号	部门	业务员	摘要	单据日期	原币金额	原币余额	可享受折扣	本次折扣	收款金额
北京汇鑫	其他应收单	0000000001	销售部	何丽平	其他应收单	2025-01-16	1,000.00	1,000.00	0.00	0.00	1,000.00
北京汇鑫	销售专用发票	21323504	销售部	何丽平	销售专用发票	2025-01-16	813,600.00	813,600.00	0.00	0.00	813,600.00
合计							814,600.00	814,600.00	0.00		814,600.00

图5-64 “选择收款-单据”窗口

（4）单击工具栏的“确认”按钮，打开“选择收款-收款单”对话框。“结算方式”栏选择“电汇”，“票据号”栏输入“91681702”，如图5-65所示。单击“确定”按钮，完成选择收款。

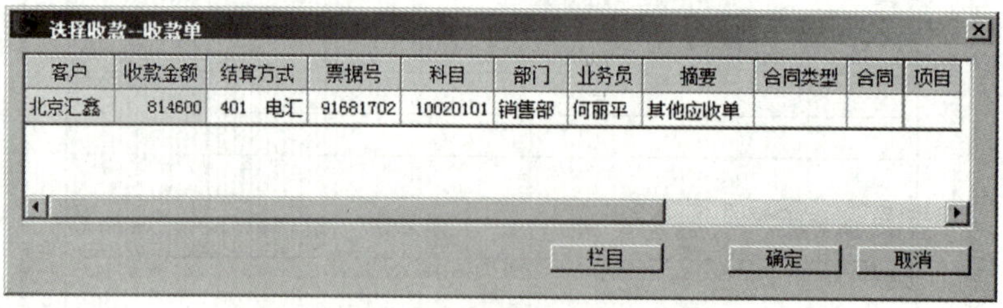

图5-65 “选择收款-收款单”窗口

提示

选择收款后系统自动生成已审核、已核销的收款单。

（5）选择“业务工作→财务会计→应收款管理→制单处理”命令，单击“确定”按钮，打开“制单查询”对话框，勾选“收付款单制单”和“核销制单”，单击“确定”，打开应收制单列表。依次单击工具栏的“全选”、“合并”和“制单”按钮，进入“填制凭证”界面，单击“保存”按钮，保存当前记账凭证并将其传递到总账系统，如图5-66所示。

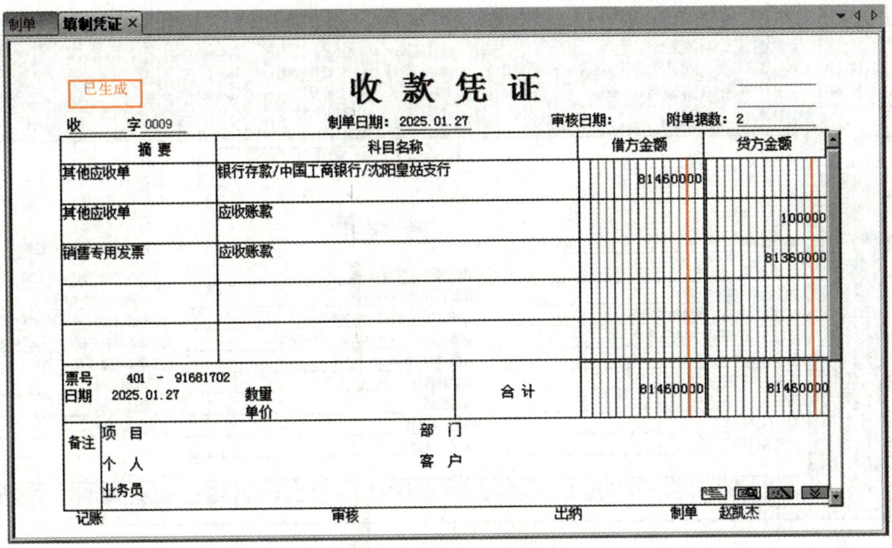

图5-66 记账凭证

提示

选择收款功能可以实现一次对单个或多个客户的单笔或多笔款项的收款核销处理。

选择收款功能也可以处理有现金折扣的收款核销业务。

如果只收取某单据的部分金额，可手工输入“收款金额”。

任务3 票据管理

知识点085 收到商业汇票

【实验资料】

2025年1月29日，销售部刘晓洺通知财务，收到沈阳喜来签发并承兑的银行承兑汇票一张（票据编号：34579612），面值为300 000元，到期日为2025年4月29日。票面记载收款人开户银行为中国工商银行。该票据用于偿还本月16日的部分货款。

2025年1月29日，销售部刘晓洺通知财务，收到沈阳金泰签发并承兑的银行承兑汇票一张（票据编号：80925367），面值为84 000元，到期日为2025年7月29日。票面记载收款人开户银行为中国工商银行。该票据用于偿还上月17日的部分货款。

【实验过程】

收到商业汇票

（1）填制商业汇票。

①2025年1月29日，由赵凯杰（W02）登录企业应用平台。在U8企业应用平台，依次选择“业务工作→财务会计→应收款管理→票据管理”命令，打开“条件查询选择”对话框，单击“确定”按钮，打开“票据管理”窗口。

②单击工具栏的“增加”按钮，根据实验资料填制银行承兑汇票。填制完毕单击“保存”按钮保存该单据，结果如图5-67所示。

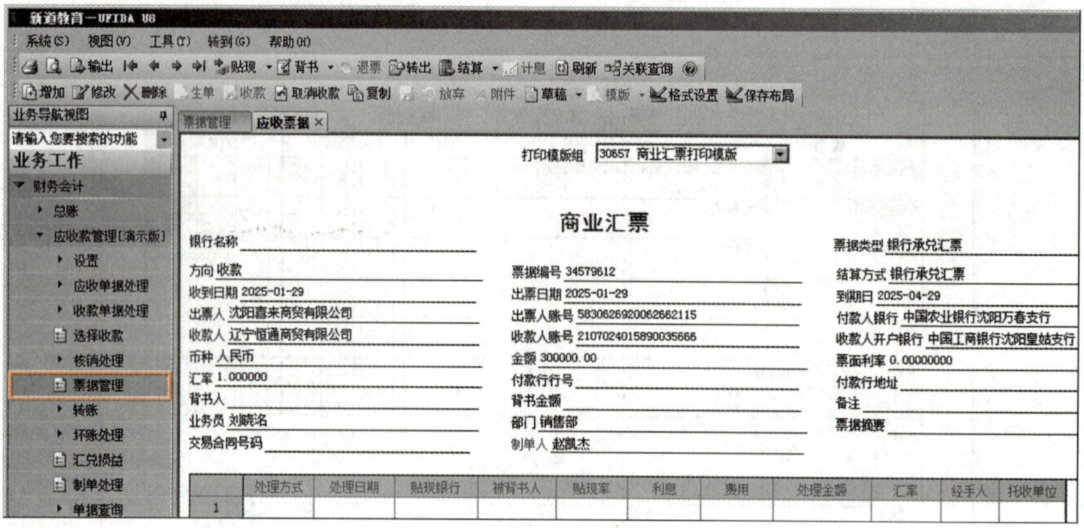

图5-67　银行承兑汇票

③按照上述方法继续填制第2张银行承兑汇票。

提示

如果系统参数选择“应收票据直接生成收款单”（系统缺省值为勾选此项），则商业汇票保存完毕，系统自动生成一张未审核、未核销的收款单，可对该收款单进行后续处理。该收款单的后续处理与在收款单据录入中填制的收款单相同。

如果所收商业汇票作为预收款，则保存票据后到“收款单据录入”中，找到该汇票自动生成的收款单，将表体的“款项类型”改为“预收款”即可。

（2）审核收款单据。

选择“应收款管理→收款单据处理→收款单据审核”命令，对上述汇票自动生成的两张收款单进行审核。

（3）手工核销处理。

①选择“应收款管理→核销处理→手工核销”命令，对沈阳喜来的往来款进行核销处理，核销界面如图5-68所示。

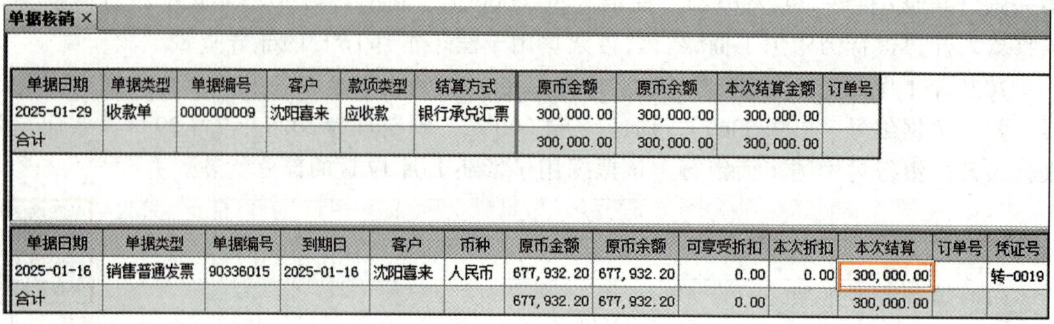

单据核销

单据日期	单据类型	单据编号	客户	款项类型	结算方式	原币金额	原币余额	本次结算金额	订单号
2025-01-29	收款单	0000000009	沈阳喜来	应收款	银行承兑汇票	300,000.00	300,000.00	300,000.00	
合计						300,000.00	300,000.00	300,000.00	

单据日期	单据类型	单据编号	到期日	客户	币种	原币金额	原币余额	可享受折扣	本次折扣	本次结算	订单号	凭证号
2025-01-16	销售普通发票	90336015	2025-01-16	沈阳喜来	人民币	677,932.20	677,932.20	0.00	0.00	300,000.00		转-0019
合计						677,932.20	677,932.20	0.00		300,000.00		

图5-68　沈阳喜来核销界面

②对沈阳金泰的往来款进行核销处理，界面如图5-69所示。

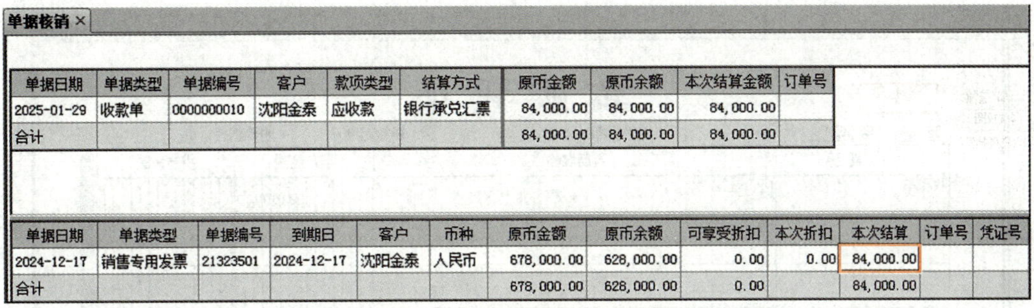

单据核销

单据日期	单据类型	单据编号	客户	款项类型	结算方式	原币金额	原币余额	本次结算金额	订单号
2025-01-29	收款单	0000000010	沈阳金泰	应收款	银行承兑汇票	84,000.00	84,000.00	84,000.00	
合计						84,000.00	84,000.00	84,000.00	

单据日期	单据类型	单据编号	到期日	客户	币种	原币金额	原币余额	可享受折扣	本次折扣	本次结算	订单号	凭证号
2024-12-17	销售专用发票	21323501	2024-12-17	沈阳金泰	人民币	678,000.00	628,000.00	0.00	0.00	84,000.00		
合计						678,000.00	628,000.00	0.00		84,000.00		

图5-69　沈阳金泰核销界面

（4）制单处理。

①选择“应收款管理→制单处理”命令，勾选“收付款单制单”“核销制单”，单击“确定”，打开“制单”窗口。

单击列表表头“客户名称”项，此时单据按客户名称排序，在各单据左侧的“选择标志”栏输入制单序号，客户名称相同的序号相同。在“凭证类别”栏，用下拉框选择“转账凭证”，如图5-70所示。

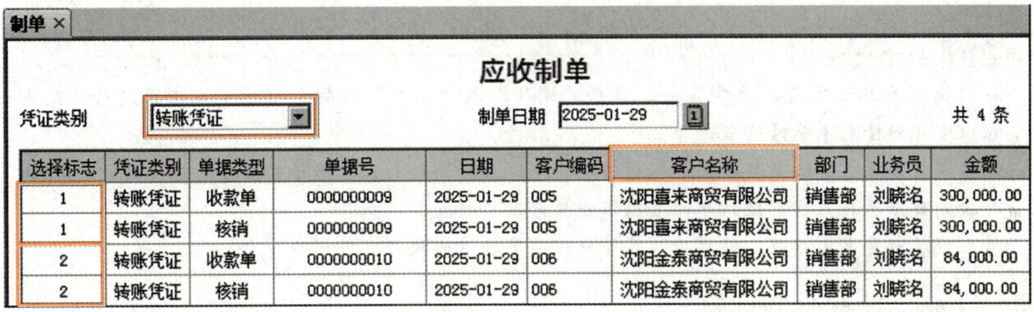

制单

应收制单

凭证类别 转账凭证　　制单日期 2025-01-29　　共 4 条

选择标志	凭证类别	单据类型	单据号	日期	客户编码	客户名称	部门	业务员	金额
1	转账凭证	收款单	0000000009	2025-01-29	005	沈阳喜来商贸有限公司	销售部	刘晓洺	300,000.00
1	转账凭证	核销	0000000009	2025-01-29	005	沈阳喜来商贸有限公司	销售部	刘晓洺	300,000.00
2	转账凭证	收款单	0000000010	2025-01-29	006	沈阳金泰商贸有限公司	销售部	刘晓洺	84,000.00
2	转账凭证	核销	0000000010	2025-01-29	006	沈阳金泰商贸有限公司	销售部	刘晓洺	84,000.00

图5-70　应收制单列表

②单击“制单”按钮，进入“填制凭证”界面，单击“成批保存凭证”按钮，保存两张转账凭证，结果如图5-71、图5-72所示。

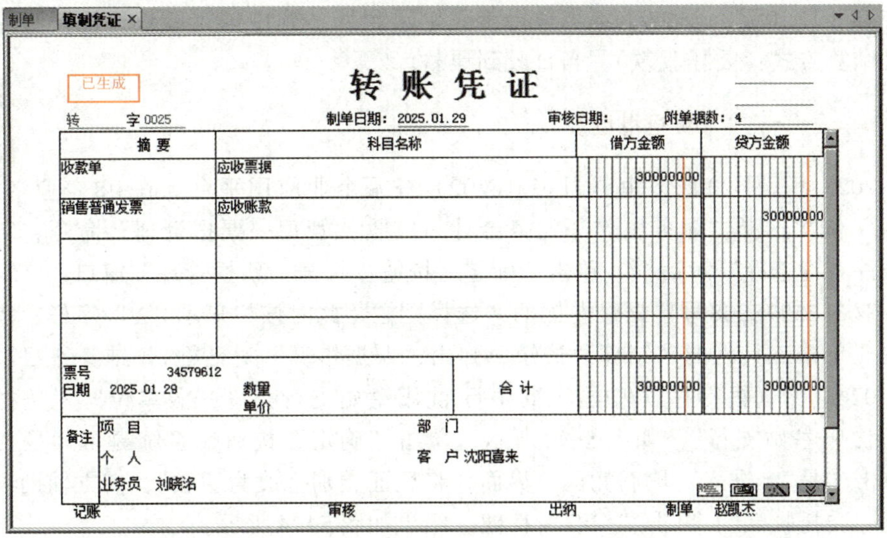

图5-71　记账凭证（1）

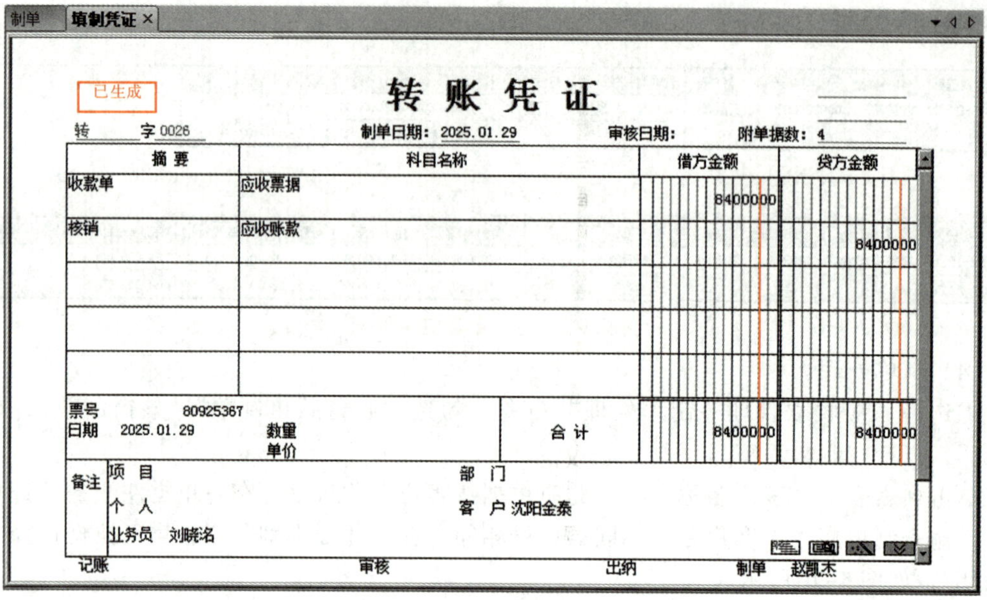

图5-72 记账凭证（2）

提示

在票据列表界面或票据填制界面，单击“删除”或“修改”按钮，可对商业汇票进行修改或删除。但以下几种情况不能修改或删除：

①票据自动生成的收款单已经进行核销、转账等后续处理的，不能被修改或删除；

②收到日期所在月份已经结账的票据不能被修改或删除；

③已经进行背书、贴现、计息、结算等处理的票据不能被修改或删除。

知识点086 票据到期结算

【实验资料】

2025年1月20日，35978808号银行承兑汇票到期，到中国工商银行沈阳皇姑支行办理结算（结算方式：委托收款），当日收到票款。

【实验过程】

票据到期结算

（1）2025年1月20日，由赵凯杰（W02）登录企业应用平台。在U8企业应用平台，依次选择“业务工作→财务会计→应收款管理→票据管理”命令，打开“条件查询选择”对话框，单击“确定”按钮，打开“票据管理”窗口。

（2）双击35978808号票据最左侧的“选择”栏，此时该栏显示“Y”字样，表示该单据被选中。单击工具栏的“结算”按钮，弹出“票据结算”对话框，“结算科目”栏参照选择“10020101”（银行存款/中国工商银行/沈阳皇姑支行），“托收单位”栏选择“中国工商银行沈阳皇姑支行”，如图5-73所示。单击“确定”按钮，系统提示“是否立即制单？”，单击“是”，进入“填制凭证”界面，将凭证类别字改为“收”，借方辅助项的结算方式补充“委托收款”，单击“保存”按钮，结果如图5-74所示。

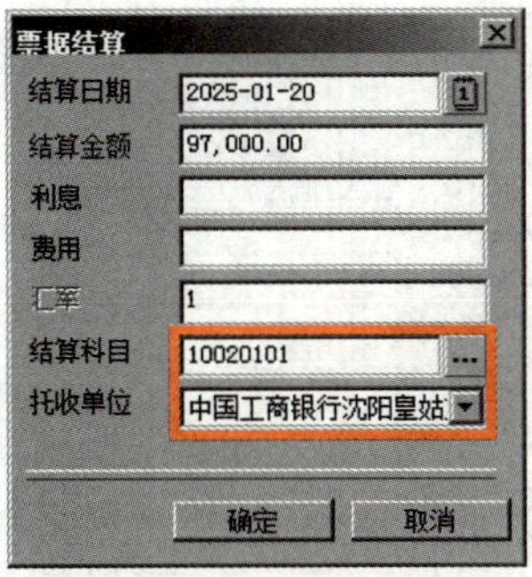

图5-73　票据结算

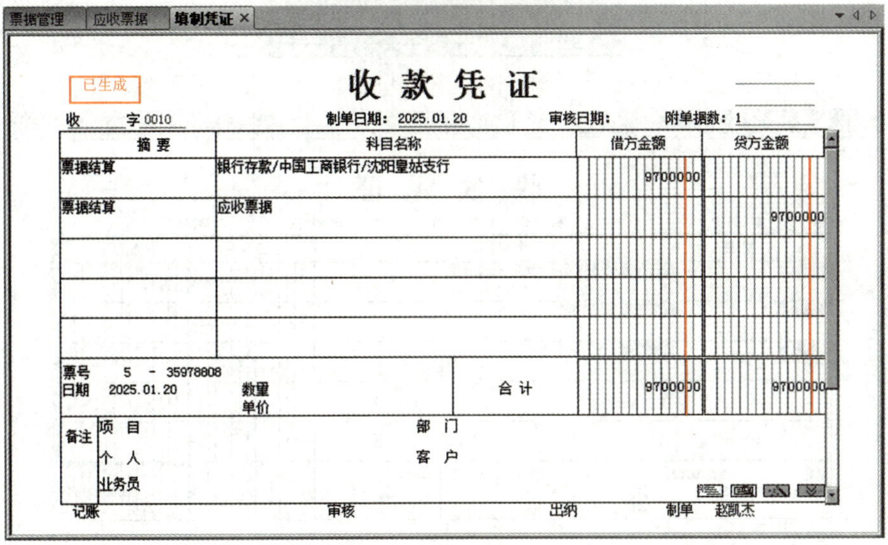

图5-74　记账凭证

知识点087　票据贴现

【实验资料】

2025年1月31日，将34579612号商业承兑汇票到中国工商银行沈阳皇姑支行办理贴现，贴现率为6%，贴现款当日已存入银行。

【实验过程】

票据贴现

(1) 2025年1月31日，由赵凯杰（W02）登录企业应用平台。在U8企业应用平台，依次选择“业务工作→财务会计→应收款管理→票据管理”命令，打开“条件查询选择”对话框，单击“确定”按钮，打开“票据管理”窗口。

(2) 双击34579612号票据最左侧的“选择”栏，此时该栏显示“Y”字样，表示该单据被选中。单击工具栏的“贴现”按钮，弹出“票据贴现”对话框。根据实验资料，“贴现率”栏输入“6”，“结算科目”栏选择“10020101”（银行存款/中国工商银行/沈阳皇姑支行），如图5-75所示。单击“确定”按钮，系统提示“是否立即制单?”，单击“是”，进入“填制凭证”界面，将凭证类别字改为“收”，单击“保存”按钮，结果如图5-76所示。

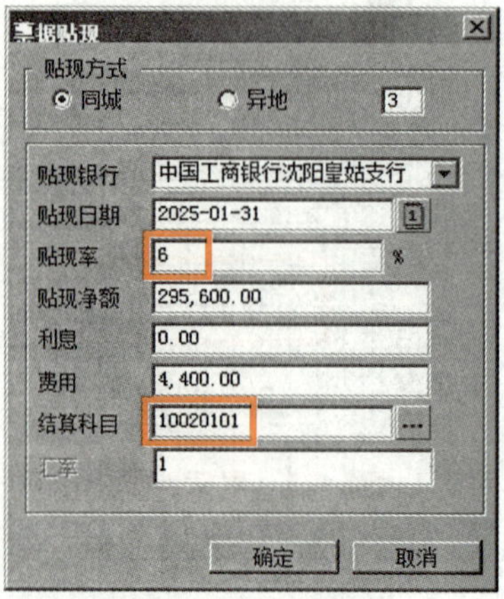

图5-75　票据贴现

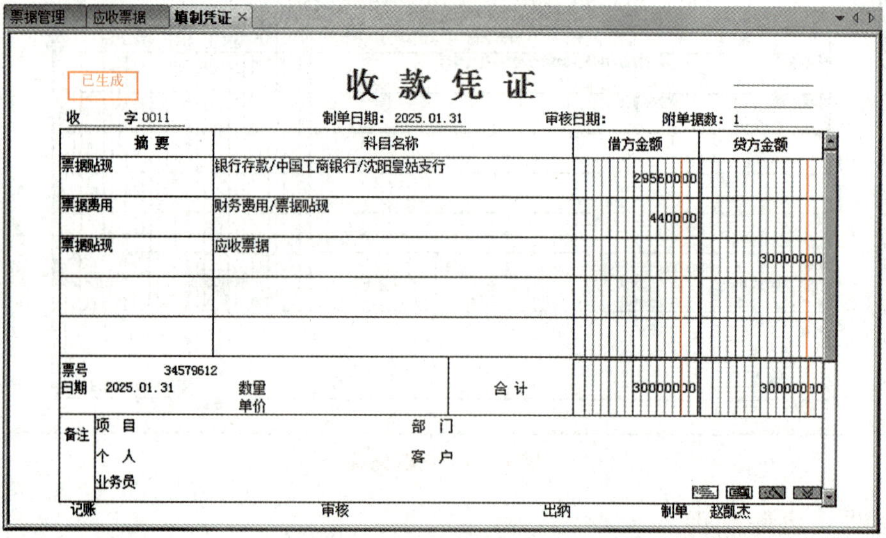

图5-76　记账凭证

提示

贴现是指票据持票人在票据未到期前为获得现金向银行贴付一定利息而发生的票据转让行为。

[贴现日期] 向银行申请办理贴现的日期。该日期应大于已结账月以及票据出票日、小于等于票据到期日。

[费用] 如果贴现净额小于票据余额，系统自动将其差额作为费用。

[利息] 如果贴现净额大于票据余额，系统自动将其差额作为利息。

[结算科目] 结算科目是指贴现净额入账的银行存款科目。

本例贴现利息的计算过程：300 000×0.06÷360×88=4 400（元）。

知识点088　票据背书

【实验资料】

2025年1月31日，将80925367号银行承兑汇票背书转让给大连博伦，用于偿还上月15日的货款。

【实验过程】

票据背书

（1）2025年1月31日，由赵凯杰（W02）登录企业应用平台。在U8企业应用平台，依次选择“业务工作→财务会计→应收款管理→票据管理”命令，打开“条件查询选择”对话框，单击“确定”按钮，打开“票据管理”窗口。

（2）双击80925367号票据最左侧的“选择”栏，此时该栏显示“Y”字样，表示该单据被选中。单击工具栏的“背书”按钮，弹出“票据背书”对话框。根据实验资料，“被背书人”栏选择“202”（大连博伦），如图5-77所示。单击“确定”按钮，打开“冲销应付账款”对话框，如图5-78所示。

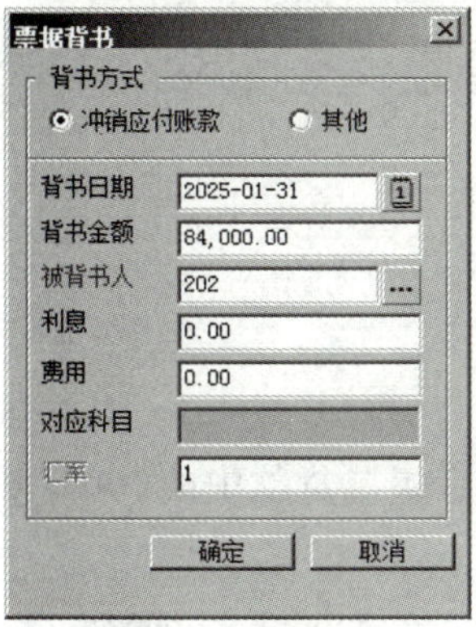

图5-77　票据背书

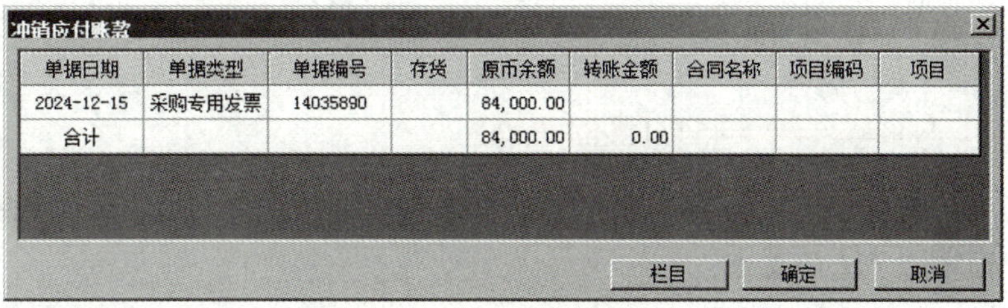

图5-78　冲销应付账款

（3）在“转账金额”栏输入“84000”，单击“确定”按钮，系统提示“是否立即制单?”，单击“是”，进入“填制凭证”界面，将凭证类别字改为“转”，单击“保存”按钮，结果如图5-79所示。

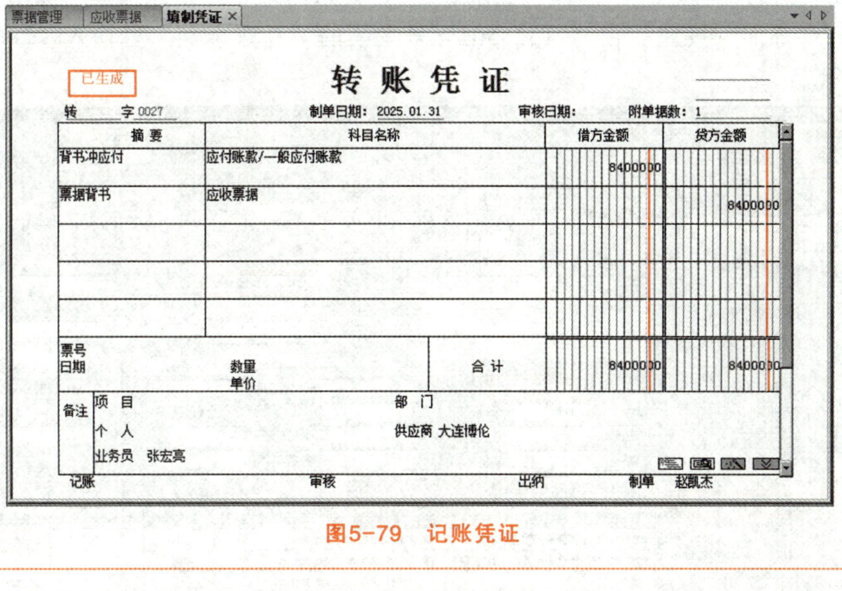

图5-79　记账凭证

提示

［背书方式］系统提供两种背书方式：冲销应付账款和其他。

①冲销应付账款。若选择该方式，应在“被背书人”栏选择冲销的供应商，系统会调出该供应商所有背书日期之前未结算的单据。

若背书金额小于等于应付账款，则只能按背书金额冲销。

若背书金额大于应付账款，则差额部分将作为供应商的预付款。

②其他。若选择该方式，应录入背书日期、背书金额、被背书人、对应科目等。此时，对应科目应为非受控科目。

票据背书本质上是一种付款行为。

根据票据法的规定，部分背书属于无效背书。

票据进行贴现、背书、结算等处理后，将不能再对其进行其他处理。

任务4　转账处理

知识点089　应收冲应收

【实验资料】

2025年1月31日，经三方协商一致，将上月17日应收“沈阳金泰”货款中的200 000元转给“沈阳喜来”。

【实验过程】

应收冲应收

(1) 2025年1月31日，由赵凯杰（W02）登录企业应用平台。

(2) 在U8企业应用平台，依次选择“业务工作→财务会计→应收款管理→转账→应收冲应收”命令，打开“应收冲应收”窗口。

(3) 在转出的“客户”栏选择“沈阳金泰”，转入的“客户”栏选择“沈阳喜来”，单击工具栏的“查询”按钮。在“21323501”号发票的“并账金额”栏输入“200000”，如图5-80所示。

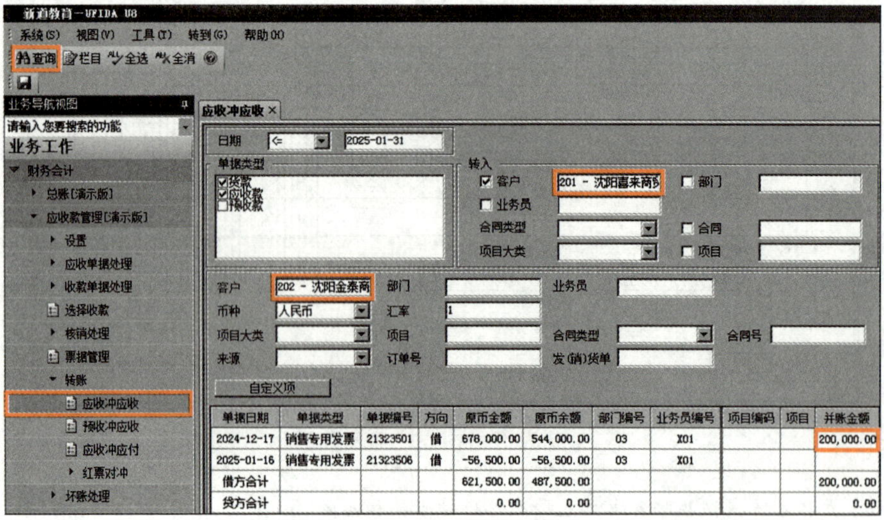

图5-80　应收冲应收

（4）单击“保存”按钮，系统提示“是否立即制单?”，单击“是”，进入“填制凭证”界面，将凭证类别字改为“转”，单击“保存”按钮，结果如图5-81所示。

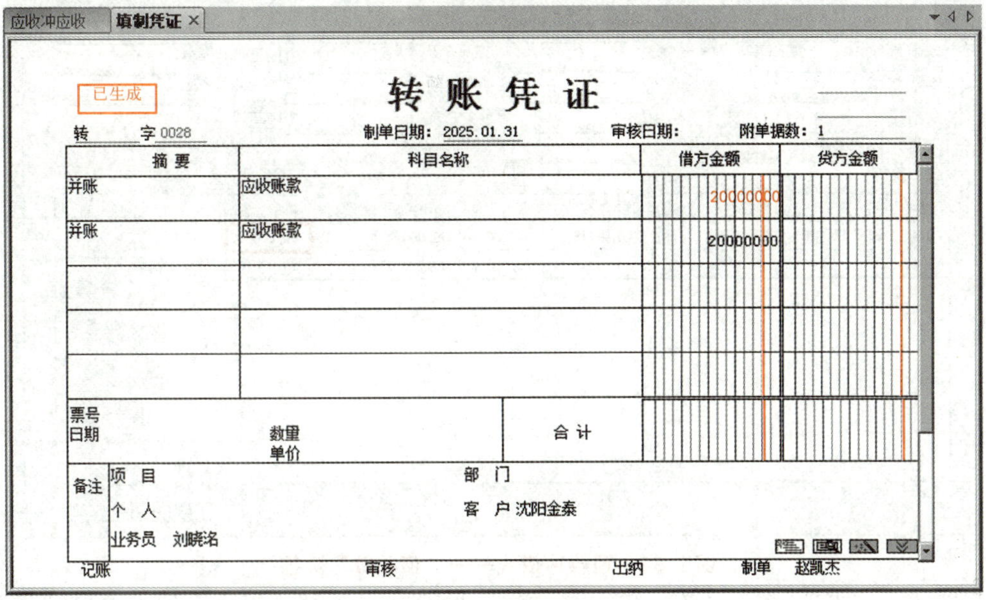

图5-81　记账凭证

提示

应收冲应收也称并账，指将应收款在客户、部门、业务员、项目和合同之间进行转移，实现应收业务的调整。以下情况可能需要使用该功能：

①操作性错误，如所填制的应收单据客户选择错误且无法修改。

②实际工作需要，如债权债务转移、部门合并、分管某客户的业务员离职等。

每一笔应收款的并账金额应大于零、小于等于其原币余额。

知识点090　预收冲应收

【实验资料】

2025年1月31日，经双方协商一致，用上海乐淘上月26日的预收款30 000元冲减本月15日的应收款。

【实验过程】

预收冲应收

（1）2025年1月31日，由赵凯杰（W02）登录企业应用平台。

（2）在U8企业应用平台，依次选择“业务工作→财务会计→应收款管理→转账→预收冲应收”命令，打开“预收冲应收”窗口。

（3）在“预收款”页签，“客户”栏选择“上海乐淘”，单击“过滤”按钮，在所过滤单据的“转账金额”栏输入“30000”，如图5-82所示。

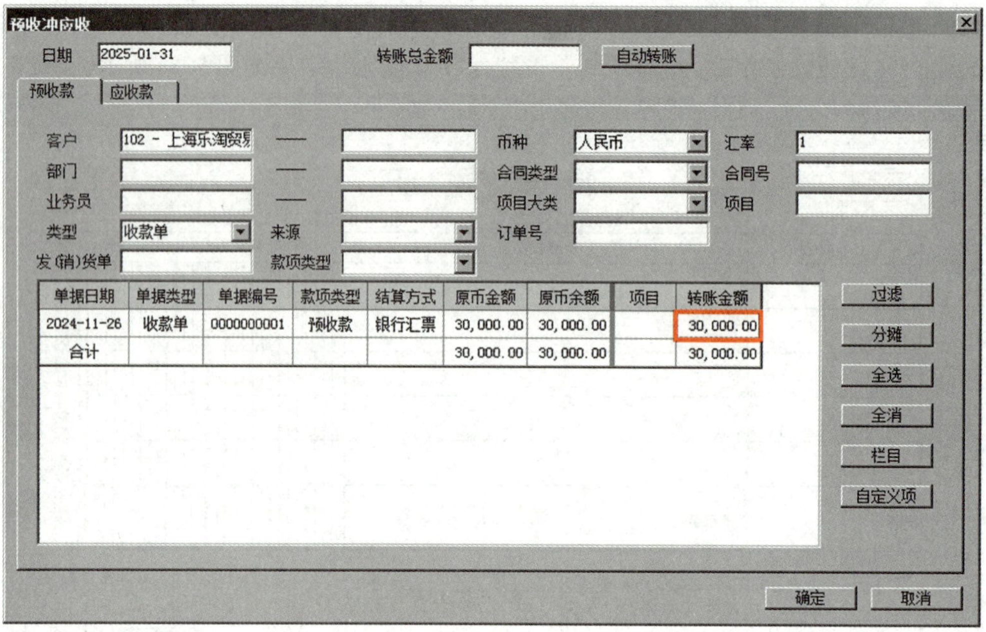

图5-82 预收冲应收——“预收款”页签

（4）单击“应收款”页签，单击“过滤”按钮，在所过滤销售专用发票的“转账金额”栏输入“30000”，如图5-83所示。

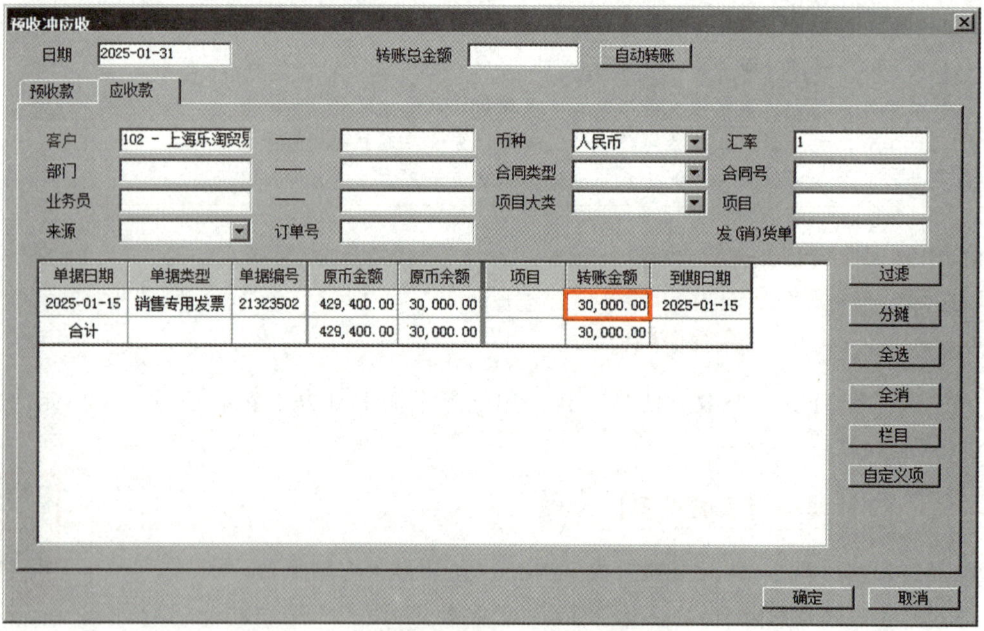

图5-83 预收冲应收——“应收款”页签

（5）单击“确定”按钮，系统提示“是否立即制单？”，单击“是”，进入“填制凭证”界面，将凭证类别字改为“转”，单击“保存”按钮，结果如图5-84所示。

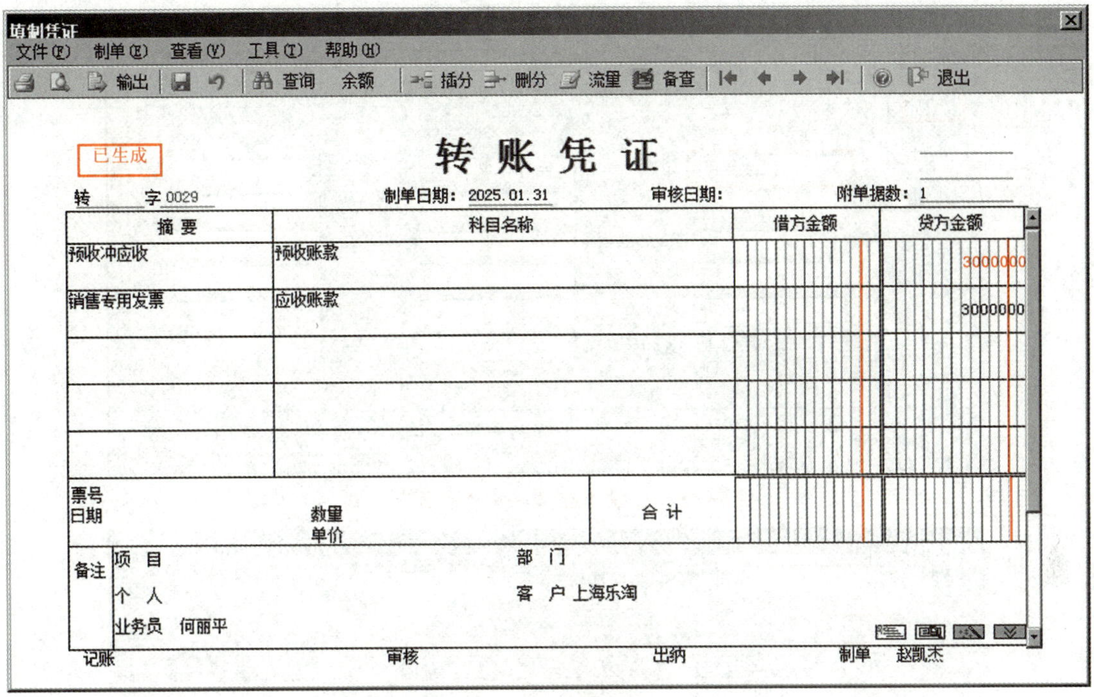

图5-84　记账凭证

提示

预收冲应收就是将预收款与应收款进行对冲。

每一笔预收款、应收款的转账金额不能大于其自身余额。

预收款的转账金额合计应等于应收款的转账金额合计，且不能超过两者金额的较小者。

红字预收款也可冲销红字应收款，此时“预收款”页签中的“类型”应为付款单。

蓝字预收款冲销蓝字应收款与红字预收款冲销红字应收款不能同时进行。

预收款与应收款之间也可通过“核销”进行勾对。

知识点091　应收冲应付

【实验资料】

2025年1月31日，经三方协商一致，将上月17日应收沈阳金泰货款中的1 000元冲销本月应付沈阳通达的1 000元货车租赁费。

【实验过程】

应收冲应付

（1）2025年1月31日，由赵凯杰（W02）登录企业应用平台。

（2）在U8企业应用平台，依次选择“业务工作→财务会计→应收款管理→转账→应收冲应付”命令，打开“应收冲应付”窗口。

（3）在“应收”页签，“客户”栏选择“沈阳金泰”，如图5-85所示。单击“应付”页签，“供应商”栏选择“沈阳通达”，如图5-86所示。单击“确定”按钮，打开“应收冲应付”窗口。

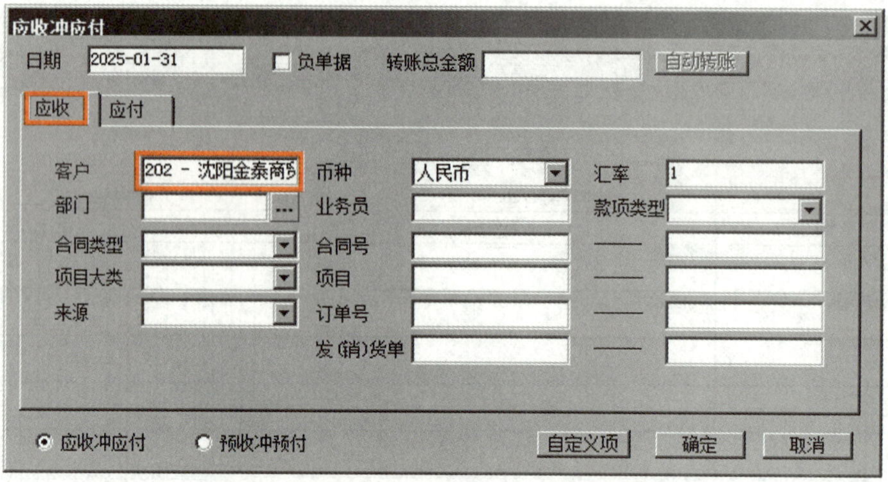

图5-85 应收冲应付——“应收”页签

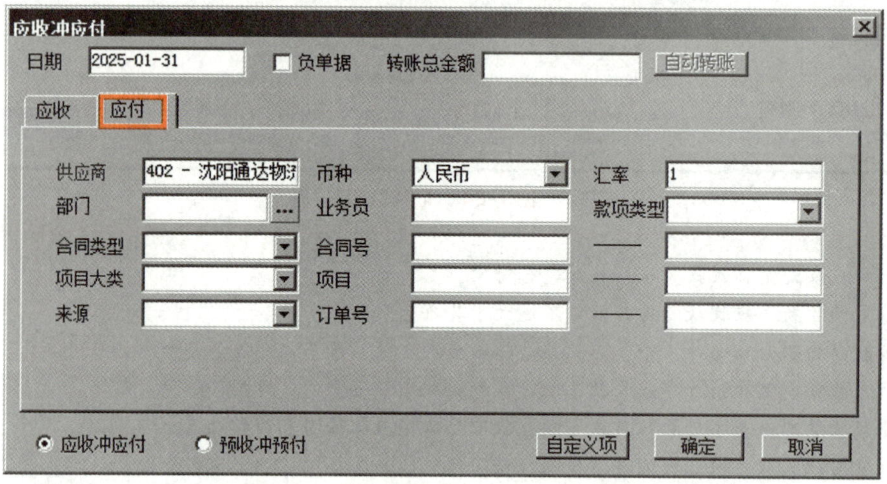

图5-86 应收冲应付——“应付”页签

（4）在窗口上方销售专用发票的“转账金额”栏输入“1000”，窗口下方其他应付单的“转账金额”栏输入“1000”，如图5-87所示。

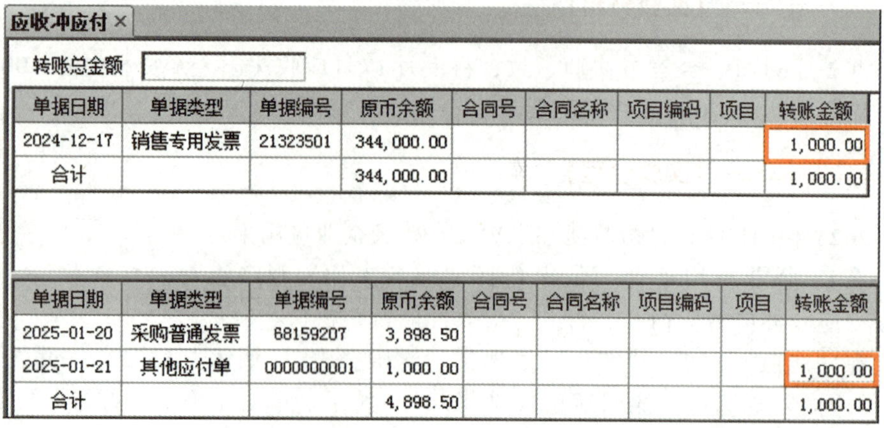
应收冲应付 ×

转账总金额

单据日期	单据类型	单据编号	原币余额	合同号	合同名称	项目编码	项目	转账金额
2024-12-17	销售专用发票	21323501	344,000.00					1,000.00
合计			344,000.00					1,000.00

单据日期	单据类型	单据编号	原币余额	合同号	合同名称	项目编码	项目	转账金额
2025-01-20	采购普通发票	68159207	3,898.50					
2025-01-21	其他应付单	0000000001	1,000.00					1,000.00
合计			4,898.50					1,000.00

图5-87 应收冲应付

（5）单击工具栏的“保存”按钮，系统提示“是否立即制单”，单击“是”，进入“填制凭证”界面，将凭证类别字改为“转”，单击“保存”按钮，结果如图5-88所示。

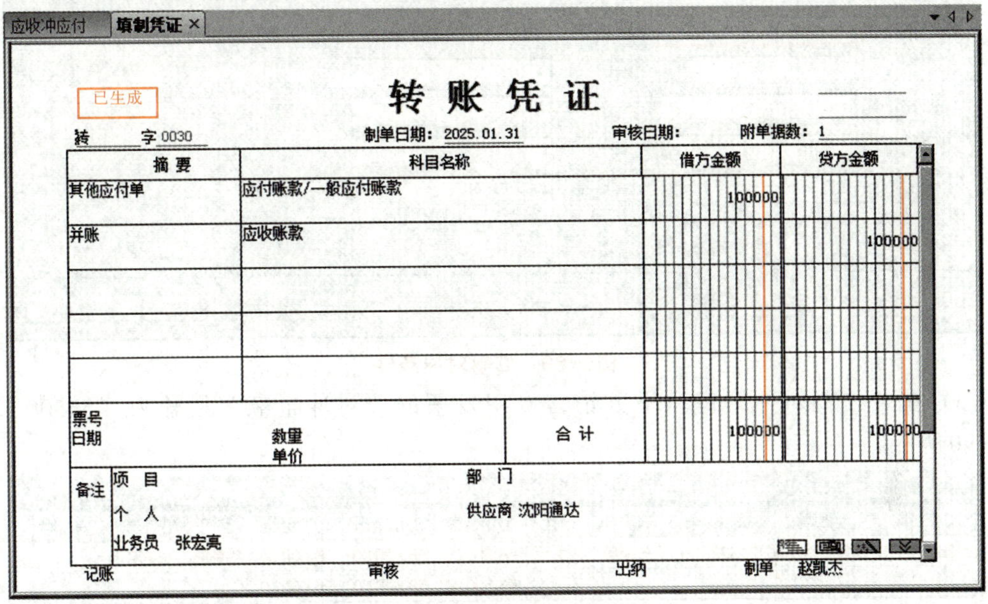

图5-88 记账凭证

提示

应收冲应付是用某客户的应收款冲抵某供应商的应付款。

以下情况可能需要使用该功能：

①某公司既是客户又是供应商；

②本单位与供应商、客户之间存在“三角债”。

每一笔应付款的转账金额应大于零、小于等于其原币余额。

应付款的转账金额合计一般应等于应收款的转账金额合计。

应收冲应付也可进行不等额对冲。

与应付系统的“应付冲应收”比较，除所生成记账凭证的来源不同外，两者的操作方法、处理结果均一致，可等效使用。

知识点092 红票对冲

【实验资料】

2025年1月31日，对本月沈阳金泰的退货业务进行红票对冲。

【实验过程】

红票对冲

(1) 2025年1月31日，由赵凯杰（W02）登录企业应用平台。

(2) 在U8企业应用平台，依次选择“业务工作→财务会计→应收款管理→转账→红票对冲→手工对冲”命令，打开“红票对冲条件”对话框。在“通用”页签，“客户”栏选择“沈阳金泰”，如图5-89所示。单击“确定”按钮，打开“红票对冲”窗口。

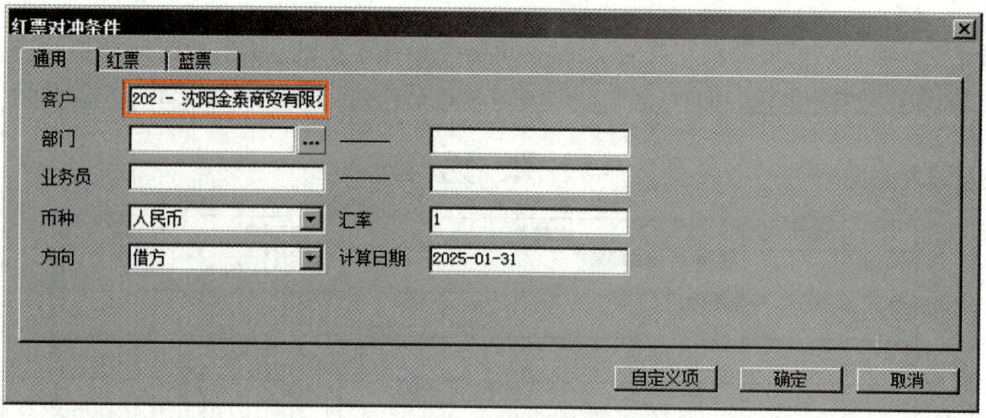

图5-89　红票对冲条件

（3）在“红票对冲”窗口下方销售专用发票的“对冲金额”栏输入“56500”，如图5-90所示。

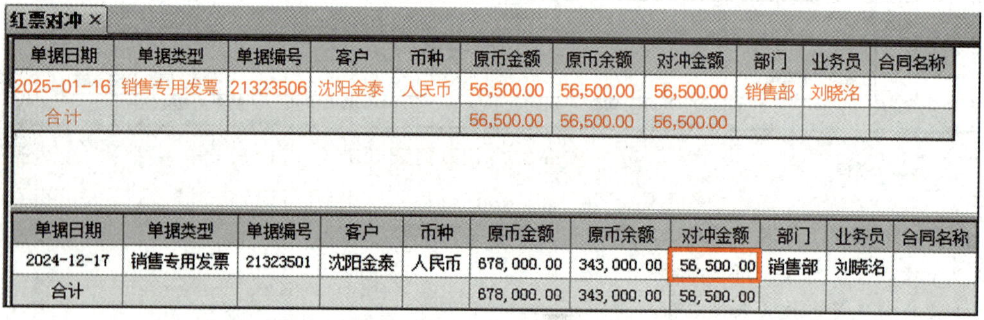

图5-90　红票对冲

（4）单击“保存”按钮，系统提示“是否立即制单”，单击“是”，进入“填制凭证”界面，将凭证类别字改为“转”，单击“保存”按钮，结果如图5-91所示。

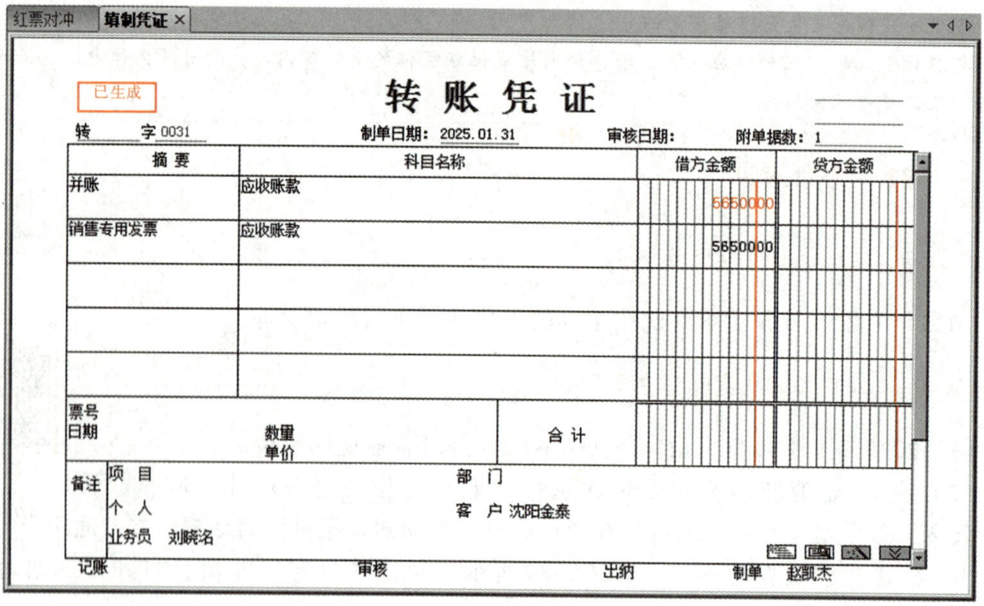

图5-91　记账凭证

> **提示**
>
> 红票对冲就是用某客户的红字发票与其蓝字发票进行冲抵。
>
> 系统提供两种对冲方式：手工对冲和自动对冲。
>
> 如果红字单据中有对应单据号，则可使用自动对冲，否则应使用手工对冲。
>
> 对冲金额合计不能大于红票金额。
>
> 红票对冲同样应遵循核销规则。

任务5　坏账处理

知识点093　发生坏账

【实验资料】

2025年1月31日，沈阳金泰上月17日的应收款中有30 000元发生坏账。

【实验过程】

发生坏账

（1）2025年1月31日，由赵凯杰（W02）登录企业应用平台。

（2）在U8企业应用平台，依次选择“业务工作→财务会计→应收款管理→坏账处理→坏账发生”命令，打开“坏账发生”对话框。在“客户”栏选择“202”（沈阳金泰），如图5-92所示。单击“确定”按钮，打开“发生坏账损失”窗口。

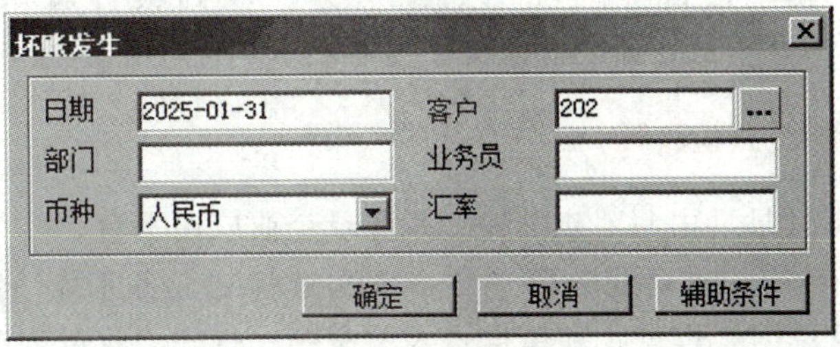

图5-92　坏账发生

（3）在“本次发生坏账金额”栏输入“30000”，如图5-93所示。

发生坏账损失 ×

坏账发生单据明细

单据类型	单据编号	单据日期	到期日	余额	部门	业务员	本次发生坏账金额
销售专用发票	21323501	2024-12-17	2024-12-17	286,500.00	销售部	刘晓洺	30000
合　计				286,500.00			30,000.00

图5-93　发生坏账损失

（4）单击“确认”按钮，系统提示“是否立即制单？”，单击“是”，进入“填制凭证”界面，将凭证类别字改为“转”，单击“保存”按钮，结果如图5-94所示。

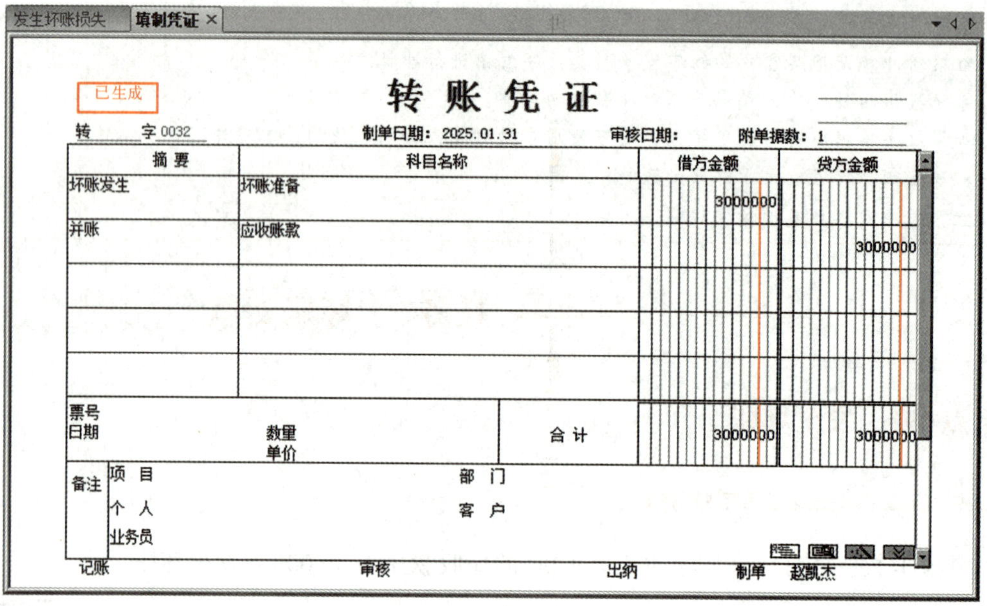

图5-94　记账凭证

知识点094　坏账收回

【实验资料】

2025年1月31日，销售部刘晓洺通知财务，收到银行通知（电汇，票据号：12390578），收回已作为坏账处理的应向沈阳金泰收取的应收账款30 000元。

【实验过程】

坏账收回

（1）2025年1月31日，由赵凯杰（W02）登录企业应用平台。

（2）填制收款单。在U8企业应用平台，依次选择“业务工作→财务会计→应收款管理→收款单据处理→收款单据录入”命令，打开“收付款单录入”窗口。单击“增加”按钮，根据实验资料填制一张收款单，结果如图5-95所示。关闭该窗口。

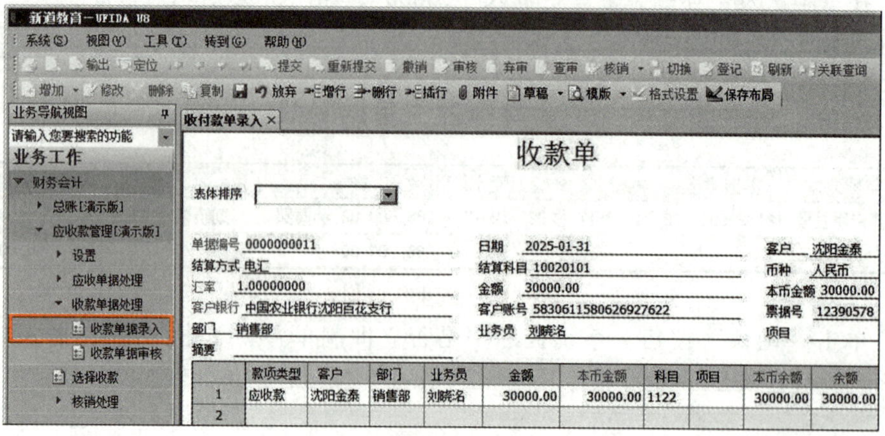

图5-95　收回坏账的收款单

（3）在应收系统依次选择“坏账处理→坏账收回”命令，打开“坏账收回”对话框。在“客户”栏选择“沈阳金泰”，“结算单号”选择上一步所填制的收款单，如图5-96所示。

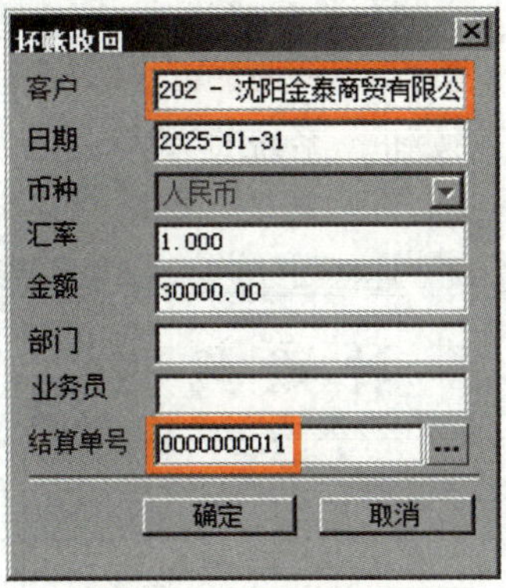

图5-96　坏账收回

（4）单击“确定”按钮，系统提示“是否立即制单？”，单击“是”，进入“填制凭证”界面，单击“保存”按钮，结果如图5-97所示。

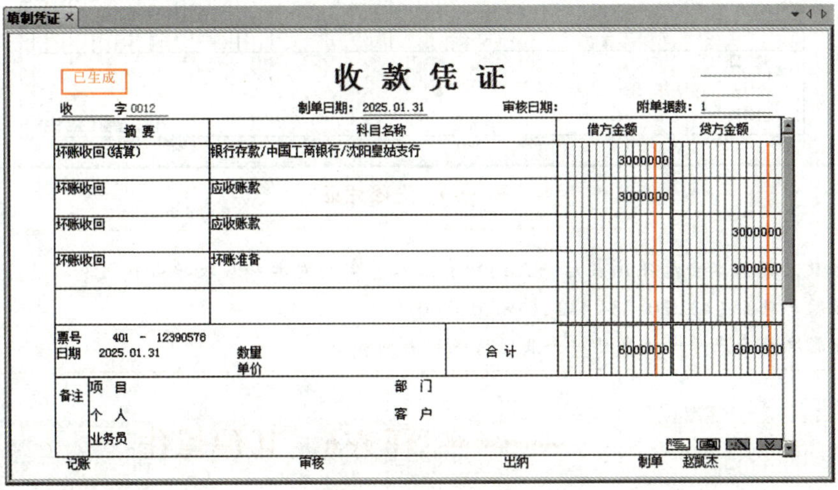

图5-97　记账凭证

提示

收回坏账的收款单应单独填制，且不审核。

知识点095　计提坏账准备

【实验资料】

2025年1月31日，计提坏账准备（视同年末）。

【实验过程】

计提坏账准备

（1）2025年1月31日，由赵凯杰（W02）登录企业应用平台。

（2）在U8企业应用平台，依次选择“业务工作→财务会计→应收款管理→坏账处理→计提坏账准备”命令，打开“应收账款百分比法”窗口，如图5-98所示。

应收账款百分比法

应收账款总额	计提比率	坏账准备	坏账准备余额	本次计提
754,432.20	0.500%	3,772.16	3,240.00	532.16

图5-98　应收账款百分比法

（3）单击工具栏的“确认”按钮，系统提示“是否立即制单？”，单击“是”，进入“填制凭证”界面，将凭证类别字改为“转”，单击“保存”按钮，结果如图5-99所示。

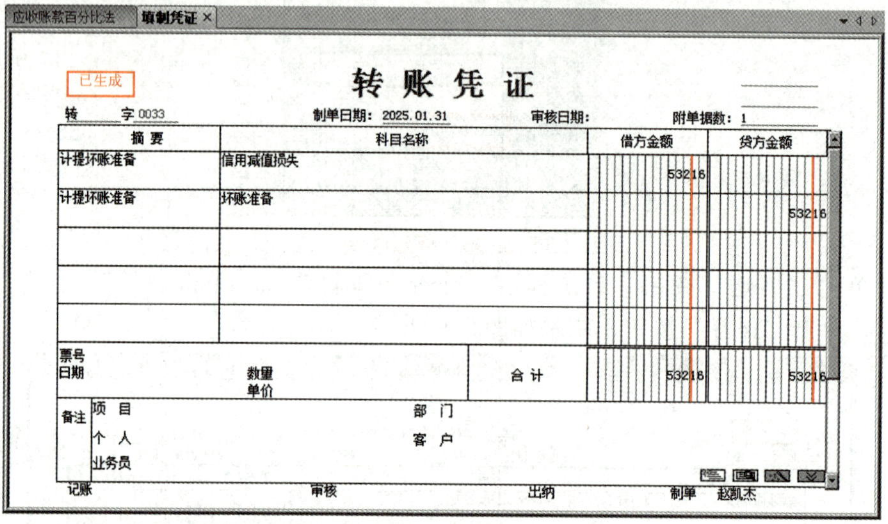

图5-99　记账凭证

提示

应收账款总额为本会计年度最后一天的所有未结算完的发票和应收单余额之和减去预收款数额。本例应收账款总额754 432.20=834 432.20-80 000.00。

计提坏账准备后应考虑该事项对企业所得税的影响。

任务6　其他操作

知识点096　单据查询

【实验资料】

（1）查询1月份填制的全部销售专用发票。

（2）查询1月份的全部收款单。

【实验过程】

单据查询

（1）2025年1月31日，由赵凯杰（W02）登录企业应用平台。

（2）在U8企业应用平台，依次选择“业务工作→财务会计→应收款管理→单据查询→发票查询”命令，打开“查询条件选择-发票查询”对话框，在“发票类型”栏选择“26销售专用发票”，“包含余额=0”栏选择“是”，单击“确定”按钮，打开单据查询结果列表，如图5-100所示。

单据查询结果列表 ×

发票查询

记录总数：5

单据日期	单据类型	单据编号	客户	币种	汇率	原币金额	原币余额	本币金额	本币余额	打印次数
2025-01-15	销售专用发票	21323502	上海乐淘贸易有限公司	人民币	1.00000000	429,400.00	0.00	429,400.00	0.00	
2025-01-16	销售专用发票	21323504	北京汇鑫百货有限公司	人民币	1.00000000	813,600.00	0.00	813,600.00	0.00	0
2025-01-16	销售专用发票	21323505	广州华丰超市有限公司	人民币	1.00000000	113,000.00	0.00	113,000.00	0.00	0
2025-01-16	销售专用发票	21323506	沈阳金泰商贸有限公司	人民币	1.00000000	-56,500.00	0.00	-56,500.00	0.00	
2025-01-20	销售专用发票	21323507	沈阳金泰商贸有限公司	人民币	1.00000000	1,356,000.00	0.00	1,356,000.00	0.00	
合计						2,655,500.00		2,655,500.00		

图5-100 销售专用发票查询结果

（3）在应收系统依次选择“单据查询→收付款单查询”命令，打开“查询条件选择-收付款单查询”对话框，在“单据类型”栏选择“收款单”，“包含余额=0”栏选择“是”，单击“确定”按钮，打开单据查询结果列表，如图5-101所示。

单据查询结果列表 ×

收付款单查询

记录总数：9

选择打印	单据日期	单据类型	单据编号	客户	原币金额	原币余额	本币金额	本币余额	打印次数
	2025-01-22	收款单	0000000002	上海乐淘贸易有限公司	399,400.00	0.00	399,400.00	0.00	0
	2025-01-22	收款单	0000000004	广州华丰超市有限公司	109,000.00	0.00	109,000.00	0.00	0
	2025-01-23	收款单	0000000005	深圳裕丰商贸有限公司	80,000.00	80,000.00	80,000.00	80,000.00	0
	2025-01-23	收款单	0000000006	沈阳金泰商贸有限公司	50,000.00	0.00	50,000.00	0.00	0
	2025-01-26	收款单	0000000007	沈阳金泰商贸有限公司	1,356,000.00	0.00	1,356,000.00	0.00	0
	2025-01-27	收款单	0000000008	北京汇鑫百货有限公司	814,600.00	0.00	814,600.00	0.00	0
	2025-01-28	收款单	0000000009	沈阳嘉来商贸有限公司	300,000.00	0.00	300,000.00	0.00	0
	2025-01-29	收款单	0000000010	沈阳金泰商贸有限公司	84,000.00	0.00	84,000.00	0.00	0
	2025-01-31	收款单	0000000011	沈阳金泰商贸有限公司	30,000.00	0.00	30,000.00	0.00	0
合计					3,223,000.00	80,000.00	3,223,000.00	80,000.00	

图5-101 收款单查询结果

知识点097 账表管理

【实验资料】

（1）查询1月份业务总账。

（2）查询1月份应收账款科目余额表。

（3）进行1月份欠款分析。

【实验过程】

（1）2025年1月31日，由赵凯杰（W02）登录企业应用平台。

（2）在应收系统选择“账表管理→业务账表→业务总账”命令，打开“查询条件选择-应收总账表”对话框，单击“确定”按钮，打开应收总账表，如图5-102所示。

账表管理

应收总账表 ×

应收总账表

币种:

期间: 2025 . 1 - 2025 . 1

期间	本期应收	本期收回	余额	月回收率%	年回收率%
	本币	本币	本币		
期初余额			648,000.00		
202501	3,384,432.20	3,258,000.00	754,432.20	96.84	96.84
总计	3,384,432.20	3,258,000.00	754,432.20		

图5-102 应收总账表

（3）在应收系统选择“账表管理→科目账查询→科目余额表”命令，打开“客户往来科目余额表”对话框，在查询条件的“科目”栏选择“1122应收账款”，单击“确定”按钮，打开“单位往来科目余额表”窗口，如图5-103所示。

单位往来科目余额表

科目余额表

金额式

科目 1122 应收账款 期间：2025.01-2025.01

科目		客户		方向	期初余额	借方	贷方	方向	期末余额
编号	名称	编号	名称		本币	本币	本币		本币
1122	应收账款	001	北京汇鑫百货有限公司	平		814,600.00	814,600.00	平	
1122	应收账款	002	上海乐淘贸易有限公司	平		429,400.00	429,400.00	平	
1122	应收账款	003	广州华丰超市有限公司	平		113,000.00	113,000.00	平	
1122	应收账款	005	沈阳喜来商贸有限公司	平		877,932.20	300,000.00	借	577,932.20
1122	应收账款	006	沈阳金泰商贸有限公司	借	678,000.00	1,129,500.00	1,551,000.00	借	256,500.00
小计：				借	678,000.00	3,364,432.20	3,208,000.00	借	834,432.20
合计：				借	678,000.00	3,364,432.20	3,208,000.00	借	834,432.20

图5-103 应收账款科目余额表

（4）在应收系统选择“账表管理→统计分析→欠款分析”命令，打开“欠款分析”对话框，单击“确定”按钮，打开“欠款分析”窗口，如图5-104所示。

欠款分析

欠款分析

客户 全部 币种： 截止日期：2025-01-31

客户		欠款总计	信用额度	信用余额	货款	应收款	预收款
编号	名称				金额	金额	金额
005	沈阳喜来商贸有限公司	577,932.20		-577,932.20	577,932.20		
006	沈阳金泰商贸有限公司	256,500.00		-256,500.00	256,500.00		
004	深圳裕丰商贸有限公司	-80,000.00		80,000.00			80,000.00
总计		754,432.20			834,432.20		80,000.00

图5-104 欠款分析

知识点098 取消操作

【实验资料】

2025年1月31日，取消本月对沈阳金泰的红票对冲处理。

【实验过程】

取消操作

（1）2025年1月31日，由赵凯杰（W02）登录企业应用平台。

（2）在U8企业应用平台，依次选择“业务工作→财务会计→应收款管理→单据查询→凭证查询”命令，打开“凭证查询条件”对话框，“业务类型”选择“转账制单”，单击“确定”按钮，打开“凭证查询”窗口，如图5-105所示。单击“业务类型”为“红票对冲”的那一行，再单击工具栏的“删除”按钮，系统提示“确定要删除此凭证吗?”，单击“是”，该记账凭证从应收系统删除。

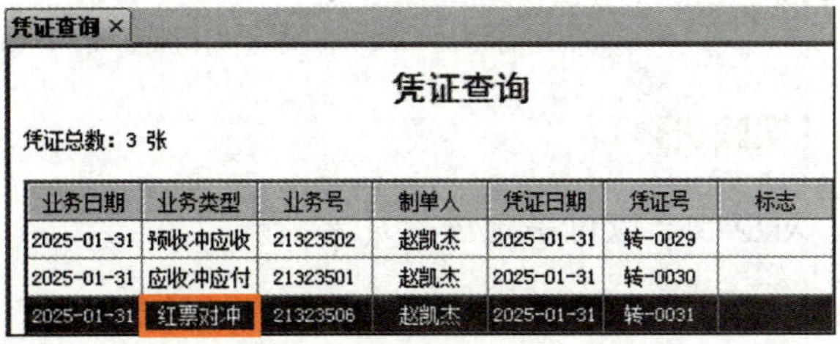

图5-105 转账制单凭证列表

提示

从应收系统删除的凭证在总账中显示“作废”字样，并未予以删除，可通过“整理凭证”功能将其彻底清除掉。

（3）在应收系统选择“其他处理→取消操作”命令，打开“取消操作条件”对话框，在“操作类型”下拉框中选择“红票对冲”，如图5-106所示。单击“确定”按钮，打开“取消操作”窗口，如图5-107所示。

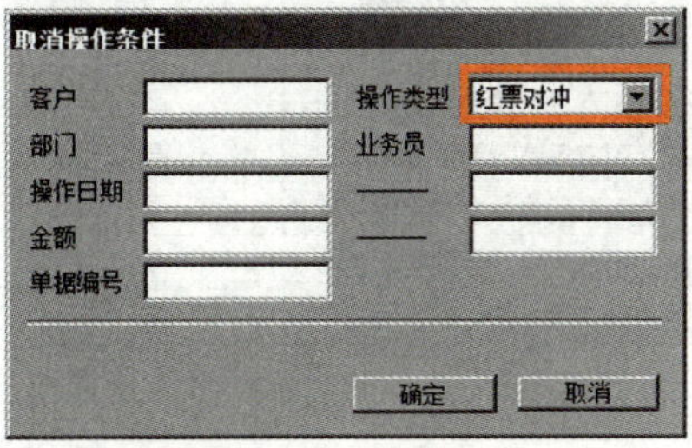

图5-106 取消操作条件

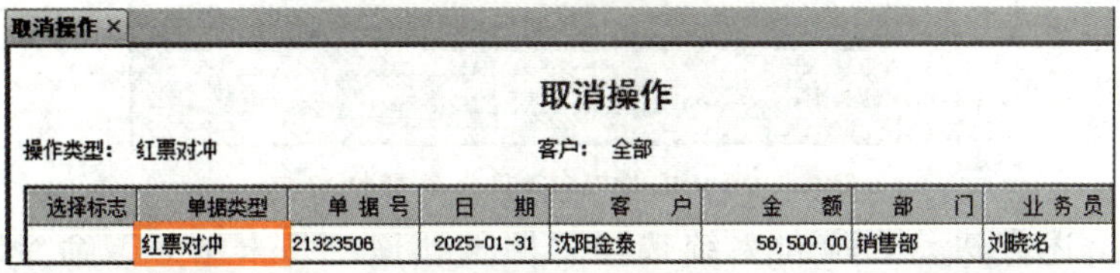

图5-107 取消操作

（4）双击“红票对冲”栏左侧的“选择标志”栏，单击工具栏的“确认”按钮，完成本次取消操作。

提示

可以取消的操作类型包括：核销、选择收款、坏账处理、汇兑损益、票据处理、应收冲应收、应收冲应付、预收冲应收和红票对冲等9种。

如果某操作类型已经制单处理，在取消操作前，应先到“单据查询→凭证查询”中将该记账凭证删除，再进行取消操作。

取消选择收款，则核销处理被取消，同时选择收款生成的收款单也一并删除，应收单据恢复原状。

如果转账处理（应收冲应收、预收冲应收、应收冲应付等）发生月份已经结账，则不能被恢复。

以下情况不允许取消票据处理：

①票据日期所在月份已经结账。

②票据背书方式为“冲销应付账款”，且应付系统已经结账。

③票据计息后又进行了贴现等处理。

④票据转出后所生成的应收单已经进行了核销等处理。

知识点099 应收应付系统月末结账

【实验资料】

2025年1月31日，对应收、应付系统进行月末结账。

【实验过程】

（1）2025年1月31日，由赵凯杰（W02）登录企业应用平台。

应收应付系统月末结账

（2）在U8企业应用平台，依次选择“业务工作→财务会计→应收款管理→期末处理→月末结账”命令，打开“月末处理”对话框，双击1月份的“结账标志”栏，单击“下一步”按钮，显示本月各处理类型的处理情况，如图5-108所示。单击“完成”按钮，系统提示“1月份结账成功”，单击“确定”按钮。

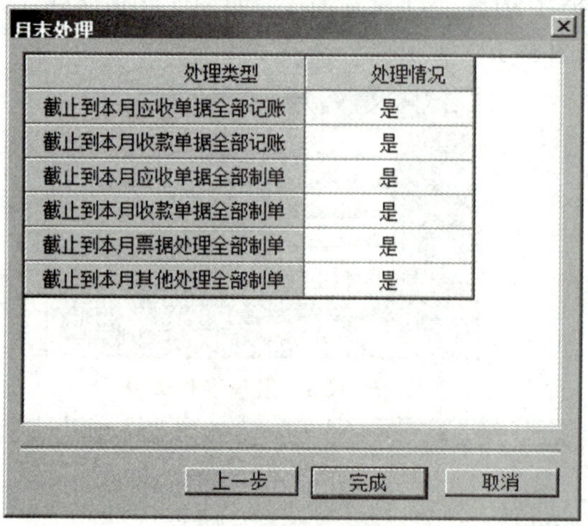

处理类型	处理情况
截止到本月应收单据全部记账	是
截止到本月收款单据全部记账	是
截止到本月应收单据全部制单	是
截止到本月收款单据全部制单	是
截止到本月票据处理全部制单	是
截止到本月其他处理全部制单	是

图5-108 应收系统1月份处理情况表

（3）参照上述方法，在应付系统选择“期末处理→月末结账”命令，打开“月末处理”对话框，双击1月份的“结账标志”栏，单击“下一步”按钮，显示本月各处理类型的处理情况。单击“完成”按钮，系统提示“1月份结账成功”，单击“确定”按钮。

提示

系统进行月末结账后，该月将不能再进行任何处理。

如果上月未结账，则本月不能结账。

如果本月还有未审核的收付款单，则不能结账。

应付系统与采购管理系统集成使用时，采购管理系统结账后才能对应付系统进行结账处理。同理，应收系统与销售管理系统集成使用时，应先进行销售管理系统结账，然后再进行应收系统结账。

【课程思政点睛】

【复习思考题】

1. 简述应收系统与其他系统之间的数据传递关系。
2. 简述应收单据处理的基本流程。
3. 简述收款单据处理的基本流程。
4. 请问什么是核销，其作用是什么？
5. 简述票据管理的主要功能。
6. 简述坏账处理的主要功能。

6 项目 6

固定资产系统

固定资产系统主要完成企业固定资产日常业务的核算和管理，生成固定资产卡片，按月反映固定资产的增加、减少、原值变化及其他变动，按月计提折旧，生成记账凭证，输出相关的报表和账簿。

固定资产系统与其他系统的关系如下：

① 固定资产系统与总账系统。固定资产系统将资产增加等业务生成的凭证传递至总账系统。固定资产系统可随时与总账系统进行对账。

② 固定资产系统与供应链系统。若启用供应链系统，固定资产采购业务的入库单传递到固定资产系统后结转生成采购资产卡片。

③ 固定资产系统与UFO报表系统。固定资产系统为UFO报表系统提供数据支持。

本项目的重点内容：卡片录入、计提折旧。

本项目的难点内容：固定资产盘点业务处理。

本项目总体流程如图6-1所示。

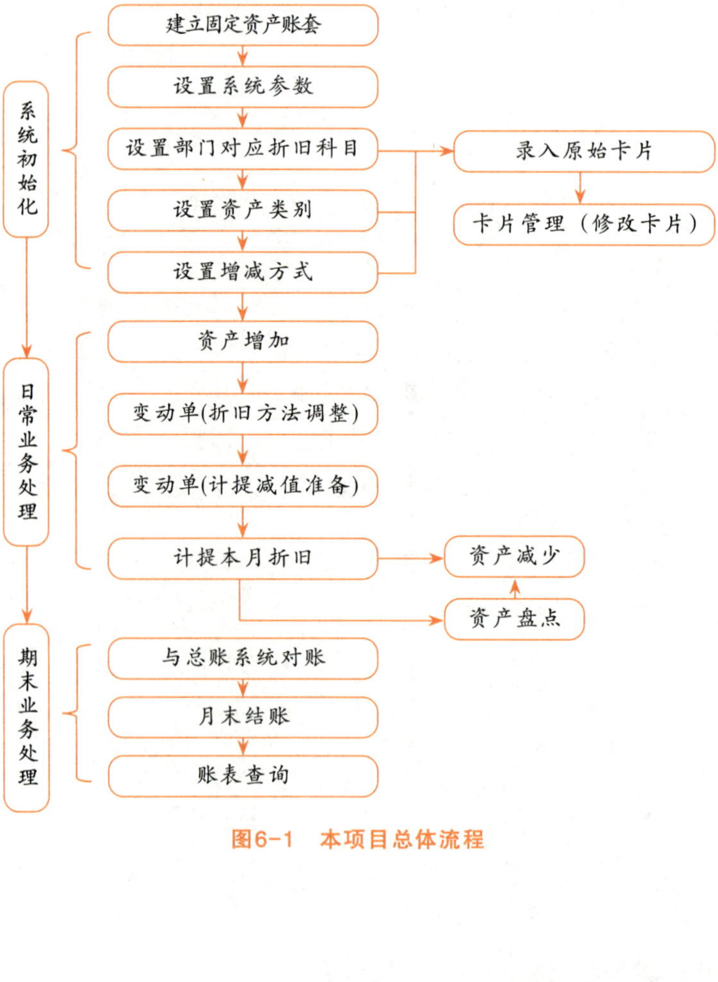

图6-1　本项目总体流程

任务1　系统初始化

知识点100　建立固定资产账套

【实验资料】

2025年1月1日，根据表6-1建立固定资产账套，其他项默认。

表 6-1　　固定资产系统建账向导

建账向导	参数设置
约定及说明	我同意
启用月份	2025.01
折旧信息	采用“平均年限法（一）”计提折旧
编码方式	固定资产类别编码方式为“1-1-1-2” 固定资产编码方式采用“类别编号+序号”的自动编码方式，其序号长度为4
账务接口	固定资产对账科目为“1601，固定资产” 累计折旧对账科目为“1602，累计折旧”

【实验过程】

建立固定资产账套

（1）2025年1月1日，由赵凯杰（W02）登录企业应用平台。

（2）在U8企业应用平台，依次选择“业务工作→财务会计→固定资产”命令，系统提示是否进行初始化，如图6-2所示。

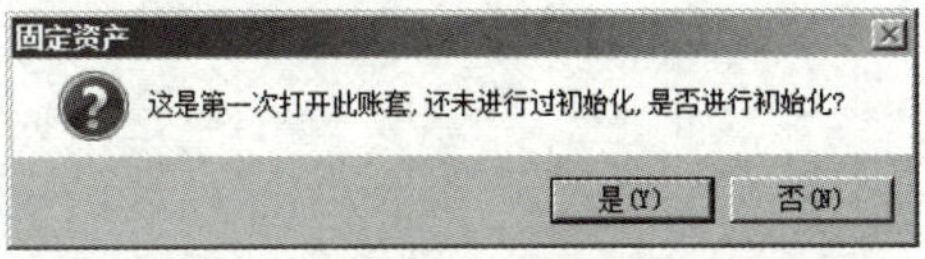

图6-2　系统提示

（3）单击“是”按钮，打开“初始化账套向导——约定及说明”对话框，选择“我同意”，如图6-3所示。

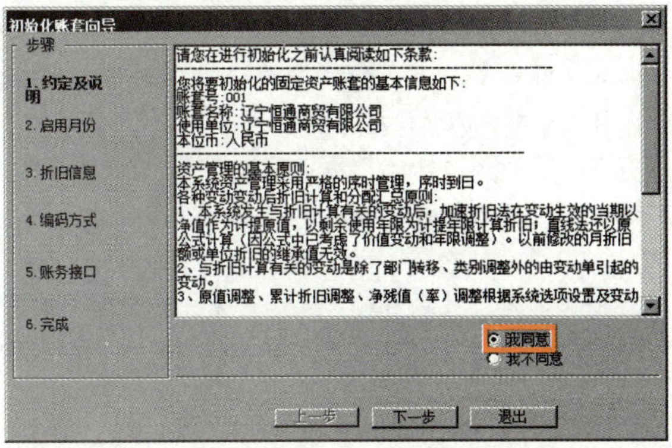

图6-3　初始化账套向导——约定及说明

（4）单击“下一步”按钮，打开固定资产“初始化账套向导——启用月份”对话框。系统默认账套启用月份为“2025.01”，如图6-4所示。

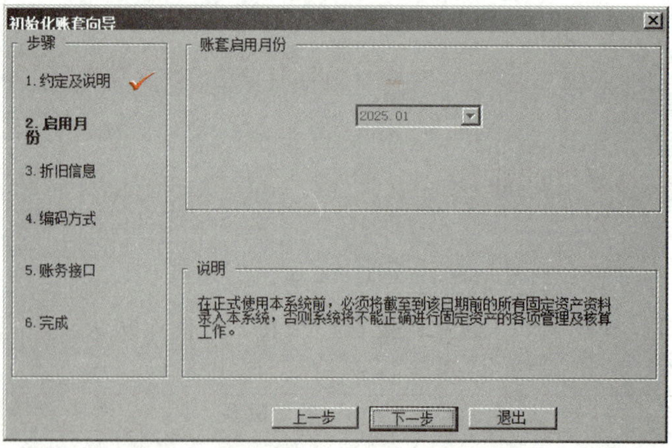

图6-4　初始化账套向导——启用月份

提示

固定资产账套启用月份只能查看，不可修改。

（5）单击“下一步”按钮，打开“初始化账套向导——折旧信息”对话框，从“主要折旧方法”下拉框中选择“平均年限法（一）”，如图6-5所示。

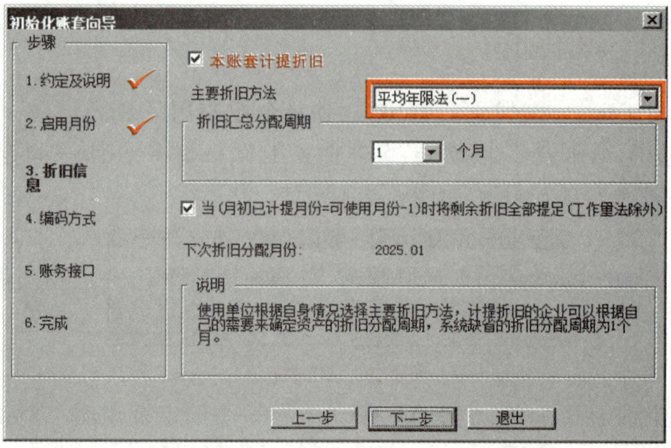

图6-5　初始化账套向导——折旧信息

提示

［本账套计提折旧］在初始化时一经设置，不能修改。如果不选择“本账套计提折旧”，则折旧方法为“不提折旧”，且账套内与折旧有关的功能将不可用。

［主要折旧方法］系统提供以下折旧方法：平均年限法（一）、平均年限法（二）、工作量法、年数总和法、双倍余额递减法（一）、双倍余额递减法（二）。选择折旧方法后，在新增资产类别时系统自动带出该折旧方法。

［折旧汇总分配周期］一般企业按月计提折旧。如果按季、半年或年计提折旧，可在此设置折旧周期，此时每个会计月均计提折旧，但折旧的汇总分配按这里设定的周期进行，把该周期内各会计月计提的折旧汇总分配。

（6）单击“下一步”按钮，打开“初始化账套向导——编码方式”对话框。将资产类别编码方式的“编码长度”修改为“1-1-1-2”。固定资产编码方式选择“自动编码”及“类别编号+序号”，序号长度为“4”，如图6-6所示。

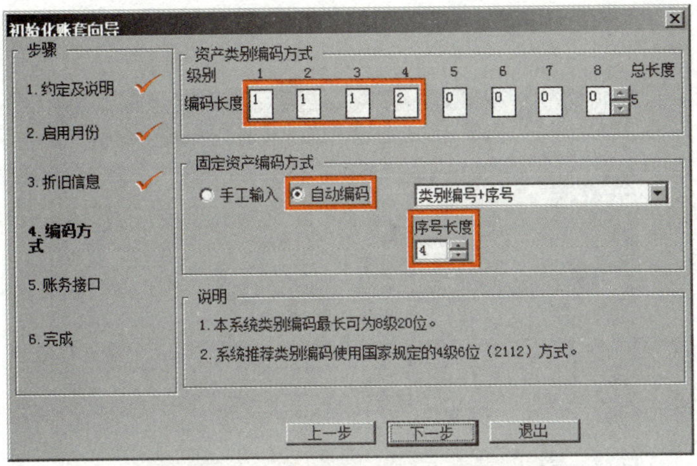

图6-6　初始化账套向导——编码方式

提示

［资产类别编码方式］一旦新增某一级资产类别，则该级的类别编码长度不能修改。未使用的类别编码长度可以修改。

［固定资产编码方式］系统提供两种固定资产编码方式：手工输入和自动编码。自动编码又包括以下具体方式：类别编号+序号、部门编号+序号、类别编号+部门编号+序号、部门编号+类别编号+序号。其中，“类别编号”的长度由“资产类别编码方式”决定；“序号”的长度可自由设定为1～5位。

（7）单击“下一步”按钮，打开“初始化账套向导——账务接口”对话框。“固定资产对账科目”栏参照选择“1601，固定资产”，“累计折旧对账科目”栏录入“1602，累计折旧”，如图6-7所示。

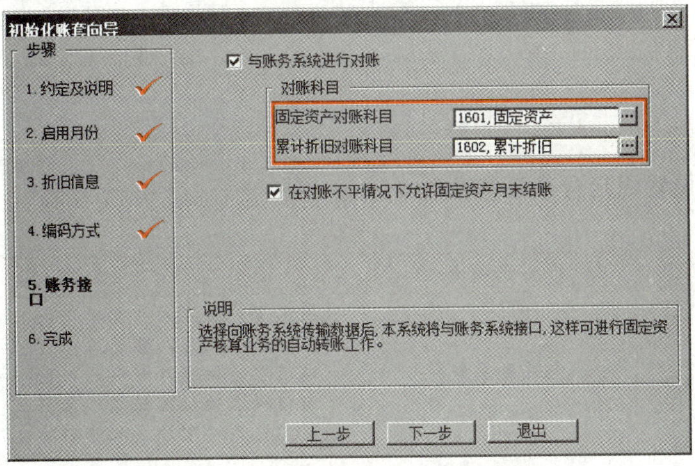

图6-7　初始化账套向导——账务接口

提示

这里的对账是指将固定资产系统的原值、累计折旧与总账系统的固定资产科目和累计折旧科目的余额相核对。

［在对账不平情况下允许固定资产月末结账］系统缺省勾选此项，表示本系统与总账系统对账不平时固定资产系统也可结账。如果不勾选此项，表示对账不平时不允许结账，在月末结账时自动执行一次对账，给出对账结果；如果不平，表明两系统存在偏差，应予以调整。

（8）单击“下一步”按钮，打开“初始化账套向导——完成”对话框，如图6-8所示。

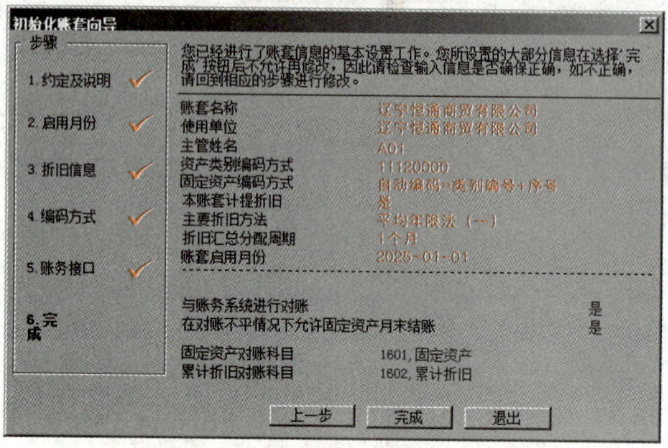

图6-8 初始化账套向导——完成

（9）单击“完成”按钮，系统弹出提示框，如图6-9所示。

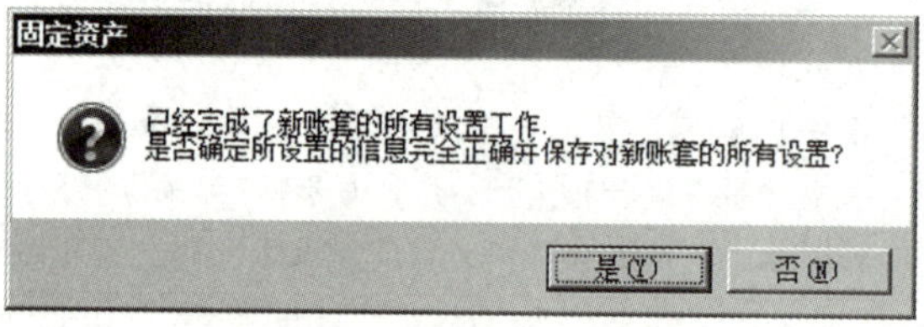

图6-9 固定资产初始化确认

（10）单击“是”按钮，系统提示“已成功初始化本固定资产账套！”，单击“确定”按钮，固定资产建账完成。

知识点101 设置系统参数

【实验资料】

根据表6-2设置固定资产系统参数。

表6-2 选项设置

系统名称	选项卡	选项设置
固定资产	与账务系统接口	固定资产缺省入账科目：1601 累计折旧缺省入账科目：1602 减值准备缺省入账科目：1603 增值税进项税额缺省入账科目：22210101 固定资产清理缺省入账科目：1606
	其它	已发生资产减少的卡片10年后可删除 卡片金额型数据显示千分位格式

【实验过程】

设置系统参数

（1）在U8企业应用平台，依次选择“业务工作→财务会计→固定资产→设置→选项”命令，打开“选项”窗口。

（2）单击“与账务系统接口”页签，单击“编辑”按钮，根据实验资料参照选择固定资产等的缺省入账科目，结果如图6-10所示。

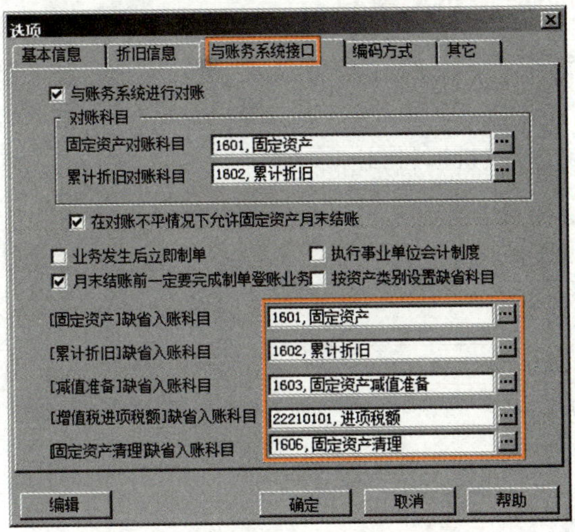

图6-10　选项——与账务系统接口

提示

［按资产类别设置缺省科目］若勾选此项，则“固定资产对账科目”和“累计折旧对账科目”可以多选，但最多能选10个；同时，可以在“资产类别”中录入“缺省入账科目”。

系统制单时，系统首先带出卡片所属末级资产类别的缺省入账科目；若在资产类别中没有设置缺省入账科目，则带出选项中设置的缺省入账科目；若在选项中没有设置缺省入账科目，则弹出的记账凭证中相关科目为空，此时须手工参照选择相关科目。

（3）单击“其它”页签，修改“已发生资产减少卡片可删除时限”为10年，勾选“卡片金额型数据显示千分位格式”，如图6-11所示，单击“确定”按钮，完成选项设置。

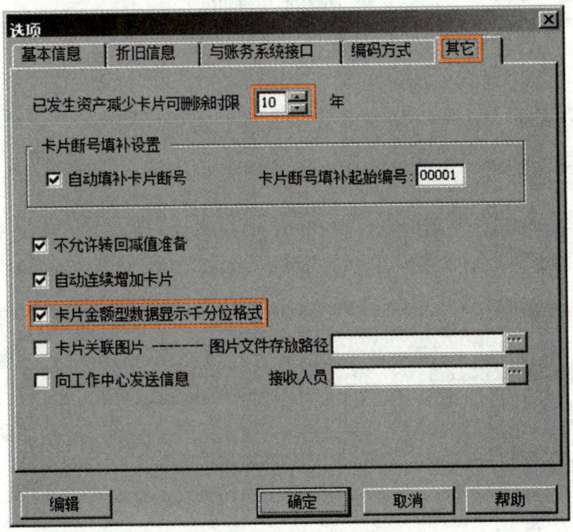

图6-11　选项——其它

提示

［已发生资产减少卡片可删除时限］根据《会计档案管理办法》（财政部 国家档案局令第79号）的规定，固定资产报废清理后，其资产卡片最低保管期限为5年，即大于等于5年。所以系统设置了该时限缺省为5年。超过该时限后才能将相关资产的卡片和变动单删除。

知识点102　设置部门对应折旧科目

【实验资料】

根据表6-3设置部门对应折旧科目。

表6-3　部门对应折旧科目

部门名称	折旧科目
行政部	管理费用/折旧费（660201）
财务部	管理费用/折旧费（660201）
销售部	销售费用/折旧费（660101）
采购部	管理费用/折旧费（660201）
仓储部	管理费用/折旧费（660201）

【实验过程】

设置部门对应折旧科目

（1）在U8企业应用平台，依次选择“业务工作→财务会计→固定资产→设置→部门对应折旧科目”命令，打开“部门对应折旧科目”窗口。

（2）点击“行政部”，单击工具栏的“修改”按钮，打开“单张视图”窗口。根据实验资料，“折旧科目”栏录入“660201”（管理费用/折旧费），如图6-12所示。

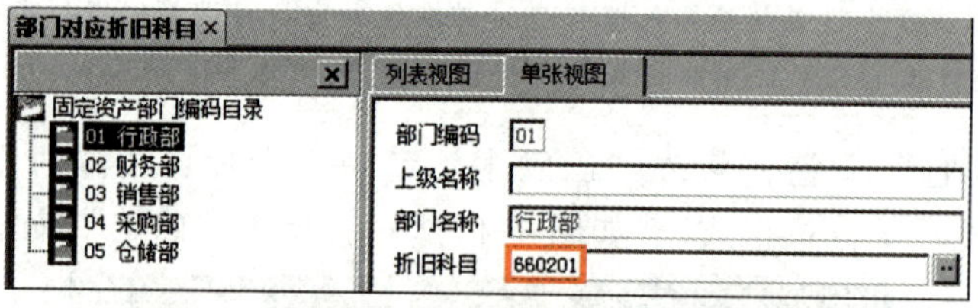

图6-12　部门对应折旧科目——单张视图

提示

修改本级部门的折旧科目，其下级部门的折旧科目可以同步修改。

设置部门对应折旧科目时，必须选择末级会计科目。

（3）单击工具栏的“保存”按钮。以此方法继续录入其他部门对应折旧科目，结果如图6-13所示。

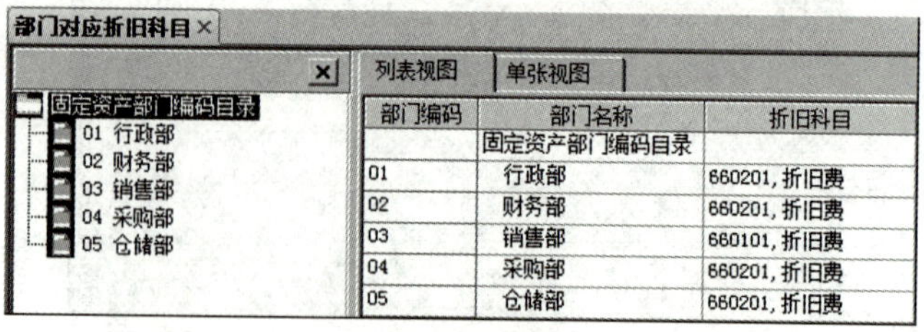

图6-13　部门对应折旧科目——列表视图

提示

根据受益原则，按使用部门或资产类别将固定资产折旧计入成本费用。若按使用部门归集，则在此处设置对应的折旧入账科目。录入固定资产卡片时，该科目自动显示在卡片中。在生成部门折旧分配表时，每一部门按折旧科目汇总，生成记账凭证。

知识点103　设置资产类别

【实验资料】

根据表6-4设置固定资产类别。

表6-4　　固定资产类别

类别编码	类别名称	使用年限	净残值率	计提属性	折旧方法	卡片样式
1	房屋及建筑物	20	3%	正常计提	平均年限法（一）	含税卡片样式
2	机器设备	10	2%	正常计提	平均年限法（一）	含税卡片样式
3	运输工具	4	2%	正常计提	平均年限法（一）	含税卡片样式
31	轿车	4	2%	正常计提	平均年限法（一）	含税卡片样式
32	货车	4	2%	正常计提	平均年限法（一）	含税卡片样式
4	办公设备	3	2%	正常计提	平均年限法（一）	含税卡片样式
41	计算机	3	2%	正常计提	平均年限法（一）	含税卡片样式
42	复印机	3	2%	正常计提	平均年限法（一）	含税卡片样式
43	打印机	3	2%	正常计提	平均年限法（一）	含税卡片样式

【实验过程】

设置资产类别

（1）在U8企业应用平台，依次选择“业务工作→财务会计→固定资产→设置→资产类别”命令，打开“资产类别”窗口。

（2）单击“增加”按钮，打开“资产类别——单张视图”窗口，根据实验资料，录入“类别名称”“使用年限”“净残值率”等信息，“卡片样式”栏参照选择“含税卡片样式”，单击工具栏的“保存”按钮，结果如图6-14所示。

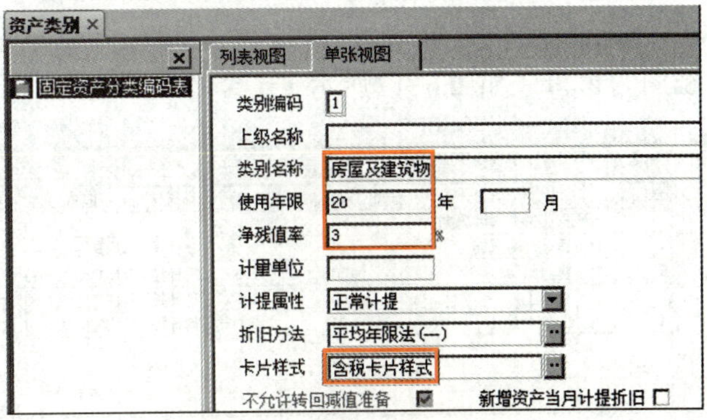

图6-14　增加一级资产类别

提示

［类别名称］该项资产类别名称不可与同级资产类别同名。

［计提属性］系统提供3个计提属性：正常计提、总提折旧和总不提折旧。计提属性一经选择并使用，不允许修改。

［卡片样式］从卡片样式目录中选择该资产类别对应的卡片样式。

（3）以此方法继续录入第2、3、4类资产的类别名称等信息。第4个资产类别保存完毕，单击工具栏的“放弃”按钮，系统提示“是否取消本次操作?”，单击“是”按钮，返回“资产类别——列表视图”窗口，如图6-15所示。

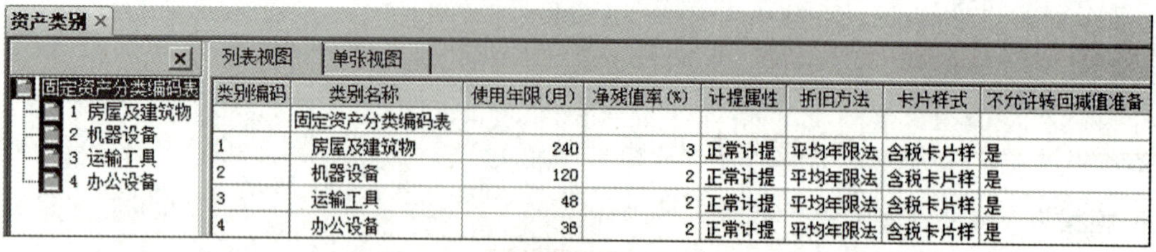

图6-15　资产类别——列表视图

（4）点击“运输工具”资产类别，单击“增加”按钮，输入“类别名称”为“轿车”，如图6-16所示。

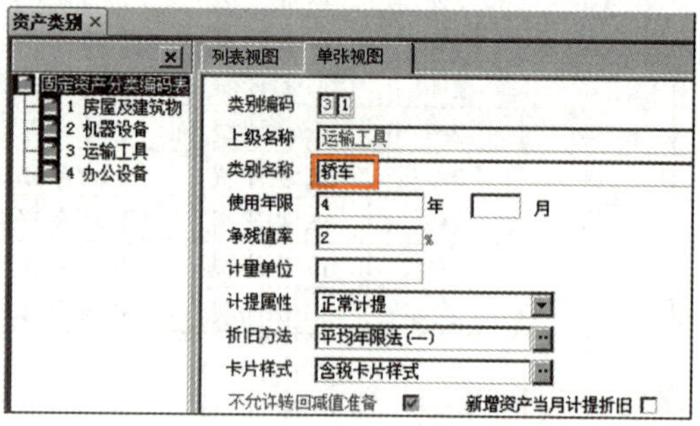

图6-16　增加二级资产类别

提示

建立多级固定资产类别，应先建立上级固定资产类别再建立下级类别。增加下级类别，可继承上级类别的使用年限、净残值率、计提属性等信息。如果下级类别与上级类别设置不同，可以修改。下级类别的类别编码由其所属上级类别编码（一级类别除外）和输入的本级编码共同组成。

（5）单击“保存”按钮。以此方法继续录入32、41、42、43资产类别名称并保存。

（6）单击“放弃”按钮，系统提示“是否取消本次操作?”，单击“是”按钮，返回“资产类别——列表视图”窗口，如图6-17所示。

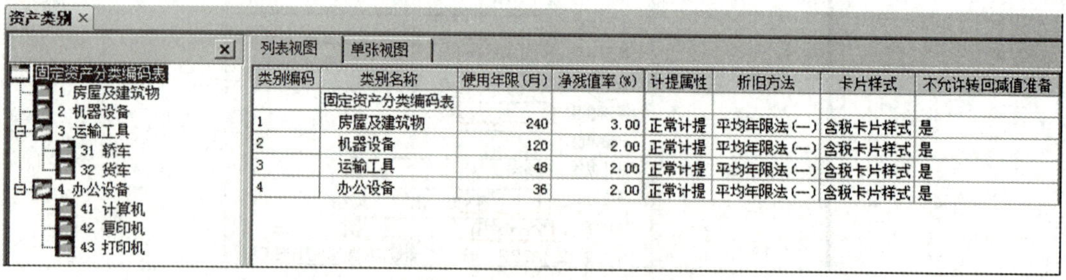

图6-17　资产类别——列表视图

提示

根据企业所得税法律制度的规定，固定资产计算折旧的最低年限见表6-5。

表6-5　企业所得税法关于最低折旧年限的规定

资产大类	最低折旧年限
房屋、建筑物	20年
飞机、火车、轮船、机器、机械和其他生产设备	10年
与生产经营活动有关的器具、工具、家具等	5年
飞机、火车、轮船以外的运输工具	4年
电子设备	3年

资产类别编码不能重复，同级的类别名称不能相同。
类别编码、类别名称、计提属性、卡片样式为必输项。
非明细级别类别编码不能修改和删除，末级类别编码修改时只能修改本级的编码。

知识点104　设置增减方式

【实验资料】

根据表6-6设置增减方式的对应入账科目。

表6-6　　固定资产增减方式

增减方式类别	增减方式名称	对应入账科目
增加方式	直接购入	银行存款/中国工商银行/沈阳皇姑支行（10020101）
	投资者投入	实收资本（4001）
	捐赠	营业外收入（6301）
	盘盈	以前年度损益调整（6901）
	在建工程转入	在建工程（1604）
	投资性房地产转入	投资性房地产（1521）
减少方式	出售	固定资产清理（1606）
	盘亏	待处理财产损溢/待处理固定资产损溢（190102）
	投资转出	固定资产清理（1606）
	捐赠转出	固定资产清理（1606）
	报废	固定资产清理（1606）
	非货币性资产交换转出	固定资产清理（1606）

【实验过程】

设置增减方式

（1）在U8企业应用平台，依次选择“业务工作→财务会计→固定资产→设置→增减方式”命令，打开“增减方式”窗口。

（2）增加“增加方式”。点击“1增加方式”，单击工具栏的“增加”按钮，根据实验资料录入“增减方式名称”及“对应入账科目”，结果如图6-18所示，单击“保存”按钮。

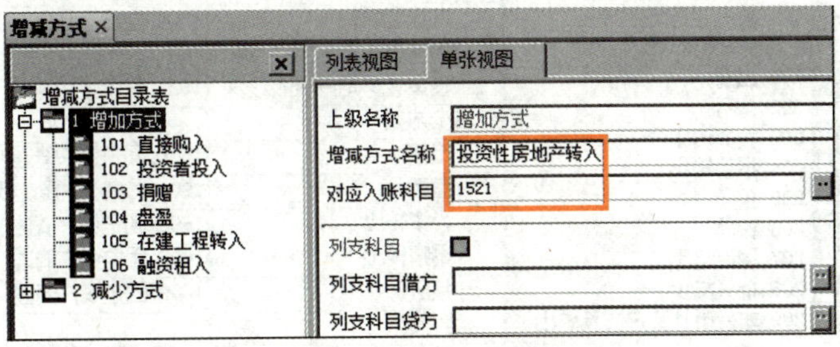

图6-18　增加“增加方式”

（3）增加“减少方式”。点击“2减少方式”，参照第（2）步方法继续增加“减少方式”，如图6-19所示。

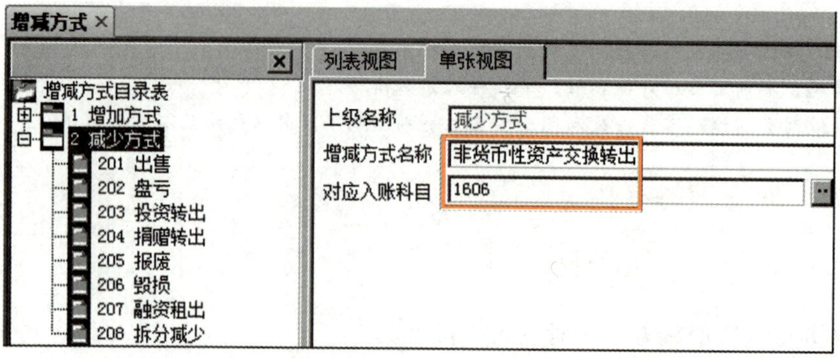

图6-19 增加“减少方式”

（4）选中增加方式下的“101直接购入”，单击“修改”按钮，打开“增减方式——单张视图”窗口，在“对应入账科目”栏录输入“10020101”，如图6-20所示，单击“保存”按钮。

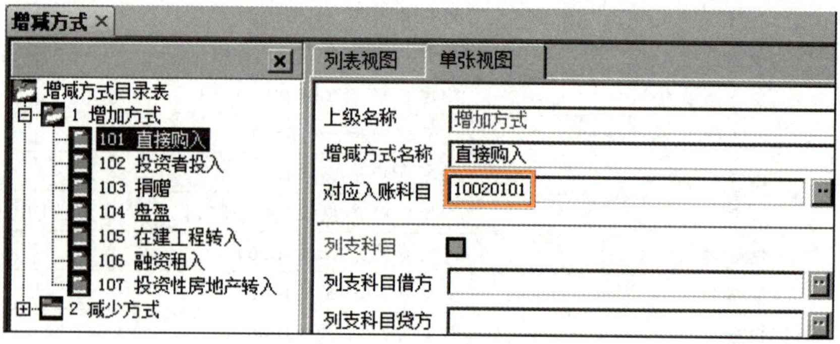

图6-20 增减方式——单张视图

（5）按照上述方法继续设置其他增减方式的对应入账科目，结果如图6-21所示。

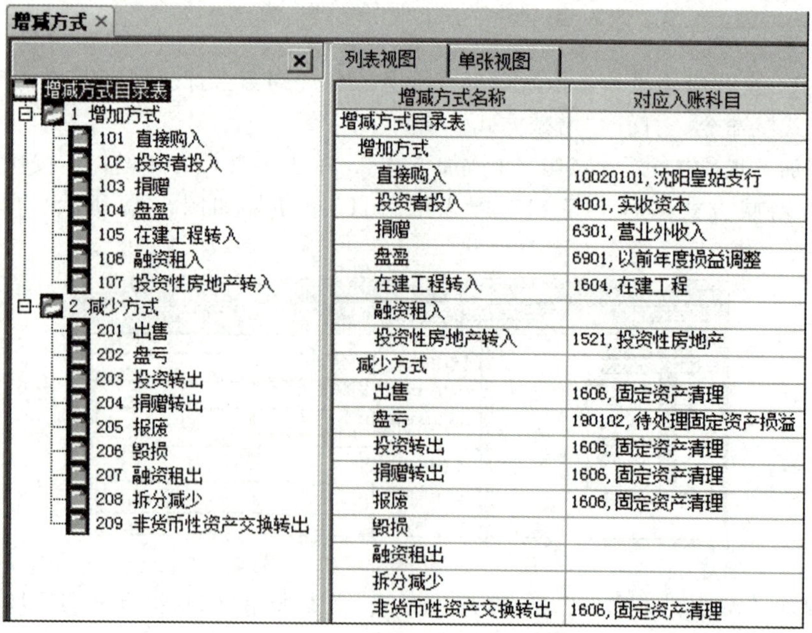

图6-21 增减方式及其对应入账科目

提示

"资产增加""资产减少"等业务处理制单时将带出这里所设置的入账科目。

非明细级的增减方式和已使用的增减方式不能删除。

系统缺省的增减方式中"盘盈""盘亏""毁损"不能修改和删除。

知识点105　录入原始卡片

【实验资料】

（1）根据表6-7录入固定资产原始卡片。多部门使用的固定资产平均分摊折旧费用。除第1类资产的增加方式为"在建工程转入"外，其他类资产的增加方式均为"直接购入"。各资产使用状况均为"在用"。

表6-7　固定资产原始卡片

类别编号	固定资产名称	使用部门	开始使用日期	资产原值	累计折旧
1	综合楼	行政部、财务部、销售部、采购部	2023-09-08	13 000 000.00	945 750.00
1	百盛服装仓	仓储部	2023-10-10	2 000 000.00	137 416.67
1	嘉伟服装仓	仓储部	2023-10-10	2 000 000.00	137 416.67
1	手表仓	仓储部	2023-10-10	2 000 000.00	137 416.67
1	皮具仓	仓储部	2023-10-10	2 000 000.00	137 416.67
2	分拣机	仓储部	2023-10-12	180 000.00	24 990.00
31	奥迪轿车	行政部、财务部	2023-09-02	580 000.00	213 150.00
31	长城轿车	销售部、采购部	2023-09-02	100 000.00	36 750.00
41	联想电脑	行政部	2023-09-12	4 800.00	2 352.00
41	联想电脑	财务部	2023-09-12	4 800.00	2 352.00
41	联想电脑	销售部	2023-09-12	4 800.00	2 352.00
41	联想电脑	采购部	2023-09-12	4 800.00	2 352.00
41	联想电脑	仓储部	2023-09-12	4 800.00	2 352.00
42	佳能复印机	行政部、财务部、销售部、采购部、仓储部	2023-09-18	2 600.00	1 274.00
43	爱普生打印机	行政部、财务部、销售部、采购部、仓储部	2023-09-18	3 700.00	1 813.00
合　计				21 890 300.00	1 785 153.68

（2）与总账系统进行期初对账。

【实验过程】

录入原始卡片

（1）在U8企业应用平台，依次选择"业务工作→财务会计→固定资产→卡片→录入原始卡片"命令，打开"固定资产类别档案"窗口，如图6-22所示。

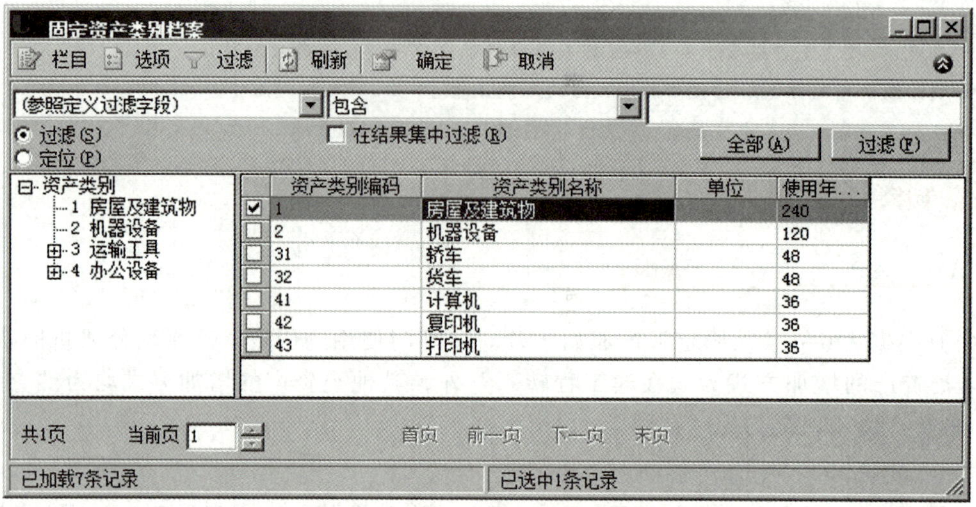

图6-22 “固定资产类别档案”窗口

（2）系统默认已选择“房屋及建筑物”类别的复选框，单击“确定”按钮，进入“固定资产卡片”窗口。

（3）根据实验资料，在“固定资产名称”栏录入“综合楼”，单击“使用部门”，打开“固定资产”对话框，选择“多部门使用”单选框，单击“确定”按钮，打开“使用部门”对话框。

（4）单击“增加”按钮，根据实验资料参照选择“使用部门”并输入“使用比例”，结果如图6-23所示，单击“确定”按钮，退出“使用部门”对话框，返回“固定资产卡片”窗口。

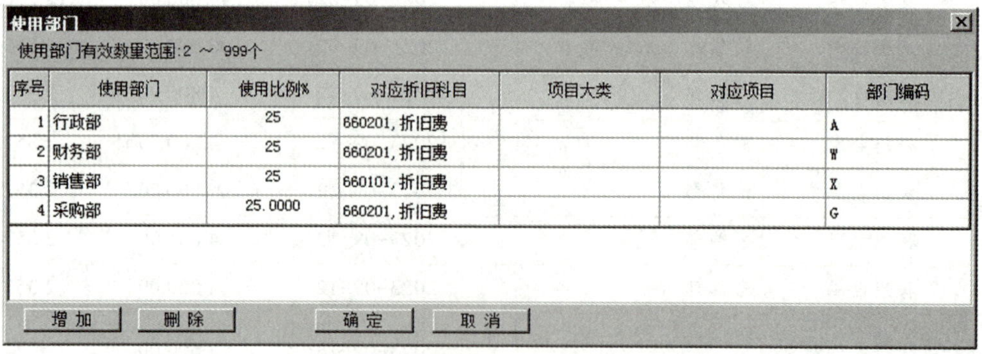

图6-23 多部门使用分摊比例设置

（5）单击“增加方式”，打开“固定资产增加方式”对话框，选择“在建工程转入”，单击“确定”按钮。

（6）单击“使用状况”，打开“使用状况参照”对话框，选择“在用”，单击“确认”按钮。

（7）在“开始使用日期”栏输入“2023-09-08”，在“原值”栏录入“13000000”，“累计折旧”栏输入“945750”，其他选项默认，如图6-24所示。

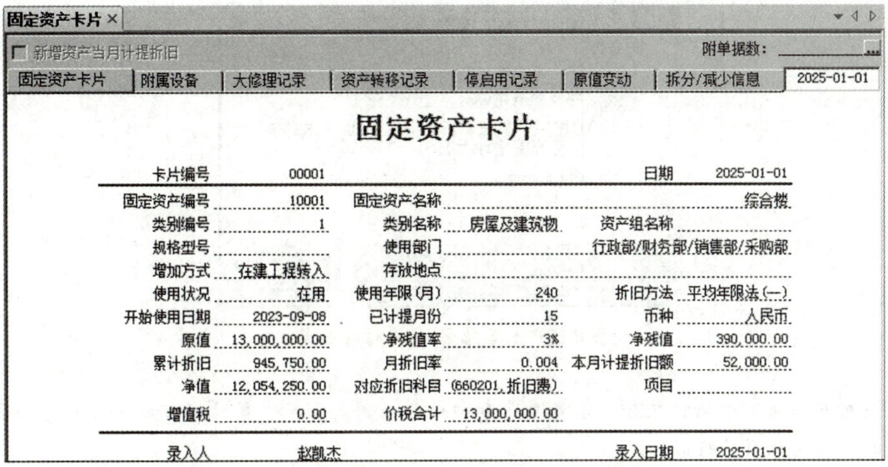

图6-24 录入原始卡片

提示

卡片下方的录入人自动显示为当前操作员，录入日期为当前登录日期。

资产的主卡录入后，单击其他页签，输入附属设备等信息。其他页签上的信息只供参考，不参与计算。

（8）单击“保存”按钮，系统提示“数据成功保存！”。

（9）单击“确认”按钮，按照上述方法继续录入其他固定资产卡片。其中，“联想电脑”可通过“复制”功能进行批量录入。

（10）查询录入结果。在固定资产系统，执行“卡片→卡片管理”命令，打开“查询条件选择-卡片管理”窗口，在“开始使用日期”栏输入“2023-01-01”。

（11）单击“确定”按钮，即可查询所有原始卡片信息，结果如图6-25所示。

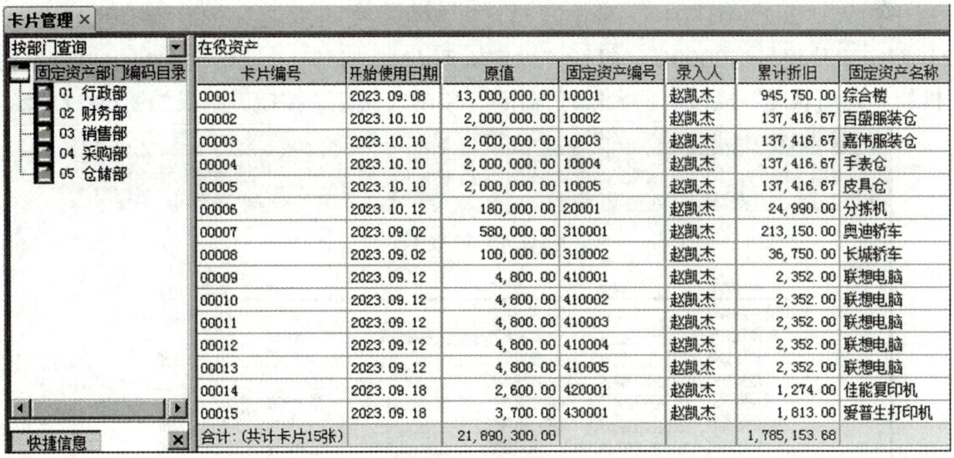

卡片编号	开始使用日期	原值	固定资产编号	录入人	累计折旧	固定资产名称
00001	2023.09.08	13,000,000.00	10001	赵凯杰	945,750.00	综合楼
00002	2023.10.10	2,000,000.00	10002	赵凯杰	137,416.67	百盛服装仓
00003	2023.10.10	2,000,000.00	10003	赵凯杰	137,416.67	嘉伟服装仓
00004	2023.10.10	2,000,000.00	10004	赵凯杰	137,416.67	手表仓
00005	2023.10.10	2,000,000.00	10005	赵凯杰	137,416.67	皮具仓
00006	2023.10.12	180,000.00	20001	赵凯杰	24,990.00	分拣机
00007	2023.09.02	580,000.00	310001	赵凯杰	213,150.00	奥迪轿车
00008	2023.09.02	100,000.00	310002	赵凯杰	36,750.00	长城轿车
00009	2023.09.12	4,800.00	410001	赵凯杰	2,352.00	联想电脑
00010	2023.09.12	4,800.00	410002	赵凯杰	2,352.00	联想电脑
00011	2023.09.12	4,800.00	410003	赵凯杰	2,352.00	联想电脑
00012	2023.09.12	4,800.00	410004	赵凯杰	2,352.00	联想电脑
00013	2023.09.12	4,800.00	410005	赵凯杰	2,352.00	联想电脑
00014	2023.09.18	2,600.00	420001	赵凯杰	1,274.00	佳能复印机
00015	2023.09.18	3,700.00	430001	赵凯杰	1,813.00	爱普生打印机
合计:(共计卡片15张)		21,890,300.00			1,785,153.68	

图6-25 原始卡片结果列表

提示

通过“卡片管理”查询原始卡片时，查询条件的“开始使用日期”应小于等于最早开始使用资产的“开始使用日期”。

（12）与总账系统进行期初对账。在固定资产系统，执行“处理→对账”命令，打开“与账务对账结果”对话框，结果如图6-26所示。单击“确定”按钮。

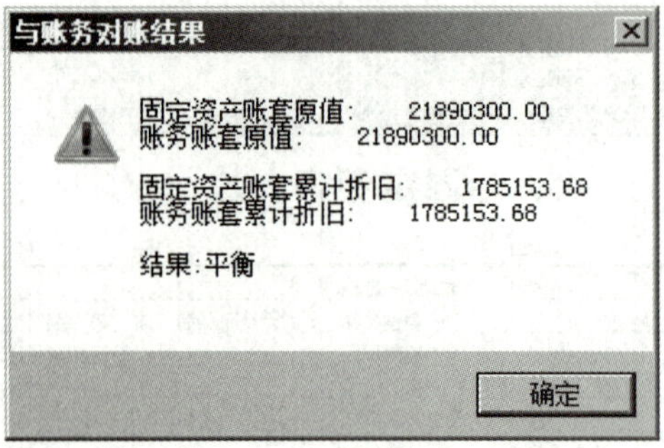

图6-26　与总账系统对账结果

提示

若上述对账结果不平衡，应分别检查总账期初余额（固定资产、累计折旧）和固定资产系统中每张原始卡片的原值及累计折旧。

知识点106　卡片管理——修改卡片

【实验资料】

假定因录入错误，卡片编号为“00006”的固定资产（分拣机）的使用状况应为“大修理停用”。

【实验过程】

卡片管理——修改卡片

（1）在U8企业应用平台，依次选择“业务工作→财务会计→固定资产→卡片→卡片管理”命令，打开“查询条件选择-卡片管理”窗口，在“开始使用日期”栏中输入“2023-01-01”，单击“确定”按钮，打开固定资产原始卡片列表。

（2）双击卡片编号“00006”，打开“固定资产卡片”窗口，点击工具栏的“修改”按钮，将分拣机的“使用状况”栏改为“大修理停用”，单击“保存”按钮，结果如图6-27所示。

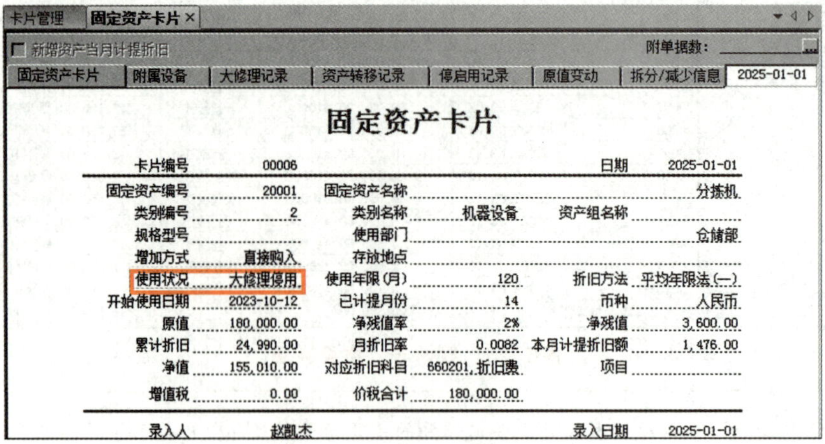

图6-27　修改固定资产卡片

提示

卡片管理可实现包括卡片修改、卡片删除、卡片打印、卡片查询在内的综合管理功能。

已经生成记账凭证的卡片，若其原值或累计折旧出现录入错误，删除记账凭证后才能修改卡片。

已经做过变动单且变动单已经生成记账凭证的卡片，如果发现错误，删除记账凭证、变动单后才能修改卡片。

月末结账后，原值、使用部门、使用状况、累计折旧、净残值（率）、折旧方法、使用年限、资产类别各项目将不能通过卡片修改功能改变，只能通过变动单或评估单调整。

关于卡片删除。卡片删除是把卡片信息从系统内彻底清除，而非资产减少。以下情况可使用该功能：

①录入当月发现卡片有错误，需删除该卡片。

②通过“资产减少”功能减少的卡片，其保留年限超过了系统选项设定的禁止删除年限。

任务2　业务处理

知识点107　资产增加

【实验资料】

2025年1月15日，采购部张宏亮以转账支票（票号：10561999）直接购入并交付销售部使用一台“联想电脑”。取得增值税专用发票，发票上注明原值为12 000元，增值税进项税额为1 560元。该资产采用“年数总和法”计提折旧。

【实验过程】

资产增加

（1）2025年1月15日，由赵凯杰（W02）登录企业应用平台。在U8企业应用平台，依次选择“业务工作→财务会计→固定资产→卡片→资产增加”，打开“固定资产类别档案”窗口，选择“41 计算机”，单击“确定”，进入“固定资产卡片”窗口。

（2）根据实验资料录入固定资产卡片，结果如图6-28所示。

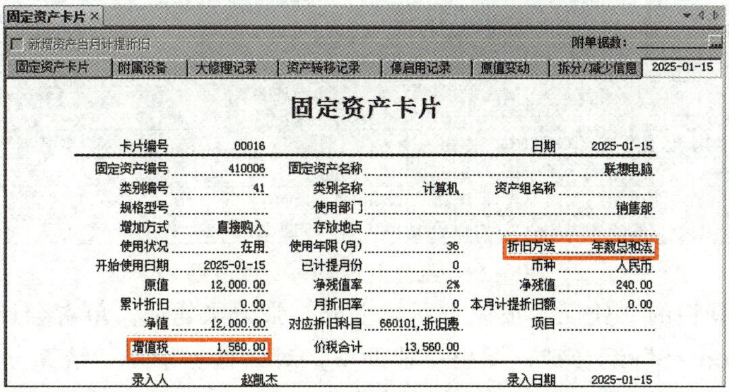

图6-28　资产增加

（3）单击工具栏的“保存”按钮，提示“数据成功保存!”。

提示

录入原始卡片与资产增加的联系与区别：

从操作方法角度看，两者都是录入资产卡片。至于通过哪种方式录入，取决于资产的“开始使用日期”。

原始卡片是指卡片记录的资产开始使用日期的月份小于其录入系统的月份，即已使用过并已计提折旧的固定资产卡片。

资产增加，也称新卡片录入，即新增加固定资产卡片。当固定资产开始使用日期的会计期间等于录入会计期间时，才能通过“资产增加”录入。

知识点108　批量制单

【实验资料】

2025年1月15日，生成资产增加的记账凭证。

【实验过程】

批量制单

（1）在U8企业应用平台，依次选择“业务工作→财务会计→固定资产→处理→批量制单”命令，打开“查询条件选择-批量制单”对话框，单击“确定”按钮，打开“批量制单”窗口，双击第1行的“选择”栏，如图6-29所示。

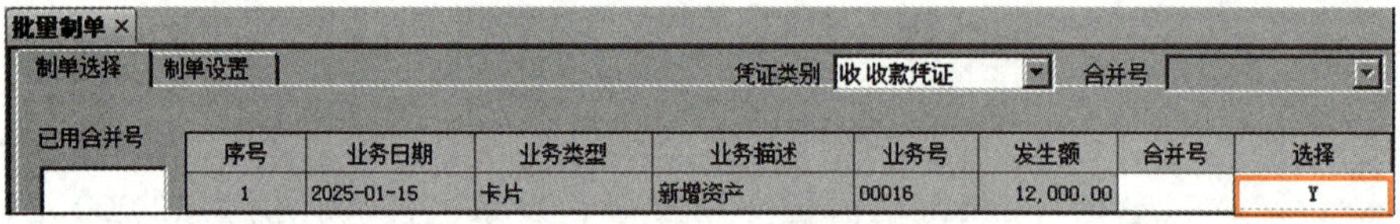

图6-29　批量制单——制单选择

提示

[合并号] 可手工输入，合并号相同的记录合并生成一张记账凭证。

若业务发生时没有制单，该业务将出现在批量制单列表中。

如果在图6-10中勾选了“月末结账前一定要完成制单登账业务”，则只要制单列表中有记录，该月不能结账。

（2）点击“制单设置”页签，“凭证类别”下拉框选择“付款凭证”，如图6-30所示。

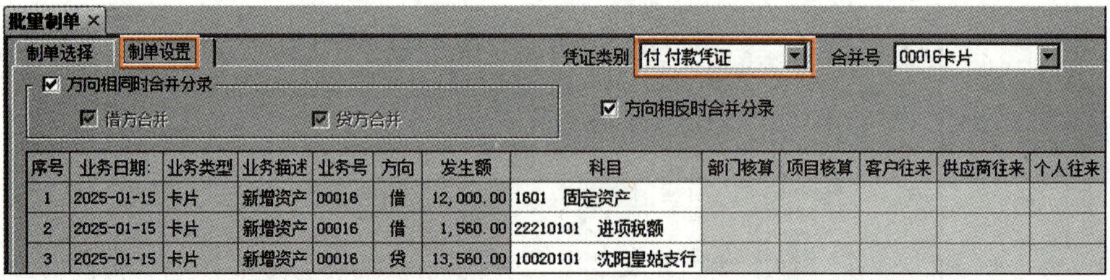

图6-30　批量制单——制单设置

（3）单击工具栏的“凭证”按钮，系统生成一张记账凭证。单击会计分录第3行任意位置，同时按“Ctrl+S”组合键，调出“辅助项”对话框。录入“结算方式”、“票号”及“发生日期”，结果如图6-31所示，单击“确定”按钮。

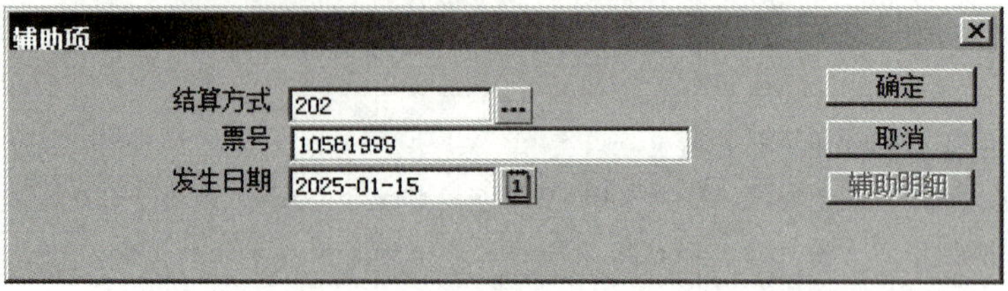

图6-31　“辅助项”对话框

（4）单击“保存”按钮，结果如图6-32所示。

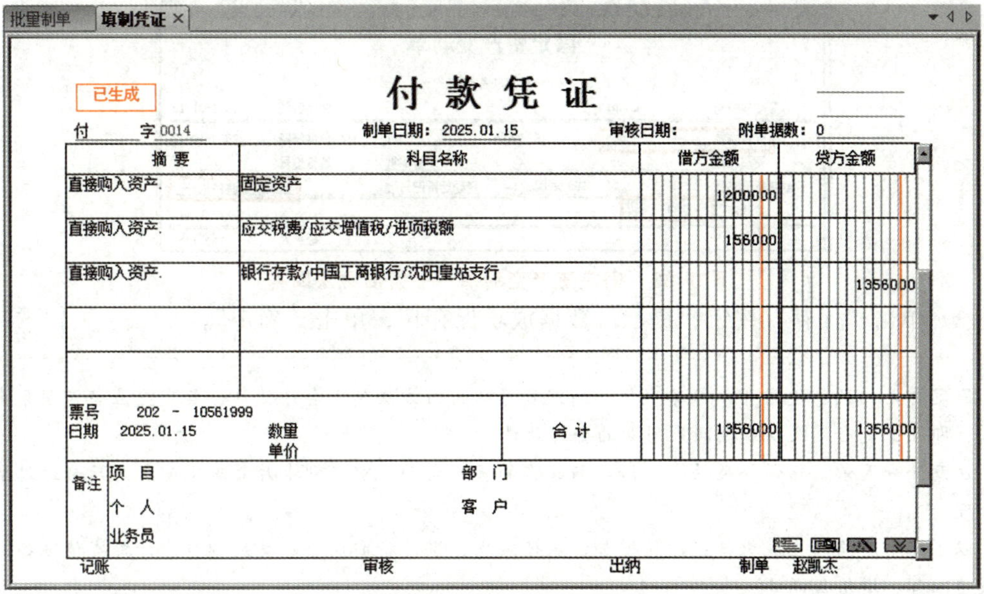

图6-32 记账凭证

提示

批量制单的业务类型有：计提折旧、新增资产、减少资产、原值增加、原值减少、累计折旧调整、类别调整、计提减值准备、转回减值准备、增值税调整和评估资产。

如果在选项（图6-10）中设置了“业务发生后立即制单”，则在发生上述业务类型的业务后，自动生成记账凭证；如果没有设置，可到“批量制单”中制单或单击对应业务工具栏上的“凭证”按钮制单。

凭证保存后可到“固定资产→处理→凭证查询”中进行查询、删除等操作。已经生成凭证的业务类型不允许删除或恢复。若想删除或恢复，必须先删除对应的记账凭证。

若启用供应链系统，卡片菜单下“采购资产”功能录入的卡片在应付系统中制单，不在本系统制单。

知识点109　变动单——折旧方法调整

【实验资料】

2025年1月18日，经财务部研究决定，将卡片编号为“00006”的固定资产（分拣机）折旧方法由“平均年限法（一）”变更为“双倍余额递减法（一）”。

【实验过程】

（1）2025年1月18日，由赵凯杰（W02）登录企业应用平台。在U8企业应用平台，依次选择“业务工作→财务会计→固定资产→卡片→变动单→折旧方法调整”命令，打开“固定资产变动单”窗口。

变动单——折旧方法调整

（2）在“卡片编号”栏选择“00006”，在“变动后折旧方法”栏选择“双倍余额递减法（一）”，“变动原因”栏输入“会计估计变更”，结果如图6-33所示。

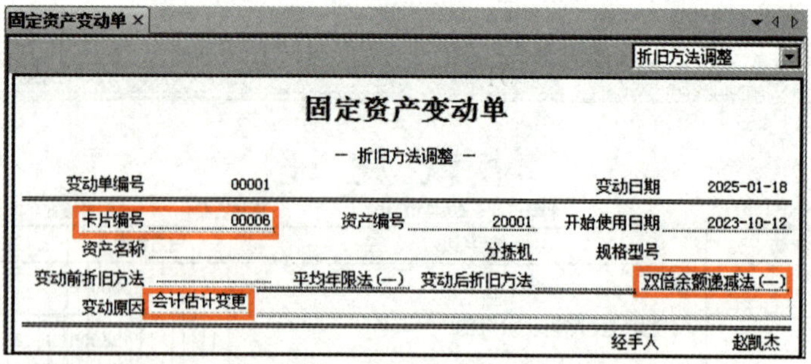

图6-33 固定资产变动单——折旧方法调整

（3）单击“保存”按钮，提示“数据成功保存!”，单击“确定”。

提示

固定资产的预计使用寿命与净残值、固定资产的折旧方法属于会计估计，其变更应当采用未来适用法，即在变更当期及以后期间采用新的会计估计。

注意区分因录入错误导致的卡片修改与正常的资产变动。前者到卡片管理中完成。后者通过变动单处理。

以下变动单均须生成凭证：原值增加、原值减少、累计折旧调整、类别调整、计提减值准备、转回减值准备、增值税调整。

知识点110 变动单——计提减值准备

【实验资料】

2025年1月31日，对00002号卡片的固定资产计提1 000元减值准备。

【实验过程】

变动单——计提减值准备

（1）2025年1月31日，由赵凯杰（W02）登录企业应用平台。在U8企业应用平台，依次选择“业务工作→财务会计→固定资产→卡片→变动单→计提减值准备”，打开“固定资产变动单”窗口。

（2）在“卡片编号”栏选择“00002”，在“减值准备金额”栏录入“1000”，在“变动原因”栏录入“资产减值”，单击“保存”按钮，系统提示“数据成功保存!”，单击“确定”按钮，结果如图6-34所示。

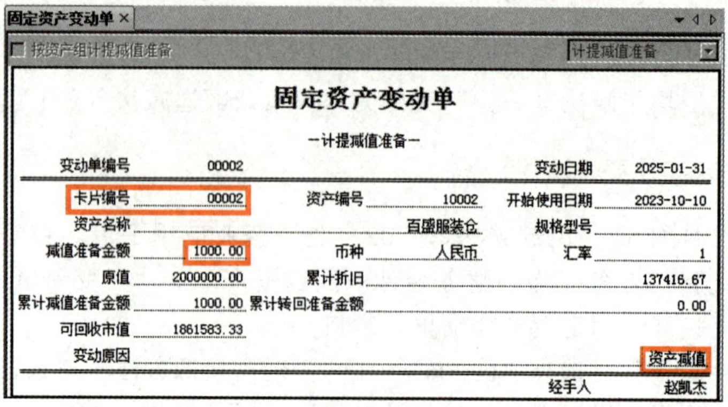

图6-34 固定资产变动单——计提减值准备

（3）单击工具栏的“凭证”按钮，系统生成一张记账凭证，将“凭证类别”修改为“转账凭证”，借方科目参照选择“6701 资产减值损失”。单击工具栏的“保存”按钮，结果如图6-35所示，单击“确定”按钮。

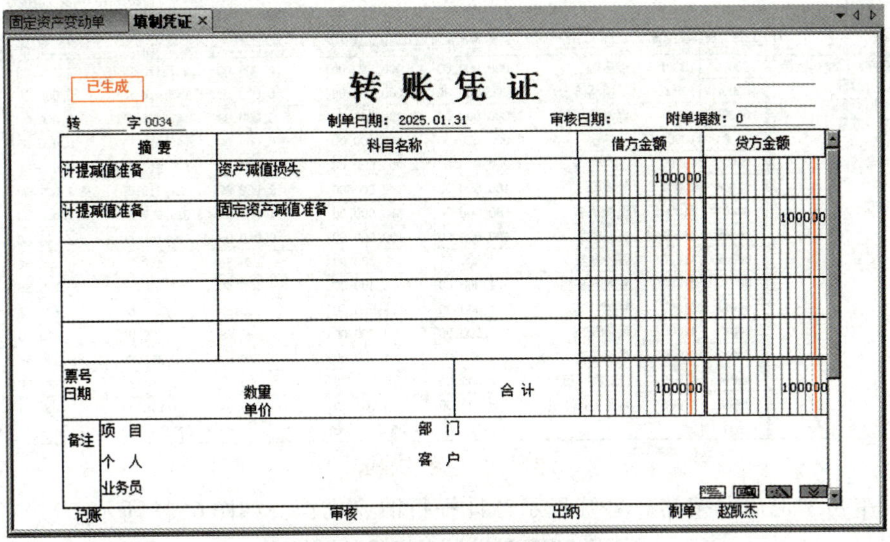

图6-35 记账凭证

提示

根据企业会计准则的规定，企业在资产负债表日应当判断资产是否存在可能发生减值的迹象。存在减值迹象的，应当估计其可收回金额，然后将可收回金额与其账面价值相比较。资产的可收回金额低于其账面价值的，应当将资产的账面价值减记至可收回金额，减记的金额确认为资产减值损失，计入当期损益。固定资产减值损失一经确认，在以后会计期间不得转回。

如果想取消“计提减值准备”，到变动单菜单下的“变动单管理”中删除该变动单即可。如果已经制单，应先删除凭证再删除变动单。

知识点111 计提本月折旧

【实验资料】

2025年1月31日，计提本月固定资产折旧。

【实验过程】

计提本月折旧

（1）2025年1月31日，由赵凯杰（W02）登录企业应用平台。在U8企业应用平台，依次选择“业务工作→财务会计→固定资产→处理→计提本月折旧”命令，系统提示“是否要查看折旧清单？”，单击“是”，弹出如图6-36所示的系统提示。

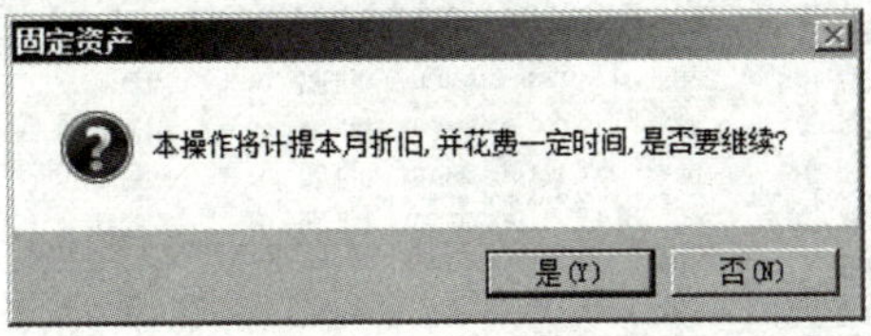

图6-36 系统提示

（2）单击“是”按钮，打开“折旧清单”窗口，如图6-37所示。

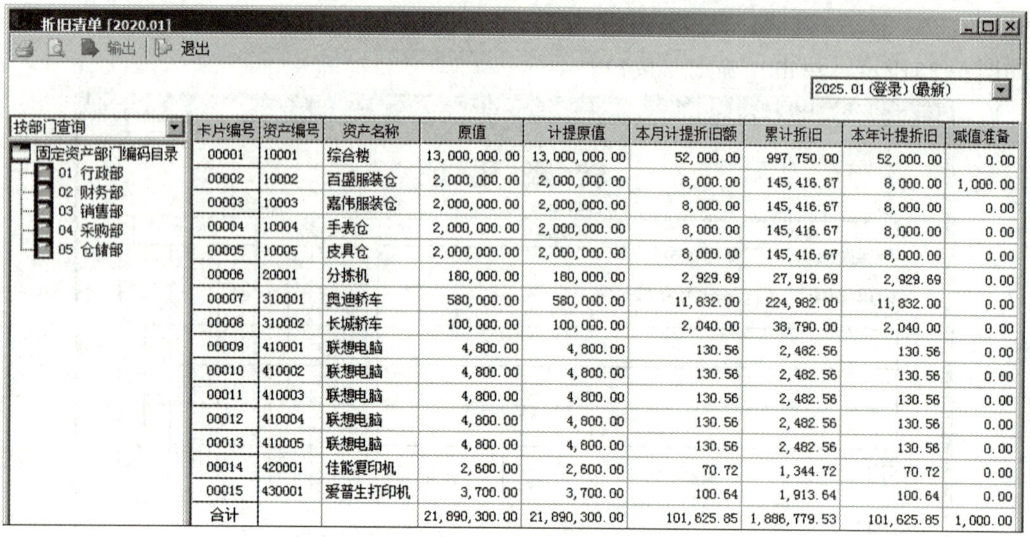

卡片编号	资产编号	资产名称	原值	计提原值	本月计提折旧额	累计折旧	本年计提折旧	减值准备
00001	10001	综合楼	13,000,000.00	13,000,000.00	52,000.00	997,750.00	52,000.00	0.00
00002	10002	百盛服装仓	2,000,000.00	2,000,000.00	8,000.00	145,416.67	8,000.00	1,000.00
00003	10003	嘉伟服装仓	2,000,000.00	2,000,000.00	8,000.00	145,416.67	8,000.00	0.00
00004	10004	手表仓	2,000,000.00	2,000,000.00	8,000.00	145,416.67	8,000.00	0.00
00005	10005	皮具仓	2,000,000.00	2,000,000.00	8,000.00	145,416.67	8,000.00	0.00
00006	20001	分拣机	180,000.00	180,000.00	2,929.69	27,919.69	2,929.69	0.00
00007	310001	奥迪轿车	580,000.00	580,000.00	11,832.00	224,982.00	11,832.00	0.00
00008	310002	长城轿车	100,000.00	100,000.00	2,040.00	38,790.00	2,040.00	0.00
00009	410001	联想电脑	4,800.00	4,800.00	130.56	2,482.56	130.56	0.00
00010	410002	联想电脑	4,800.00	4,800.00	130.56	2,482.56	130.56	0.00
00011	410003	联想电脑	4,800.00	4,800.00	130.56	2,482.56	130.56	0.00
00012	410004	联想电脑	4,800.00	4,800.00	130.56	2,482.56	130.56	0.00
00013	410005	联想电脑	4,800.00	4,800.00	130.56	2,482.56	130.56	0.00
00014	420001	佳能复印机	2,600.00	2,600.00	70.72	1,344.72	70.72	0.00
00015	430001	爱普生打印机	3,700.00	3,700.00	100.64	1,913.64	100.64	0.00
合计			21,890,300.00	21,890,300.00	101,625.85	1,886,779.53	101,625.85	1,000.00

图6-37　折旧清单

（3）单击“退出”按钮，系统提示“计提折旧完成!”，如图6-38所示。

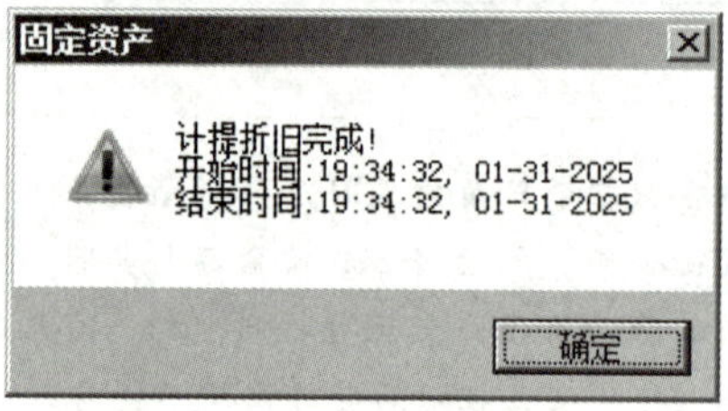

图6-38　“计提折旧完成!”提示框

（4）在固定资产系统，依次选择“处理→批量制单”命令，打开“查询条件选择-批量制单”对话框，单击“确定”按钮，打开“批量制单”窗口，双击第1行的“选择”栏，如图6-39所示。

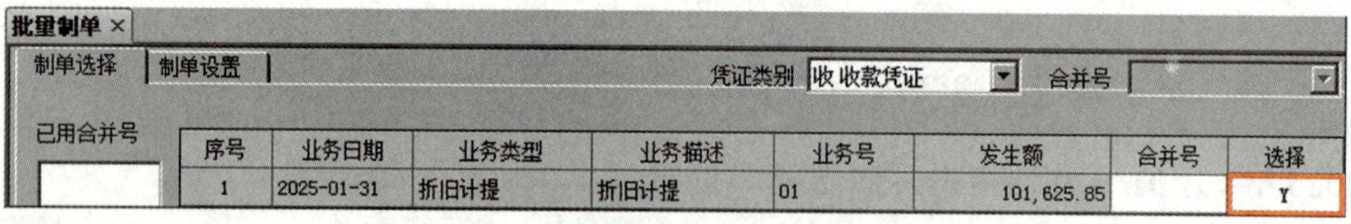

序号	业务日期	业务类型	业务描述	业务号	发生额	合并号	选择
1	2025-01-31	折旧计提	折旧计提	01	101,625.85		Y

图6-39　批量制单——制单选择

（5）点击“制单设置”页签，“凭证类别”下拉框选择“转账凭证”，如图6-40所示。

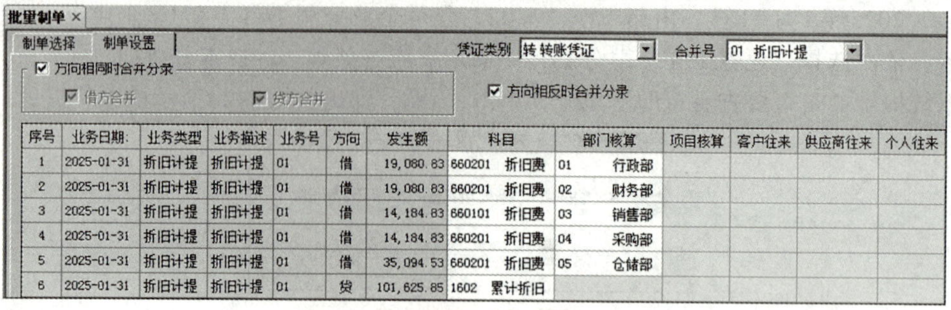

序号	业务日期	业务类型	业务描述	业务号	方向	发生额	科目	部门核算	项目核算	客户往来	供应商往来	个人往来
1	2025-01-31	折旧计提	折旧计提	01	借	19,080.83	660201 折旧费	01 行政部				
2	2025-01-31	折旧计提	折旧计提	01	借	19,080.83	660201 折旧费	02 财务部				
3	2025-01-31	折旧计提	折旧计提	01	借	14,184.83	660101 折旧费	03 销售部				
4	2025-01-31	折旧计提	折旧计提	01	借	14,184.83	660201 折旧费	04 采购部				
5	2025-01-31	折旧计提	折旧计提	01	借	35,094.53	660201 折旧费	05 仓储部				
6	2025-01-31	折旧计提	折旧计提	01	贷	101,625.85	1602 累计折旧					

图6-40　批量制单——制单设置

（6）单击工具栏的“凭证”按钮，系统生成一张记账凭证，单击“保存”按钮，结果如图6-41所示。

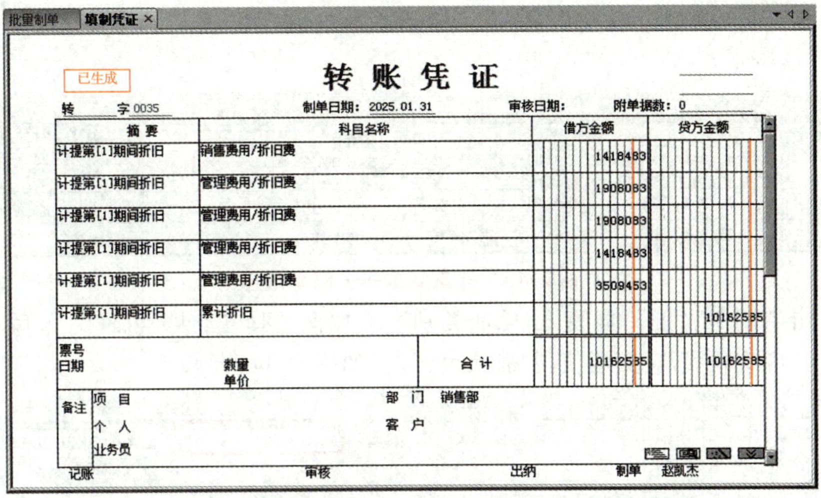

图6-41 记账凭证

提示

当月新增的固定资产当月不提折旧，下月开始计提折旧；当月减少的固定资产当月照提折旧，下月停止计提折旧。

本系统在一个期间内可以多次计提折旧，每次计提折旧后，只是将计提的折旧累加到月初的累计折旧，不会重复累计。

计提折旧后又对账套进行了影响折旧计算或分配的操作，必须重新计提折旧，否则系统不允许结账。如果计提折旧已经制单，则必须删除该凭证后才能重新计提折旧。

知识点112 资产减少

【实验资料】

2025年1月31日，将财务部使用的电脑“00010”号固定资产捐赠给希望工程。该电脑市场售价2 200元，增值税税率为13%。

【实验过程】

资产减少

（1）2025年1月31日，由赵凯杰（W02）登录企业应用平台。在U8企业应用平台，依次选择“业务工作→财务会计→固定资产→卡片→资产减少”命令，打开“资产减少”窗口。“卡片编号”栏参照选择“00010”，单击“增加”按钮；“减少方式”选择“捐赠转出”，“增值税”输入“286”（即2 200×13%），“清理原因”输入“捐赠给希望工程”，如图6-42所示。

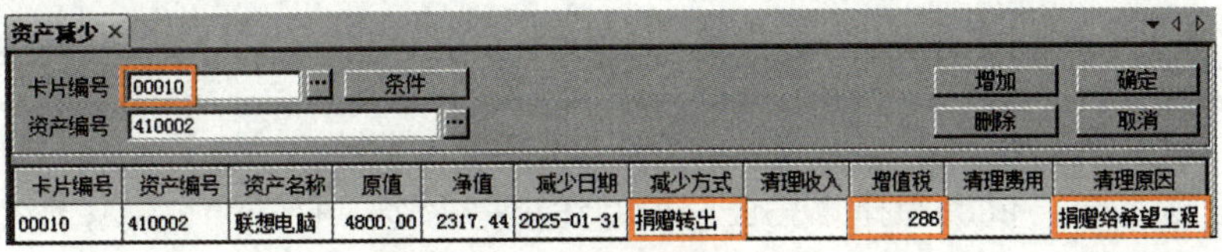

图6-42 “资产减少”窗口

（2）单击“确定”按钮，系统提示“所选卡片已经减少成功!”，单击“确定”按钮。

（3）在固定资产系统，依次选择“处理→批量制单”命令，打开“查询条件选择–批量制单”对话框，单击“确定”按钮，打开“批量制单”窗口，双击第1行的“选择”栏，如图6–43所示。

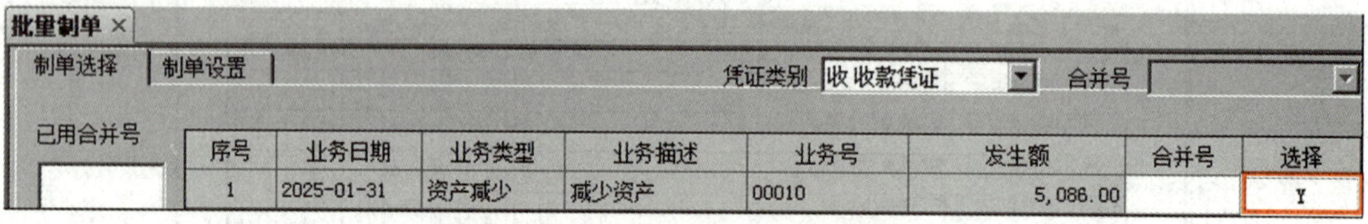

图6–43 批量制单——制单选择

（4）点击“制单设置”页签，“凭证类别”下拉框选择“转账凭证”，最后一行参照选择会计科目“应交税费/应交增值税/销项税额”，如图6–44所示。

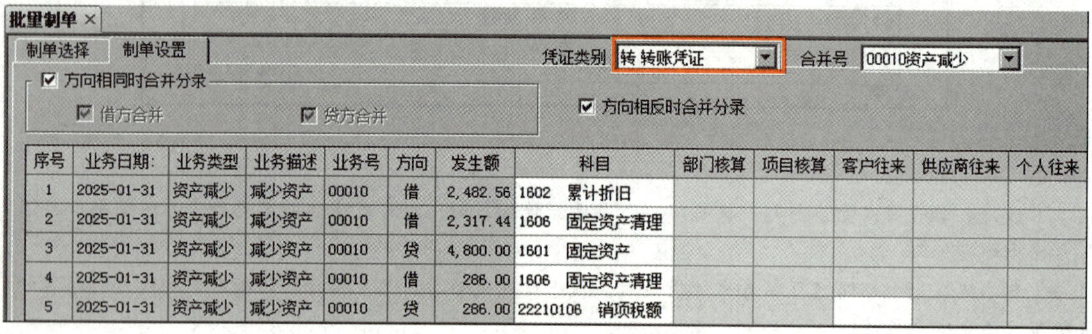

图6–44 批量制单——制单设置

（5）单击工具栏的“凭证”按钮，系统生成一张记账凭证，单击“保存”按钮，结果如图6–45所示。

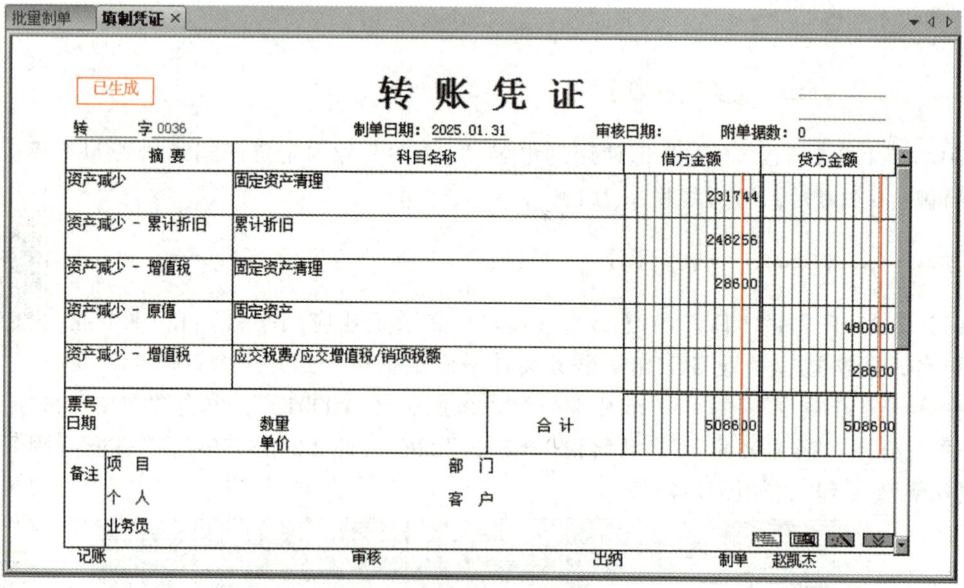

图6–45 记账凭证

（6）在总账系统，依次选择“凭证→填制凭证”命令，打开“填制凭证”窗口，单击“增加”按钮，填制结转清理净损益的转账凭证并保存，结果如图6–46所示。

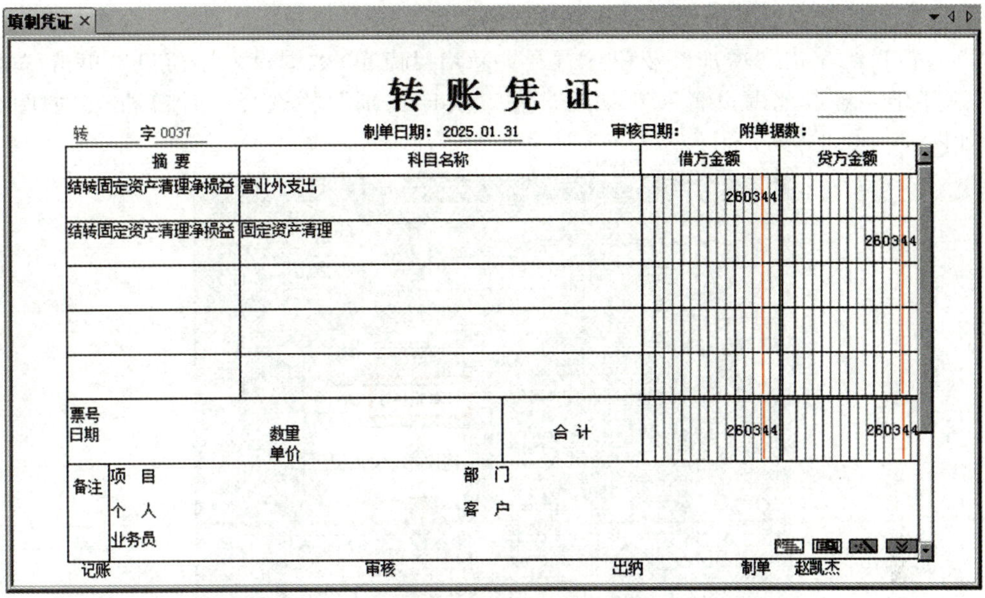

图6-46　记账凭证

提示

如何查看已减少资产的卡片？在固定资产系统，执行“卡片→卡片管理”命令，进入“卡片管理”窗口，从卡片列表上边的下拉框中选择“已减少资产”，如图6-47所示，可查看该资产的卡片。

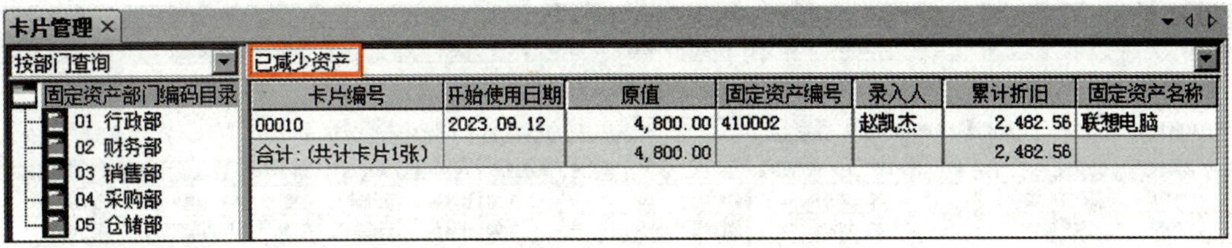

图6-47　查看已减少资产的卡片

如何撤销已减少资产？在如图6-47所示的已减少资产卡片列表中，单击选中要恢复的资产，单击工具栏的“撤销减少”按钮，可以恢复该资产。

如果资产减少操作已生成凭证，必须删除凭证后才能恢复。

在资产减少的当月可以恢复，以后期间不可恢复。

知识点113　资产盘点

【实验资料】

2025年1月31日，对计算机类办公设备进行盘点，发现销售部固定资产编号为“410003”的电脑丢失。经查电脑丢失因销售部刘晓洛保管不当造成。经批准，决定由其赔偿损失。

【实验过程】

资产盘点

（1）资产盘点。

①2025年1月31日，由赵凯杰（W02）登录企业应用平台。在U8企业应

用平台，依次选择“业务工作→财务会计→固定资产→卡片→资产盘点”命令，打开“资产盘点”窗口。单击“增加”按钮，打开“新增盘点单-数据录入”窗口。单击“范围”按钮，打开“盘点范围设置”对话框。在“资产类别”栏选择“计算机”，如图6-48所示。

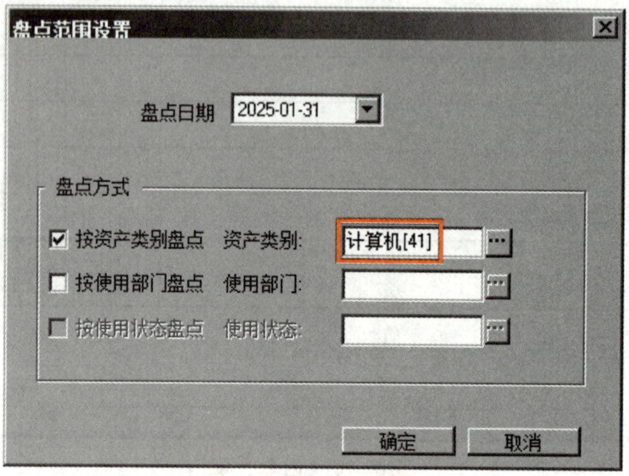

图6-48 盘点范围设置

②单击“确定”按钮，显示所有计算机类资产。双击“410003”号资产的“选择”栏，如图6-49所示。

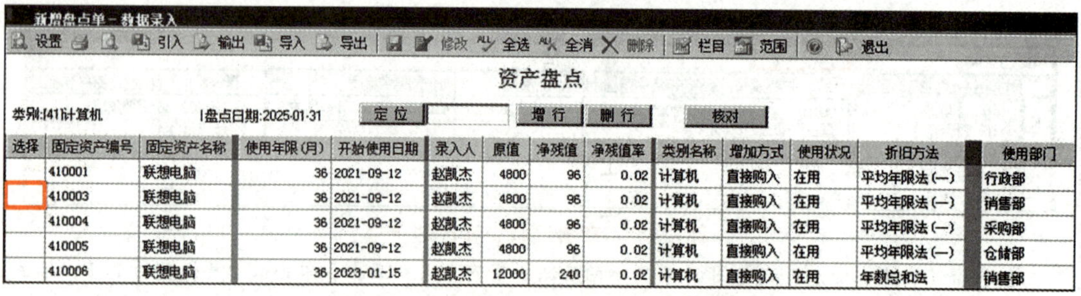

图6-49 “新增盘点单-数据录入”窗口

③单击“删行”按钮，删除“410003”号资产。单击“退出”，系统提示“本盘点单数据已变更，是否保存?”，单击“是”，提示“盘点单保存成功!”

④单击“确定”按钮，完成资产盘点，如图6-50所示。关闭“资产盘点”窗口。

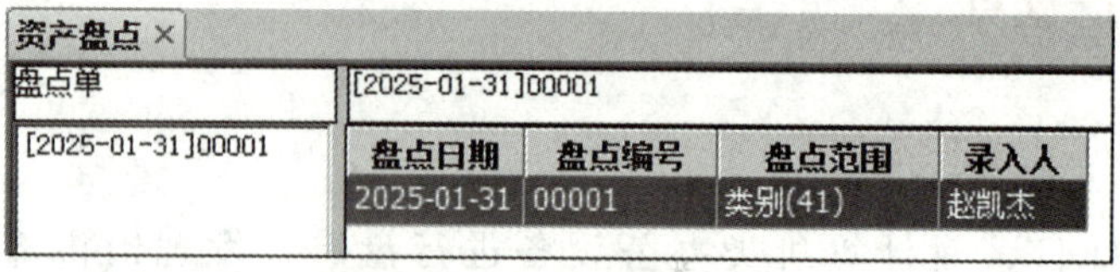

图6-50 “资产盘点”窗口

(2) 盘点盈亏处理。

①在固定资产系统，执行“卡片→盘点盈亏确认”命令，打开“盘盈盘亏确认”窗口。双击“410003”号资产的“选择”栏，“审核”栏选择“同意”，“处理意见”栏输入“由销售部刘晓洺赔偿”，如图6-51所示。

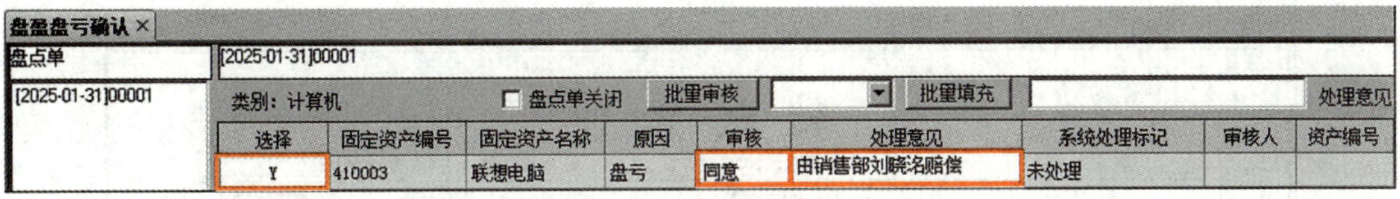

图6-51 盘盈盘亏确认

②单击“保存”，提示“保存成功!”，单击“确定”，关闭“盘盈盘亏确认”窗口。

（3）资产盘亏。

①在固定资产系统，执行“卡片→资产盘亏”命令，打开“资产盘亏”窗口。双击“410003”号资产的“选择”栏，如图6-52所示。

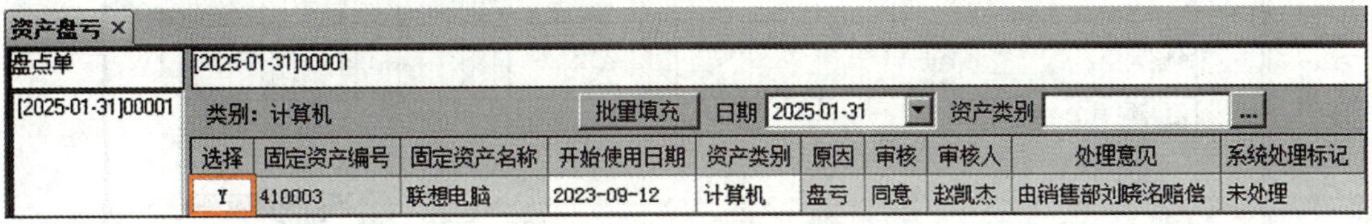

图6-52 “资产盘亏”窗口

②单击工具栏的“盘亏处理”命令，打开“资产减少”窗口。在“清理原因”栏输入“资产盘亏”，如图6-53所示。单击“确定”，系统提示“所选卡片已经减少成功!”，单击“确定”按钮。

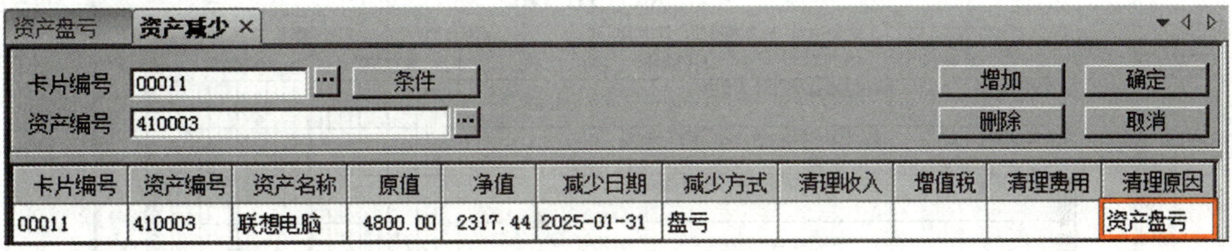

图6-53 “资产减少”窗口

（4）批准前会计处理。

①在固定资产系统，依次选择“处理→批量制单”命令，打开“查询条件选择-批量制单”对话框，单击“确定”按钮，打开“批量制单”窗口，双击第1行的“选择”栏，如图6-54所示。

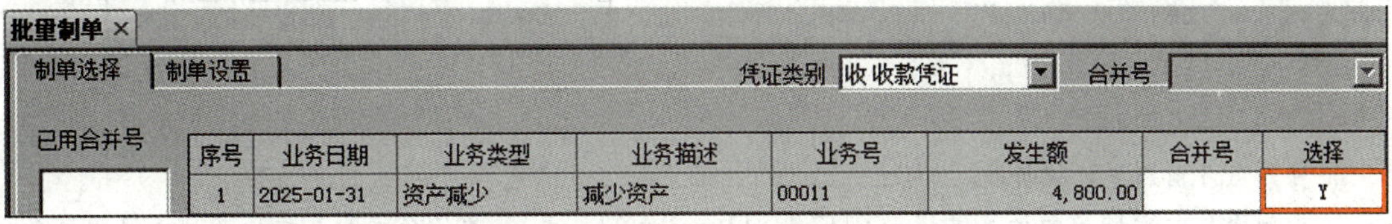

图6-54 批量制单——制单选择

②点击“制单设置”页签，“凭证类别”下拉框选择“转账凭证”。

③单击工具栏的“凭证”按钮，系统生成一张记账凭证，将“1606 固定资产清理”科目修改为“190102 待处理财产损溢/待处理固定资产损溢”，单击“保存”按钮，结果如图6-55所示。

（5）批准后会计处理。

在总账系统填制盘亏处理结果的记账凭证，结果如图6-56所示。

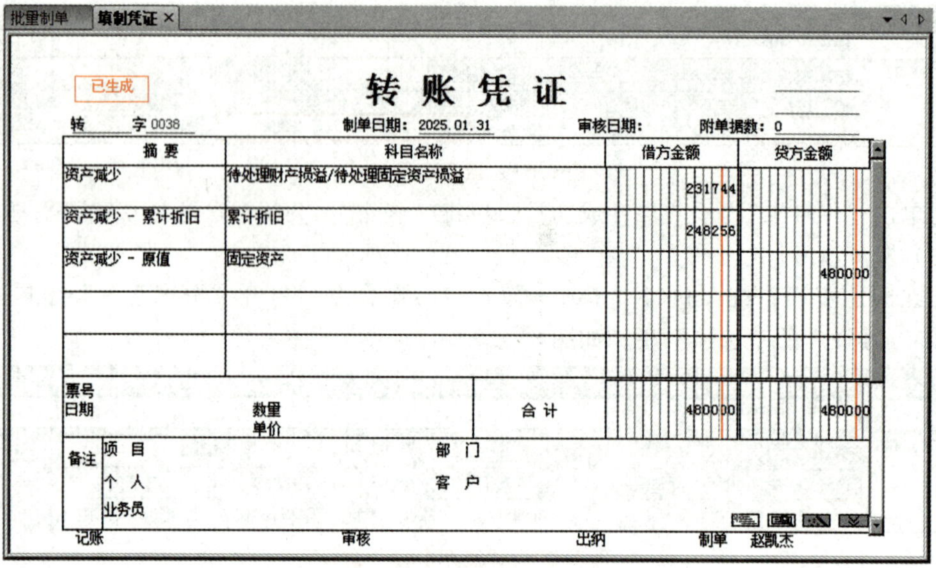

图6-55　记账凭证（1）

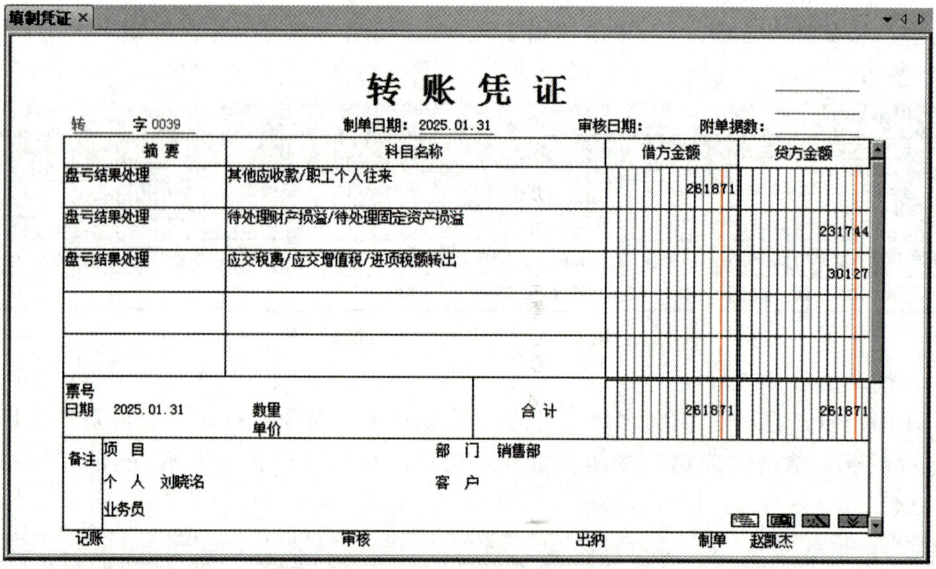

图6-56　记账凭证（2）

提示

资产盘亏前应先计提折旧。

本例进项税额转出的计算过程：2 317.44×13%≈301.27（元）。此处应按购入该资产时适用的税率转出，而非盘亏日的税率。

知识点114　与总账系统对账

【实验资料】

2025年1月31日，将固定资产系统与总账系统进行对账。

【实验过程】

与总账系统对账

（1）2025年1月31日，由赵凯杰（W02）登录企业应用平台。在U8企业应用平台，依次选择“业务工作→财务会计→固定资产→处理→对账”，打开“与账务对账结果”提示框，提示对账结果“不平衡”，如图6-57所示。

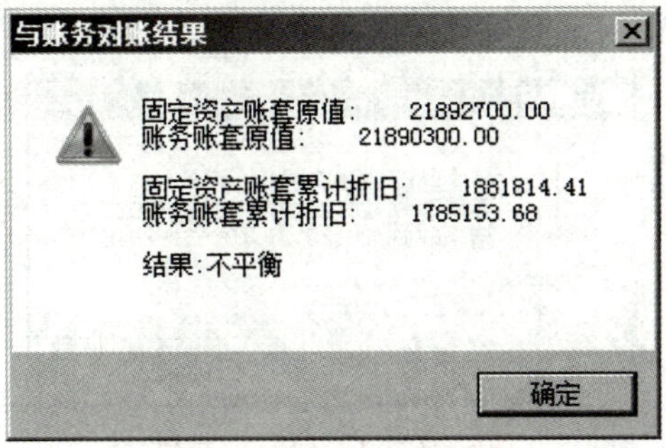

图6-57　与总账系统对账结果（1）

（2）2025年1月31日，由贺青春（W03）登录企业应用平台，对所有凭证进行出纳签字。

（3）2025年1月31日，由王钰茹（W01）登录企业应用平台，对所有凭证进行审核。

（4）2025年1月31日，由赵凯杰（W02）登录企业应用平台，对所有凭证进行记账。

（5）再次到固定资产系统执行“处理→对账”命令，打开“与账务对账结果”提示框，提示对账结果“平衡”，如图6-58所示。

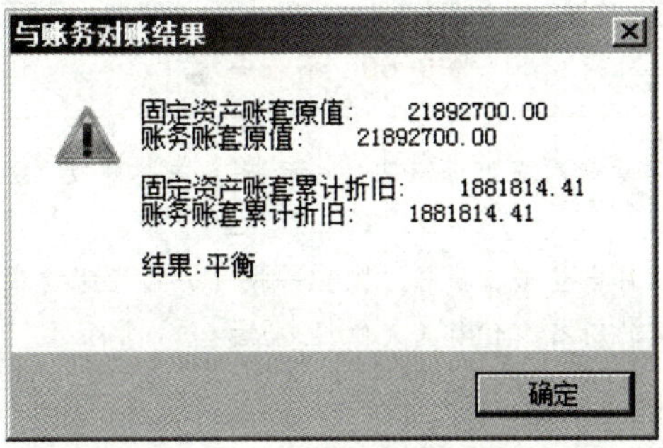

图6-58　与总账系统对账结果（2）

提示

本系统的对账功能不限制执行的时间，任何时候均可进行。

在执行月末结账功能时自动对账一次，并给出对账结果。

只有在建立固定资产账套时或在图6-7中选择了“与账务系统进行对账”，本功能才可用。

知识点115　月末结账

【实验资料】

2025年1月31日，对固定资产系统进行月末结账。

【实验过程】

（1）2025年1月31日，由赵凯杰（W02）登录企业应用平台。在U8企业应用平台，依次选择“业务工作→财务会计→固定资产→处理→月末结账”，打开“月末结账…”对话框。单击“开始结账”，弹出“与账务对账结果”对话框，单击“确定”，系统提示“月末结账成功完成！”，如图6-59所示。

月末结账

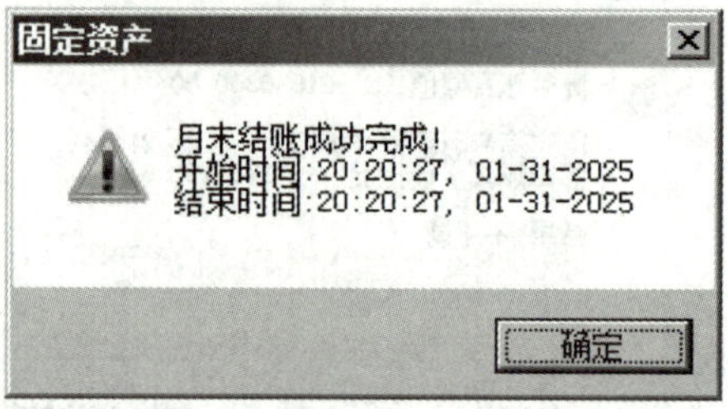

图6-59　1月份结账完成

（2）单击“确定”，弹出如图6-60所示的系统提示。

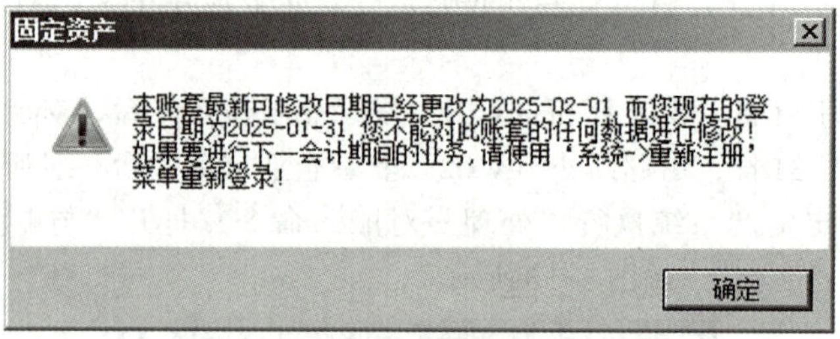

图6-60　系统提示

提示

月末结账每月进行一次，结账后当期的数据不能修改。若想修改，应恢复月末结账前状态，即进行反结账。

反结账应以待恢复月份的月末登录，执行“处理→恢复月末结账前状态”命令即可。

恢复成功后，结账后所做的所有工作都将无痕迹删除。

知识点116　账表查询

【实验资料】

（1）查询价值结构分析表；

（2）查询固定资产原值一览表。

【实验过程】

（1）2025年1月31日，由赵凯杰（W02）登录企业应用平台。在U8企业应用平台，依次选择“业务工作→财务会计→固定资产→账表→我的账表”命令，打开“报表”窗口。双击分析表中的价值结构分析表，打开“条件-价值结构分析表”对话框，单击“确定”，结果如图6-61所示。关闭“价值结构分析表”窗口。

账表查询

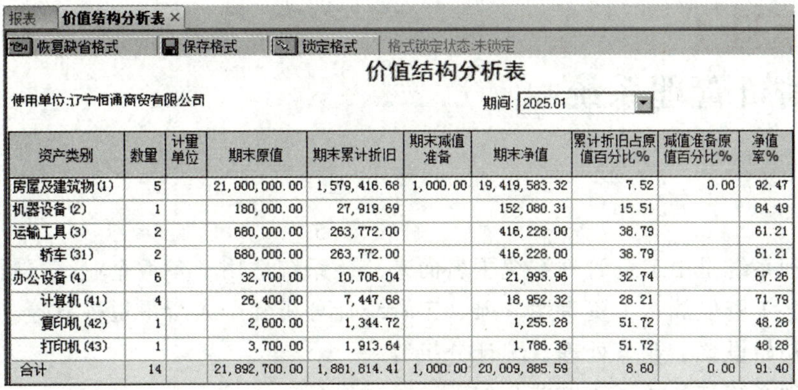

报表 | 价值结构分析表 ×

恢复缺省格式 | 保存格式 | 锁定格式 | 格式锁定状态:未锁定

价值结构分析表

使用单位:辽宁恒通商贸有限公司　　期间: 2025.01

资产类别	数量	计量单位	期末原值	期末累计折旧	期末减值准备	期末净值	累计折旧占原值百分比%	减值准备原值百分比%	净值率%
房屋及建筑物(1)	5		21,000,000.00	1,579,416.68	1,000.00	19,419,583.32	7.52	0.00	92.47
机器设备(2)	1		180,000.00	27,919.69		152,080.31	15.51		84.49
运输工具(3)	2		680,000.00	263,772.00		416,228.00	38.79		61.21
轿车(31)	2		680,000.00	263,772.00		416,228.00	38.79		61.21
办公设备(4)	6		32,700.00	10,706.04		21,993.96	32.74		67.26
计算机(41)	4		26,400.00	7,447.68		18,952.32	28.21		71.79
复印机(42)	1		2,600.00	1,344.72		1,255.28	51.72		48.28
打印机(43)	1		3,700.00	1,913.64		1,786.36	51.72		48.28
合计	14		21,892,700.00	1,881,814.41	1,000.00	20,009,885.59	8.60	0.00	91.40

图6-61　价值结构分析表

（2）双击统计表中“（固定资产原值）一览表”，打开“条件-（固定资产原值）一览表”对话框，单击“确定”，打开（固定资产原值）一览表，如图6-62所示。

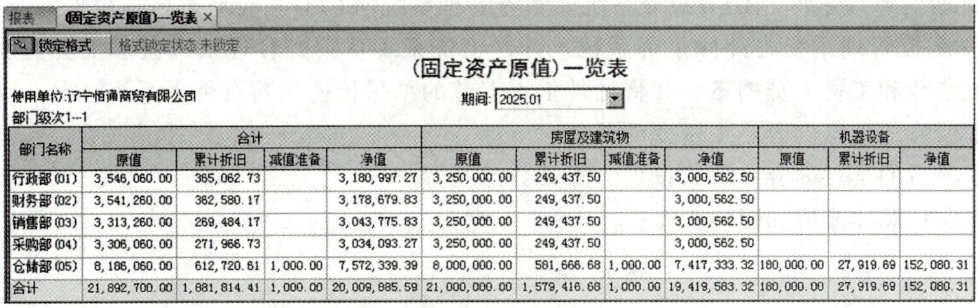

报表 | (固定资产原值)一览表 ×

锁定格式 | 格式锁定状态:未锁定

(固定资产原值)一览表

使用单位:辽宁恒通商贸有限公司　　期间: 2025.01

部门级次1--1

部门名称	合计				房屋及建筑物				机器设备		
	原值	累计折旧	减值准备	净值	原值	累计折旧	减值准备	净值	原值	累计折旧	净值
行政部(01)	3,546,060.00	365,062.73		3,180,997.27	3,250,000.00	249,437.50		3,000,562.50			
财务部(02)	3,541,260.00	362,580.17		3,178,679.83	3,250,000.00	249,437.50		3,000,562.50			
销售部(03)	3,313,260.00	269,484.17		3,043,775.83	3,250,000.00	249,437.50		3,000,562.50			
采购部(04)	3,306,060.00	271,966.73		3,034,093.27	3,250,000.00	249,437.50		3,000,562.50			
仓储部(05)	8,186,060.00	612,720.61	1,000.00	7,572,339.39	8,000,000.00	581,666.68	1,000.00	7,417,333.32	180,000.00	27,919.69	152,080.31
合计	21,892,700.00	1,881,814.41	1,000.00	20,009,885.59	21,000,000.00	1,579,416.68	1,000.00	19,419,583.32	180,000.00	27,919.69	152,080.31

图6-62　（固定资产原值）一览表

【课程思政点睛】

【复习思考题】

1. 简述录入原始卡片与资产增加的区别。
2. 请问哪些变动单需要进行批量制单处理？
3. 简述计提本月折旧与其他功能的关系。
4. 简述资产盘点的处理流程。
5. 简述固定资产系统期末对账不平衡的原因及解决方法。

7 项目7 薪资管理系统

薪资管理系统是由工资管理系统更名而来。该系统适用于各类企业、行政事业单位进行工资核算、工资发放、工资费用分摊、工资统计分析和个人所得税核算等。该系统具有以下功能：初始设置、业务处理、统计分析等。

薪资管理系统与其他系统的关系如下：

① 薪资管理系统与总账系统。薪资管理系统将工资计提、分摊结果自动生成记账凭证，传递到总账系统。

② 薪资管理系统与UFO报表系统。薪资管理系统向UFO报表系统传递数据。

③ 薪资管理系统与计件工资系统。计件工资系统从薪资管理系统获取工资类别及计件相关参数和工资人员档案，并将计件工资汇总的结果传递到薪资管理系统。

本项目的重点内容：工资变动处理。

本项目的难点内容：公式设置、工资分摊设置。

本项目总体流程如图7-1所示。

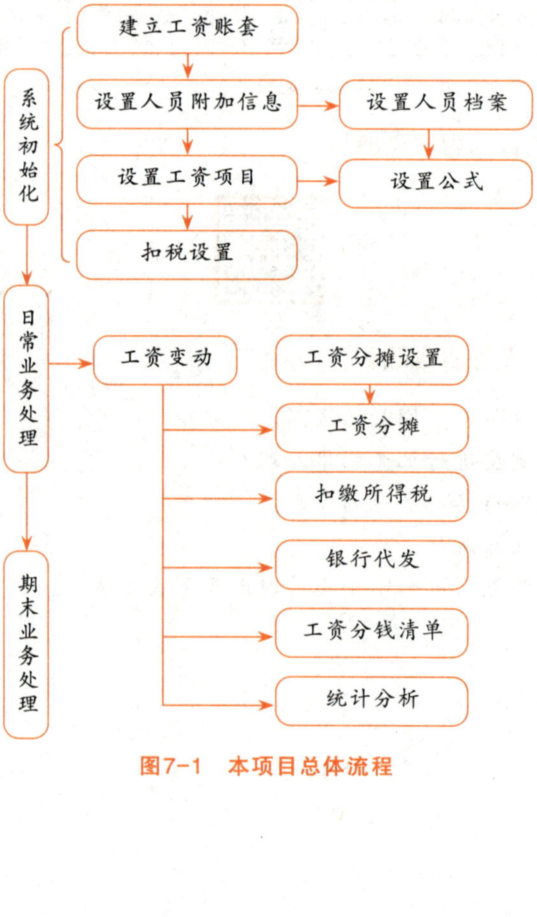

图7-1 本项目总体流程

任务1　系统初始化

知识点117　建立工资账套

【实验资料】

2025年1月1日，根据表7-1建立工资账套，其他项默认。

表7-1　　工资账套建账向导

建账向导	参数设置
参数设置	单个工资类别
扣税设置	从工资中代扣个人所得税
扣零设置	扣零设置且扣零至元
人员编码	本系统人员编码与公共平台的人员编码一致

【实验过程】

建立工资账套

（1）2025年1月1日，由赵凯杰（W02）登录企业应用平台。

（2）在U8企业应用平台，依次选择“业务工作→人力资源→薪资管理”命令，打开“建立工资套——参数设置”对话框，如图7-2所示。

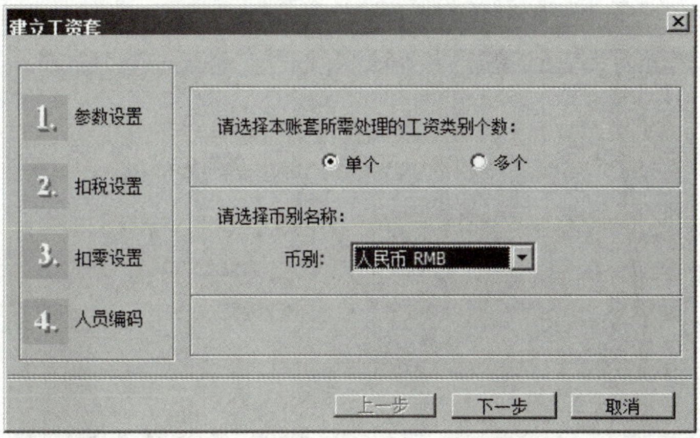

图7-2　建立工资套——参数设置

提示

初次使用薪资管理系统，系统将自动进入建账向导。

工资类别个数：单个或多个。

如果企业所有人员统一工资核算，则此处选择单个类别。以下情况可考虑采用多个类别：

①企业同时存在在职人员、离退休人员；

②企业同时存在正式工、非正式工；

③企业每月工资分多次发放；

④企业存在多个工厂或分支机构等。

每个工资账套中，可建立999个工资类别（含发放次数，第998、999号为系统使用）。

（3）单击“下一步”按钮，打开“建立工资套——扣税设置”对话框，勾选“是否从工资中代扣个人所得税”项，如图7-3所示。

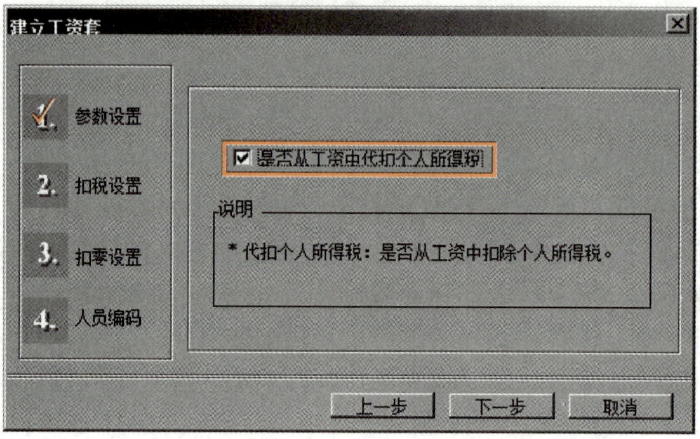

图7-3　建立工资套——扣税设置

提示

根据个人所得税法的规定，居民个人取得综合所得，按年计算个人所得税；有扣缴义务人的，由扣缴义务人按月或者按次预扣预缴税款。

若勾选此项，“工资变动”时系统会根据预设的税率表自动计算个人所得税。

（4）单击“下一步”按钮，打开“建立工资套——扣零设置”对话框，勾选“扣零”项，同时选择“扣零至元”，如图7-4所示。

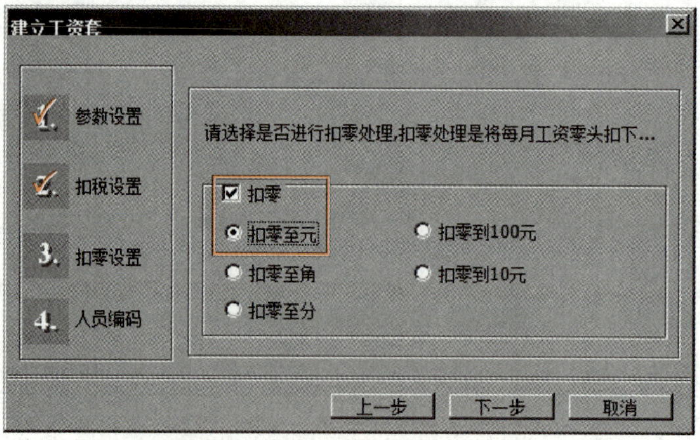

图7-4　建立工资套——扣零设置

提示

若勾选“扣零”设置，系统在计算工资时将依据所选择的扣零类型将零头扣下，并在累计成整时发放。本例选择“扣零至元”，则发放工资时暂扣小于10元的元、角、分，包括5元、2元、1元，该人累计够10元时才予以发放。

在实务中，如果企业采用现金发放工资，则在系统中应选择扣零；如果采用转账方式发放工资，则在系统中可不扣零。

（5）单击“下一步”按钮，打开“建立工资套——人员编码”对话框，如图7-5所示，单击“完成”按钮，结束建账向导。

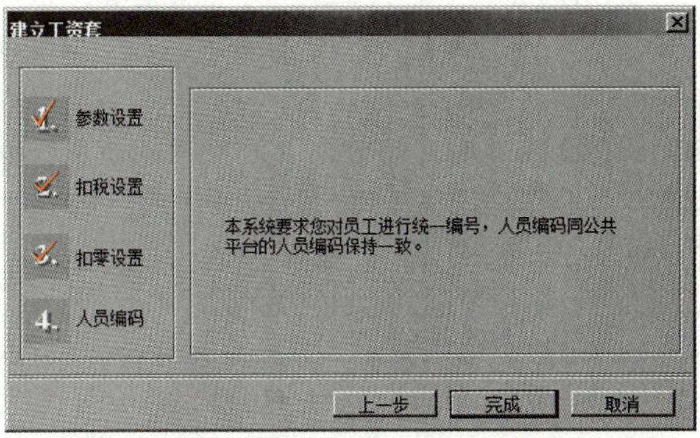

图7-5　建立工资套——人员编码

提示

根据向导建账过程中设置的部分参数可以在选项中修改。

知识点118　设置人员附加信息

【实验资料】

2025年1月1日，增加人员附加信息“职称”和“学历”。

【实验过程】

设置人员附加信息

（1）2025年1月1日，由赵凯杰（W02）登录企业应用平台。

（2）在U8企业应用平台，依次选择“业务工作→人力资源→薪资管理→设置→人员附加信息设置”命令，打开“人员附加信息设置”对话框。单击“增加”按钮，在“信息名称”栏输入“职称”，再单击“增加”按钮，在“信息名称”栏输入“学历”，再单击“增加”按钮，结果如图7-6所示。单击“确定”按钮。

图7-6　人员附加信息设置

提示

［是否参照］勾选此项，点击“参照档案”按钮，可以设置人员附加信息的参照值。

例如，将“初级”、“中级”、“副高级”和“高级”设置为“职称”这一附加信息的参照档案，则在录入人员档案时，“职称”栏可参照选择上述4个档案之一。

[是否必输项] 若勾选此项，则在录入人员档案时此附加信息内容不能为空。当一个字段设置为“必输项”时，仅对以后增改人员档案时进行控制，以前已经存在的记录不做改变。

已使用过的人员附加信息不可删除，但可以修改。

知识点119 设置工资项目

【实验资料】

2025年1月1日，根据表7-2增加工资项目。

表7-2 工资项目

工资项目名称	类型	长度	小数	增减项
基本工资	数字	8	2	增项
岗位工资	数字	8	2	
奖金	数字	8	2	
交通补贴	数字	8	2	
工龄津贴	数字	8	2	
加班津贴	数字	8	2	
非货币性福利	数字	8	2	
病假扣款	数字	8	2	减项
事假扣款	数字	8	2	
个人养老保险	数字	8	2	
个人医疗保险	数字	8	2	
个人失业保险	数字	8	2	
个人住房公积金	数字	8	2	
累计已预扣预缴税额	数字	8	2	
企业养老保险	数字	8	2	其它
企业医疗保险	数字	8	2	
企业失业保险	数字	8	2	
企业工伤保险	数字	8	2	
企业生育保险	数字	8	2	
企业住房公积金	数字	8	2	
五险一金工资基数	数字	8	2	
应付工资	数字	10	2	
累计应付工资	数字	10	2	
累计减除费用	数字	8	2	
累计专项附加扣除	数字	8	2	
累计预扣预缴应纳税所得额	数字	8	2	
日工资	数字	8	2	
加班天数	数字	8	1	
病假天数	数字	8	1	
事假天数	数字	8	1	

【实验过程】

设置工资项目

（1）在U8企业应用平台，依次选择“业务工作→人力资源→薪资管理→设置→工资项目设置”命令，打开“工资项目设置”窗口，如图7-7所示。

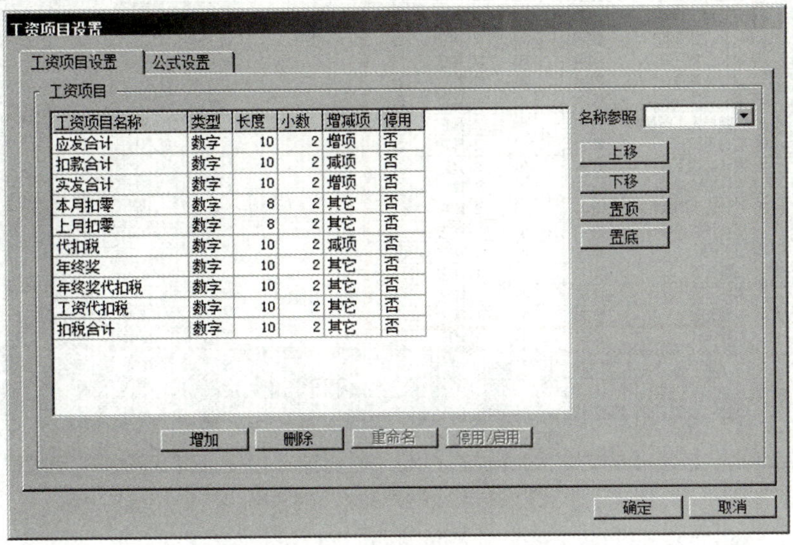

图7-7 工资项目设置

提示

首次打开该窗口，工资项目列表所显示的是系统提供的固定工资项目，这些项目不可修改、删除。

（2）单击“应发合计”项，再单击“增加”按钮，根据实验资料逐项添加工资项目，结果如图7-8、图7-9所示。

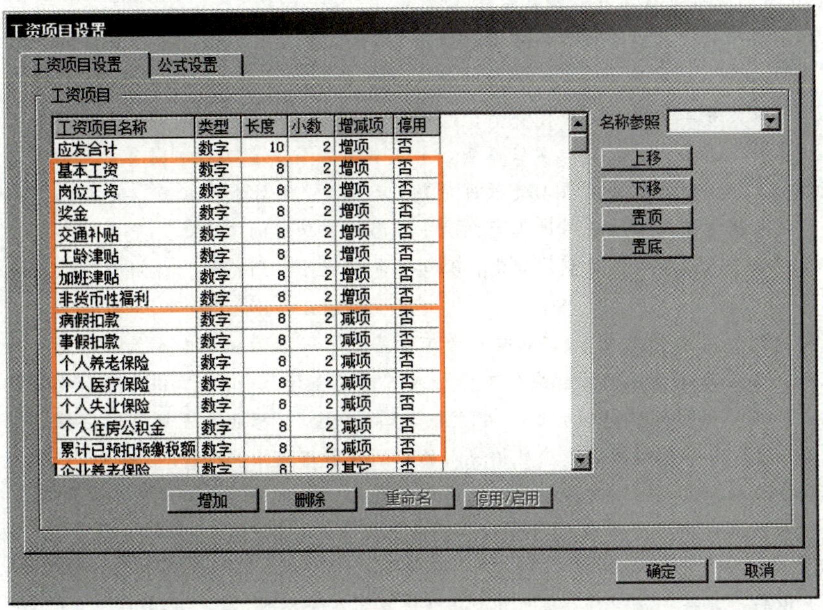

图7-8 工资项目——增项、减项

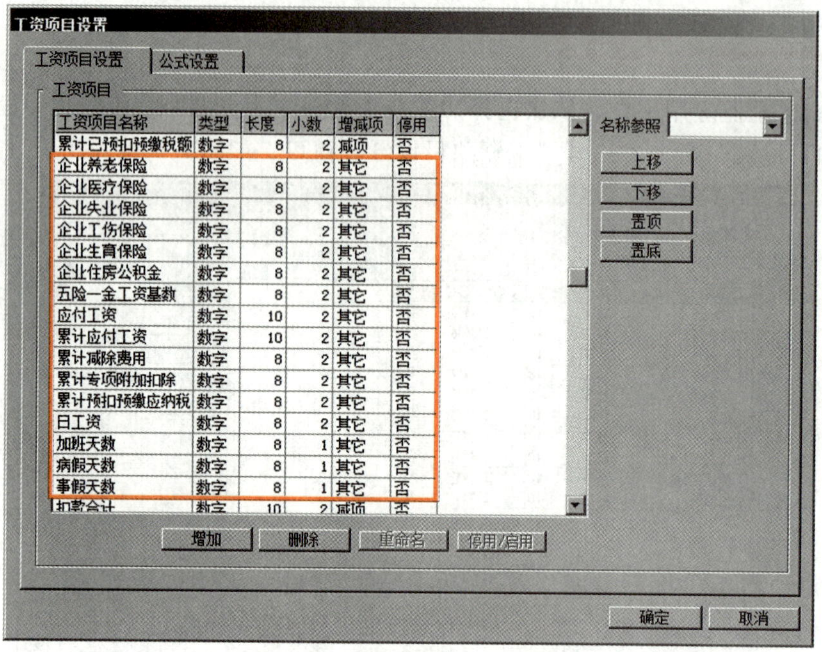

图7-9 工资项目——其它项

提示

工资项目的设置合理与否，将对后续公式设置、工资分摊设置等产生直接影响。

工资项目名称必须唯一，可参照“名称参照”录入工资项目名称。

已使用的工资项目不可删除，不能修改数据类型。

利用界面上的“上移”“下移”按钮可调整工资项目的排列顺序。

［增项］所有的增项直接记入“应发合计”。

［减项］所有的减项直接记入“扣款合计”。

字符型的工资项目小数位不可用，其增减项为“其它”。

关于“应付工资”、“应发合计”、“五险一金工资基数”、“累计已预扣预缴税额”以及“累计预扣预缴应纳税所得额”等工资项目，解释如下：

①“应付工资”主要用于工资、工会经费、职工教育经费、职工福利费等的计提，不同于系统预置的“应发合计”，后者是所有增项工资项目金额的合计。“累计应付工资”是年初至本月“应付工资”的总和，该数据需手工输入或通过工资变动中“替换”功能的“函数”子功能实现。

②根据现行的个人所得税法律制度规定，公司预扣预缴个人所得税，费用减除标准为5 000元/月，即60 000元/年。

③根据社会保险法律制度规定，“五险一金工资基数”一般为职工本人上一年度平均工资或本人上月工资收入。该金额一般不等于“应付工资”或“应发合计”。由于工伤保险和生育保险全部由企业缴付，无须职工负担，所以职工负担的实际是“三险一金”。根据个人所得税法律制度规定，职工缴付的“三险一金”属于免税项目，应从纳税人的应纳税所得额中扣除。

④“累计已预扣预缴税额”是指年初至上月已按税法规定累计预扣预缴的个人所得税税额。

⑤累计预扣预缴应纳税所得额=累计收入−累计免税收入−累计减除费用−累计专项扣除−累计专项附加扣除−累计依法确定的其他扣除。

注：公式中的“累计收入”对应表7-2中的“累计应付工资”。公式中的“累计专项扣除”是指职工负担的累计的“三险一金”。

⑥本期应预扣预缴税额=（累计预扣预缴应纳税所得额×预扣率-速算扣除数）-累计减免税额-累计已预扣预缴税额。

举例说明如下：

假定张某2025年每月基本工资9 000元，1月请病假1天（根据该公司规定，请假1天扣100元），则张某1月份的“应付工资”为：9 000-100=8 900（元），该金额就是月末计提工资时应贷记“应付职工薪酬——工资”的金额。而张某1月份的“应发合计”仍是9 000元。

假定公司所在地五险一金工资基数为5 800元/月，当地职工负担的“三险一金”缴费比例合计为20.5%，则张某本人应负担的“三险一金”合计为：5 800×20.5%=1 189（元）。

假定张某除工资收入外，当年未取得劳务报酬所得、稿酬所得和特许权使用费所得，张某享受子女教育、赡养老人两项专项附加扣除共计2 000元/月，无其他专项附加扣除事项。

张某1月份的“累计预扣预缴应纳税所得额”为：9 000-100-5 000-1 189-2 000=711（元）。

张某1月份的“本期应预扣预缴税额”为：711×3%=21.33（元）。

张某1月份实发工资为：9 000-100-1 189-21.33=7 689.67（元）。

张某2月份满勤，其“累计预扣预缴应纳税所得额”为：18 000-100-10 000-2 378-4 000=1 522（元）。

张某2月份的“本期应预扣预缴税额”为：1 522×3%-21.33=24.33（元）。

张某2月份实发工资为：9 000-1 189-24.33=7 786.67（元）。

知识点120　设置人员档案

【实验资料】

2025年1月1日，根据表7-3添加人员档案，所有职工的开户银行均为中国工商银行。

表7-3　在岗人员档案

薪资部门名称	人员编号	人员姓名	人员类别	银行账号	职称	学历
行政部	A01	李成喜	企业管理人员	2107024026370021901	高级	研究生
财务部	W01	王钰茹	企业管理人员	2107024026370021902	高级	本科
财务部	W02	赵凯杰	企业管理人员	2107024026370021903	中级	研究生
财务部	W03	贺青春	企业管理人员	2107024026370021904	初级	专科
销售部	X01	刘晓洺	销售人员	2107024026370021905	高级	本科
销售部	X02	何丽平	销售人员	2107024026370021906	中级	专科
采购部	G01	张宏亮	采购人员	2107024026370021907	高级	本科
采购部	G02	徐晓辉	采购人员	2107024026370021908	中级	专科
仓储部	C01	李泽伟	企业管理人员	2107024026370021909	初级	专科

【实验过程】

设置人员档案

（1）在U8企业应用平台，依次选择“业务工作→人力资源→薪资管理→设置→人员档案”命令，打开“人员档案”窗口。

（2）单击工具栏的“批增”按钮，打开“人员批量增加”对话框，单击对话框右上方的“查询”按钮，如图7-10所示，单击“确定”按钮，人员添加成功并返回“人员档案”窗口，如图7-11所示。

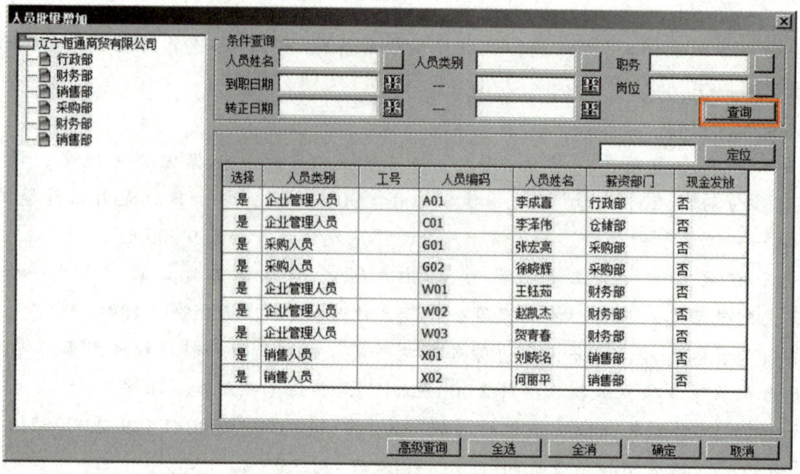

图7-10　批量增加人员档案

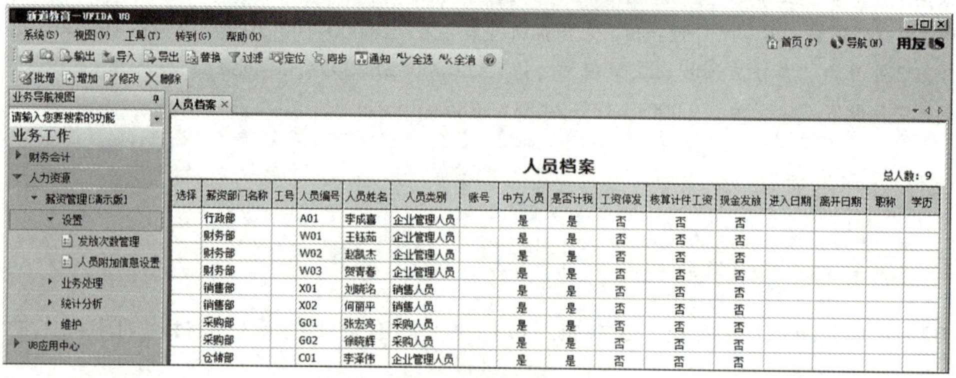

图7-11　人员档案列表

（3）补充每个职员的开户银行、银行账号、职称、学历。双击“李成喜”那一行，打开“人员档案明细”窗口，根据实验资料，“银行名称”选择“中国工商银行”，“银行账号”输入“2107024026370021901”，如图7-12所示。

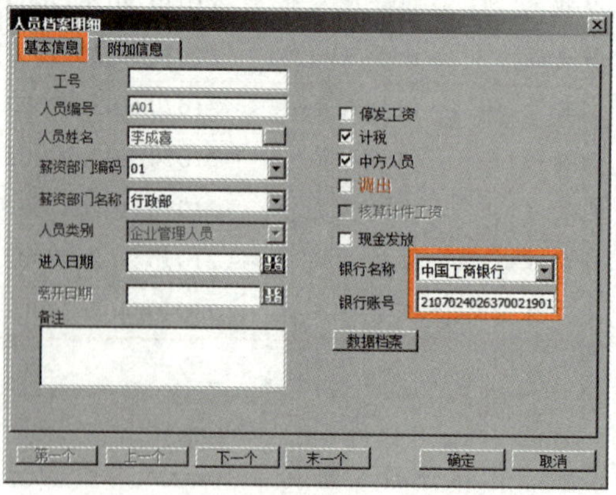

图7-12　人员档案明细——基本信息

（4）点击“附加信息”页签，“职称”栏输入“高级”，“学历”栏输入“研究生”，如图7-13所示。单击“确定”按钮，系统提示“写入该人员档案信息吗？”，单击“确定”按钮。

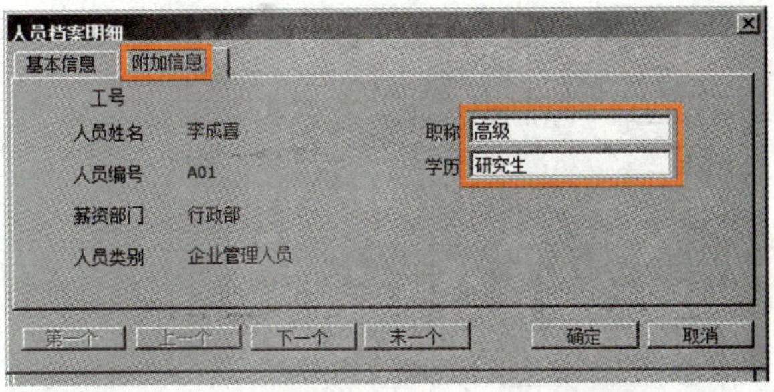

图7-13　人员档案明细——附加信息

（5）继续完成后续人员基本信息及附加信息的录入。录入完毕关闭“人员档案明细”窗口，返回“人员档案”窗口，结果如图7-14所示。

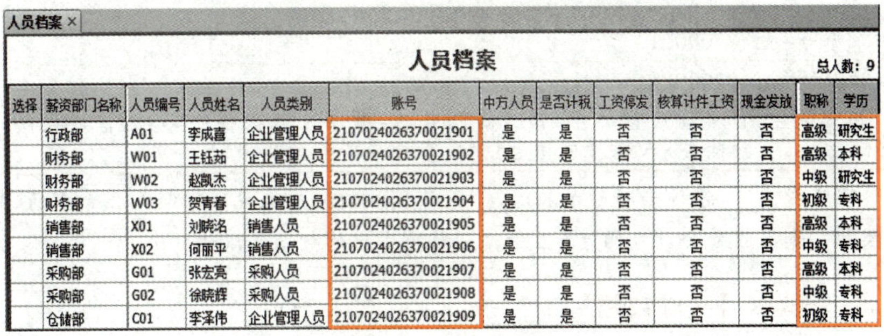

人员档案

总人数：9

选择	薪资部门名称	人员编号	人员姓名	人员类别	账号	中方人员	是否计税	工资停发	核算计件工资	现金发放	职称	学历
	行政部	A01	李成喜	企业管理人员	2107024026370021901	是	是	否	否	否	高级	研究生
	财务部	W01	王钰茹	企业管理人员	2107024026370021902	是	是	否	否	否	高级	本科
	财务部	W02	赵凯杰	企业管理人员	2107024026370021903	是	是	否	否	否	中级	研究生
	财务部	W03	贺青春	企业管理人员	2107024026370021904	是	是	否	否	否	初级	专科
	销售部	X01	刘晓名	销售人员	2107024026370021905	是	是	否	否	否	高级	本科
	销售部	X02	何丽平	销售人员	2107024026370021906	是	是	否	否	否	中级	专科
	采购部	G01	张宏亮	采购人员	2107024026370021907	是	是	否	否	否	高级	本科
	采购部	G02	徐晓辉	采购人员	2107024026370021908	是	是	否	否	否	中级	专科
	仓储部	C01	李泽伟	企业管理人员	2107024026370021909	是	是	否	否	否	初级	专科

图7-14　人员档案

提示

这里的“批增”实质上是从基础档案中“调用”人员档案的过程。

除本例所展示的批量增加人员档案的方法外，还可以通过点击“批量”按钮右侧的“增加”按钮，单个增加人员档案。

若在“基础设置→基础档案→收付结算→银行档案”中选择了账号定长，则输入银行账号时必须按所定长度输入。

删除的人员档案信息不可恢复。

知识点121　设置公式

1.定义常规公式

【实验资料】

2025年1月1日，根据表7-4设置工资项目的计算公式。

表7-4　工资项目的计算公式

序号	工资项目名称	计算公式
1	加班津贴	加班天数*40
2	日工资	（基本工资+岗位工资）/21
3	事假扣款	日工资/2*事假天数
4	五险一金工资基数	3280
5	个人养老保险	五险一金工资基数*0.08
6	个人医疗保险	五险一金工资基数*0.02

序号	工资项目名称	计算公式
7	个人失业保险	五险一金工资基数*0.005
8	个人住房公积金	五险一金工资基数*0.1
9	企业养老保险	五险一金工资基数*0.16
10	企业医疗保险	五险一金工资基数*0.07
11	企业失业保险	五险一金工资基数*0.005
12	企业工伤保险	五险一金工资基数*0.008
13	企业生育保险	五险一金工资基数*0.005
14	企业住房公积金	五险一金工资基数*0.1
15	应付工资	基本工资+岗位工资+奖金+交通补贴+工龄津贴+加班津贴+非货币性福利–病假扣款–事假扣款
16	累计减除费用	5000*1
17	累计专项附加扣除	2000*1
18	累计预扣预缴应纳税所得额	累计应付工资–累计减除费用–（个人养老保险+个人医疗保险+个人失业保险+个人住房公积金）*1–累计专项附加扣除

注："累计减除费用""累计专项附加扣除""累计预扣预缴应纳税所得额"公式中的"1"表示当年1月份。依此类推，如果当前会计期间是6月份，则将公式中的数值修改为"6"。

【实验过程】

定义常规公式

（1）设置"加班津贴"的计算公式。在U8企业应用平台，依次选择"业务工作→人力资源→薪资管理→设置→工资项目设置"命令，打开"工资项目设置"窗口，单击"公式设置"页签，如图7–15所示。

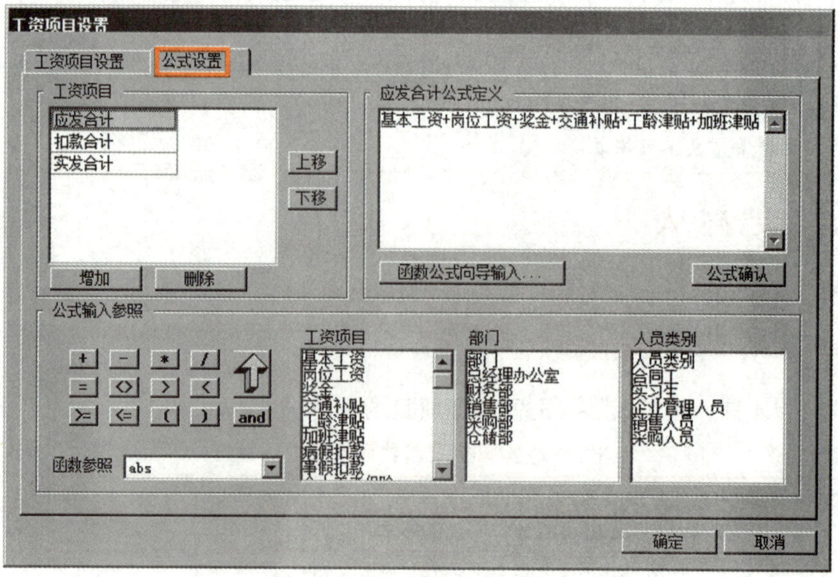

图7–15　工资项目设置——公式设置

提示

应发合计、扣款合计和实发合计的计算公式由系统根据定义的增减项自动设置，无须在此修改这些公式。

（2）单击“增加”按钮，从窗口左上方工资项目下拉列表中选择“加班津贴”，进行“加班津贴”项目的公式定义。单击公式定义区，从窗口下方的“工资项目”中选择“加班天数”，然后输入“*40”。定义完毕单击“公式确认”按钮，系统将对该公式进行合法性判断后保存，结果如图7-16所示。

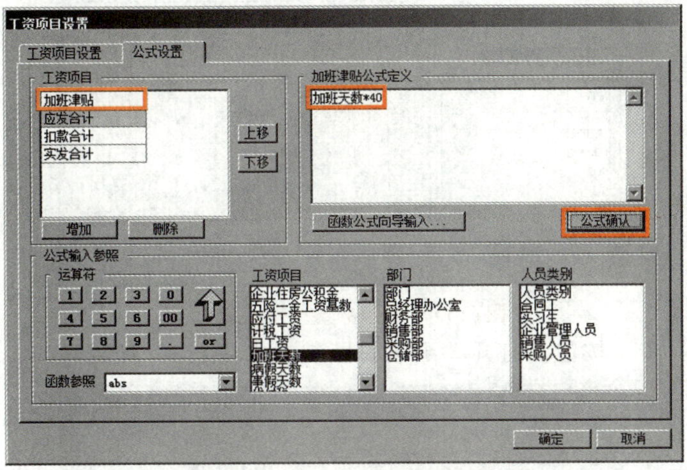

图7-16　加班津贴的计算公式

（3）参照上述方法继续完成后续常规公式的定义。

提示

系统固定项目，如应发合计、扣款合计、实发合计、代扣税等，不能设置取数公式。

相同的工资项目可以重复定义公式（即多次计算），但以最后的运行结果为准。

利用“上移”“下移”按钮可调整计算公式的顺序。

2. 使用“iff函数”设置工资项目的计算公式

【实验资料】

2025年1月1日，根据表7-5设置工资项目的计算公式。

表7-5　工资项目的计算公式

序号	工资项目名称	计算公式说明
1	交通补贴	企业管理人员的交通补贴为280元，其他人员类别的人员交通补贴为490元
2	岗位工资	企业管理人员的岗位工资为1 000元，销售人员的岗位工资为800元，采购人员的岗位工资为500元
3	病假扣款	如果病假天数<=2天，病假扣款=日工资*病假天数*0.2； 如果病假天数>2天且<=7天，病假扣款=日工资*病假天数*0.4； 如果病假天数>7天，病假扣款=日工资*病假天数

【实验过程】

使用“iff函数”设置工资项目的计算公式

（1）设置“交通补贴”的计算公式。

①在U8企业应用平台，依次选择“业务工作→人力资源→薪资管理→设置→工资项目设置”命令，打开“工资项目设置”窗口，单击“公式设置”页签。单击“增加”按钮，从下拉列表中选择“交通补贴”，点击“函数公式向导输入…”

按钮，打开“函数向导——步骤之1”对话框，单击选中“iff”，如图7-17所示。

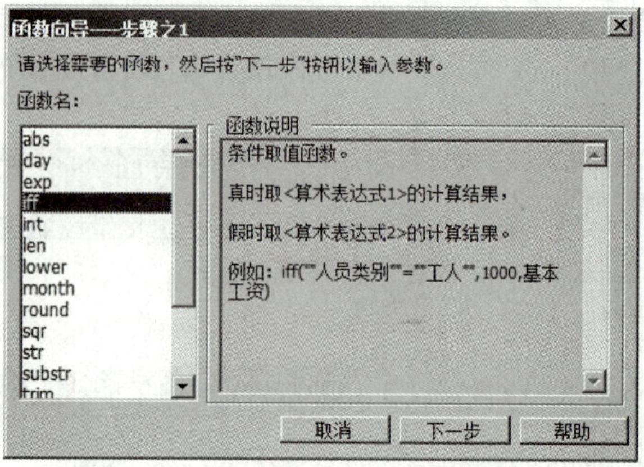

图7-17　函数向导——步骤之1

②单击“下一步”按钮，打开“函数向导——步骤之2”对话框，如图7-18所示。

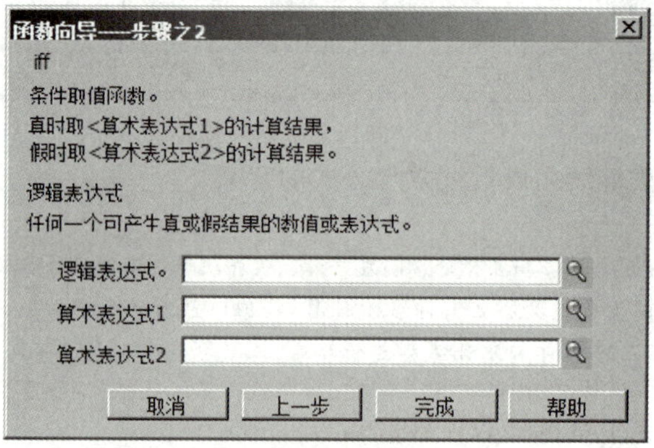

图7-18　函数向导——步骤之2

③单击“逻辑表达式。”栏右侧的“🔍”参照按钮，打开“参照”对话框。“参照列表”选择“人员类别”，然后从下面的人员类别列表中选择“企业管理人员”，结果如图7-19所示。

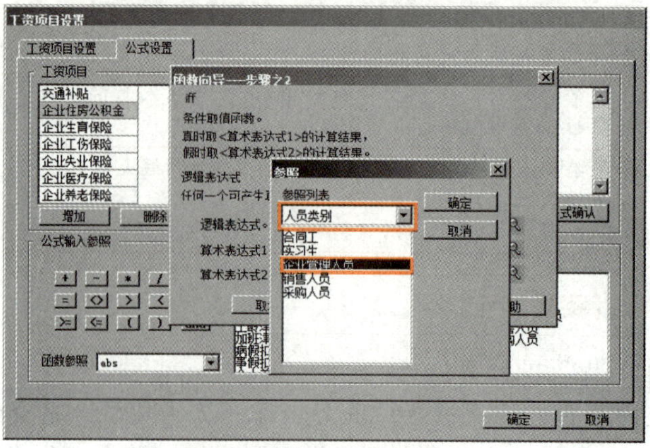

图7-19　设置逻辑表达式

④单击“确定”按钮，返回“函数向导——步骤之2”对话框，在“算术表达式1”

栏输入“280”，在“算术表达式2”栏输入“490”，结果如图7-20所示。

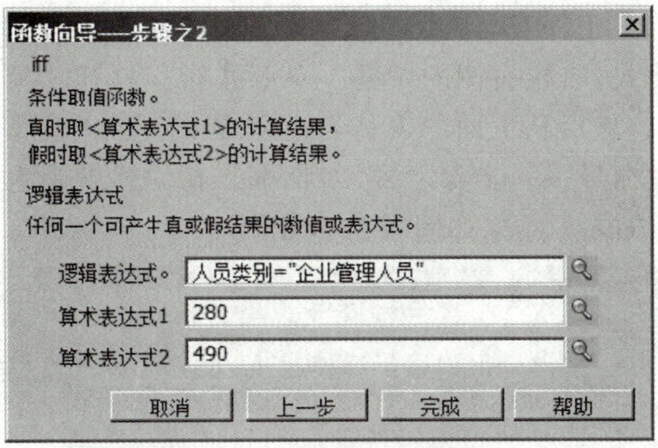

图7-20 设置算术表达式

⑤单击“完成”按钮，返回“工资项目设置”窗口，单击“公式确认”按钮，结果如图7-21所示。

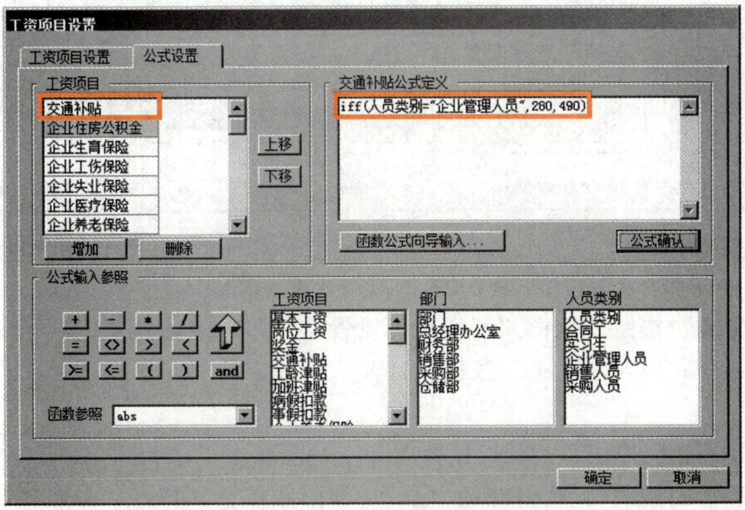

图7-21 交通补贴的计算公式

提示

［iff函数］即条件取值函数，其基本格式如下：

iff(<逻辑表达式>,<算术表达式1>,<算术表达式2>)

其基本含义是：根据逻辑表达式的值，真时取<算术表达式1>的计算结果，假时取<算术表达式2>的计算结果。返回结果均为数值。

逻辑表达式：任何可以产生真或假结果的数值或表达式。

算术表达式1：逻辑表达式结果为真时，所取的值或表达式。

算术表达式2：逻辑表达式结果为假时，所取的值或表达式。

函数公式向导只支持系统提供的函数。如果熟悉SQL语法和SQL函数，还可以定义符合SQL语法且函数公式向导中没有列出的SQL函数计算公式。

（2）设置“岗位工资”的计算公式。

①在“工资项目设置”窗口，单击“公式设置”页签。单击“增加”按钮，从下拉列表中选择“岗位工资”，点击“函数公式向导输入…”按钮，打开“函数向导——步骤之

1”对话框，单击选中“iff”。

②单击“下一步”按钮，打开“函数向导——步骤之2”对话框。

③单击“逻辑表达式。”栏右侧的“”参照按钮，打开“参照”对话框。“参照列表”选择“人员类别”，然后从下面的人员类别列表中选择“企业管理人员”。单击“确定”按钮，返回“函数向导——步骤之2”对话框，在“算术表达式1”栏输入“1000”，“算术表达式2”栏暂不输入，结果如图7-22所示。

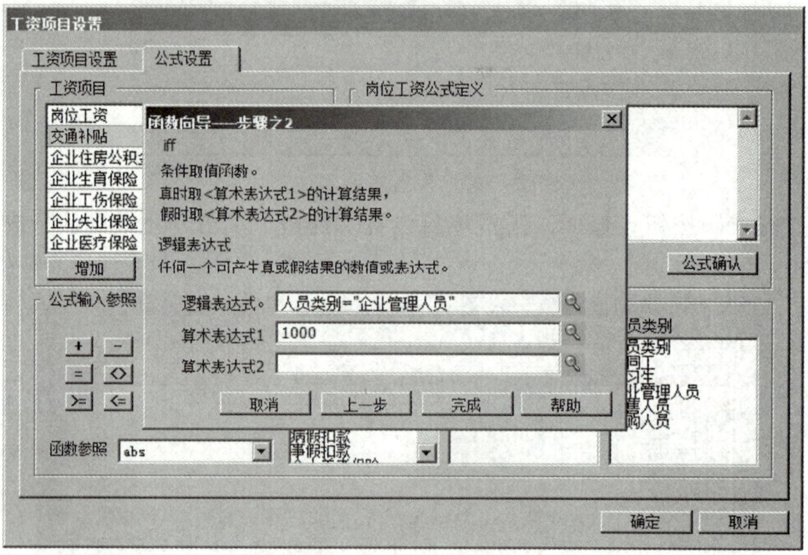

图7-22 设置算术表达式

④单击“完成”按钮，返回“工资项目设置”窗口，点击公式定义区“）”的左侧。继续点击“函数公式向导输入…”按钮，打开“函数向导——步骤之1”对话框，单击选中“iff”。

⑤单击“下一步”按钮，打开“函数向导——步骤之2”对话框。

⑥单击“逻辑表达式。”栏右侧的“”（参照）按钮，打开“参照”对话框。“参照列表”选择“人员类别”，然后从下面的人员类别列表中选择“销售人员”。单击“确定”按钮，返回“函数向导——步骤之2”对话框，在“算术表达式1”栏输入“800”，“算术表达式2”栏输入“500”，结果如图7-23所示。

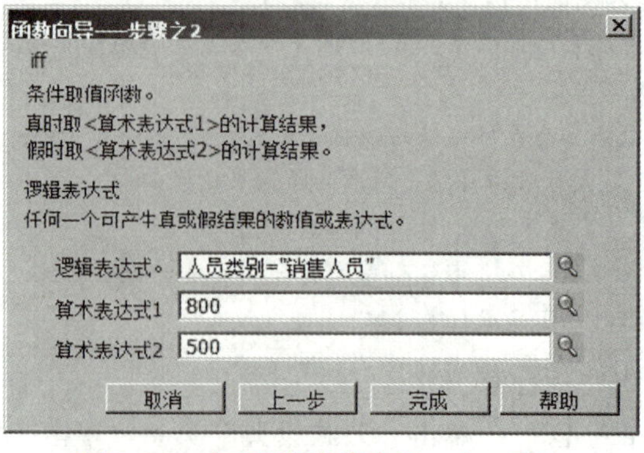

图7-23 在iff函数中嵌套另一个iff函数

⑦单击“完成”按钮，返回“工资项目设置”窗口，单击“公式确认”按钮，结果如

图 7-24 所示。

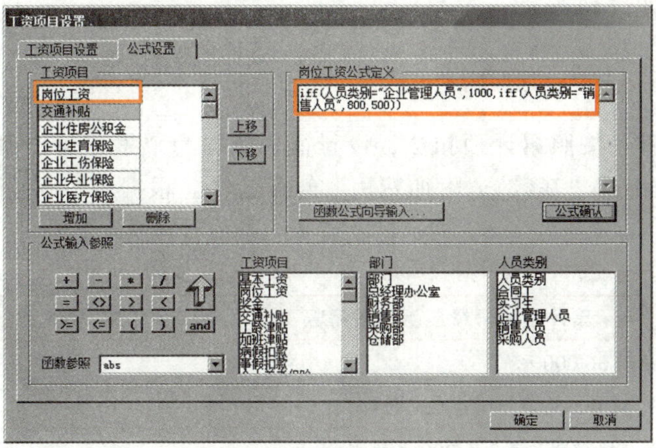

图7-24　岗位工资的计算公式

（3）设置“病假扣款”的计算公式。

参照前述方法可完成“病假扣款”的计算公式，结果如图 7-25 所示。注意“and”前后需各加一个空格。

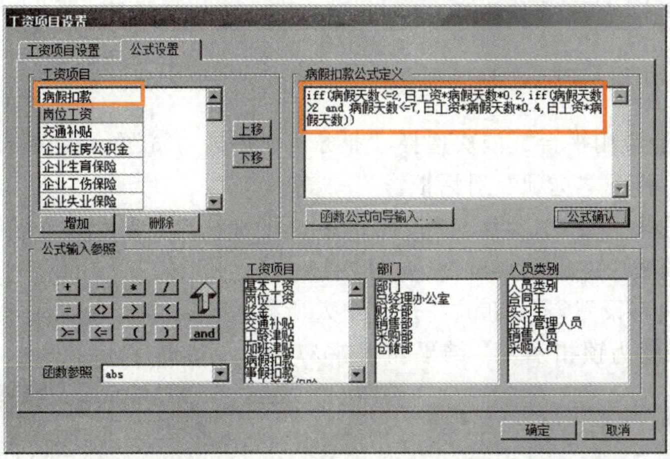

图7-25　病假扣款的计算公式

提示

这里病假扣款的计算公式有多种设置方式，以下几种方式也可得出正确结果：

第 1 种方式：iff(病假天数>7,日工资*病假天数,iff(病假天数>2 and 病假天数<=7,日工资*病假天数*0.4,日工资*病假天数*0.2))

第 2 种方式：iff(病假天数>7,日工资*病假天数,iff(病假天数<=2,日工资*病假天数*0.2,日工资*病假天数*0.4))

第 3 种方式：iff(病假天数<=2,日工资*病假天数*0.2,iff(病假天数>7,日工资*病假天数,日工资*病假天数*0.4))

第 4 种方式：iff(病假天数>2 and 病假天数<=7,日工资*病假天数*0.4,iff(病假天数<=2,日工资*病假天数*0.2,日工资*病假天数))

第 5 种方式：iff（病假天数>2 and 病假天数<=7，日工资*病假天数*0.4，iff（病假天数>7，日工资*病假天数，日工资*病假天数*0.2））

知识点122　扣税设置

【实验资料】

2025年1月1日，按照累计预扣法，设置征税依据为“累计预扣预缴应纳税所得额”工资项，将税率表中的“基数”“附加费用”暂设为零。根据表7-6将税率表调整为预扣率表。

表 7-6　　个人所得税预扣率表（居民个人工资、薪金所得预扣预缴适用）

级数	累计预扣预缴应纳税所得额	预扣率（%）	速算扣除数（元）
1	不超过36 000元的	3	0
2	超过36 000元至144 000元的部分	10	2 520
3	超过144 000元至300 000元的部分	20	16 920
4	超过300 000元至420 000元的部分	25	31 920
5	超过420 000元至660 000元的部分	30	52 920
6	超过660 000元至960 000元的部分	35	85 920
7	超过960 000元的部分	45	181 920

【实验过程】

扣税设置

（1）在U8企业应用平台，依次选择“业务工作→人力资源→薪资管理→设置→选项”命令，打开“选项”对话框。

（2）单击“编辑”按钮，点击“扣税设置”页签，将“收入额合计”由“实发合计”改为“累计预扣预缴应纳税所得额”，如图7-26所示。

（3）单击“税率设置”按钮，打开“个人所得税申报表——税率表”对话框，根据表7-6将税率表调整为预扣率表，结果如图7-27所示。

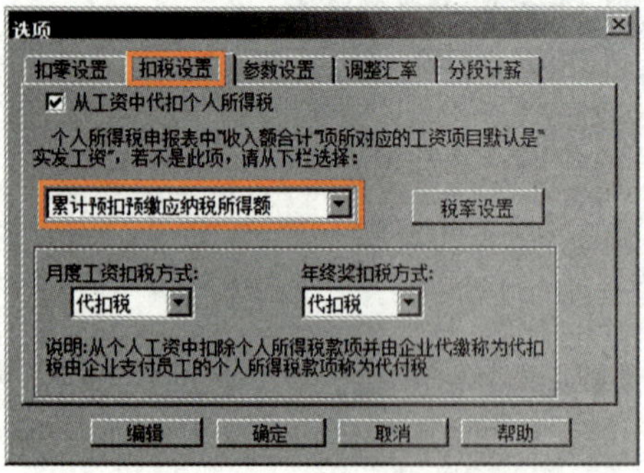

图7-26　选项——扣税设置

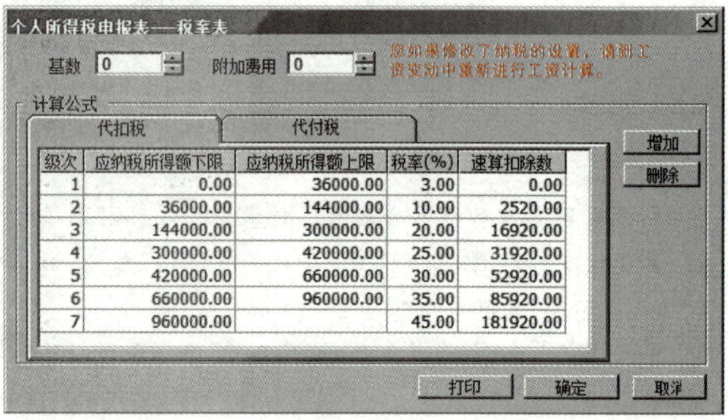

图7-27　个人所得税预扣率表

提示

根据最新税收法规，可以调整“基数”、“附加费用”、“应纳税所得额上限”、“税率”和“速算扣除数”，也可增加或删除级次。

调整某一级“应纳税所得额上限”，则其下一级“应纳税所得额下限”将随之改变。

系统已预设速算扣除数，可修改。

若删除级次，必须从最末级开始删除，不能跨级删除。当税率表中只剩一级时，该级不能删除。

修改税率表或重新选择“收入额合计”项后，需到“工资变动”中再次执行计算功能，否则系统仍保留修改前的数据。

修改税率不影响以前期间的税率设置。

任务2　业务处理

知识点123　工资变动

【实验资料】

2025年1月31日，根据以下资料计算本月职工工资：

（1）全体职工的奖金为1 200元。

（2）除奖金外，本月职工工资数据见表7-7。

表7-7　　2025年1月份工资数据

人员	部门	基本工资（元）	工龄津贴（元）	加班天数（天）	病假天数（天）	事假天数（天）
A01李成喜	行政部	8 000.00	300.00		5	
W01王钰茹	财务部	6 500.00	300.00	2		
W02赵凯杰	财务部	6 000.00	100.00		1	
W03贺青春	财务部	5 100.00	150.00			1
X01刘晓洺	销售部	6 000.00	150.00	7		
X02何丽平	销售部	5 900.00	100.00	6		
G01张宏亮	采购部	6 000.00	100.00		2	2
G02徐晓辉	采购部	5 900.00	100.00			
C01李泽伟	仓储部	5 600.00	200.00	8		
合　计		55 000.00	1 500.00	23	8	3

（3）通过“替换”功能批量录入“累计应付工资”。

【实验过程】

工资变动

（1）2025年1月31日，由赵凯杰（W02）登录企业应用平台。

（2）在U8企业应用平台，依次选择“业务工作→人力资源→薪资管理→业务处理→工资变动”命令，打开“工资变动”窗口。

（3）录入全体职工的奖金。单击工具栏的“全选”按钮，再单击“替换”按钮，打开“工资项数据替换”对话框，从工资项目列表中选择“奖金”项，在“替换成”栏输入“1200”，如图7-28所示。单击“确定”按钮，系统弹出“数据替换后将不可恢复。是否继续？”提示框，单击“是”，系统提示“9条记录被替换，是否重新计算？”，单击“是”。

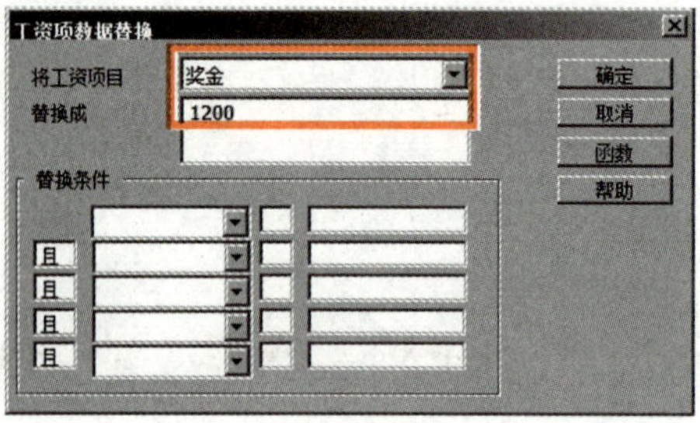

图7-28 数据替换

（4）根据表7-7直接录入工资数据，结果如图7-29所示。录入完毕，单击工具栏的“计算”“汇总”按钮。

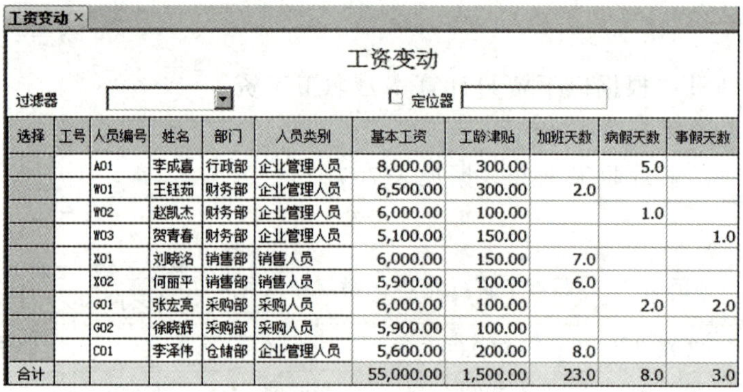

选择	工号	人员编号	姓名	部门	人员类别	基本工资	工龄津贴	加班天数	病假天数	事假天数
		A01	李成喜	行政部	企业管理人员	8,000.00	300.00		5.0	
		W01	王钰茹	财务部	企业管理人员	6,500.00	300.00	2.0		
		W02	赵凯杰	财务部	企业管理人员	6,000.00	100.00		1.0	
		W03	贺青春	财务部	企业管理人员	5,100.00	150.00			1.0
		X01	刘晓名	销售部	销售人员	6,000.00	150.00	7.0		
		X02	何丽平	销售部	销售人员	5,900.00	100.00	6.0		
		G01	张宏亮	采购部	采购人员	6,000.00	100.00		2.0	2.0
		G02	徐晓辉	采购部	采购人员	5,900.00	100.00			
		C01	李泽伟	仓储部	企业管理人员	5,600.00	200.00	8.0		
合计						55,000.00	1,500.00	23.0	8.0	3.0

图7-29 录入工资数据

提示

可使用“过滤器”功能选择某些项目进行录入。

可使用工具栏的“过滤”按钮筛选符合某些条件的人员进行录入。

以下情况需在工资变动中再次进行“计算”和“汇总”：

①重新设置了工资项目的计算公式；

②重新进行了扣税设置；

③修改了工资变动表中的部分数据。

（5）批量录入“累计应付工资”。单击工具栏的“全选”，再单击“替换”，打开“工资项数据替换”对话框。从工资项目列表中选择“累计应付工资”，单击右侧的“函数”按钮，打开“系统函数”对话框。从右下角工资项目列表中选择“应付工资”，如图7-30所示。

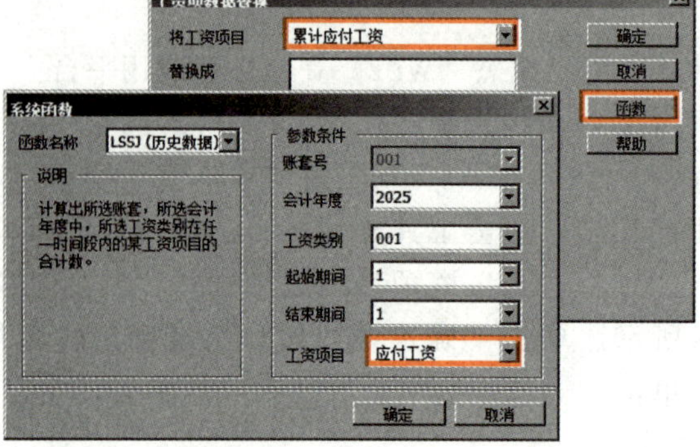

图7-30 “LSSJ”函数

（6）单击“确定”，返回“工资项数据替换”对话框，结果如图7-31所示。单击“确定”，系统弹出“数据替换后将不可恢复。是否继续？”提示框，单击“是”，系统提示“9条记录被替换，是否重新计算？”，单击“是”。最终工资变动计算结果如图7-32所示。

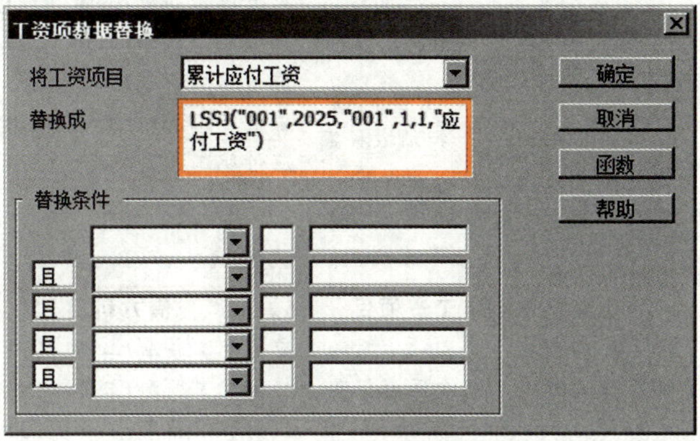

图7-31 数据替换

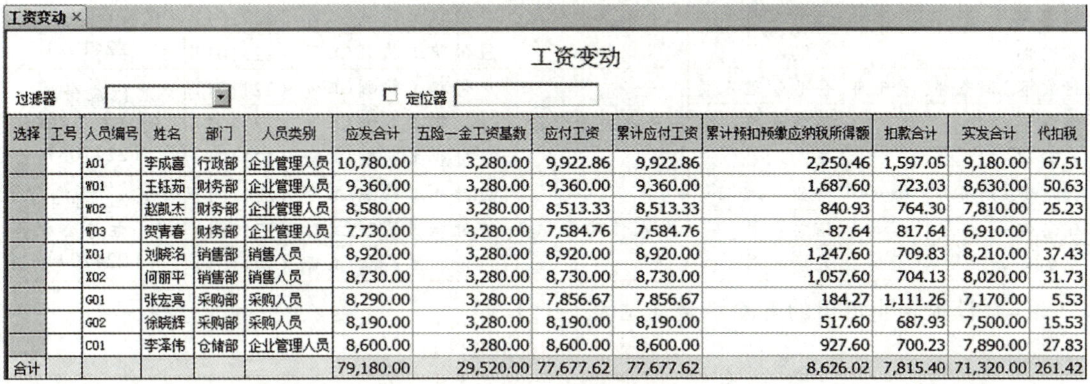

工资变动

过滤器　　定位器

选择	工号	人员编号	姓名	部门	人员类别	应发合计	五险一金工资基数	应付工资	累计应付工资	累计预扣预缴应纳税所得额	扣款合计	实发合计	代扣税
		A01	李成喜	行政部	企业管理人员	10,780.00	3,280.00	9,922.86	9,922.86	2,250.46	1,597.05	9,180.00	67.51
		W01	王钰茹	财务部	企业管理人员	9,360.00	3,280.00	9,360.00	9,360.00	1,687.60	723.03	8,630.00	50.63
		W02	赵凯杰	财务部	企业管理人员	8,580.00	3,280.00	8,513.33	8,513.33	840.93	764.30	7,810.00	25.23
		W03	贺青春	财务部	企业管理人员	7,730.00	3,280.00	7,584.76	7,584.76	-87.64	817.64	6,910.00	
		X01	刘晓洺	销售部	销售人员	8,920.00	3,280.00	8,920.00	8,920.00	1,247.60	709.83	8,210.00	37.43
		X02	何丽平	销售部	销售人员	8,730.00	3,280.00	8,730.00	8,730.00	1,057.60	704.13	8,020.00	31.73
		G01	张宏亮	采购部	采购人员	8,290.00	3,280.00	7,856.67	7,856.67	184.27	1,111.26	7,170.00	5.53
		G02	徐晓辉	采购部	采购人员	8,190.00	3,280.00	8,190.00	8,190.00	517.60	687.93	7,500.00	15.53
		C01	李泽伟	仓储部	企业管理人员	8,600.00	3,280.00	8,600.00	8,600.00	927.60	700.23	7,890.00	27.83
合计						79,180.00	29,520.00	77,677.62	77,677.62	8,626.02	7,815.40	71,320.00	261.42

图7-32 工资计算结果数据

提示

2月及以后月份的“累计应付工资”“上月累计预扣预缴税额”均通过“替换”中的“函数”功能处理，且后者每月需“替换”两次。

知识点124 工资分摊设置

【实验资料】

2025年1月31日，根据以下资料进行工资分摊设置：

（1）计提工资（见表7-8）。

表7-8 计提工资

部门名称	人员类别	工资项目	借方科目	贷方科目
行政部、财务部、仓储部	企业管理人员	应付工资	管理费用/职工薪酬（660202）	应付职工薪酬/工资（221101）
销售部	销售人员		销售费用/职工薪酬（660102）	
采购部	采购人员		管理费用/职工薪酬（660202）	

（2）预扣个人所得税（见表7-9）。

表 7-9　　预扣个人所得税

部门名称	人员类别	工资项目	借方科目	贷方科目
行政部、财务部、仓储部	企业管理人员	代扣税	应付职工薪酬/工资（221101）	应交税费/应交个人所得税（222104）
销售部	销售人员		应付职工薪酬/工资（221101）	
采购部	采购人员		应付职工薪酬/工资（221101）	
行政部、财务部、仓储部	企业管理人员	累计已预扣预缴税额	应付职工薪酬/工资（221101）	
销售部	销售人员		应付职工薪酬/工资（221101）	
采购部	采购人员		应付职工薪酬/工资（221101）	

（3）代扣职工负担的三险一金（见表7-10）。

表 7-10　　代扣职工负担的三险一金

部门名称	人员类别	工资项目	借方科目	贷方科目
行政部、财务部、仓储部	企业管理人员	个人医疗保险	应付职工薪酬/工资（221101）	其他应付款/代扣医疗保险（224101）
销售部	销售人员		应付职工薪酬/工资（221101）	
采购部	采购人员		应付职工薪酬/工资（221101）	
行政部、财务部、仓储部	企业管理人员	个人养老保险	应付职工薪酬/工资（221101）	其他应付款/代扣养老保险（224102）
销售部	销售人员		应付职工薪酬/工资（221101）	
采购部	采购人员		应付职工薪酬/工资（221101）	
行政部、财务部、仓储部	企业管理人员	个人失业保险	应付职工薪酬/工资（221101）	其他应付款/代扣失业保险（224103）
销售部	销售人员		应付职工薪酬/工资（221101）	
采购部	采购人员		应付职工薪酬/工资（221101）	
行政部、财务部、仓储部	企业管理人员	个人住房公积金	应付职工薪酬/工资（221101）	其他应付款/代扣住房公积金（224104）
销售部	销售人员		应付职工薪酬/工资（221101）	
采购部	采购人员		应付职工薪酬/工资（221101）	

（4）计提企业负担的五险一金（见表7-11）。

表 7-11　　计提企业负担的五险一金

部门名称	人员类别	工资项目	借方科目	贷方科目
行政部、财务部、仓储部	企业管理人员	企业医疗保险	管理费用/职工薪酬（660202）	应付职工薪酬/社会保险费/基本医疗保险费（22110201）
销售部	销售人员		销售费用/职工薪酬（660102）	
采购部	采购人员		管理费用/职工薪酬（660202）	
行政部、财务部、仓储部	企业管理人员	企业养老保险	管理费用/职工薪酬（660202）	应付职工薪酬/设定提存计划/基本养老保险费（22110301）
销售部	销售人员		销售费用/职工薪酬（660102）	
采购部	采购人员		管理费用/职工薪酬（660202）	
行政部、财务部、仓储部	企业管理人员	企业失业保险	管理费用/职工薪酬（660202）	应付职工薪酬/设定提存计划/失业保险费（22110302）
销售部	销售人员		销售费用/职工薪酬（660102）	
采购部	采购人员		管理费用/职工薪酬（660202）	
行政部、财务部、仓储部	企业管理人员	企业工伤保险	管理费用/职工薪酬（660202）	应付职工薪酬/社会保险费/工伤保险费（22110202）
销售部	销售人员		销售费用/职工薪酬（660102）	
采购部	采购人员		管理费用/职工薪酬（660202）	
行政部、财务部、仓储部	企业管理人员	企业生育保险	管理费用/职工薪酬（660202）	应付职工薪酬 社会保险费/生育保险费/（22110203）
销售部	销售人员		销售费用/职工薪酬（660102）	
采购部	采购人员		管理费用/职工薪酬（660202）	
行政部、财务部、仓储部	企业管理人员	企业住房公积金	管理费用/职工薪酬（660202）	应付职工薪酬/住房公积金（221104）
销售部	销售人员		销售费用/职工薪酬（660102）	
采购部	采购人员		管理费用/职工薪酬（660202）	

（5）计提工会经费（见表7-12）。

表 7-12　　计提工会经费（分摊计提比例2%）

部门名称	人员类别	工资项目	借方科目	贷方科目
行政部、财务部、仓储部	企业管理人员	应付工资	管理费用/职工薪酬（660202）	应付职工薪酬/工会经费（221105）
销售部	销售人员		销售费用/职工薪酬（660102）	
采购部	采购人员		管理费用/职工薪酬（660202）	

【实验过程】

工资分摊设置

（1）2025年1月31日，由赵凯杰（W02）登录企业应用平台。

（2）在U8企业应用平台，依次选择“业务工作→人力资源→薪资管理→业务处理→工资分摊”命令，打开“工资分摊”窗口，如图7-33所示。

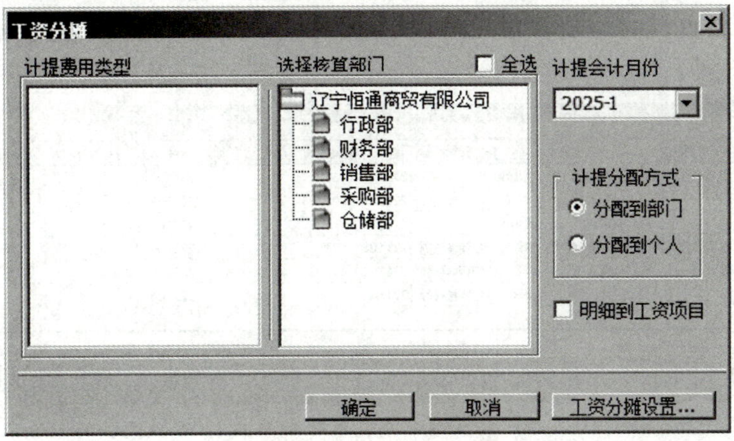

图7-33　“工资分摊”窗口

（3）单击“工资分摊设置…”按钮，打开“分摊类型设置”窗口，单击“增加”按钮，打开“分摊计提比例设置”对话框，在“计提类型名称”栏输入“计提工资”，如图7-34所示。

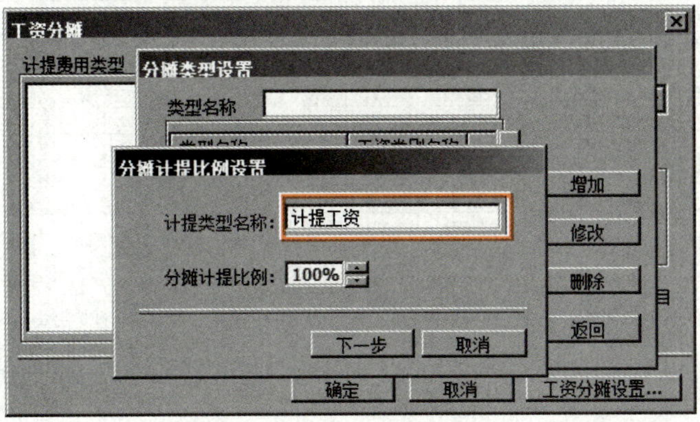

图7-34　增加工资分摊类型

（4）单击“下一步”按钮，打开“分摊构成设置”窗口，根据实验资料，录入“部门名称”“人员类别”等项目，结果如图7-35所示。

分摊构成设置

部门名称	人员类别	工资项目	借方科目	借方项目大类	借方项目	贷方科目	贷方项目大类	贷方项目
行政部,财务部,仓储部	企业管理人员	应付工资	660202			221101		
销售部	销售人员	应付工资	660102			221101		
采购部	采购人员	应付工资	660202			221101		

上一步　完成　取消

图7-35　计提工资

提示

[部门名称] 一次可选择多个部门。不同部门，相同人员类别可设置不同分摊科目。

[工资项目] 每个人员类别可选择多个工资项目。工资项目包括本工资类别中所有的增项、减项和其它项。

（5）单击“完成”按钮，系统返回“分摊类型设置”窗口。

（6）参照步骤（3）~（5）完成“预扣个人所得税”的工资分摊设置，结果如图7-36所示。

分摊构成设置

部门名称	人员类别	工资项目	借方科目	借方项目大类	借方项目	贷方科目	贷方项目大类	贷方项目
行政部,财务部,仓储部	企业管理人员	代扣税	221101			222104		
销售部	销售人员	代扣税	221101			222104		
采购部	采购人员	代扣税	221101			222104		
行政部,财务部,仓储部	企业管理人员	累计已预扣预缴税额	221101			222104		
销售部	销售人员	累计已预扣预缴税额	221101			222104		
采购部	采购人员	累计已预扣预缴税额	221101			222104		

上一步　完成　取消

图7-36　预扣个人所得税

（7）参照步骤（3）~（5）完成“代扣职工负担的三险一金”的工资分摊设置，结果如图7-37所示。

分摊构成设置

部门名称	人员类别	工资项目	借方科目	借方项目大类	借方项目	贷方科目	贷方项目大类	贷方项目
行政部,财务部,仓储部	企业管理人员	个人医疗保险	221101			224101		
销售部	销售人员	个人医疗保险	221101			224101		
采购部	采购人员	个人医疗保险	221101			224101		
行政部,财务部,仓储部	企业管理人员	个人养老保险	221101			224102		
销售部	销售人员	个人养老保险	221101			224102		
采购部	采购人员	个人养老保险	221101			224102		
行政部,财务部,仓储部	企业管理人员	个人失业保险	221101			224103		
销售部	销售人员	个人失业保险	221101			224103		
采购部	采购人员	个人失业保险	221101			224103		
行政部,财务部,仓储部	企业管理人员	个人住房公积金	221101			224104		
销售部	销售人员	个人住房公积金	221101			224104		
采购部	采购人员	个人住房公积金	221101			224104		

上一步　完成　取消

图7-37　代扣职工负担的三险一金

（8）参照步骤（3）~（5）完成“计提企业负担的五险一金”的工资分摊设置，结果如图7-38所示。

分摊构成设置

部门名称	人员类别	工资项目	借方科目	借方项目大类	借方项目	贷方科目	贷方项目大类	贷方项目
行政部,财务部,仓储部	企业管理人员	企业医疗保险	660202			22110201		
销售部	销售人员	企业医疗保险	660102			22110201		
采购部	采购人员	企业医疗保险	660202			22110201		
行政部,财务部,仓储部	企业管理人员	企业养老保险	660202			22110301		
销售部	销售人员	企业养老保险	660102			22110301		
采购部	采购人员	企业养老保险	660202			22110301		
行政部,财务部,仓储部	企业管理人员	企业失业保险	660202			22110302		
销售部	销售人员	企业失业保险	660102			22110302		
采购部	采购人员	企业失业保险	660202			22110302		
行政部,财务部,仓储部	企业管理人员	企业工伤保险	660202			22110202		
销售部	销售人员	企业工伤保险	660102			22110202		
采购部	采购人员	企业工伤保险	660202			22110202		
行政部,财务部,仓储部	企业管理人员	企业生育保险	660202			22110203		
销售部	销售人员	企业生育保险	660102			22110203		
采购部	采购人员	企业生育保险	660202			22110203		
行政部,财务部,仓储部	企业管理人员	企业住房公积金	660202			221104		
销售部	销售人员	企业住房公积金	660102			221104		
采购部	采购人员	企业住房公积金	660202			221104		

上一步　完成　取消

图7-38　计提企业负担的五险一金

（9）参照步骤（3）~（5）完成“计提工会经费”的工资分摊设置，**注意：计提工会经费的分摊计提比例应为2%**，结果如图7-39所示。返回“工资分摊”窗口。

分摊构成设置

部门名称	人员类别	工资项目	借方科目	借方项目大类	借方项目	贷方科目	贷方项目大类	贷方项目
行政部,财务部,仓储部	企业管理人员	应付工资	660202			221105		
销售部	销售人员	应付工资	660102			221105		
采购部	采购人员	应付工资	660202			221105		

上一步　完成　取消

图7-39　计提工会经费

提示

计提职工福利费、职工教育经费的工资分摊设置参照“计提工会经费”的设置方法。

知识点125　工资分摊

【实验资料】

2025年1月31日，按分摊类型逐个生成记账凭证。

【实验过程】

工资分摊设置

（1）在U8企业应用平台，依次选择“业务工作→人力资源→薪资管理→业务处理→工资分摊”命令，打开“工资分摊”窗口。勾选“计提工资”等5个计提费用类型，勾选所有核算部门，勾选“明细到工资项目”“按项目核算”，如图7-40所示。

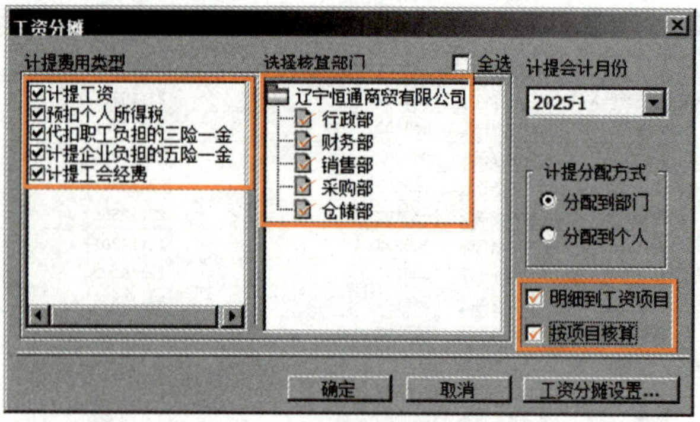

图7-40 “工资分摊”窗口

（2）单击“确定”按钮，打开“工资分摊明细”窗口，勾选“合并科目相同、辅助项相同的分录”，如图7-41所示。

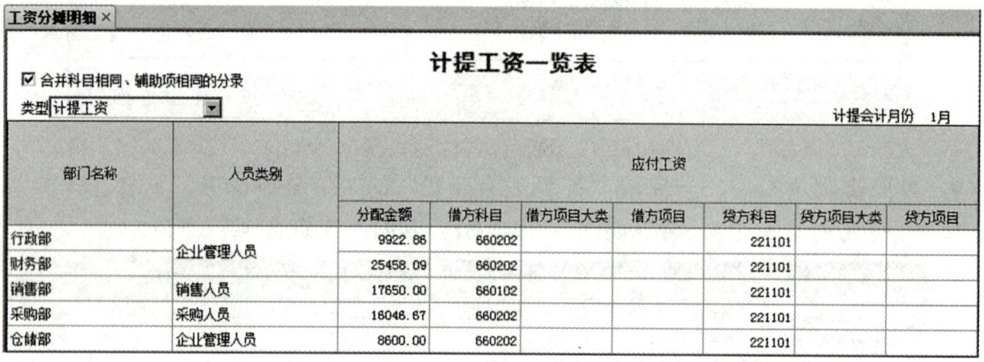
工资分摊明细

计提工资一览表

合并科目相同、辅助项相同的分录

类型 计提工资　　　　计提会计月份 1月

部门名称	人员类别	应付工资						
		分配金额	借方科目	借方项目大类	借方项目	贷方科目	贷方项目大类	贷方项目
行政部	企业管理人员	9922.86	660202			221101		
财务部		25458.09	660202			221101		
销售部	销售人员	17650.00	660102			221101		
采购部	采购人员	16046.67	660202			221101		
仓储部	企业管理人员	8600.00	660202			221101		

图7-41 工资分摊明细

（3）单击工具栏的“制单”按钮，进入“填制凭证”界面，“凭证类别”选择“转账凭证”，单击“保存”按钮保存该记账凭证，如图7-42所示。

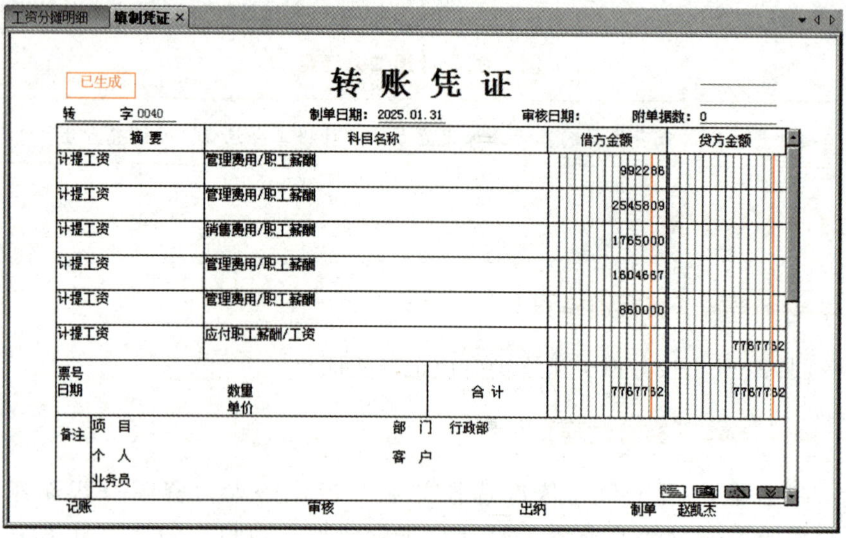

图7-42 记账凭证——计提工资

（4）关闭“填制凭证”窗口，返回“工资分摊明细”窗口。“类型”下拉框选择“预扣个人所得税”，勾选“合并科目相同、辅助项相同的分录”，如图7-43所示。

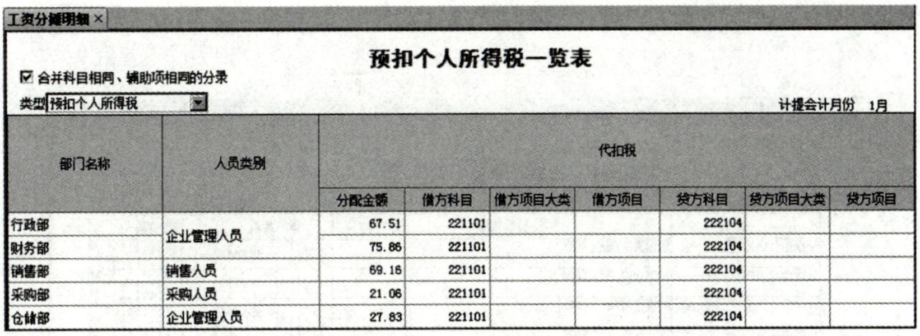

部门名称	人员类别	代扣税						
		分配金额	借方科目	借方项目大类	借方项目	贷方科目	贷方项目大类	贷方项目
行政部	企业管理人员	67.51	221101			222104		
财务部		75.86	221101			222104		
销售部	销售人员	69.16	221101			222104		
采购部	采购人员	21.06	221101			222104		
仓储部	企业管理人员	27.83	221101			222104		

图7-43　工资分摊明细

（5）单击工具栏的“制单”按钮，进入“填制凭证”界面，“凭证类别”选择“转账凭证”，单击“保存”按钮保存该记账凭证，如图7-44所示。

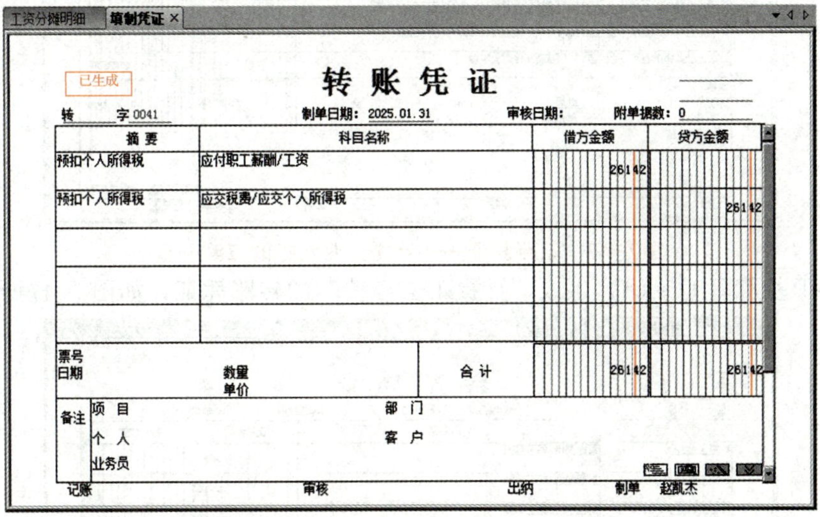

图7-44　记账凭证——预扣个人所得税

（6）参照步骤（4）~（5）生成“代扣职工负担的三险一金”的转账凭证，如图7-45所示。

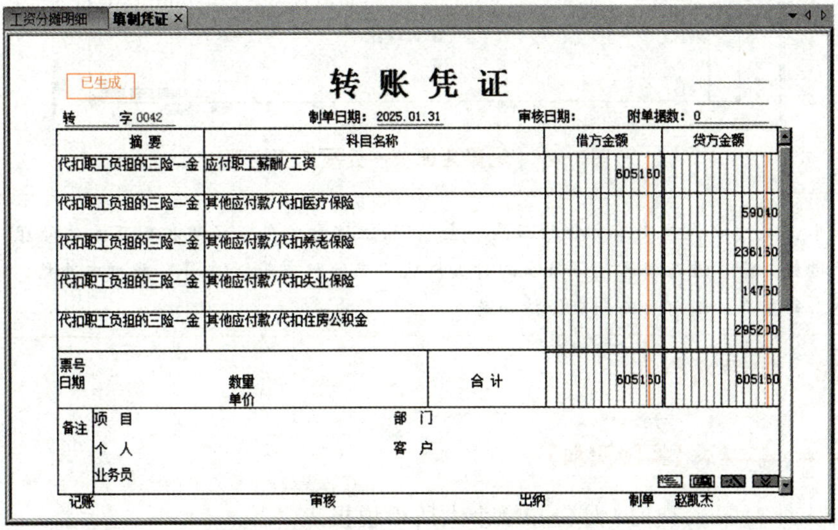

图7-45　记账凭证——代扣职工负担的三险一金

（7）参照步骤（4）~（5）生成“计提企业负担的五险一金”的转账凭证，如图7-46所示。

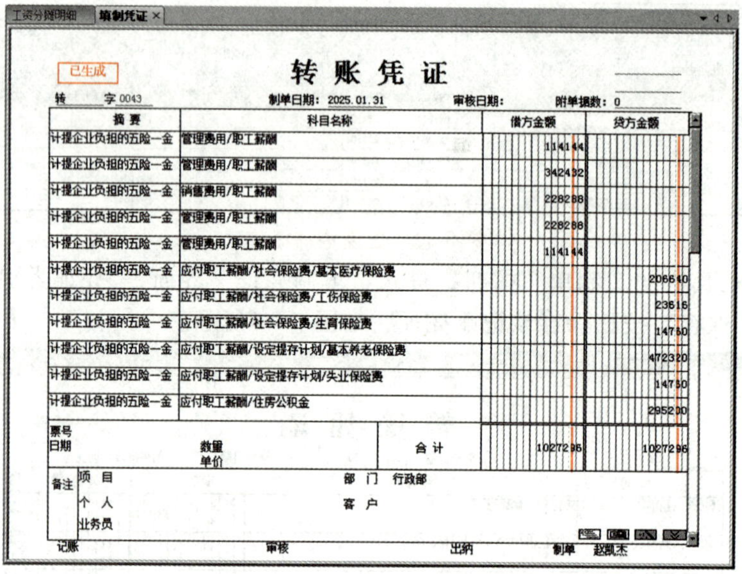

摘要	科目名称	借方金额	贷方金额
计提企业负担的五险一金	管理费用/职工薪酬	114144	
计提企业负担的五险一金	管理费用/职工薪酬	342432	
计提企业负担的五险一金	销售费用/职工薪酬	228288	
计提企业负担的五险一金	管理费用/职工薪酬	228288	
计提企业负担的五险一金	管理费用/职工薪酬	114144	
计提企业负担的五险一金	应付职工薪酬/社会保险费/基本医疗保险费		206640
计提企业负担的五险一金	应付职工薪酬/社会保险费/工伤保险费		23616
计提企业负担的五险一金	应付职工薪酬/社会保险费/生育保险费		14760
计提企业负担的五险一金	应付职工薪酬/设定提存计划/基本养老保险费		472320
计提企业负担的五险一金	应付职工薪酬/设定提存计划/失业保险费		14760
计提企业负担的五险一金	应付职工薪酬/住房公积金		295200
	合计	1027296	1027296

图7-46 记账凭证——计提企业负担的五险一金

（8）参照步骤（4）~（5）生成“计提工会经费”的转账凭证，如图7-47所示。

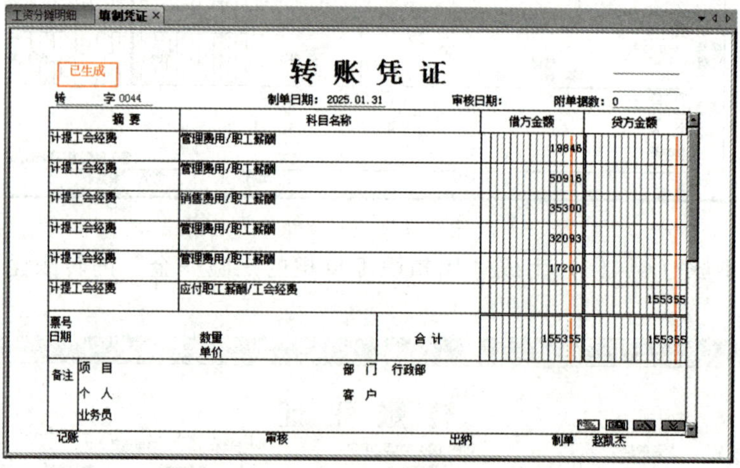

摘要	科目名称	借方金额	贷方金额
计提工会经费	管理费用/职工薪酬	19846	
计提工会经费	管理费用/职工薪酬	50916	
计提工会经费	销售费用/职工薪酬	35300	
计提工会经费	管理费用/职工薪酬	32093	
计提工会经费	管理费用/职工薪酬	17200	
计提工会经费	应付职工薪酬/工会经费		155355
	合计	155355	155355

图7-47 记账凭证——计提工会经费

提示

在实务中，关于“代扣职工负担的三险一金”，除上述方法外，还可按以下方法处理：月末不通过“其他应付款”账户进行核算，下月缴纳时直接从“应付职工薪酬/工资”账户中冲销。这两种处理方法无本质上的差别，但前后各期应保持一致。

知识点126 扣缴所得税

【实验资料】

2025年1月31日，查询1月份扣缴个人所得税报表。

【实验过程】

扣缴所得税

（1）在U8企业应用平台，依次选择“业务工作→人力资源→薪资管理→业务处理→扣缴所得税”命令，打开“个人所得税申报模板”窗口。单击“扣缴个人所得税报表”报表类型，如图7-48所示。

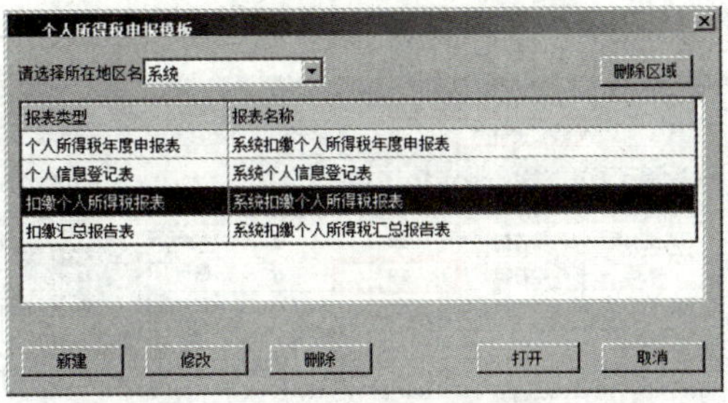

图7-48 “个人所得税申报模板”窗口

（2）单击“打开”按钮，打开“所得税申报”对话框，单击“确定”按钮，打开系统扣缴个人所得税报表，如图7-49所示。

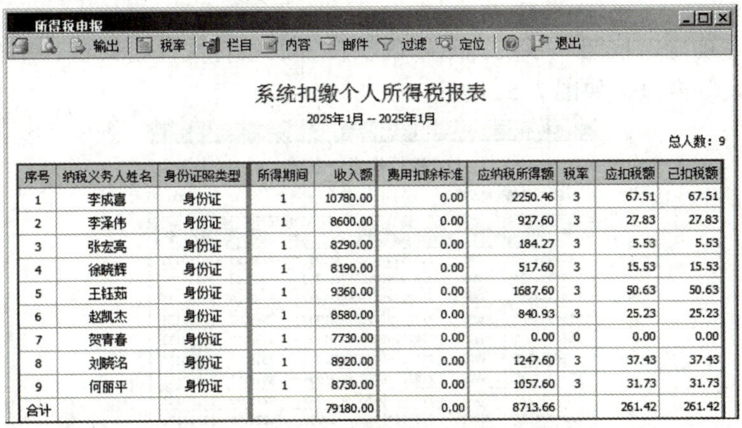

系统扣缴个人所得税报表

2025年1月 -- 2025年1月

总人数：9

序号	纳税义务人姓名	身份证照类型	所得期间	收入额	费用扣除标准	应纳税所得额	税率	应扣税额	已扣税额
1	李成喜	身份证	1	10780.00	0.00	2250.46	3	67.51	67.51
2	李泽伟	身份证	1	8600.00	0.00	927.60	3	27.83	27.83
3	张宏亮	身份证	1	8290.00	0.00	184.27	3	5.53	5.53
4	徐晓辉	身份证	1	8190.00	0.00	517.60	3	15.53	15.53
5	王钰茹	身份证	1	9360.00	0.00	1687.60	3	50.63	50.63
6	赵凯杰	身份证	1	8580.00	0.00	840.93	3	25.23	25.23
7	贺青春	身份证	1	7730.00	0.00	0.00	0	0.00	0.00
8	刘晓洺	身份证	1	8920.00	0.00	1247.60	3	37.43	37.43
9	何丽平	身份证	1	8730.00	0.00	1057.60	3	31.73	31.73
合计				79180.00	0.00	8713.66		261.42	261.42

图7-49 系统扣缴个人所得税报表

提示

可将扣缴个人所得税报表输出，另存为Excel格式，结合申报软件完成纳税申报工作。

根据个人所得税法律制度的规定，工资、薪金所得实行按月计征，在次月15日内缴入国库。实际缴纳时的系统处理方法如下：

①直接在总账系统填制记账凭证；

②通过常用凭证处理；

③通过自定义转账或对应结转处理；

④通过薪资管理的工资分摊处理。

知识点127 银行代发

【实验资料】

2025年1月31日，查询1月份银行代发一览表。

【实验过程】

（1）在U8企业应用平台，依次选择“业务工作→人力资源→薪资管理→业务处理→银行代发”命令，打开“请选择部门范围”对话框。选中所有部门，单击“确定”按钮，打开“银行文件格式设置”窗口，从“银行模板”下拉列表中选择“中国工商银行”，将“账号”的“总长度”修改为“19”，如图7-50所示。

银行代发

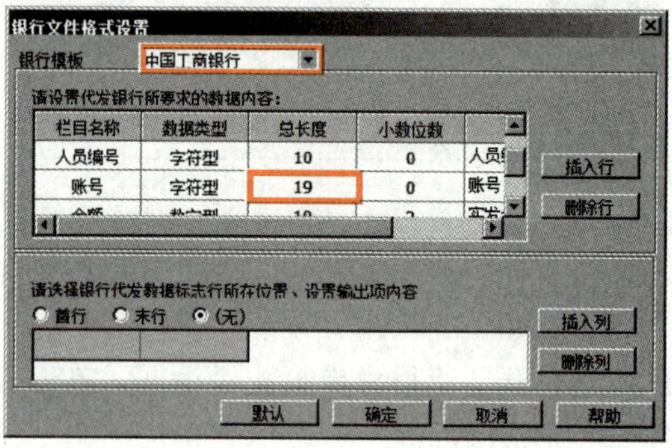

图7-50 “银行文件格式设置”窗口

（2）单击“确定”按钮，系统提示“确认设置的银行文件格式?”，单击“是”按钮，打开“银行代发”窗口，如图7-51所示。

银行代发 ×

银行代发一览表

名称：中国工商银行　　人数：9

单位编号	人员编号	账号	金额	录入日期
1234934325	A01	2107024026370021901	9180.00	20250131
1234934325	C01	2107024026370021909	7890.00	20250131
1234934325	G01	2107024026370021907	7170.00	20250131
1234934325	G02	2107024026370021908	7500.00	20250131
1234934325	W01	2107024026370021902	8630.00	20250131
1234934325	W02	2107024026370021903	7810.00	20250131
1234934325	W03	2107024026370021904	6910.00	20250131
1234934325	X01	2107024026370021905	8210.00	20250131
1234934325	X02	2107024026370021906	8020.00	20250131
合计			71,320.00	

图7-51 银行代发一览表

提示

银行代发一览表也可输出。

现金发放人员不进行银行代发。

银行代发工资时的系统处理方法同扣缴个人所得税的处理方法。

知识点128 工资分钱清单

【实验资料】

2025年1月31日，查询1月份工资分钱清单。

【实验过程】

（1）在U8企业应用平台，依次选择“业务工作→人力资源→薪资管理→业

工资分钱清单

务处理→工资分钱清单”命令，打开“工资分钱清单”窗口，并弹出“票面额设置”对话框，如图7-52所示。

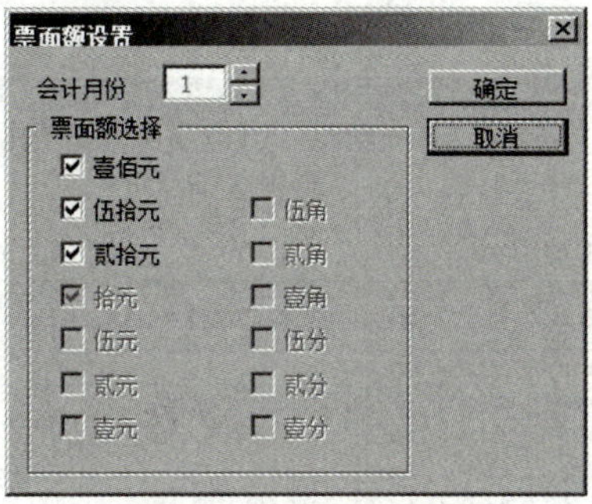

图7-52　票面额设置

（2）单击“确定”按钮，打开分钱清单，单击“人员分钱清单”页签，如图7-53所示。

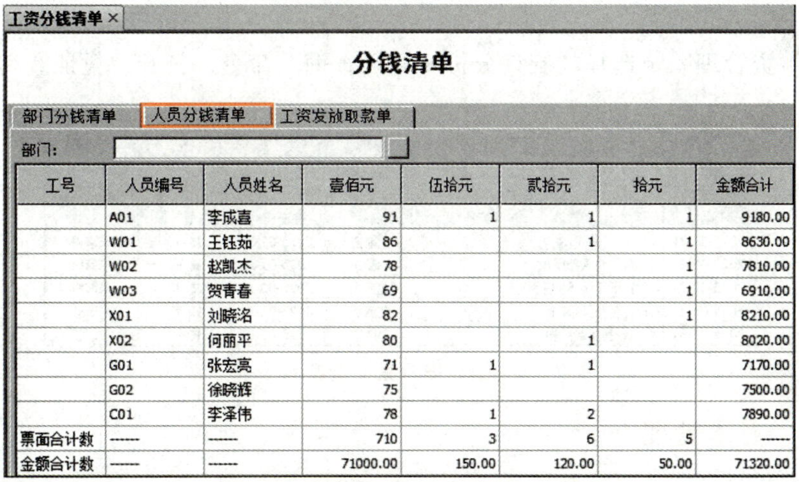

工资分钱清单

分钱清单

部门分钱清单　人员分钱清单　工资发放取款单

部门：

工号	人员编号	人员姓名	壹佰元	伍拾元	贰拾元	拾元	金额合计
	A01	李成喜	91	1	1	1	9180.00
	W01	王钰茹	86		1	1	8630.00
	W02	赵凯杰	78			1	7810.00
	W03	贺青春	69			1	6910.00
	X01	刘晓洺	82			1	8210.00
	X02	何丽平	80		1		8020.00
	G01	张宏亮	71	1	1		7170.00
	G02	徐晓辉	75				7500.00
	C01	李泽伟	78	1	2		7890.00
票面合计数	------	------	710	3	6	5	------
金额合计数	------	------	71000.00	150.00	120.00	50.00	71320.00

图7-53　按公司全体人员统计的分钱清单

提示

当企业用现金发放工资时使用该功能。

点击“工资发放取款单”页签即可查看单位整体计算的票面分钱总数。用于出纳按票面取款，以便发放。

知识点129　统计分析

【实验资料】

（1）查询1月份工资发放条。

（2）查询1月份薪资管理系统生成的所有记账凭证。

【实验过程】

（1）在U8企业应用平台，依次选择“业务工作→人力资源→薪资管理→统

统计分析

计分析→账表→工资表”命令，打开“工资表”窗口，单击“工资发放条”，单击“查看”按钮，弹出“请选择若干部门”对话框，选中所有部门，单击“确定”按钮，打开工资发放条，如图7-54所示。

工资发放条

2025 年 01 月

部门 全部　　会计月份 一月

人员编号	姓名	应发合计	基本工资	岗位工资	奖金	交通补贴	工龄津贴	加班津贴	病假扣款	事假扣款	个人养老保险	个人医疗保险	个人失业保险	个人住房公积金
A01	李成喜	10,780.00	8,000.00	1,000.00	1,200.00	280.00	300.00		857.14		262.40	65.60	16.40	328.00
W01	王钰茹	9,360.00	6,500.00	1,000.00	1,200.00	280.00	300.00	80.00			262.40	65.60	16.40	328.00
W02	赵凯杰	8,580.00	6,000.00	1,000.00	1,200.00	280.00	100.00		66.67		262.40	65.60	16.40	328.00
W03	贺青春	7,730.00	5,100.00	1,000.00	1,200.00	280.00	150.00			145.24	262.40	65.60	16.40	328.00
X01	刘晓名	8,920.00	6,000.00	800.00	1,200.00	490.00	150.00	280.00			262.40	65.60	16.40	328.00
X02	何丽平	8,730.00	5,900.00	800.00	1,200.00	490.00	100.00	240.00			262.40	65.60	16.40	328.00
G01	张宏亮	8,290.00	6,000.00	500.00	1,200.00	490.00	100.00		123.81	309.52	262.40	65.60	16.40	328.00
G02	徐晓辉	8,190.00	5,900.00	500.00	1,200.00	490.00	100.00				262.40	65.60	16.40	328.00
C01	李泽伟	8,600.00	5,600.00	1,000.00	1,200.00	280.00	200.00	320.00			262.40	65.60	16.40	328.00
合计		79,180.00	55,000.00	7,600.00	10,800.00	3,360.00	1,500.00	920.00	1,047.62	454.76	2,361.60	590.40	147.60	2,952.00

图7-54　工资发放条

（2）在薪资管理系统选择“统计分析→凭证查询”命令，打开“凭证查询”窗口，如图7-55所示。

业务日期	业务类型	业务号	制单人	凭证日期	凭证号	标志
2025-01-31	计提工资	1	赵凯杰	2025-01-31	转-40	未审核
2025-01-31	预扣个人所得税	2	赵凯杰	2025-01-31	转-41	未审核
2025-01-31	代扣职工负担的三险	3	赵凯杰	2025-01-31	转-42	未审核
2025-01-31	计提企业负担的五险	4	赵凯杰	2025-01-31	转-43	未审核
2025-01-31	计提工会经费	5	赵凯杰	2025-01-31	转-44	未审核

图7-55　凭证查询

知识点130　月末处理

【实验资料】

2025年1月31日，对薪资管理系统进行月末结账。

【实验过程】

（1）在U8企业应用平台，依次选择“业务工作→人力资源→薪资管理→业务处理→月末处理”命令，打开“月末处理”对话框，单击“确定”按钮，弹出系统提示，如图7-56所示。

月末处理

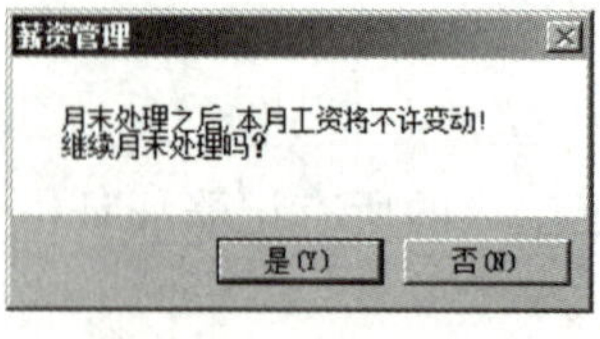

图7-56　系统提示

（2）单击“是”，系统提示“是否选择清零项?”，单击“是”，弹出“选择清零项目”对话框。选择清零项目“奖金”“加班天数”“病假天数”“事假天数”，如图7-57所示。

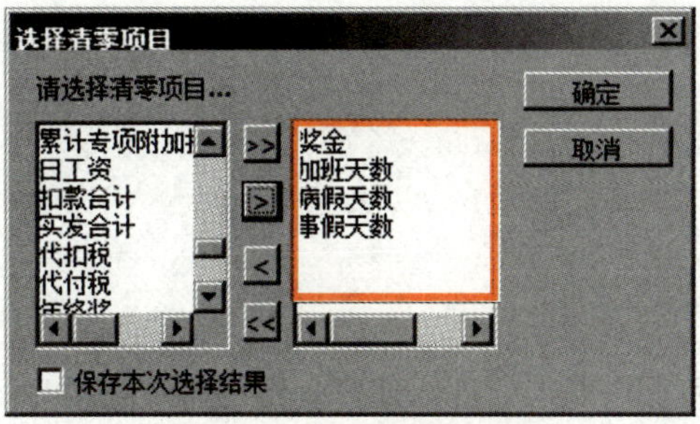

图7-57 选择清零项目

（3）单击“确定”按钮，系统提示“月末处理完毕！”，单击“确定”按钮，完成月结。

提示

如果某工资项目每月数据均不同，在处理每月工资时，均需将其数据清为0，然后输入当月的数据，此类项目即为清零项目。

若不选择清零项，则下月项目将完全继承当前月数据。

若本月工资数据未汇总，系统将不允许进行月末结账。

月末结账后，若发现还有事项需要在已结账月处理，此时需要使用反结账功能取消结账标志。反结账必须以已结账月份的下月登录系统才能进行。

【课程思政点睛】

【复习思考题】

1. 简述累计预扣法下薪资管理系统的核心关键点。

2. 为什么表7-2中职工负担的“三险一金”设为“减项”，而企业负担的“五险一金”设为“其它”？

3. 如何正确理解“iff”函数？

4. 简述工资分摊设置时部门名称与人员类别的关系。

8 项目8 总账系统（二）

本项目包括出纳管理和总账期末处理两部分。出纳管理包括日记账等账表查询、登记支票登记簿、银行期末对账等内容。总账期末处理包括期末结转、生成凭证、对账、结账等内容。

本项目的重点内容：银行对账、自定义结转、期末结转。

本项目的难点内容：自定义结转、期末结转。

本项目总体流程如图8-1所示。

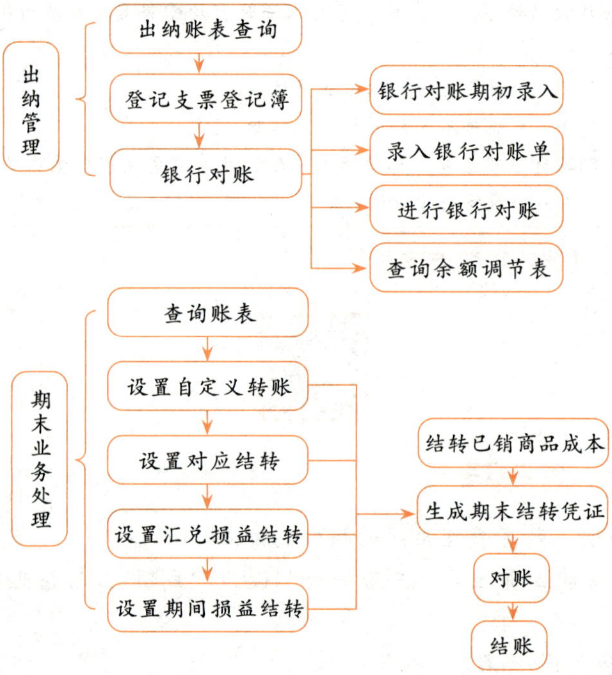

图8-1 本项目总体流程

任务1 出纳管理

知识点131 出纳账表查询

【实验资料】

（1）查询1月份现金日记账；

（2）查询1月25日中国工商银行沈阳皇姑支行的银行日记账；

（3）查询1月31日的资金日报表。

【实验过程】

出纳账表查询

（1）2025年1月31日，由贺青春（W03）登录企业应用平台。

（2）在U8企业应用平台，依次选择“业务工作→财务会计→总账→出纳→现金日记账”命令，打开“现金日记账查询条件”对话框，如图8-2所示。

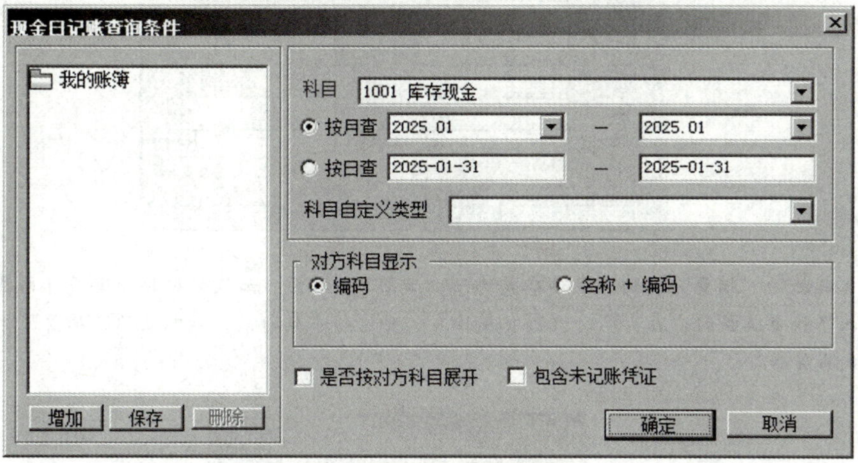

图8-2 现金日记账查询条件

（3）勾选“包含未记账凭证”，单击“确定”按钮，打开“现金日记账”窗口，如图8-3所示。

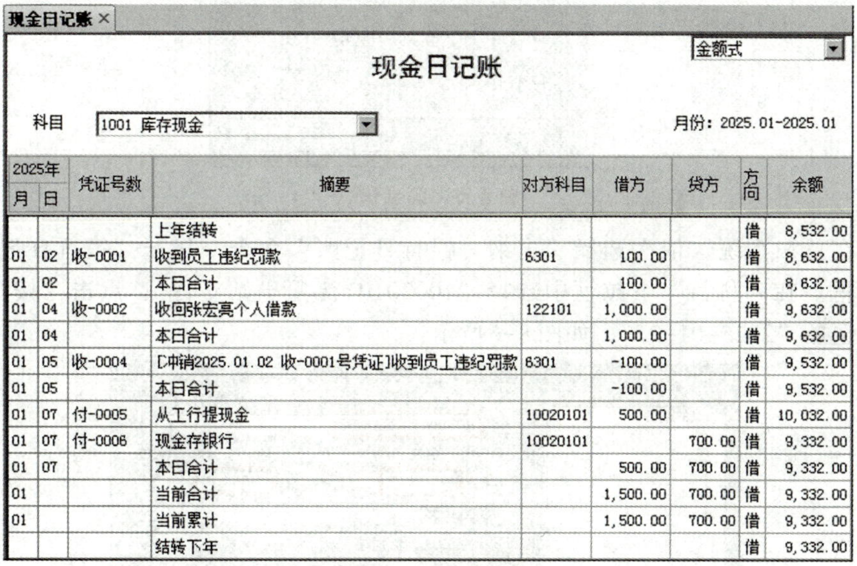

2025年 月	日	凭证号数	摘要	对方科目	借方	贷方	方向	余额
			上年结转				借	8,532.00
01	02	收-0001	收到员工违纪罚款	6301	100.00		借	8,632.00
01	02		本日合计		100.00		借	8,632.00
01	04	收-0002	收回张宏亮个人借款	122101	1,000.00		借	9,632.00
01	04		本日合计		1,000.00		借	9,632.00
01	05	收-0004	[冲销2025.01.02 收-0001号凭证]收到员工违纪罚款	6301	-100.00		借	9,532.00
01	05		本日合计		-100.00		借	9,532.00
01	07	付-0005	从工行提现金	10020101	500.00		借	10,032.00
01	07	付-0006	现金存银行	10020101		700.00	借	9,332.00
01	07		本日合计		500.00	700.00	借	9,332.00
01			当前合计		1,500.00	700.00	借	9,332.00
01			当前累计		1,500.00	700.00	借	9,332.00
			结转下年				借	9,332.00

图8-3 现金日记账

提示

若想查询现金日记账，必先在“会计科目”窗口的“编辑”菜单下指定现金科目。

双击某行或单击工具栏的“凭证”按钮，可查看相应的记账凭证。

点击工具栏的“总账”按钮可查看库存现金的三栏式总账。

点击工具栏的“过滤”按钮，打开“日记账过滤条件”窗口，如图8-4所示。输入相关过滤条件，可缩小查询范围，快速查出所需要的凭证。

图 8-4　日记账过滤条件

单击工具栏的“摘要”按钮，显示摘要选项，如图 8-5 所示。如果该科目设有科目属性，且录入凭证时录入了科目属性的内容，同时该科目属性在摘要选项中被勾选，则账表的“摘要”栏显示该科目属性的内容等。

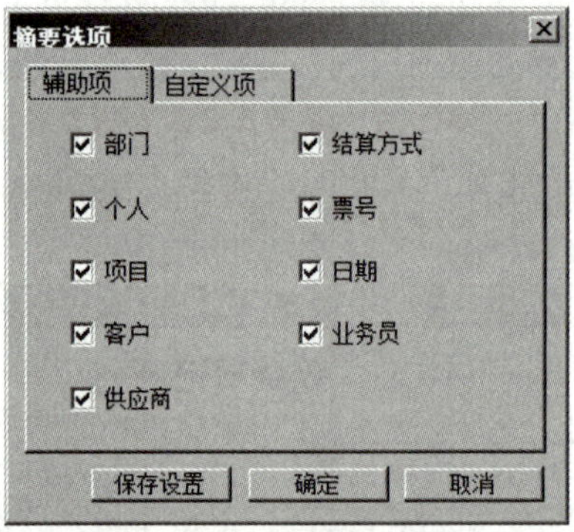

图 8-5　摘要选项

（4）在总账系统，依次选择“出纳→银行日记账”命令，打开“银行日记账查询条件”对话框。在“科目”下拉框中选择“10020101 沈阳皇姑支行”，点击“按日查”，起止日期均选择“2025-01-25”，如图 8-6 所示。

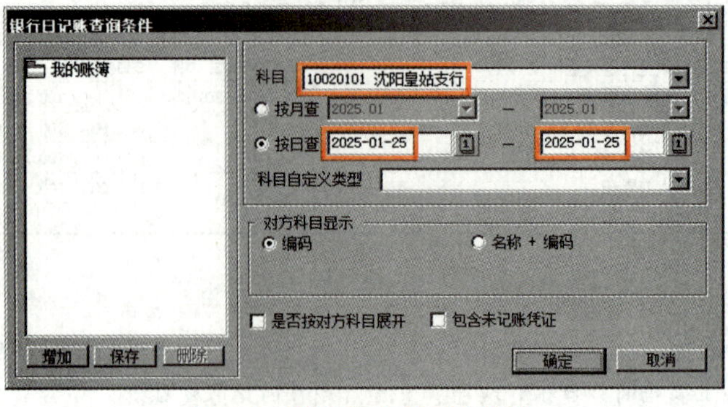

图8-6　银行日记账查询条件

（5）勾选“包含未记账凭证”，单击“确定”按钮，打开“银行日记账”窗口，如图 8-7 所示。

银行日记账 ×

金额式

银行日记账

科目 10020101 沈阳皇姑支行　　　　日期:2025.01.25-2025.01.25

2025年 月	日	凭证号数	摘要	结算号	对方科目	借方	贷方	方向	余额
			昨日余额					借	85,240,903.56
01	25	收-0005	收款单_401_12159437_2025.01.22	电汇-12159437	6001,1122	109,000.00		借	85,349,903.56
01	25	收-0006	收款单_401_85693256_2025.01.22	电汇-85693256	1122	399,400.00		借	85,749,303.56
01	25	收-0007	收款单_401_93592137_2025.01.23	电汇-93592137	2203	80,000.00		借	85,829,303.56
01	25	付-0007	收款单_401_59720715_2025.01.23	电汇-59720715	220201		36,160.00	借	85,793,143.56
01	25	付-0008	付款单_401_25896303_2025.01.23	电汇-25896303	220201		157,942.00	借	85,635,201.56
01	25	付-0009	付款单_202_10562003_2025.01.23	转账支票-10562003	1123		30,000.00	借	85,605,201.56
01	25		本日合计			588,400.00	224,102.00	借	85,605,201.56
01			当前合计			686,300.00	1,161,443.44	借	85,605,201.56
01			当前累计			686,300.00	1,161,443.44	借	85,605,201.56
			结转下年					借	85,605,201.56

图8-7　银行日记账

（6）在总账系统，依次选择“出纳→资金日报”命令，打开“资金日报表查询条件”对话框。单击“确定”按钮，如图8-8所示。

资金日报表 ×

资金日报表

日期:2025.01.31

科目编码	科目名称	币种	今日共借	今日共贷	方向	今日余额	借方笔数	贷方笔数
1002	银行存款		325,600.00		借	93,348,027.36	2	
合计			325,600.00		借	93,348,027.36	2	

图8-8　资金日报表

提示

资金日报表是反映企业某日库存现金、银行存款发生额及余额情况的报表。

知识点132　登记支票登记簿

【实验资料】

根据表8-1登记支票登记簿。

表8-1　支票登记簿

领用日期	领用部门	领用人	支票号	预计金额	用途
2025.01.03	财务部	贺青春	10561997	38 952.69	发放上月工资
2025.01.03	财务部	贺青春	10561998	880 148.75	缴纳税费
2025.01.05	财务部	贺青春	65302695	500.00	备用金
2025.01.15	采购部	张宏亮	10561999	13 560.00	购买电脑
2025.01.16	销售部	何丽平	10562000	1 000.00	支付代垫运费
2025.01.23	采购部	张宏亮	10562001	38 160.00	支付湖南百盛货款
2025.01.23	采购部	张宏亮	10562003	30 000.00	预付上海恒久货款
2025.01.26	采购部	张宏亮	10562004	2 234 350.00	支付天津惠阳货款
2025.01.27	采购部	张宏亮	10562005	200 000.00	支付大连博伦货款

【实验过程】

登记支票登记簿

（1）在U8企业应用平台，依次选择“业务工作→财务会计→总账→出纳→支票登记簿”命令，打开“银行科目选择”对话框，单击“确定”按钮，打开“支票登记簿”窗口。

（2）单击“增加”按钮，根据实验资料录入支票登记簿，结果如图 8-9 所示。

支票登记簿 ×

支票登记簿

科目：沈阳皇姑支行(10020101)　　　　支票张数：9(其中：已报0 未报9)

领用日期	领用部门	领用人	支票号	预计金额	用途
2025.01.03	财务部	贺青春	10561997	38,952.69	发放上月工资
2025.01.03	财务部	贺青春	10561998	880,148.75	缴纳税费
2025.01.05	财务部	贺青春	65302695	500.00	备用金
2025.01.15	采购部	张宏亮	10561999	13,560.00	购买电脑
2025.01.16	销售部	何丽平	10562000	1,000.00	支付代垫运费
2025.01.23	采购部	张宏亮	10562001	38,160.00	支付湖南百盛货款
2025.01.23	采购部	张宏亮	10562003	30,000.00	预付上海恒久货款
2025.01.26	采购部	张宏亮	10562004	2,234,350.00	支付天津惠阳货款
2025.01.27	采购部	张宏亮	10562005	200,000.00	支付大连博伦货款

图8-9　支票登记簿

提示

使用支票登记簿的前提条件：

①在“会计科目”窗口的“编辑”菜单下指定银行科目；

②该结算方式已勾选“是否票据管理”；

③总账系统选项的“凭证”页签勾选“支票控制”；

④应收、应付系统选项的“常规”页签勾选“登记支票”。

支票登记簿的使用方法如下：

①领用支票时，在支票登记簿中增加一行记录，登记支票的领用日期、领用部门、领用人、支票号、预计金额、用途等信息。

②填制上述付款业务的记账凭证时（总账系统直接填制或通过应收应付系统生成凭证），系统要求录入该支票的结算方式和支票号。记账凭证保存后，系统自动在支票登记簿中填入该支票的“报销日期”。

已报销的支票不能直接修改。将光标移至报销日期栏，按空格键删除报销日期，以取消报销标志，此时方可修改。

知识点 133　银行对账

【实验资料】

（1）录入银行对账期初数据。

银行对账期初数据，银行存款日记账期初余额为 86 080 345 元，银行对账单期初余额为 86 090 345 元。期初未达账项（企业已付银行未付）见表 8-2。

表 8-2　期初未达账项

凭证日期	结算方式	票号	贷方金额	票据日期	摘要
2024.12.30	转账支票	10561996	10 000.00	2024.12.30	支付电费

（2）录入银行对账单。

根据表 8-3 录入银行对账单。

表 8-3　2025 年 1 月份中国工商银行沈阳皇姑支行银行对账单

日期	结算方式	票号	借方金额	贷方金额	余额
2025.01.01	202	10561996		10 000.00	86 080 345.00
2025.01.01	401	25896302		3 180.00	86 077 165.00
2025.01.03	202	10561997		38 952.69	86 038 212.31
2025.01.03	202	10561998		880 148.75	85 158 063.56
2025.01.05	9		200.00		85 158 263.56
2025.01.07	201	65302695		500.00	85 157 763.56
2025.01.07	1		700.00		85 158 463.56
2025.01.15	202	10561999		13 560.00	85 144 903.56
2025.01.16	202	10562000		1 000.00	85 143 903.56
2025.01.20	5	35978808	97 000.00		85 240 903.56
2025.01.22	401	12159437	109 000.00		85 349 903.56
2025.01.22	401	85693256	399 400.00		85 749 303.56
2025.01.23	202	10562001		38 160.00	85 711 143.56
2025.01.23	401	59720715	2 000.00		85 713 143.56
2025.01.23	401	93592137	80 000.00		85 793 143.56
2025.01.23	401	25896303		157 942.00	85 635 201.56
2025.01.23	202	10562003		30 000.00	85 605 201.56
2025.01.26	401	12390569	1 356 000.00		86 961 201.56
2025.01.26	202	10562004		2 234 350.00	84 726 851.56
2025.01.27	401	91681702	814 600.00		85 541 451.56
2025.01.27	202	10562005		200 000.00	85 341 451.56
2025.01.30		63295321		25 740.00	85 315 711.56
2025.01.31		34579612	295 600.00		85 611 311.56
2025.01.31	401	12390578	30 000.00		85 641 311.56

（3）进行银行对账。

（4）查询详细的银行存款余额调节表。

【实验过程】

银行对账

（1）对账前准备工作。

2025 年 1 月 31 日，由贺青春（W03）登录企业应用平台，对所有凭证进行出纳签字。如果没有收款凭证、付款凭证，可跳过本步骤。

2025 年 1 月 31 日，由王钰茹（W01）登录企业应用平台，对所有凭证进行审核。

2025 年 1 月 31 日，由赵凯杰（W02）登录企业应用平台，对所有凭证进行记账。

（2）录入银行对账期初数据。

①在 U8 企业应用平台，依次选择“业务工作→财务会计→总账→出纳→银行对账→银行对账期初录入”命令，打开“银行科目选择”对话框，单击“确定”按钮，打开“银行对账期初”窗口。

②根据实验资料，在单位日记账的“调整前余额”栏输入“86080345”，在银行对账单的“调整前余额”录入“86090345”，结果如图 8-10 所示。

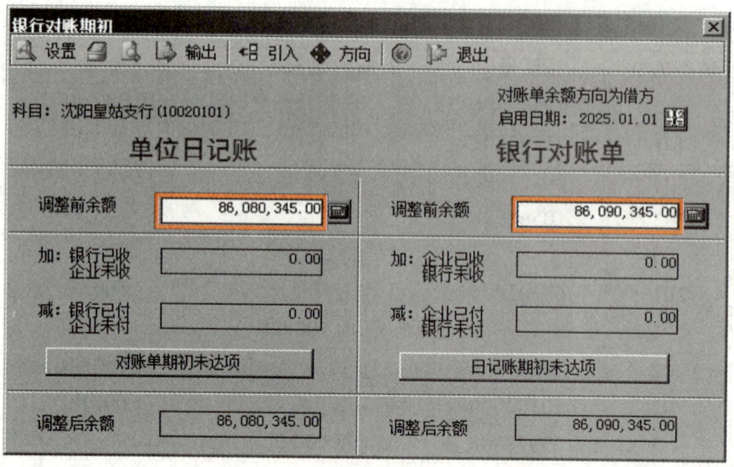

图8-10　银行对账期初调整前数据

③单击“日记账期初未达项”按钮，打开“企业方期初”窗口，根据表8-2录入期初未达账项，结果如图8-11所示。

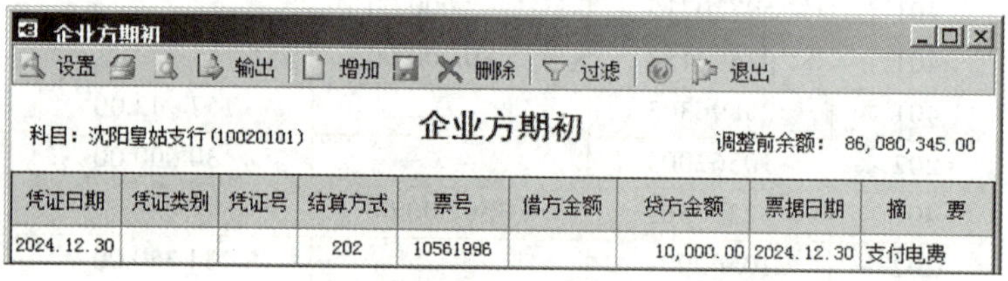

图8-11　期初未达账项——企业已付银行未付

④退出“企业方期初”窗口，返回“银行对账期初”窗口，结果如图8-12所示。退出该窗口。

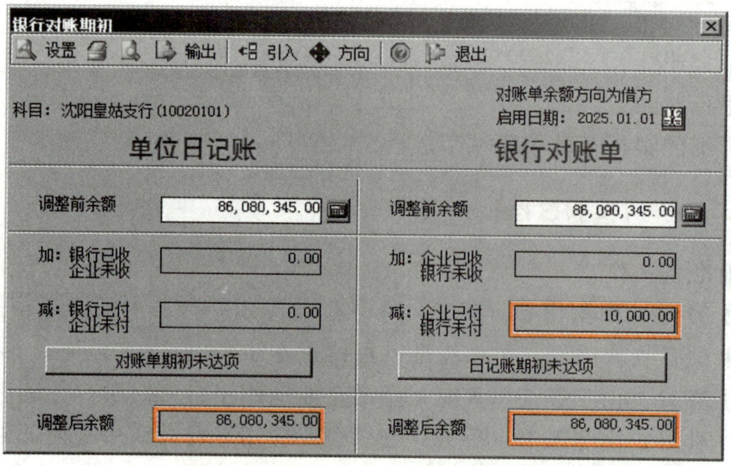

图8-12　银行对账期初调整后数据

(3）录入银行对账单。

①在总账系统，依次选择“出纳→银行对账→银行对账单”命令，打开“银行对账单”窗口。

②单击“增加”按钮，根据实验资料手工录入银行对账单，结果如图8-13所示。

银行对账单

科目：沈阳皇姑支行(10020101)　　　　对账单账面余额:85,641,311.56

日期	结算方式	票号	借方金额	贷方金额	余额
2025.01.01	202	10561996		10,000.00	86,080,345.00
2025.01.01	401	25896302		3,180.00	86,077,165.00
2025.01.03	202	10561997		38,952.69	86,038,212.31
2025.01.03	202	10561998		880,148.75	85,158,063.56
2025.01.05	9		200.00		85,158,263.56
2025.01.07	201	65302695		500.00	85,157,763.56
2025.01.07	1		700.00		85,158,463.56
2025.01.15	202	10561999		13,560.00	85,144,903.56
2025.01.16	202	10562000		1,000.00	85,143,903.56
2025.01.20	5	35978808	97,000.00		85,240,903.56
2025.01.22	401	12159437	109,000.00		85,349,903.56
2025.01.22	401	85693256	399,400.00		85,749,303.56
2025.01.23	202	10562001		38,160.00	85,711,143.56
2025.01.23	401	59720715	2,000.00		85,713,143.56
2025.01.23	401	93592137	80,000.00		85,793,143.56
2025.01.23	401	25896303		157,942.00	85,635,201.56
2025.01.23	202	10562003		30,000.00	85,605,201.56
2025.01.26	401	12390569	1,356,000.00		86,961,201.56
2025.01.26	202	10562004		2,234,350.00	84,726,851.56
2025.01.27	401	91681702	814,600.00		85,541,451.56
2025.01.27	202	10562005		200,000.00	85,341,451.56
2025.01.30		63295321		25,740.00	85,315,711.56
2025.01.31		34579612	295,600.00		85,611,311.56
2025.01.31	401	12390578	30,000.00		85,641,311.56

图8-13　银行对账单

提示

如果银行对账单记录过多，可通过工具栏的“引入”功能来完成银行对账单的录入。

（4）进行银行对账。

①在总账系统，依次选择“出纳→银行对账→银行对账”命令，打开“银行科目选择”对话框，单击“确定”按钮，打开“银行对账”窗口。

②单击工具栏的“对账”按钮，打开“自动对账”对话框，结果如图8-14所示。

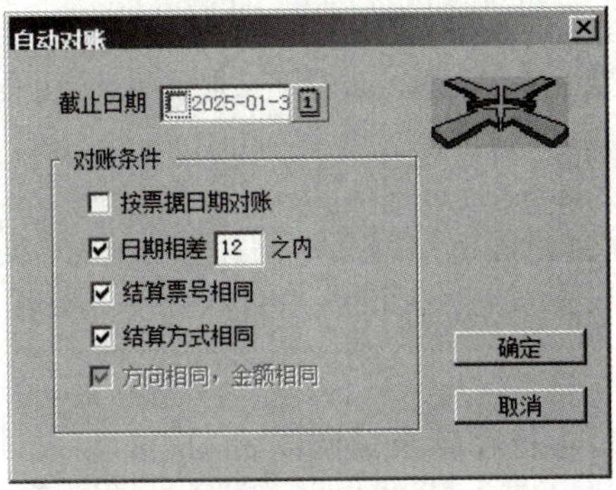

图8-14　“自动对账”对话框

③单击“确定”按钮，显示自动对账结果。检查自动对账不成功的记录，分析原因后进行手工对账处理并保存，结果如图8-15所示。

银行对账 ×

科目：10020101 (沈阳皇姑支行)

单位日记账

票据日期	结算方式	票号	方向	金额	两清	凭证号数	摘 要	对账序号
2025.01.05	9		借	200.00	○	收-0003	活期存款利息	2025013100001
2025.01.22	401	12159437	借	109,000.00	○	收-0005	收款单	2025013100011
2025.01.22	401	85693256	借	399,400.00	○	收-0006	收款单	2025013100020
2025.01.23	401	93592137	借	80,000.00	○	收-0007	收款单	2025013100022
2025.01.26	401	12390569	借	1,356,000.00	○	收-0008	收款单	2025013100012
2025.01.27	401	91681702	借	814,600.00	○	收-0009	其他应收单	2025013100021
2025.01.20	5	35978808	借	97,000.00	○	收-0010	票据结算	2025013100017
2025.01.31		34579612	借	295,600.00	○	收-0011	票据贴现	2025013100016
2025.01.31	401	12390578	借	30,000.00	○	收-0012	坏账收回(结算)	2025013100013
2025.01.02	401	25896302	贷	3,180.00	○	付-0001	支付本月广告宣传费	2025013100014
2025.01.03	202	10561997	贷	38,952.69	○	付-0002	发放上月工资	2025013100004
2025.01.03	202	10561998	贷	880,148.75	○	付-0003	缴纳税费	2025013100005
2025.01.07	201	65302695	贷	500.00	○	付-0005	从工行提现金	2025013100019
2025.01.07	1		借	700.00	○	付-0006	现金存银行	2025013100002
2025.01.23	401	59720715	贷	36,160.00	Y	付-0007	收款单	2025013100023
2025.01.23	401	25896303	贷	157,942.00	○	付-0008	付款单	2025013100015
2025.01.23	202	10562003	贷	30,000.00	○	付-0009	付款单	2025013100008
2025.01.26	202	10562004	贷	2,234,350.00	○	付-0010	付款单	2025013100009
2025.01.27	202	10562005	贷	200,000.00	○	付-0011	付款单	2025013100010
2025.01.30		63295321	贷	25,740.00	○	付-0012	票据结算	2025013100018
2025.01.16	202	10562000	贷	1,000.00	○	付-0013	其他应收单	2025013100007
2025.01.15	202	10561999	贷	13,560.00	○	付-0014	直接购入资产	2025013100006
2024.12.30	202	10561996	贷	10,000.00	○	-0000	支付电费	2025013100003

银行对账单

日期	结算方式	票号	方向	金额	两清	对账序号
2025.01.01	202	10561996	贷	10,000.00	○	2025013100003
2025.01.01	401	25896302	贷	3,180.00	○	2025013100014
2025.01.03	202	10561997	贷	38,952.69	○	2025013100004
2025.01.03	202	10561998	贷	880,148.75	○	2025013100005
2025.01.05	9		借	200.00	○	2025013100001
2025.01.07	201	65302695	贷	500.00	○	2025013100019
2025.01.07	1		借	700.00	○	2025013100002
2025.01.15	202	10561999	贷	13,560.00	○	2025013100006
2025.01.16	202	10562000	贷	1,000.00	○	2025013100007
2025.01.20	5	35978808	借	97,000.00	○	2025013100017
2025.01.22	401	12159437	借	109,000.00	○	2025013100011
2025.01.22	401	85693256	借	399,400.00	○	2025013100020
2025.01.23	202	10562001	贷	38,160.00	Y	2025013100023
2025.01.23	401	59720715	借	2,000.00	Y	2025013100023
2025.01.23	401	93592137	借	80,000.00	○	2025013100022
2025.01.23	401	25896303	贷	157,942.00	○	2025013100015
2025.01.23	202	10562003	贷	30,000.00	○	2025013100008
2025.01.26	401	12390569	借	1,356,000.00	○	2025013100012
2025.01.26	202	10562004	贷	2,234,350.00	○	2025013100009
2025.01.27	401	91681702	借	814,600.00	○	2025013100021
2025.01.27	202	10562005	贷	200,000.00	○	2025013100010
2025.01.30		63295321	贷	25,740.00	○	2025013100018
2025.01.31		34579612	借	295,600.00	○	2025013100016
2025.01.31	401	12390578	借	30,000.00	○	2025013100013

图8-15 对账结果

提示

除上述自动对账外，还可进行手工对账。具体方法如下：

①在单位日记账中双击要进行勾对的记录，此时“两清”标志栏自动打上“√”。

②单击工具栏的“对照”按钮，在银行对账单中显示与单位日记账中当前记录相似的记录。双击银行对账单中的该行记录，此时“两清”标志栏自动打上“√”。

③单击工具栏的“保存”按钮，单位日记账、银行对账单的“两清”标志栏变更为“Y”。手工对账完成。

以上是选择单位日记账记录，寻找银行对账单记录并对账。也可选择银行对账单记录，寻找单位日记账记录并对账。

如何取消对账标志？系统提供两种取消对账标志的方法：

①手工取消勾对：双击要取消对账标志的记录的“两清”标志栏，单击“保存”按钮。

②自动取消勾对：单击工具栏的“取消”按钮，弹出“银行反对账范围”对话框，单击“确定”按钮，系统将自动完成取消对账标志的操作。

本例中以下业务自动对账不成功：

银行对账单本月23日贷方发生38 160元（图4-35），借方发生2 000元（图4-38）。本月25日企业会计制单时进行了汇总处理，贷方发生36 160元（图4-51）。这里并非实质性对账错误，可进行手工对账。

（5）查询并输出“1月份银行存款余额调节表.xls”。

①在总账系统，依次选择“出纳→银行对账→余额调节表查询”命令，打开“银行存款余额调节表”窗口，如图8-16所示。

银行存款余额调节表 ×

银行存款余额调节表

银行科目（账户）	对账截止日期	单位账账面余额	对账单账面余额	调整后存款余额
沈阳皇姑支行（10020101）		85,641,311.56	85,641,311.56	85,641,311.56
人民币（1002020101）		0.00	0.00	0.00
美元（1002020102）		-2,000.00	0.00	-2,000.00

图8-16 “银行存款余额调节表”窗口

②单击“查看”按钮，打开“银行存款余额调节表”对话框，如图8-17所示。

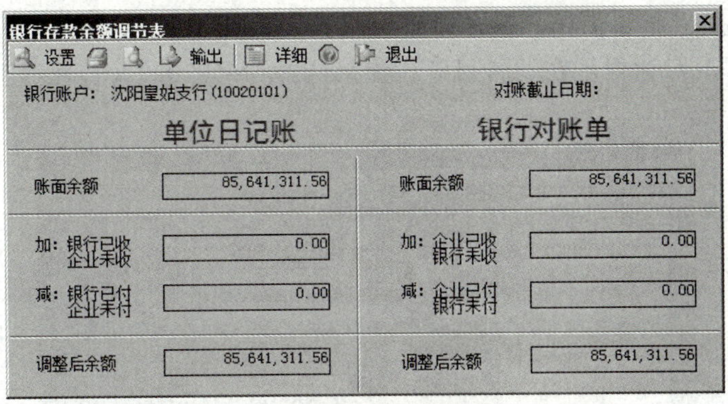

图8-17 “银行存款余额调节表”对话框

③单击“详细”按钮，打开详细的银行存款余额调节表，如图8-18所示。

银行存款余额调节表 | 余额调节表（详细）×

余额调节表（详细）

科目：沈阳皇姑支行（10020101）　　对账截止日期：

企业账面存款余额:85,641,311.56						银行账面存款余额:85,641,311.56											
加：银行已收企业未收			减：银行已付企业未付			加：企业已收银行未收						减：企业已付银行未付					
日期	票号	金额	日期	票号	金额	凭证日期	凭证号	票据日期	票号	摘要	金额	凭证日期	凭证号	票据日期	票号	摘要	金额
	合计	0.00		合计	0.00					合计	0.00					合计	0.00
		调整后企业账面	存款余额:		85,641,311.56						调整后银行账面	存款余额:					85,641,311.56

图8-18 详细的银行存款余额调节表

提示

如果对账结果不平，可进行以下几方面的检查：

①“银行对账期初录入”中的“调整前余额”、“对账单期初未达项”及“日记账期初未达项”录入是否正确。

②银行对账单录入是否正确。

③“银行对账”中对账是否平衡。

任务2 期末业务处理

知识点134 查询账表

【实验资料】

（1）查询“管理费用/职工薪酬”明细账。

（2）查询管理费用总账。

（3）查询资产类账户的余额表。

（4）定义并查询管理费用多栏账。

（5）查询1月份应付票据科目明细账。

【实验过程】

查询账表

（1）查询“管理费用/职工薪酬”明细账。

①2025年1月31日，由赵凯杰（W02）登录企业应用平台。在U8企业应用平台，依次选择“业务工作→财务会计→总账→账表→科目账→明细账”命令，打开“明细账查询条件”对话框。在“科目”栏参照选择“660202”（管理费用/职工薪酬），如图8-19所示。

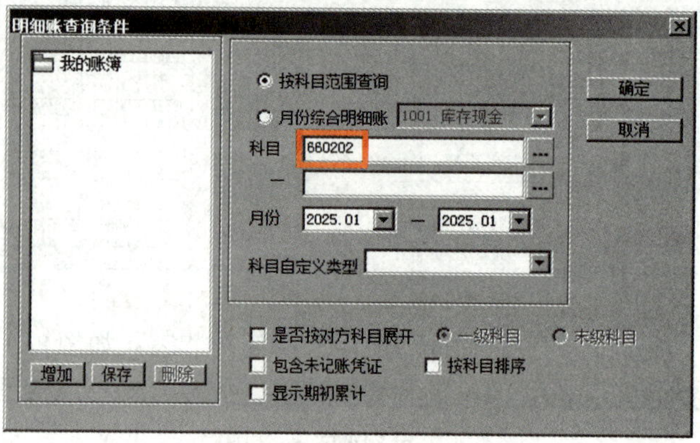

图8-19 明细账查询条件

②单击“确定”按钮，打开“明细账”窗口，如图8-20所示。

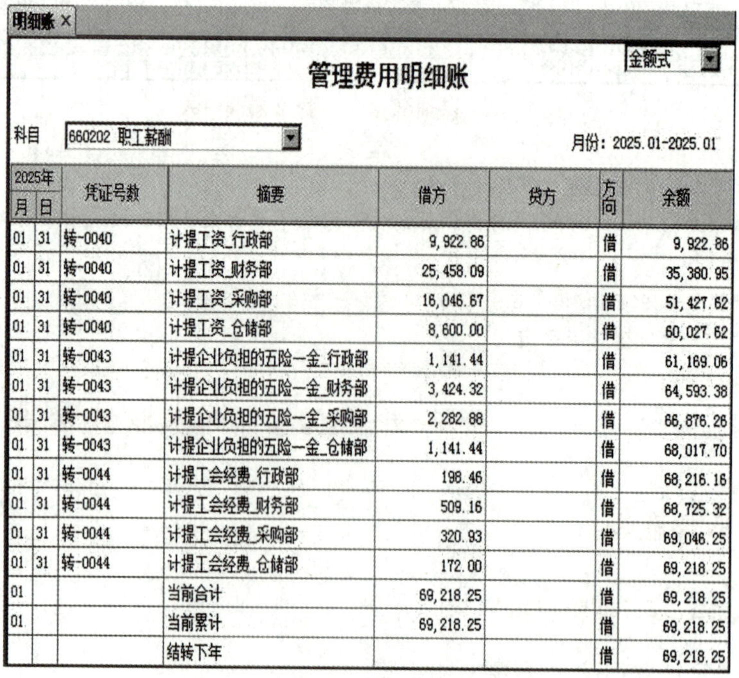

明细账

管理费用明细账

金额式

科目 660202 职工薪酬　　　　月份：2025.01-2025.01

2025年 月	日	凭证号数	摘要	借方	贷方	方向	余额
01	31	转-0040	计提工资_行政部	9,922.86		借	9,922.86
01	31	转-0040	计提工资_财务部	25,458.09		借	35,380.95
01	31	转-0040	计提工资_采购部	16,046.67		借	51,427.62
01	31	转-0040	计提工资_仓储部	8,600.00		借	60,027.62
01	31	转-0043	计提企业负担的五险一金_行政部	1,141.44		借	61,169.06
01	31	转-0043	计提企业负担的五险一金_财务部	3,424.32		借	64,593.38
01	31	转-0043	计提企业负担的五险一金_采购部	2,282.88		借	66,876.26
01	31	转-0043	计提企业负担的五险一金_仓储部	1,141.44		借	68,017.70
01	31	转-0044	计提工会经费_行政部	198.46		借	68,216.16
01	31	转-0044	计提工会经费_财务部	509.16		借	68,725.32
01	31	转-0044	计提工会经费_采购部	320.93		借	69,046.25
01	31	转-0044	计提工会经费_仓储部	172.00		借	69,218.25
01			当前合计	69,218.25		借	69,218.25
01			当前累计	69,218.25		借	69,218.25
			结转下年			借	69,218.25

图8-20 “管理费用/职工薪酬”明细账

提示

可以在这里查询库存现金、银行存款的月份综合明细账，但不能在这里按科目范围查询库存现金、银行存款的日记账。日记账需到出纳菜单下查询。

（2）查询管理费用总账。

①在总账系统，依次选择“账表→科目账→总账”命令，打开“总账查询条件”对话框。在“科目”栏参照选择“6602”，如图 8-21所示。

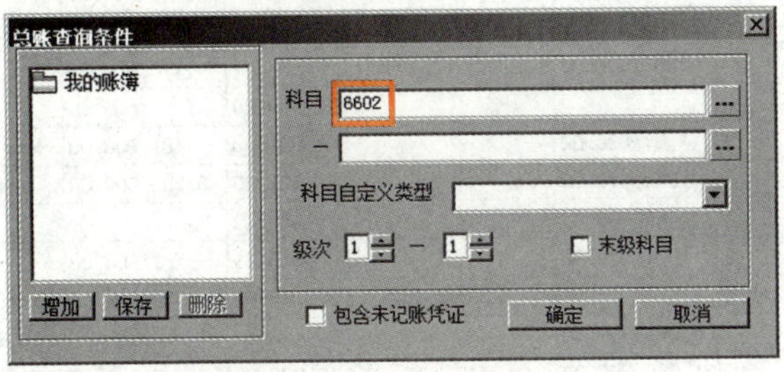

图8-21 总账查询条件

②单击“确定”按钮，打开“总账”窗口，如图 8-22所示。

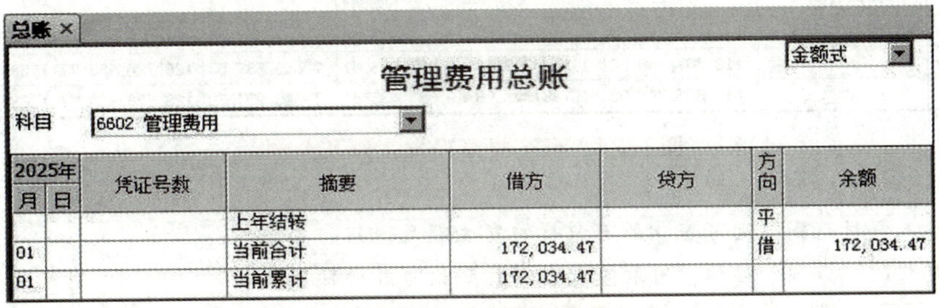

2025年 月	日	凭证号数	摘要	借方	贷方	方向	余额
			上年结转			平	
01			当前合计	172, 034. 47		借	172, 034. 47
01			当前累计	172, 034. 47			

图8-22 管理费用总账

提示

单击某月“当前合计”所在行，再单击工具栏上的“明细”按钮，或直接双击某月“当前合计”所在行，可联查当前科目当前月份的明细账。

（3）查询资产类账户的余额表。

①在总账系统，依次选择“账表→科目账→余额表”命令，打开“发生额及余额查询条件”对话框，在“科目”栏依次参照选择“1001”和“1901”，如图 8-23所示。

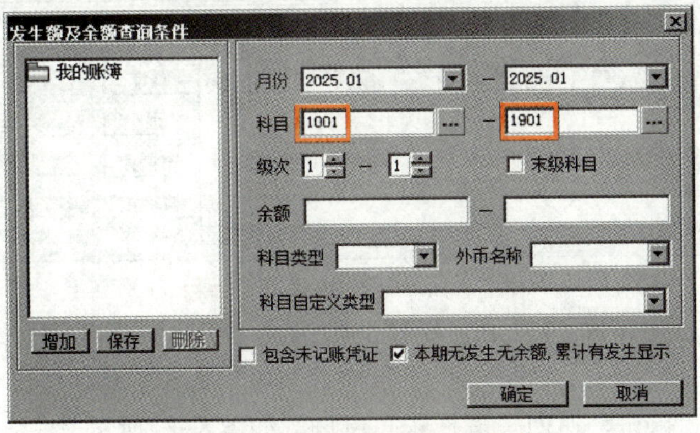

图8-23 发生额及余额查询条件

②单击“确定”按钮，打开“发生额及余额表”窗口，如图8-24所示。

发生额及余额表×

金额式

发生额及余额表

月份：2025.01-2025.01

科目编码	科目名称	期初余额		本期发生		期末余额	
		借方	贷方	借方	贷方	借方	贷方
1001	库存现金	8,532.00		1,500.00	700.00	9,332.00	
1002	银行存款	93,801,436.00		3,182,500.00	3,635,908.64	93,348,027.36	
1012	其他货币资金	300,000.00			172,650.00	127,350.00	
1101	交易性金融资产			170,000.00		170,000.00	
1121	应收票据	97,000.00		384,000.00	481,000.00		
1122	应收账款	678,000.00		3,364,432.20	3,208,000.00	834,432.20	
1123	预付账款	20,000.00		10,000.00		30,000.00	
1221	其他应收款	1,000.00		2,618.71	1,000.00	2,618.71	
1231	坏账准备		3,240.00	30,000.00	30,532.16		3,772.16
1405	库存商品	2,091,500.00		2,220,498.50		4,311,998.50	
1601	固定资产	21,890,300.00		12,000.00	9,600.00	21,892,700.00	
1602	累计折旧		1,785,153.68	4,965.12	101,625.85		1,881,814.41
1603	固定资产减值准备				1,000.00		1,000.00
1606	固定资产清理			2,603.44	2,603.44		
1901	待处理财产损溢			2,317.44	2,317.44		
资产小计		118,887,768.00	1,788,393.68	9,387,435.41	7,646,937.53	120,726,458.77	1,886,586.57
合计		118,887,768.00	1,788,393.68	9,387,435.41	7,646,937.53	120,726,458.77	1,886,586.57

图8-24　资产类账户发生额及余额

提示

如果不输入科目范围，则可查询所有科目的发生额及余额。

单击工具栏的“专项”按钮，可联查相应科目明细账或科目余额表。

（4）定义并查询管理费用多栏账。

①在总账系统，依次选择“账表→科目账→多栏账”命令，打开“多栏账”窗口，单击“增加”按钮，打开“多栏账定义”窗口，如图8-25所示。

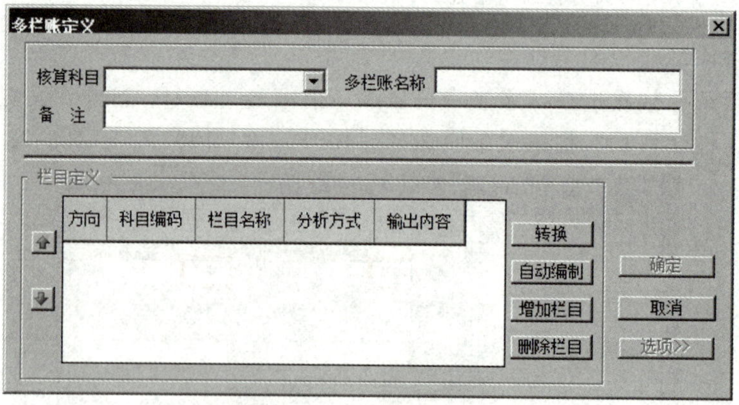

图8-25　“多栏账定义”窗口

②在“核算科目”下拉列表中选择“6602管理费用”，单击“自动编制”按钮，如图8-26所示。

③单击“确定”按钮，返回“多栏账”窗口，如图8-27所示。

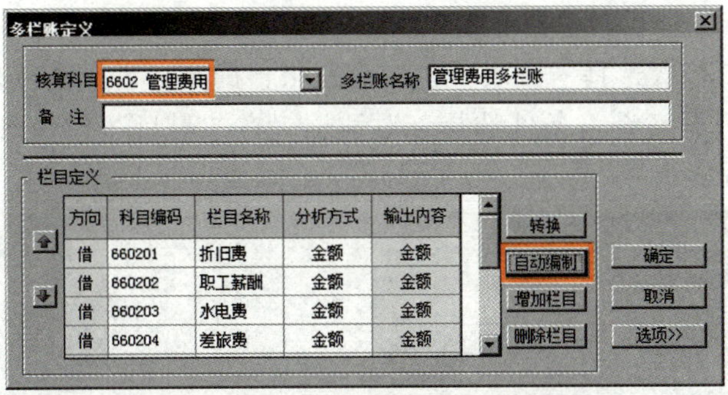

图8-26 “多栏账定义”窗口

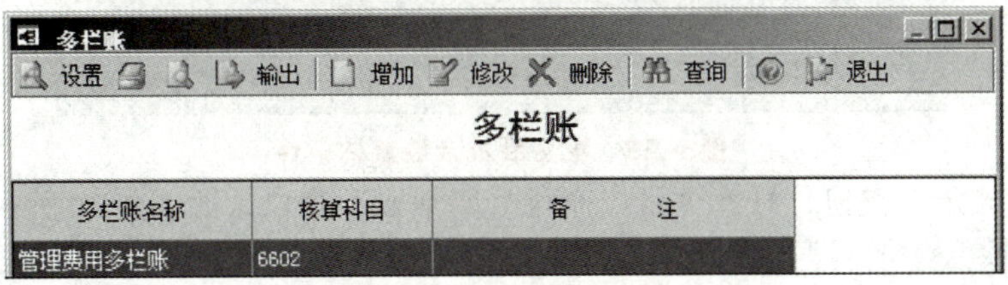

图8-27 “多栏账”窗口

④单击“查询”按钮，打开“多栏账查询”对话框。单击“确定”按钮，显示管理费用多栏账，如图8-28所示。

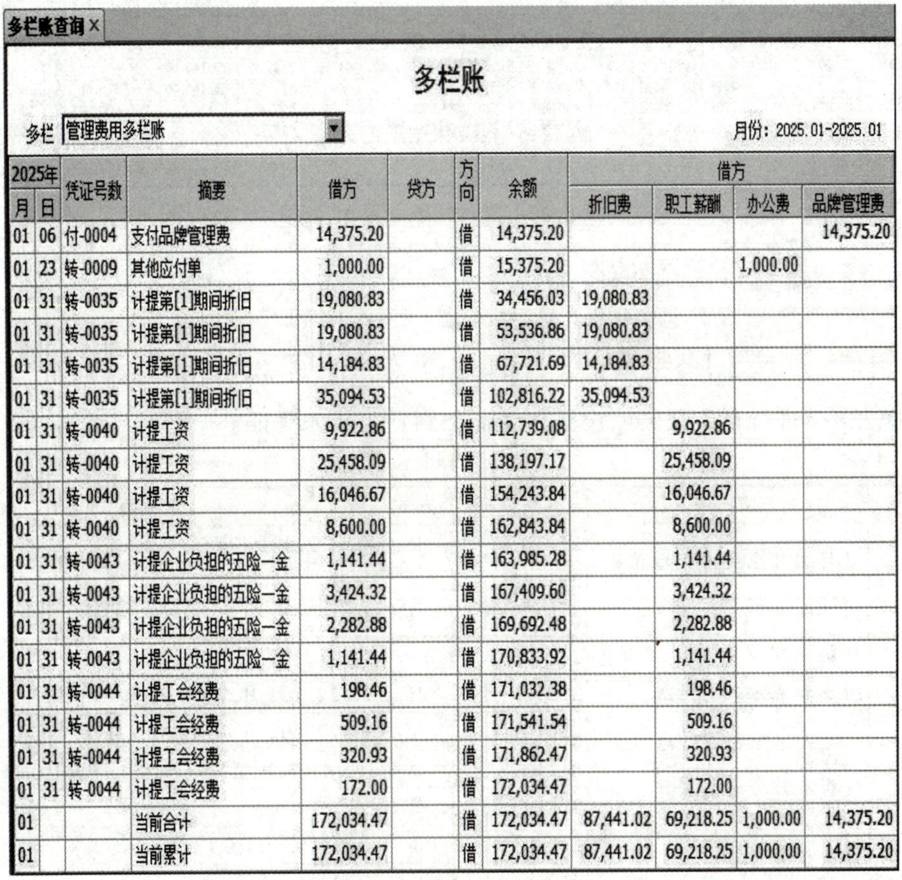

2025年		凭证号数	摘要	借方	贷方	方向	余额	借方			
月	日							折旧费	职工薪酬	办公费	品牌管理费
01	06	付-0004	支付品牌管理费	14,375.20		借	14,375.20				14,375.20
01	23	转-0009	其他应付单	1,000.00		借	15,375.20			1,000.00	
01	31	转-0035	计提第[1]期间折旧	19,080.83		借	34,456.03	19,080.83			
01	31	转-0035	计提第[1]期间折旧	19,080.83		借	53,536.86	19,080.83			
01	31	转-0035	计提第[1]期间折旧	14,184.83		借	67,721.69	14,184.83			
01	31	转-0035	计提第[1]期间折旧	35,094.53		借	102,816.22	35,094.53			
01	31	转-0040	计提工资	9,922.86		借	112,739.08		9,922.86		
01	31	转-0040	计提工资	25,458.09		借	138,197.17		25,458.09		
01	31	转-0040	计提工资	16,046.67		借	154,243.84		16,046.67		
01	31	转-0040	计提工资	8,600.00		借	162,843.84		8,600.00		
01	31	转-0043	计提企业负担的五险一金	1,141.44		借	163,985.28		1,141.44		
01	31	转-0043	计提企业负担的五险一金	3,424.32		借	167,409.60		3,424.32		
01	31	转-0043	计提企业负担的五险一金	2,282.88		借	169,692.48		2,282.88		
01	31	转-0043	计提企业负担的五险一金	1,141.44		借	170,833.92		1,141.44		
01	31	转-0044	计提工会经费	198.46		借	171,032.38		198.46		
01	31	转-0044	计提工会经费	509.16		借	171,541.54		509.16		
01	31	转-0044	计提工会经费	320.93		借	171,862.47		320.93		
01	31	转-0044	计提工会经费	172.00		借	172,034.47		172.00		
01			当前合计	172,034.47		借	172,034.47	87,441.02	69,218.25	1,000.00	14,375.20
01			当前累计	172,034.47		借	172,034.47	87,441.02	69,218.25	1,000.00	14,375.20

图8-28 管理费用多栏账

（5）查询1月份应付票据科目明细账。

①在总账系统，依次选择“账表→供应商往来辅助项→供应商往来明细账→供应商科目明细账”命令，打开“查询条件选择”对话框，在“科目”栏参照选择“2201”（应付票据），如图8-29所示。

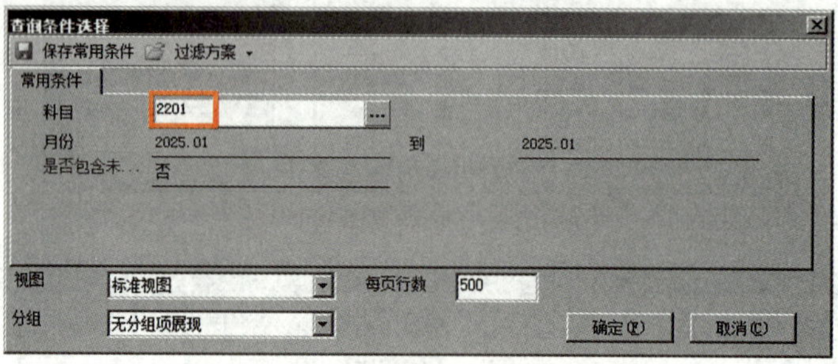

图8-29　发生额及余额查询条件

②单击“确定”按钮，打开“供应商科目明细账”窗口，如图8-30所示。

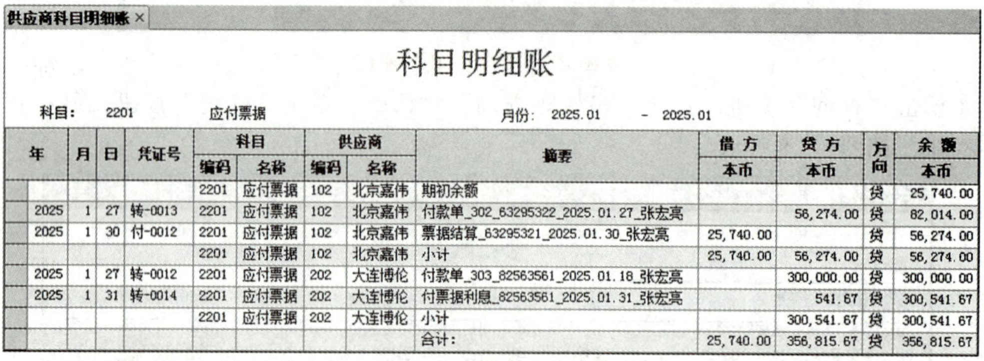
供应商科目明细账

科目明细账

科目：　2201　　应付票据　　　　月份：　2025.01　－　2025.01

年	月	日	凭证号	科目编码	科目名称	供应商编码	供应商名称	摘要	借方本币	贷方本币	方向	余额本币
				2201	应付票据	102	北京嘉伟	期初余额			贷	25,740.00
2025	1	27	转-0013	2201	应付票据	102	北京嘉伟	付款单_302_63295322_2025.01.27_张宏亮		56,274.00	贷	82,014.00
2025	1	30	付-0012	2201	应付票据	102	北京嘉伟	票据结算_63295321_2025.01.30_张宏亮	25,740.00		贷	56,274.00
				2201	应付票据	102	北京嘉伟	小计	25,740.00	56,274.00	贷	56,274.00
2025	1	27	转-0012	2201	应付票据	202	大连博伦	付款单_303_82563561_2025.01.18_张宏亮		300,000.00	贷	300,000.00
2025	1	31	转-0014	2201	应付票据	202	大连博伦	付票据利息_82563561_2025.01.31_张宏亮		541.67	贷	300,541.67
				2201	应付票据	202	大连博伦	小计		300,541.67	贷	300,541.67
								合计：	25,740.00	356,815.67	贷	356,815.67

图8-30　应付票据科目明细账

知识点135　设置自定义转账

【实验资料】

根据表8-4进行自定义转账设置，凭证类别均为转账凭证。

表8-4　　自定义转账设置

转账序号	摘要	科目编码	方向	金额公式
0001	结转本月应交未交增值税	22210105	借	QM(222101,月)
		222102	贷	JG()
0002	计提应交城建税、教育费附加和地方教育附加	6403	借	JG()
		222105	贷	FS(222102,月,贷)*0.07
		222106	贷	FS(222102,月,贷)*0.03
		222107	贷	FS(222102,月,贷)*0.02
0003	计提本月企业所得税	6801	借	(FS(4103,月,贷)-FS(4103,月,借))*0.25
		222103	贷	JG()
0004	提取法定盈余公积	410401	借	QM(4103,月)*0.1
		4101	贷	JG()

续表

转账序号	摘要	科目编码	方向	金额公式
0005	向投资者分配利润	410403	借	QM(4103,月)*0.3
		2232	贷	JG()
0006	结转本年实现的净利润	4103	借	QM(4103,月)
		410409	贷	JG()
0007	结转利润分配明细科目	410409	借	JG()
		410401	贷	FS(410401,月,借)
		410403	贷	FS(410403,月,借)

【实验过程】

设置自定义转账

（1）设置“结转本月应交未交增值税”自定义结转。

①在U8企业应用平台，依次选择“业务工作→财务会计→总账→期末→转账定义→自定义转账”命令，打开“自定义转账设置”窗口。

②单击工具栏的“增加”按钮，弹出“转账目录”对话框。根据实验资料，“转账序号”栏录入“0001”，“转账说明”栏录入“结转本月应交未交增值税”，“凭证类别”选择“转账凭证”，如图8-31所示。

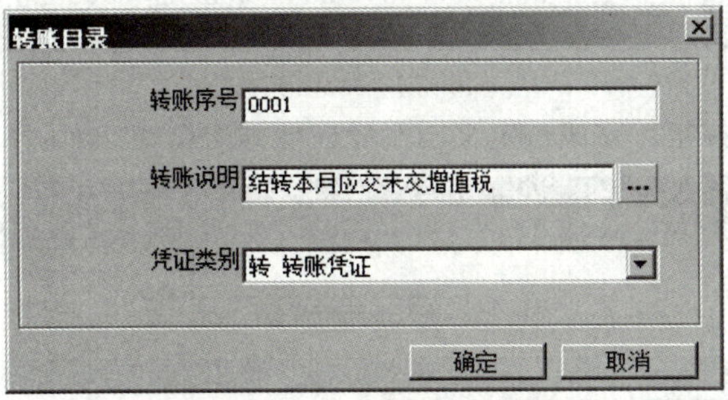

图8-31 “转账目录”对话框

③单击“确定”按钮，返回“自定义转账设置”窗口。单击工具栏的“增行”按钮，“科目编码”栏参照选择“22210105”（应交税费/应交增值税/转出未交增值税），双击“金额公式”栏，按F2键进入“公式向导”窗口，选择QM()（期末余额），如图8-32所示。

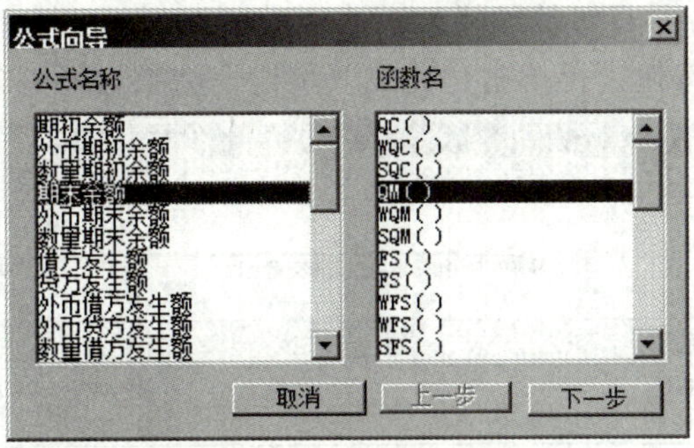

图8-32 公式向导1

提示

也可在“金额公式”栏直接输入转账函数公式。

④单击“下一步”按钮，将“科目”修改为“222101”（应交税费/应交增值税），如图8-33所示。

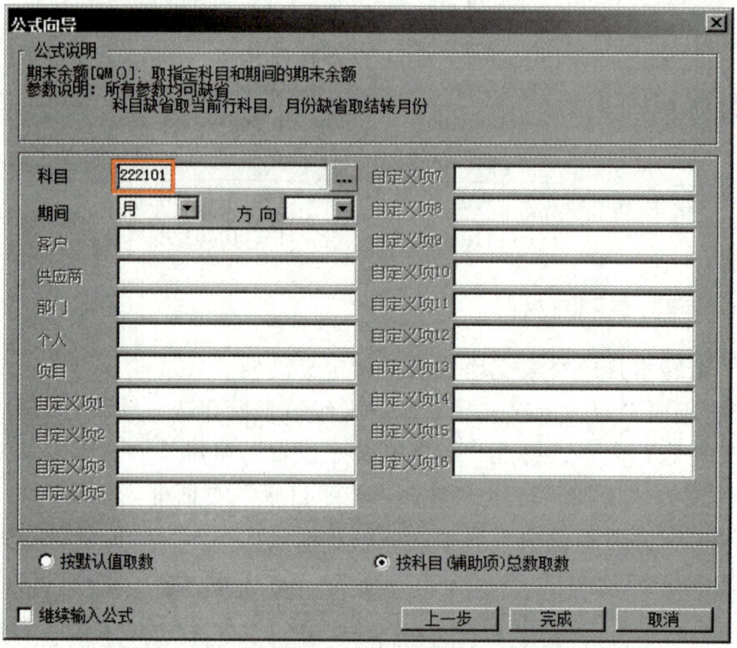

图8-33　公式向导2

⑤单击“完成”按钮，完成自定义转账凭证借方的设置，如图8-34所示。

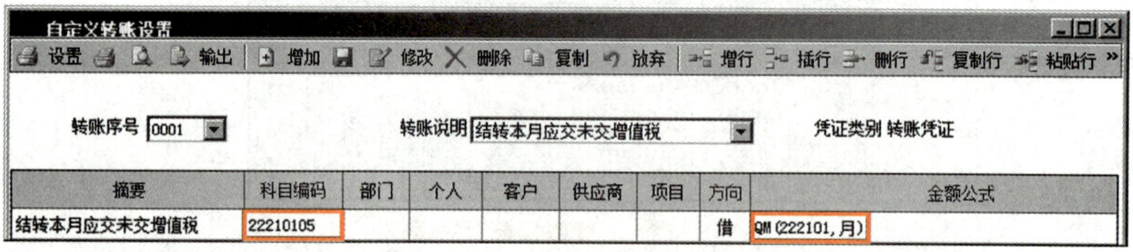

图8-34　自定义转账凭证借方设置结果

⑥单击工具栏的“增行”按钮，“科目编码”栏参照选择“222102”（应交税费/未交增值税），双击“方向”栏改为“贷”，双击“金额公式”栏，按F2键进入“公式向导”窗口，选择JG()（取对方科目计算结果）。

⑦单击“下一步”按钮，再单击“完成”按钮，结果如图8-35所示。

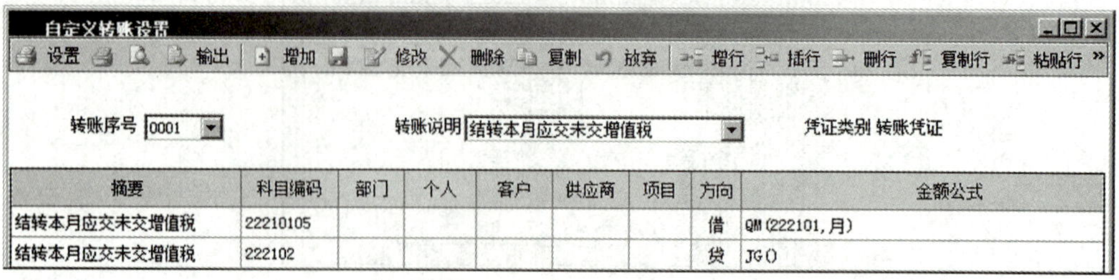

图8-35　自定义转账设置——结转本月应交未交增值税

（2）参照上述方法，完成“计提应交城建税、教育费附加和地方教育附加”的自定义结转设置，结果如图8-36所示。

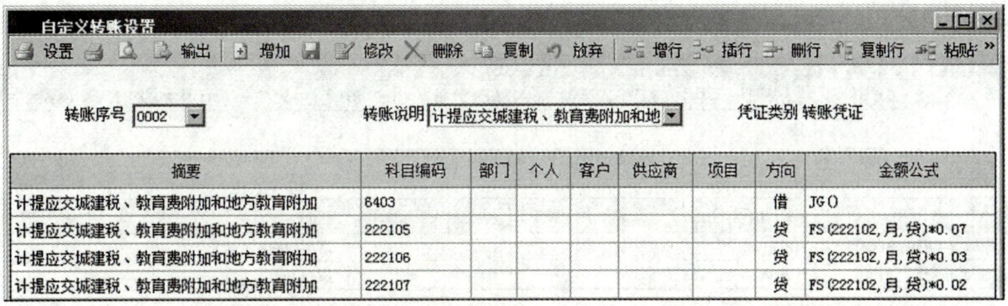

摘要	科目编码	部门	个人	客户	供应商	项目	方向	金额公式
计提应交城建税、教育费附加和地方教育附加	6403						借	JG()
计提应交城建税、教育费附加和地方教育附加	222105						贷	FS(222102,月,贷)*0.07
计提应交城建税、教育费附加和地方教育附加	222106						贷	FS(222102,月,贷)*0.03
计提应交城建税、教育费附加和地方教育附加	222107						贷	FS(222102,月,贷)*0.02

图8-36　自定义转账设置——计提应交城建税、教育费附加和地方教育附加

（3）参照上述方法，完成“计提本月企业所得税”的自定义结转设置，结果如图8-37所示。

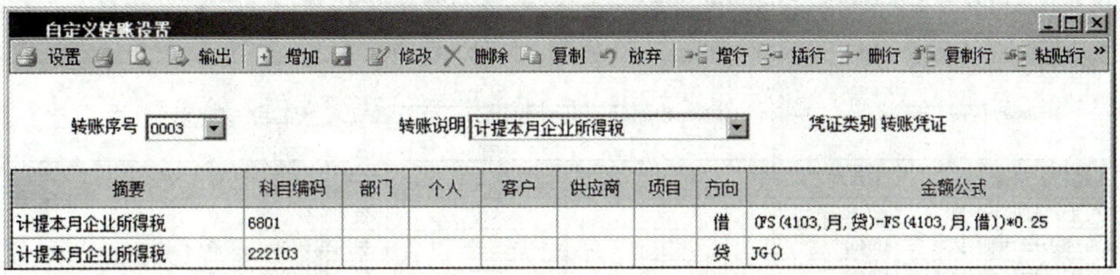

摘要	科目编码	部门	个人	客户	供应商	项目	方向	金额公式
计提本月企业所得税	6801						借	(FS(4103,月,贷)-FS(4103,月,借))*0.25
计提本月企业所得税	222103						贷	JG()

图8-37　自定义转账设置——计提本月企业所得税

提示

根据企业所得税法律制度的规定，企业所得税按年计征，分月或者分季预缴，年终汇算清缴，多退少补。根据我国企业会计准则的规定，所得税会计处理采用资产负债表债务法。

（4）参照上述方法，完成“提取法定盈余公积”的自定义结转设置，结果如图8-38所示。

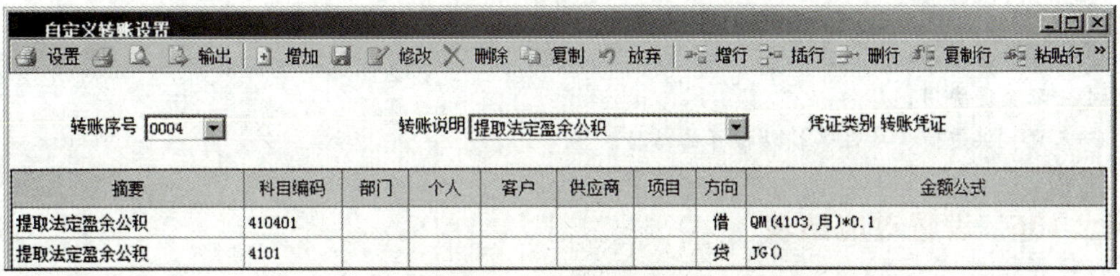

摘要	科目编码	部门	个人	客户	供应商	项目	方向	金额公式
提取法定盈余公积	410401						借	QM(4103,月)*0.1
提取法定盈余公积	4101						贷	JG()

图8-38　自定义转账设置——提取法定盈余公积

（5）参照上述方法，完成“向投资者分配利润”的自定义结转设置，结果如图8-39所示。

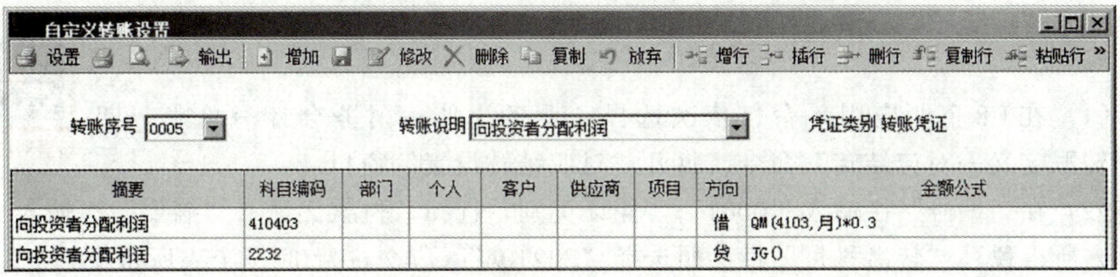

摘要	科目编码	部门	个人	客户	供应商	项目	方向	金额公式
向投资者分配利润	410403						借	QM(4103,月)*0.3
向投资者分配利润	2232						贷	JG()

图8-39　自定义转账设置——向投资者分配利润

（6）参照上述方法，完成“结转本年实现的净利润”的自定义结转设置，结果如

图 8-40 所示。

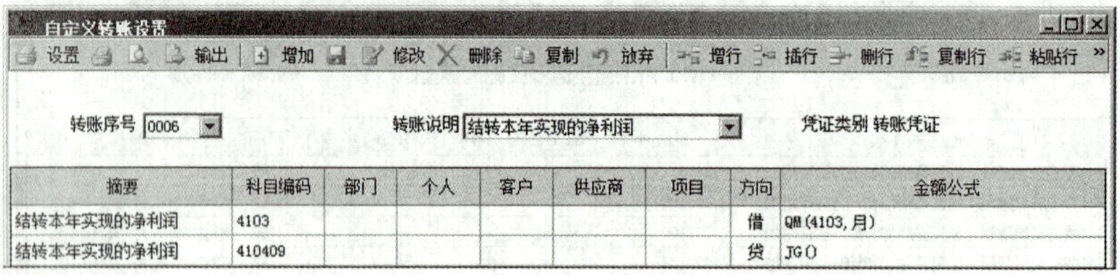

摘要	科目编码	部门	个人	客户	供应商	项目	方向	金额公式
结转本年实现的净利润	4103						借	QM(4103,月)
结转本年实现的净利润	410409						贷	JG()

图8-40　自定义转账设置——结转本年实现的净利润

（7）参照上述方法，完成“结转利润分配明细科目”的自定义结转设置，结果如图 8-41 所示。

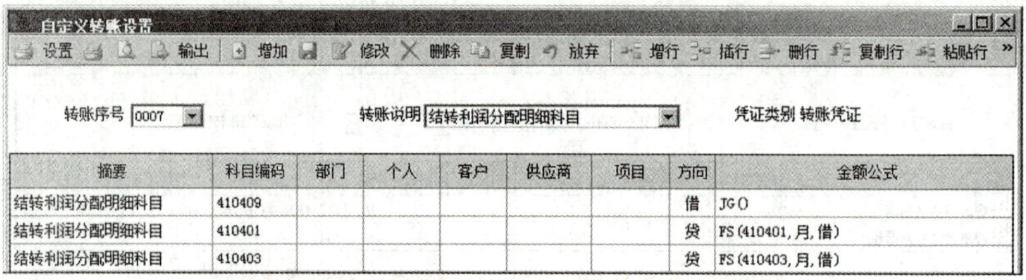

摘要	科目编码	部门	个人	客户	供应商	项目	方向	金额公式
结转利润分配明细科目	410409						借	JG()
结转利润分配明细科目	410401						贷	FS(410401,月,借)
结转利润分配明细科目	410403						贷	FS(410403,月,借)

图8-41　自定义转账设置——结转利润分配明细科目

提示

系统提供以下 8 种转账定义功能：自定义转账、对应结转、销售成本结转、售价（计划价）销售成本结转、汇兑损益结转、期间损益、自定义比例转账、费用摊销和预提。

除本案例所述的自定义转账，以下情况也可考虑使用该功能：

①工资等薪酬分配与支付的处理；

②税金的缴纳等；

③计提借款利息；

④分配制造费用；

⑤客户、供应商、项目等辅助核算的结转。

知识点 136　设置对应结转

【实验资料】

对“缴纳个人所得税”进行对应结转设置。

【实验过程】

设置对应结转

（1）在 U8 企业应用平台，依次选择“业务工作→财务会计→总账→期末→转账定义→对应结转”命令，打开“对应结转设置”窗口。

（2）在“编号”栏输入“0001”，“凭证类别”选择“付款凭证”，“摘要”栏输入“缴纳个人所得税”，“转出科目”栏参照选择“222104”（应交税费/应交个人所得税）。

（3）单击“增行”按钮，“转入科目编码”栏参照选择“10020101”（银行存款/中国工商银行/沈阳皇姑支行），单击“保存”按钮，结果如图 8-42 所示。

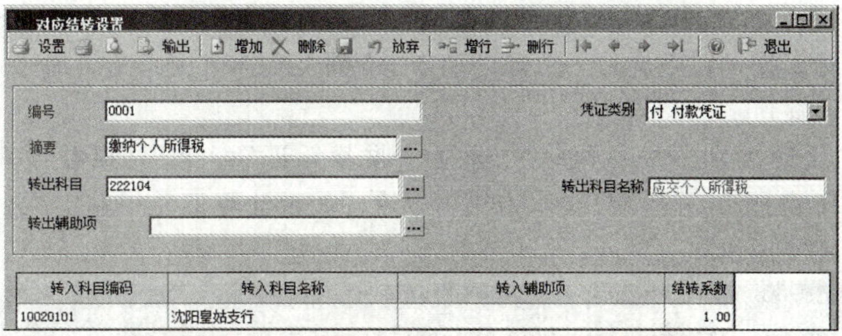

图8-42 对应结转设置——缴纳个人所得税

提示

对应结转只能结转期末余额。

对应结转既可以实现一对一的结转（即一个转出科目、一个转入科目），也可以实现一对多的结转（即一个转出科目、多个转入科目）。

对应结转的科目可以是上级科目，但其下级科目的科目结构必须一致（明细科目相同），如有辅助核算，则两个科目的辅助账类也必须一一对应。但转出科目辅助项与转入科目辅助项可不相同，转出科目及其辅助项必须一致，转入科目及其辅助项可不相同。

当两个或多个上级科目的下级科目及辅助账类有一一对应关系时，可将其余额按一定比例系数进行一对一或一对多结转。

转入科目金额=转出科目金额×结转系数。系数默认为1，可修改。在一对多结转的情况下，如果转入科目的结转系数之和为1，则最后一行结转金额为转出科目余额减去当前凭证已转出金额合计。

知识点137 设置汇兑损益结转

【实验资料】

假定2025年1月31日的调整汇率为1∶7.2514。

【实验过程】

设置汇兑损益结转

（1）2025年1月31日，由李成喜（A01）登录企业应用平台。在U8企业应用平台，依次选择“基础设置→基础档案→财务→外币设置”命令，打开“外币设置”窗口。根据实验资料，在1月31日的“调整汇率”栏输入“7.2514”，如图8-43所示。退出该窗口。

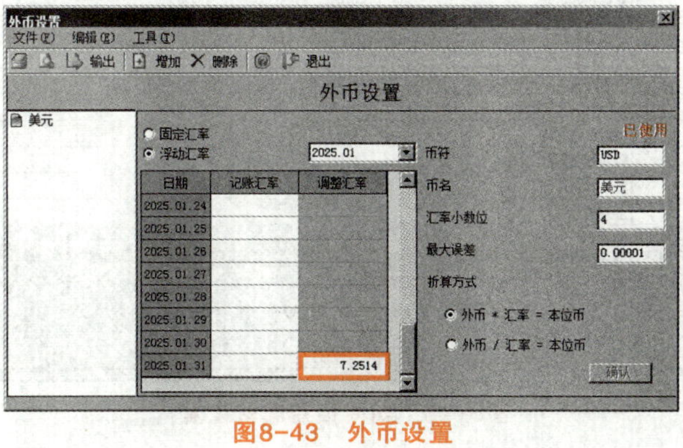

图8-43 外币设置

（2）2025年1月31日，由赵凯杰（W02）登录企业应用平台。在U8企业应用平台，依次选择“业务工作→财务会计→总账→期末→转账定义→汇兑损益”命令，打开“汇兑损益结转设置”窗口。

（3）在“凭证类别”下拉列表中选择“收款凭证”，“汇兑损益入账科目”选择“660302”（财务费用/汇兑损益），双击第1行的“是否计算汇兑损益”栏，如图8-44所示。单击“确定”按钮。

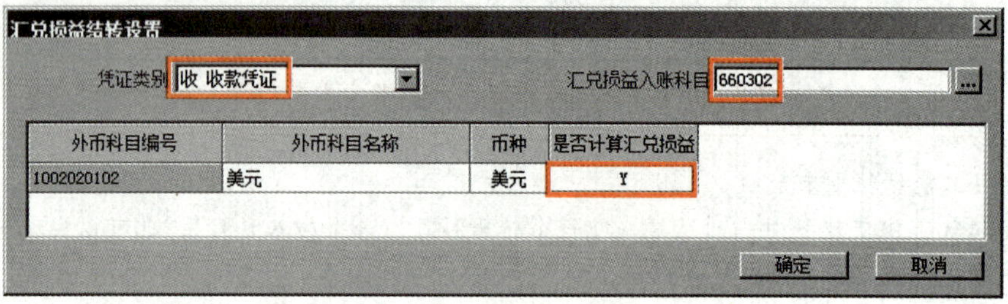

图8-44 “汇兑损益结转设置”窗口

知识点138 设置期间损益结转

【实验资料】

设置期间损益结转凭证的凭证类别为“转账凭证”，本年利润科目为“4103”。

【实验过程】

设置期间损益结转

（1）在U8企业应用平台，依次选择“业务工作→财务会计→总账→期末→转账定义→期间损益”命令，打开“期间损益结转设置”窗口。

（2）在“凭证类别”下拉框中选择“转账凭证”，“本年利润科目”参照选择“4103”，单击窗口中任意单元格，如图8-45所示。单击“确定”按钮。

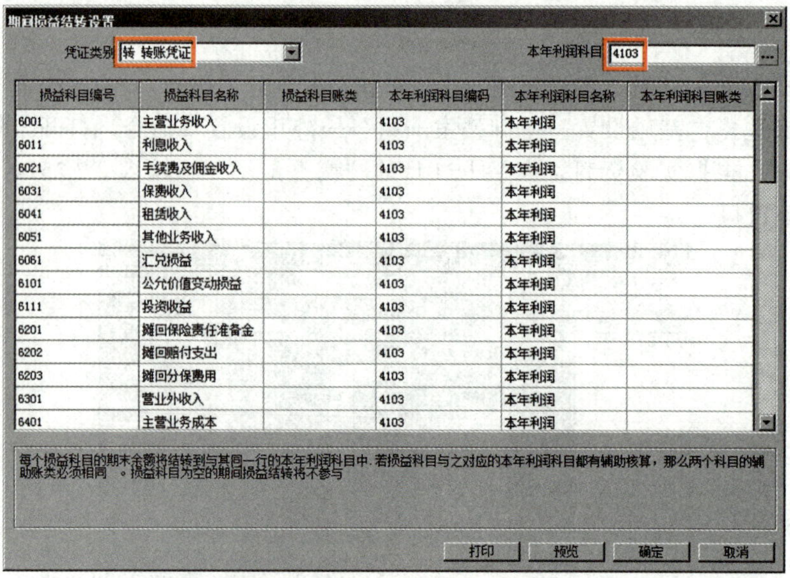

图8-45 期间损益结转设置

知识点139　结转已销商品成本

【实验资料】

2025年1月31日，结转本月已销商品成本合计750 000元。

【实验过程】

结转已销商品成本

（1）2025年1月31日，由赵凯杰（W02）登录企业应用平台。在U8企业应用平台，依次选择“业务工作→财务会计→总账→凭证→填制凭证”命令，打开“填制凭证”窗口。

（2）根据实验资料手工填制结转已销商品成本的记账凭证，结果如图8-46所示。

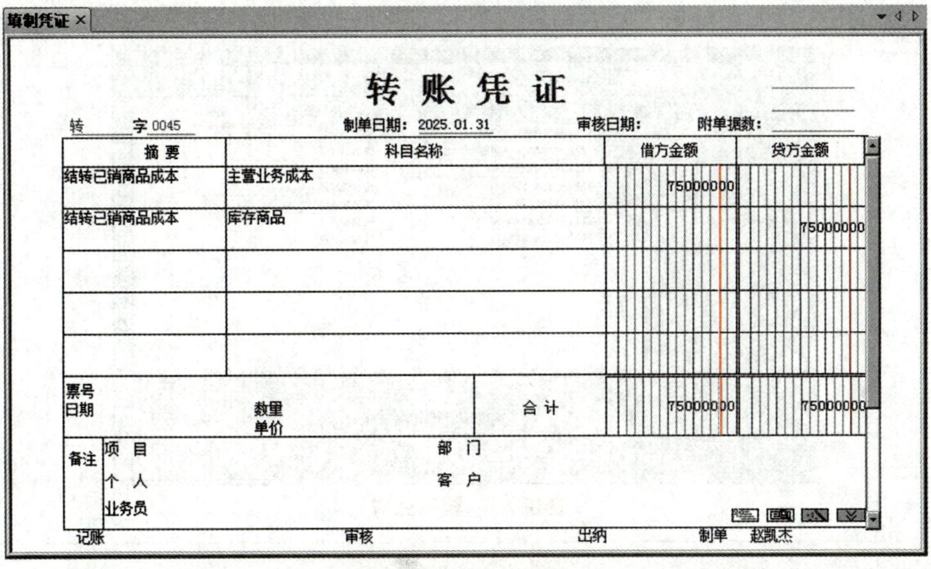

图8-46　记账凭证

提示

关于结转已销商品成本的处理，不同ERP系统的做法不同。同一ERP系统启用的模块不同，做法也不同。

（1）在启用供应链系统的情况下，结转已销商品成本的处理，根据不同的存货计价方法，在存货核算系统完成。

（2）若未启用供应链系统，可考虑以下处理方法：

①满足以下条件，可到总账系统“期末→转账定义→销售成本结转”进行设置，到“转账生成”中生成结转已销商品成本的记账凭证：

a.企业发出存货成本的计价方法为全月一次加权平均法；

b.库存商品、主营业务收入、主营业务成本这3个科目的明细科目结构相同，且一一对应；

c.这3个科目及其明细科目均设置了数量核算；

d.除数量核算外，这3个科目及其明细科目设置了相同的其他辅助账类（如项目核算）。

②如果不满足上述条件，且未启用供应链系统，可在ERP系统以外借助其他工具（如Excel、WPS等）完成销售成本的计算，根据计算结果直接在总账系统填制凭证即可。本例即属于这种情况。

知识点140　生成期末结转凭证

【实验资料】

2025年1月31日，生成期末结转的记账凭证。

【实验过程】

生成期末结转凭证

（1）结转本月应交未交增值税。

①检查本月是否有未记账凭证。如果有，先进行出纳签字（W03）、审核（W01）、记账（W02）。

②在总账系统，依次选择“期末→转账生成”命令，打开“转账生成”窗口，双击“0001”号自定义转账凭证的“是否结转”栏，如图8-47所示。

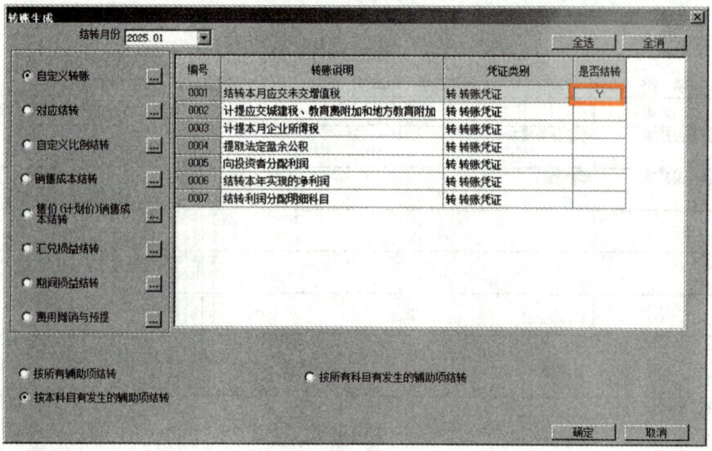

图8-47　转账生成

提示

在进行月末转账前，应将所有未记账凭证记账，否则可能导致生成的转账凭证数据错误。

③单击“确定”按钮，弹出记账凭证窗口，单击“保存”按钮，结果如图8-48所示。

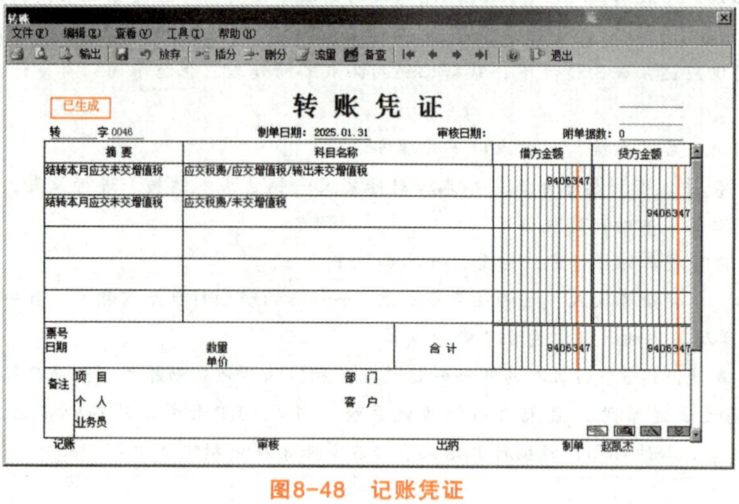

图8-48　记账凭证

（2）计提应交城建税、教育费附加和地方教育附加。

①对上一步所生成凭证进行审核（W01）、记账（W02）。

②在总账系统，依次选择“期末→转账生成”命令，打开“转账生成”窗口，双击“0002”号自定义转账凭证的“是否结转”栏，如图 8-49 所示。

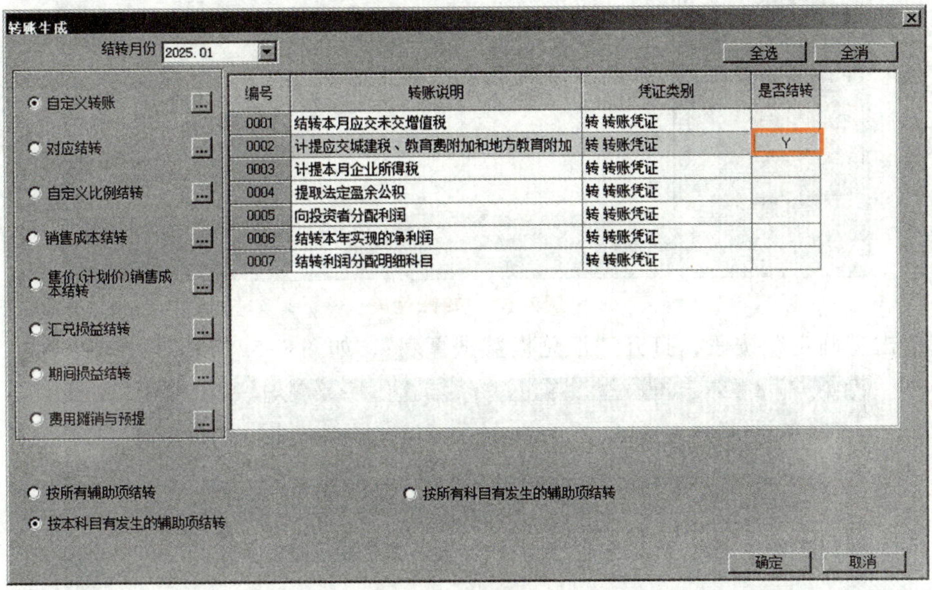

图8-49　转账生成

③单击“确定”按钮，弹出记账凭证窗口，单击“保存”按钮，结果如图 8-50 所示。

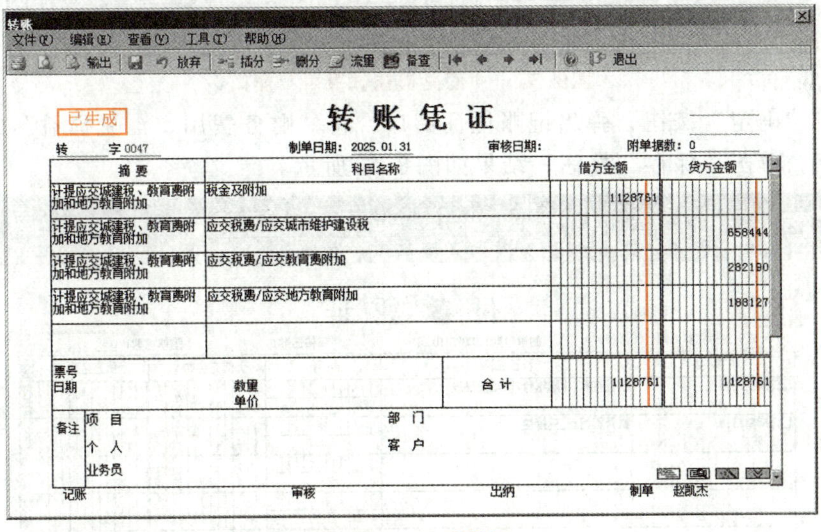

图8-50　记账凭证

（3）确认本月外币账户的汇兑损益。

①对上一步所生成凭证进行审核（W01）、记账（W02）。

②在总账系统，依次选择“期末→转账生成”命令，打开“转账生成”窗口。单击左侧的“汇兑损益结转”，窗口上方的“外币币种”栏选择“美元”，单击“全选”按钮，如图 8-51 所示。

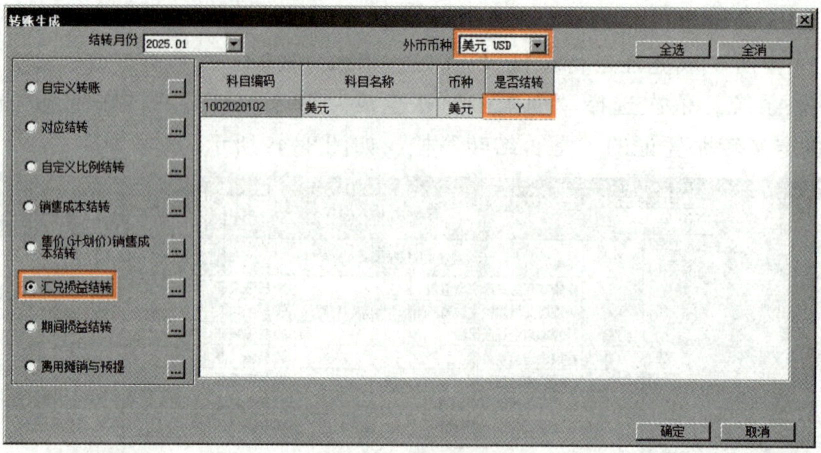

图8-51　转账生成

③单击“确定”按钮，打开“汇兑损益试算表”，如图8-52所示。

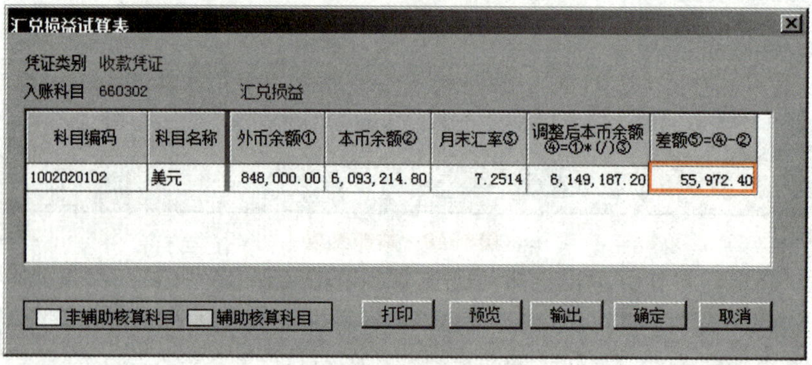

图8-52　“汇兑损益试算表”窗口

④单击“确定”按钮，弹出记账凭证窗口，将“财务费用、汇兑损益”的发生额改为借方红字，单击“保存”按钮，结果如图8-53所示。

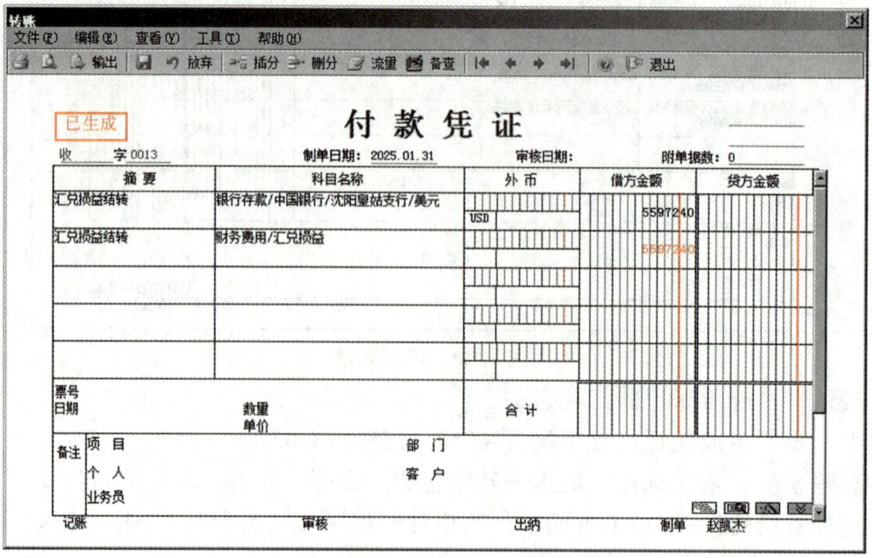

图8-53　记账凭证

（4）将损益类科目期末余额结转至“本年利润”。

①对上一步所生成凭证进行出纳签字（W03）、审核（W01）、记账（W02）。

②在总账系统，依次选择“期末→转账生成”命令，打开“转账生成”窗口。单击左侧的“期间损益结转”，窗口上方的“类型”栏选择“收入”，单击“全选”按钮，如图8-54所示。

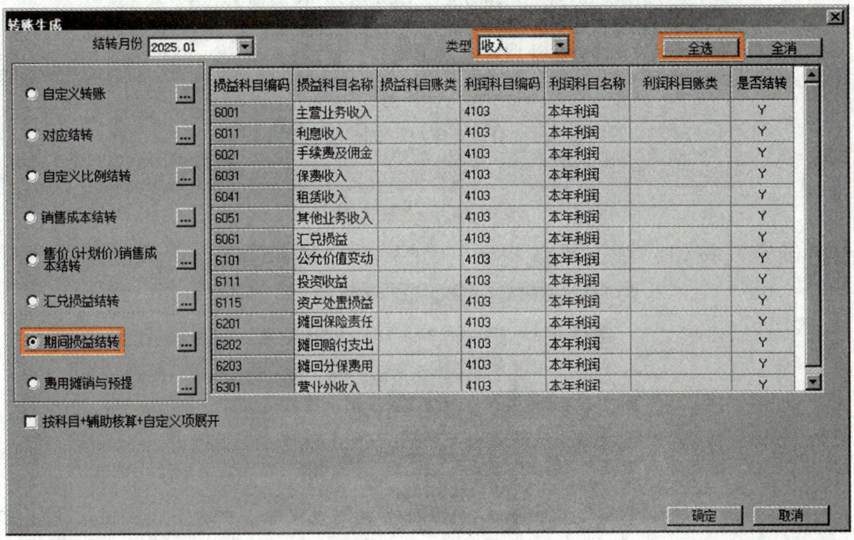

图8-54　转账生成

③单击“确定”按钮，弹出记账凭证窗口，单击“保存”按钮，结果如图8-55所示。

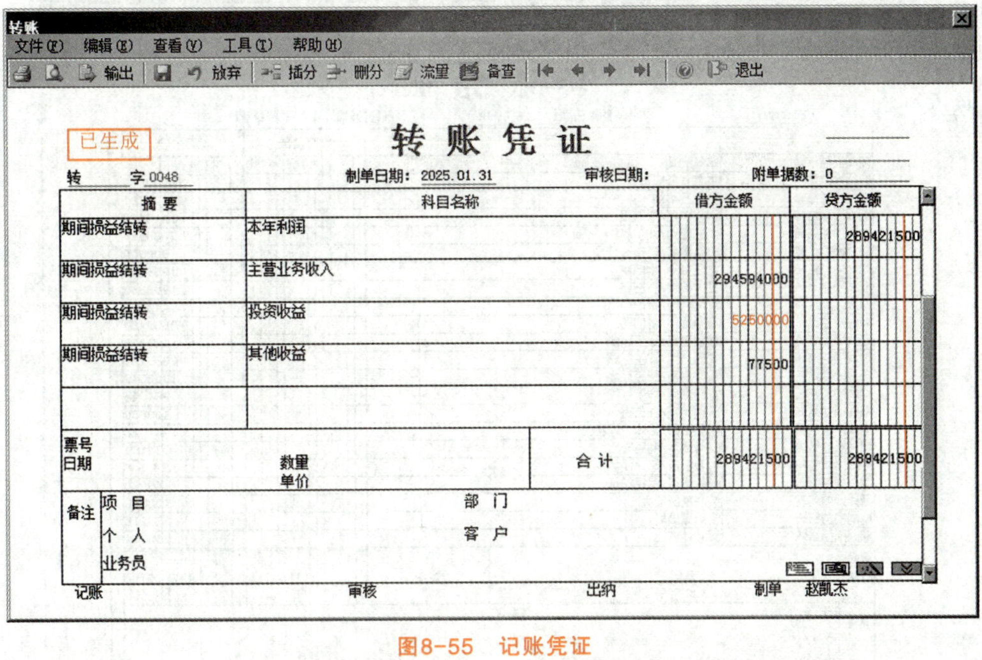

图8-55　记账凭证

④退出凭证窗口，返回“转账生成”窗口，将窗口上方的“类型”栏选择“支出”，单击“全选”按钮，如图8-56所示。

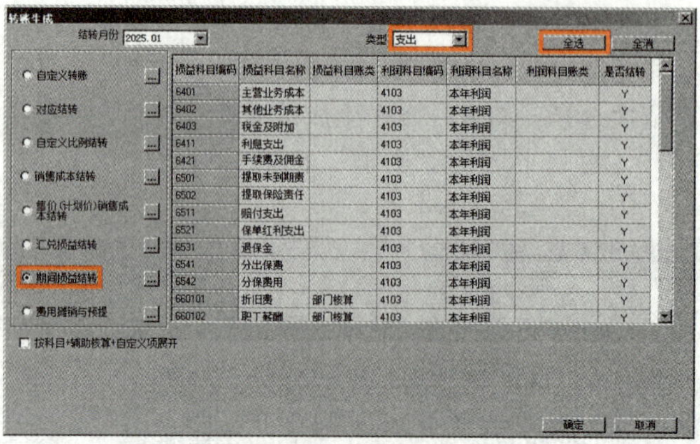

图8-56　转账生成

⑤单击“确定”按钮，弹出系统提示，如图8-57所示。

图8-57　系统提示

提示

出现上述提示是因为结转收入类账户至本年利润的凭证未记账，但是该凭证未记账并不影响支出类账户的结转，所以可以继续往下进行。

⑥单击“是”，弹出记账凭证窗口，单击“保存”按钮，结果如图8-58所示。

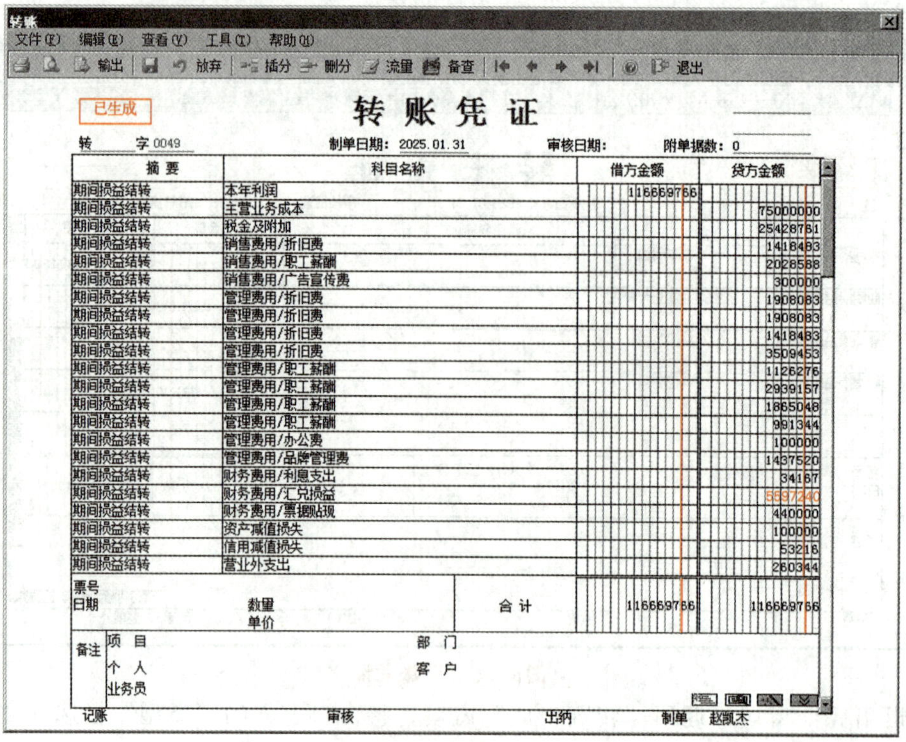

图8-58　记账凭证

（5）计提本月企业所得税。

①对上一步所生成凭证进行审核（W01）、记账（W02）。

②在总账系统，依次选择“期末→转账生成”命令，打开“转账生成”窗口，双击“0003”号自定义转账凭证的“是否结转”栏，如图8-59所示。

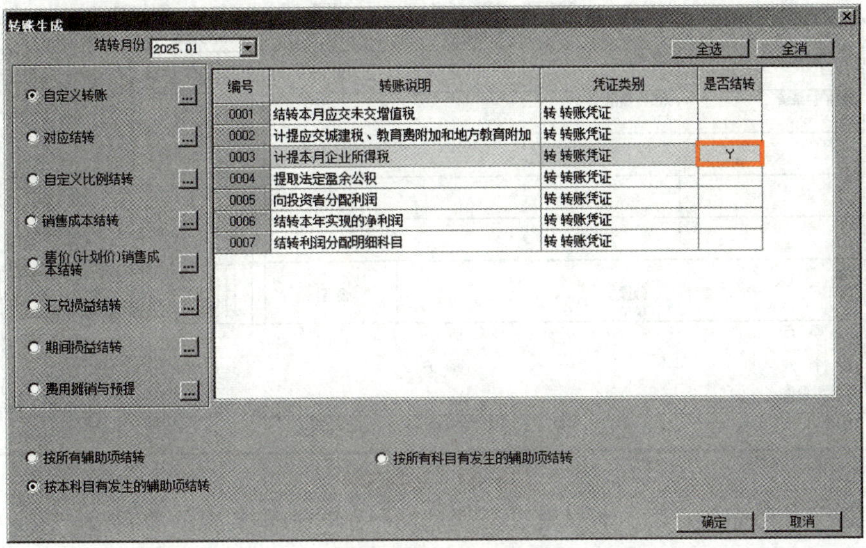

图8-59 转账生成

③单击“确定”按钮，弹出记账凭证窗口，单击“保存”按钮，结果如图8-60所示。

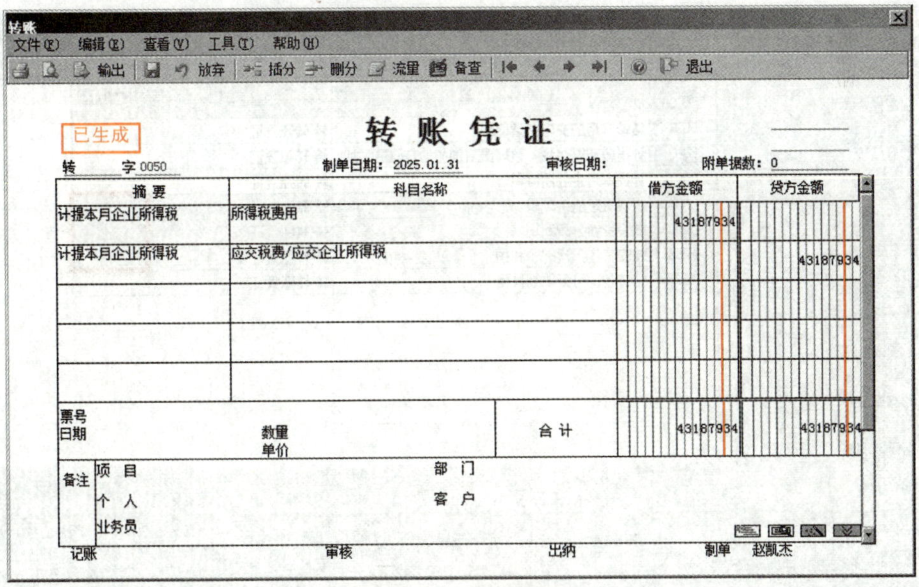

图8-60 记账凭证

（6）将所得税费用结转至“本年利润”。

①对上一步所生成凭证进行审核（W01）、记账（W02）。

②在总账系统，依次选择“期末→转账生成”命令，打开“转账生成”窗口。参照上述步骤（4）将所得税费用结转至“本年利润”，如图8-61所示。

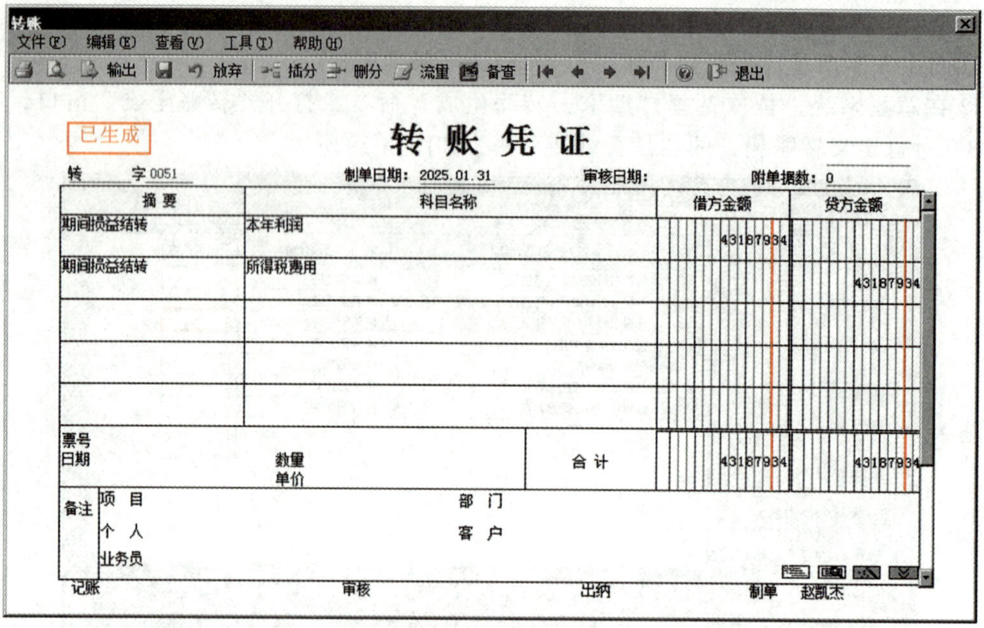

图8-61 记账凭证

（7）提取法定盈余公积、向投资者分配利润、结转本年实现的净利润。

①对上一步所生成凭证进行审核（W01）、记账（W02）。

②在总账系统，依次选择“期末→转账生成”命令，打开“转账生成”窗口，双击“0004”、“0005”和“0006”号自定义转账凭证的“是否结转”栏，如图8-62所示。

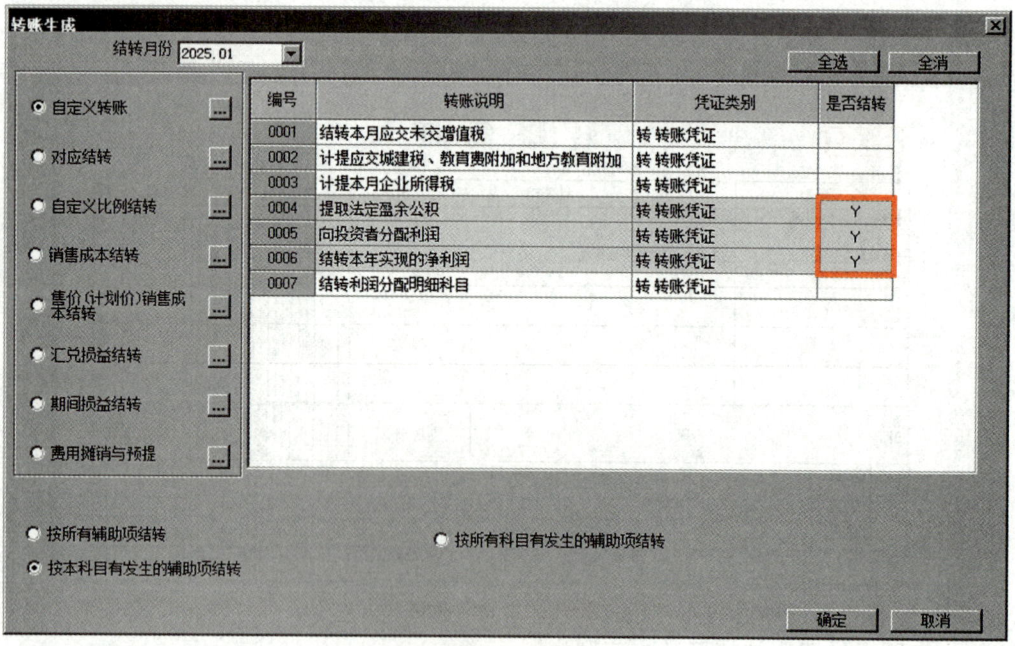

图8-62 转账生成

③单击“确定”按钮，弹出记账凭证窗口，单击“保存”按钮，结果如图8-63所示。

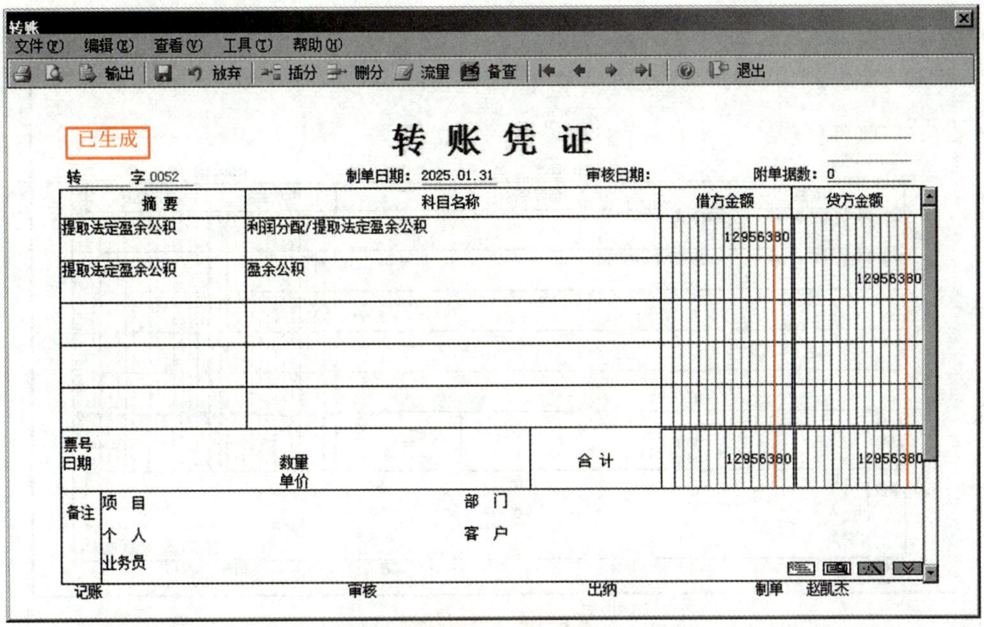

图8-63 记账凭证

④单击“➡”按钮，再单击“保存”按钮，结果如图8-64所示。

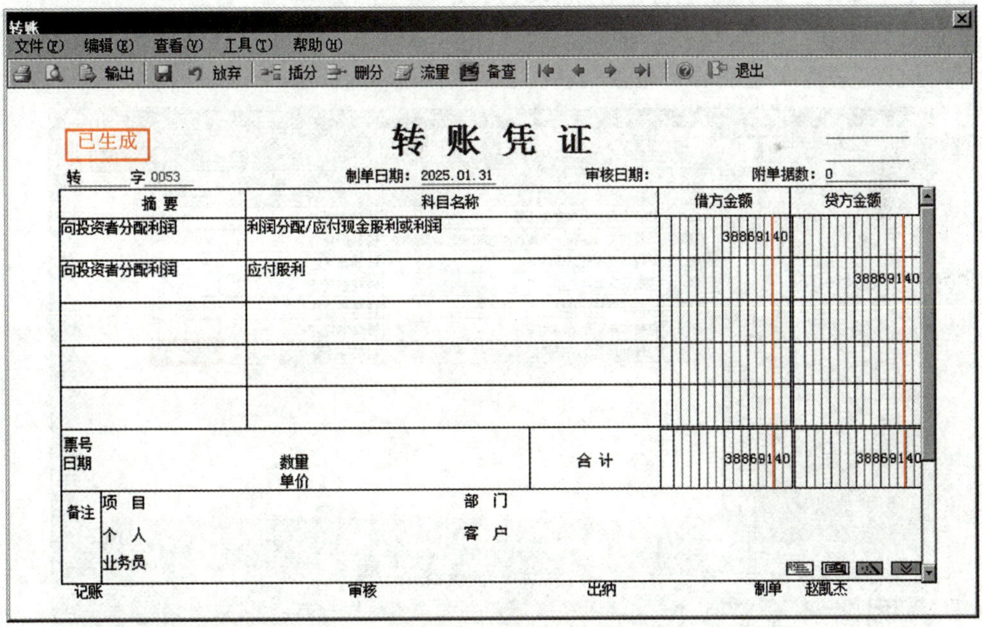

图8-64 记账凭证

⑤单击“➡”按钮，再单击“保存”按钮，结果如图8-65所示。

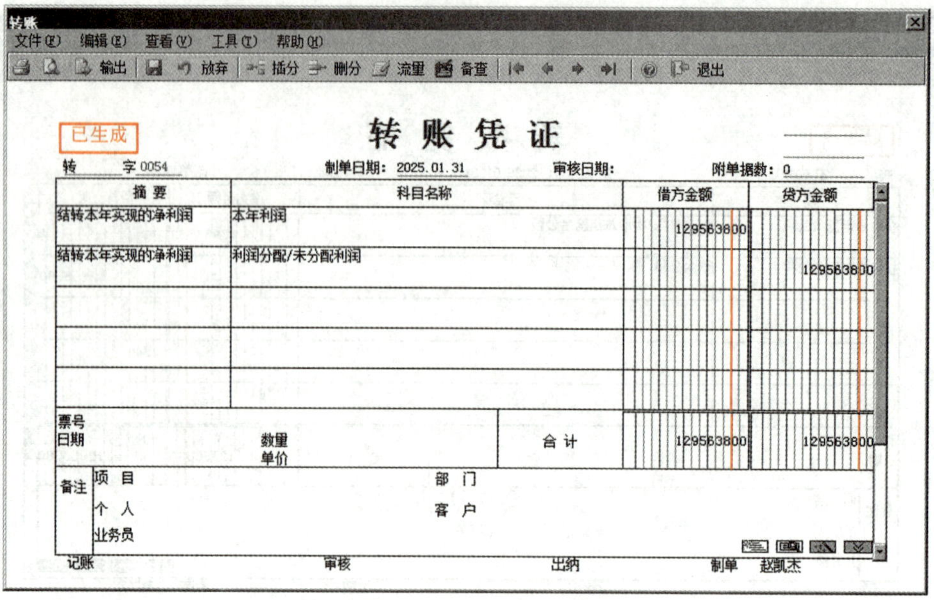

图8-65 记账凭证

（8）结转利润分配明细科目。

①对上一步所生成凭证进行审核（W01）、记账（W02）。

②在总账系统，依次选择“期末→转账生成”命令，打开“转账生成”窗口，双击“0007”号自定义转账凭证的“是否结转”栏，如图8-66所示。

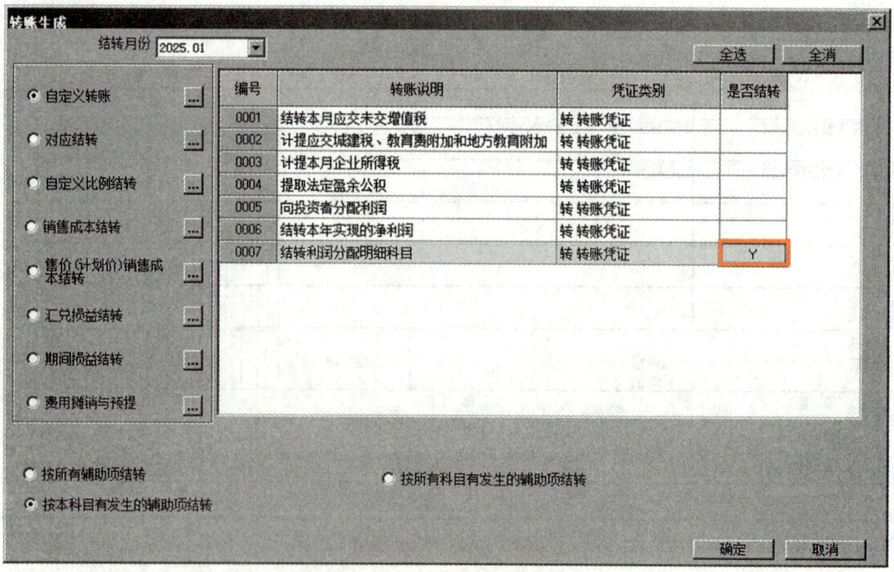

图8-66 转账生成

③单击“确定”按钮，弹出记账凭证窗口，单击“保存”按钮，结果如图8-67所示。

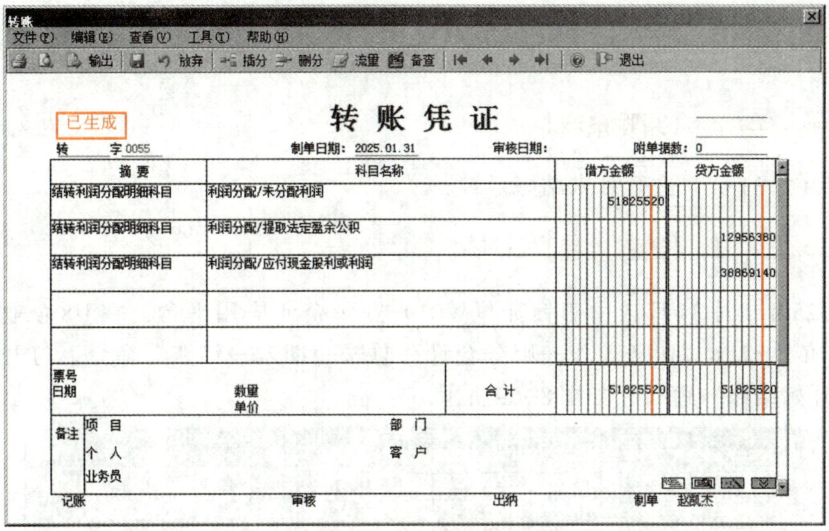

图8-67　记账凭证

④对本步骤所生成凭证进行审核（W01）、记账（W02）。

知识点141　对账

【实验资料】

2025年1月31日，进行月末对账。

【实验过程】

对账

（1）2025年1月31日，由王钰茹（W01）登录企业应用平台。在U8企业应用平台，依次选择“业务工作→财务会计→总账→期末→对账”命令，打开“对账”窗口。

（2）单击“选择”按钮，再单击“对账”按钮，系统开始自动对账，结果如图8-68所示。

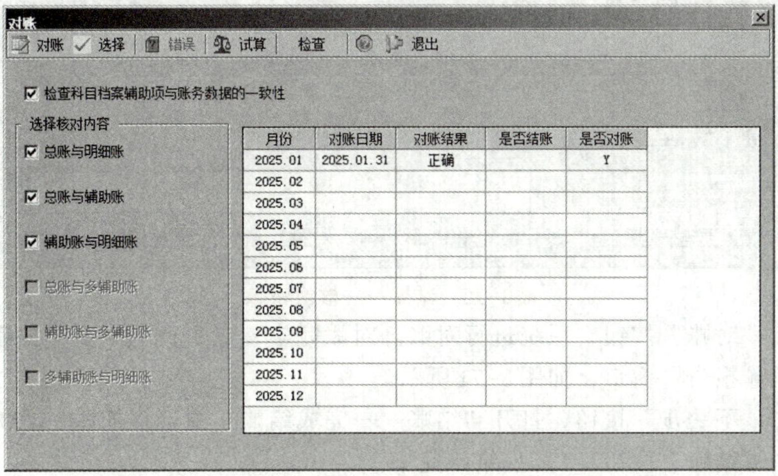

图8-68　“对账”窗口

知识点142　结账

【实验资料】

2025年1月31日，进行月末结账。

【实验过程】

结账

（1）2025年1月31日，由王钰茹（W01）登录企业应用平台。在U8企业应用平台，依次选择“业务工作→财务会计→总账→期末→结账”命令，打开“结账——开始结账”窗口，如图8-69所示。

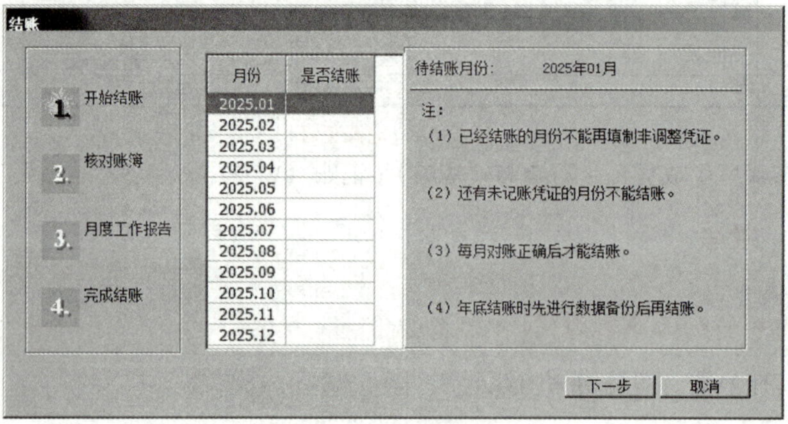

图8-69　结账——开始结账

（2）单击“下一步”按钮，打开“结账——核对账簿”窗口，如图8-70所示。

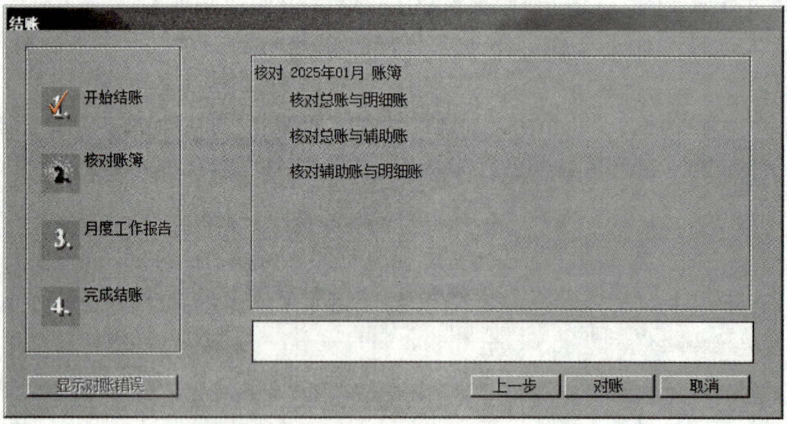

图8-70　结账——核对账簿

（3）单击“对账”按钮，系统进行对账。对账完毕，单击“下一步”按钮，打开“结账——月度工作报告”窗口，如图8-71所示。

（4）单击“下一步”按钮，打开“结账——完成结账”窗口，如图8-72所示。

（5）单击“结账”按钮，1月份结账完毕。

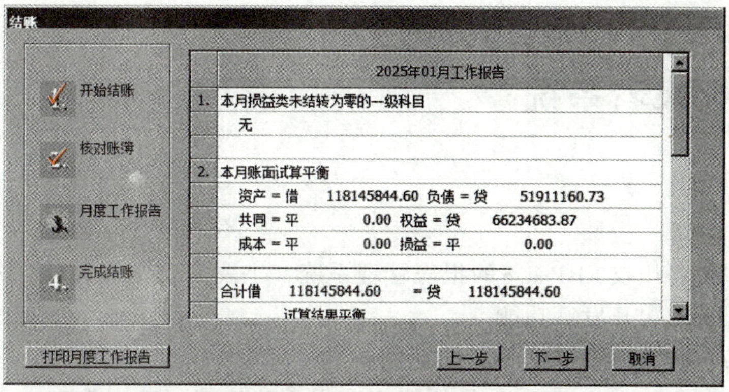

图8-71 结账——月度工作报告

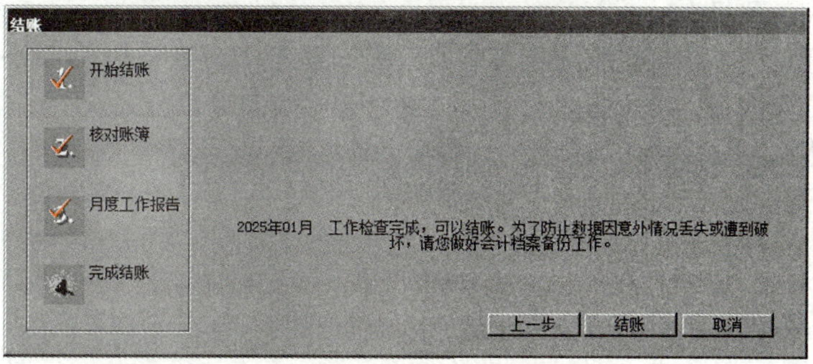

图8-72 结账——完成结账

提示

已结账月份不能再填制凭证，但可以查询凭证、账表等。

以下情况不允许月末结账：

①上月未结账（但本月可以填制、审核凭证）。

②本月还有未记账凭证。

③总账与明细账对账不符。

④总账系统与其他系统联合使用，其他系统未结账。

如何取消月结？在总账系统，执行“期末→结账”命令，打开“结账——开始结账”窗口，单击选择要取消结账的月份，按［Ctrl+Shift+F6］组合键即可。

【课程思政点睛】

【复习思考题】

1. 请问如何导入银行对账单？
2. 请问总账系统提供了哪些转账定义功能？
3. 如何通过自定义转账功能准确计提全年所得税费用？
4. 简述汇兑损益结转的基本流程。
5. 简述总账系统期末结转的基本流程。

项目9 UFO报表系统

UFO报表系统是用友ERP-U8的报表管理系统，主要实现文件管理、格式管理、数据处理、图形处理、二次开发等功能。

UFO报表系统与其他系统的关系如下：

UFO报表系统可以从总账、应付款管理、应收款管理、薪资管理、固定资产等系统提取数据，生成各种报表。

本项目的重点内容：调用报表模板生成报表、设计自定义报表。

本项目的难点内容：定义报表公式，尤其是定义表间取数公式。

本项目总体流程如图9-1所示。

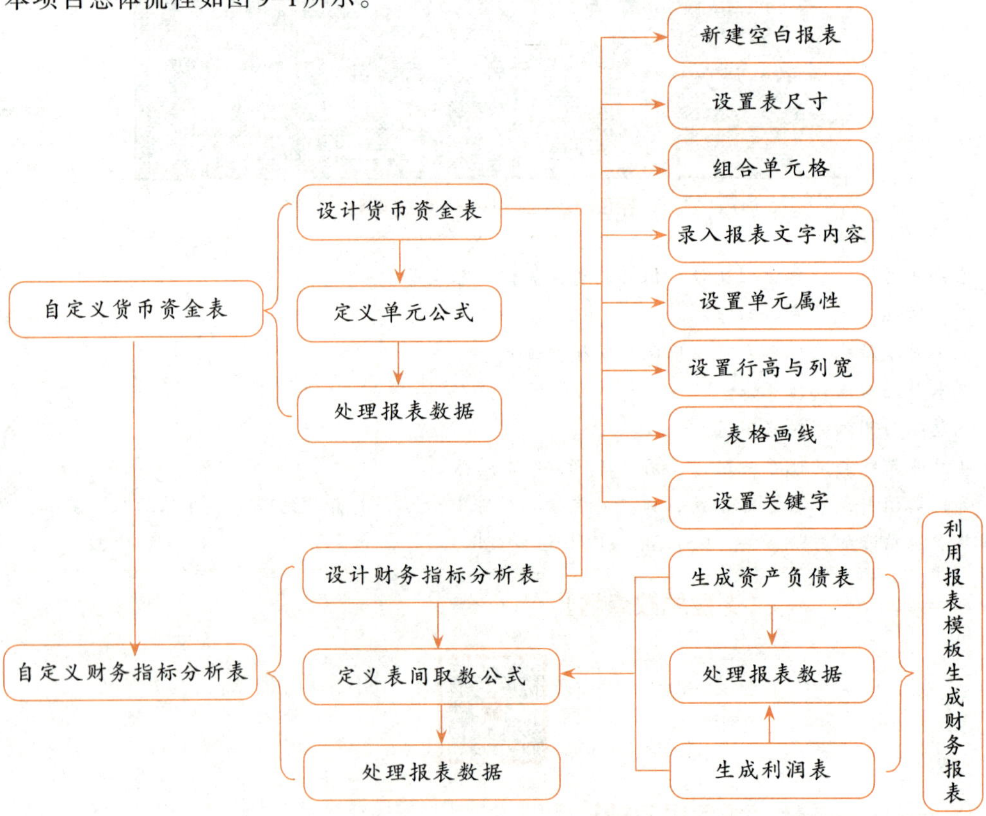

图9-1　本项目总体流程

任务1　自定义货币资金表

知识点143　设计货币资金表

【实验资料】

设计如图9-2所示的货币资金表。基本要求：①第1行行高16毫米，第1列列宽36毫米；②表头字体为黑体，字号为18号；③前3行和第1列单元文字居中显示，第3行为粗体字型。

货币资金表

××××年××月××日

会计科目	月初余额	借方发生额	贷方发生额	月末余额
库存现金				
银行存款				
其他货币资金				
合计				

图9-2　货币资金表

【实验过程】

设计货币资金表

（1）新建一张空白报表。

①2025年1月31日，由王钰茹（W01）登录企业应用平台。

②在U8企业应用平台，依次选择“业务工作→财务会计→UFO报表”命令，打开“UFO报表”窗口，同时弹出如图9-3所示的“日积月累”提示框。

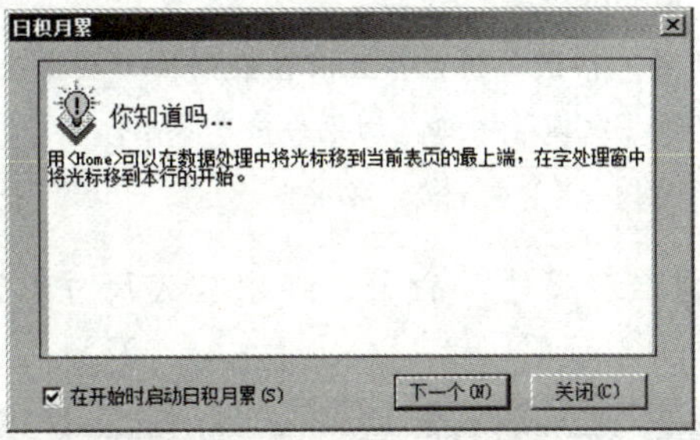

图9-3　“日积月累”提示框

③单击“关闭”按钮，返回“UFO报表”窗口，如图9-4所示。

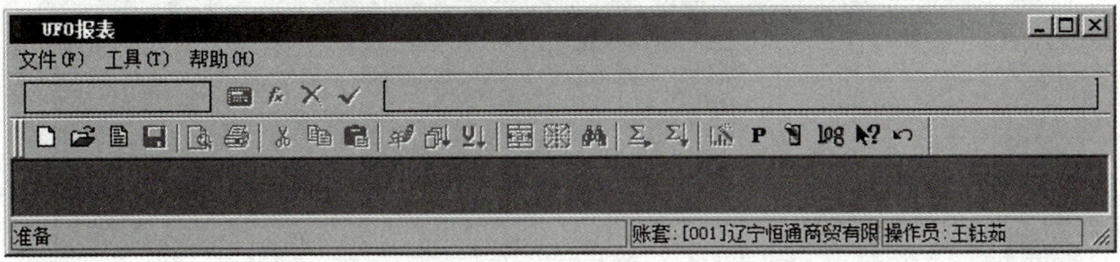

图9-4　“UFO报表”窗口

④单击工具栏的“ ”按钮，新建一张空白报表，如图9-5所示。

图9-5 空白UFO报表

提示

UFO报表的最大行数为9 999，最大列数为255。单元是组成报表的最小单位，每个单元用行号+列标组合表示。

“UFO报表”窗口有两种状态：格式状态和数据状态。

[格式状态] 此状态下显示报表的格式，报表数据全部被隐藏。新建的空白报表默认处于此状态，如图9-5所示，窗口左下角显示“格式”字样，表明此时报表处于格式状态。在此状态下可以完成报表的格式设计工作，如表尺寸、行高列宽、单元属性、组合单元、关键字等。定义报表公式也在此状态下完成。此状态的报表操作将对本报表的所有表页发生作用。

[数据状态] 此状态显示报表的全部内容，包括格式和数据。在此状态下可以完成报表数据的处理工作，如输入数据、增加或删除表页、审核、舍位平衡等。此状态下不能修改报表格式。

报表格式状态和数据状态之间的切换方法如下：

方法一，点击“编辑”菜单下的“格式/数据状态”命令。

方法二，点击窗口左下角的“格式”按钮，此时报表切换为数据状态，同时该按钮显示“数据”字样；同理，点击窗口左下角的“数据”按钮，切换为格式状态。

（2）设置表尺寸。

点击“格式”菜单下的“表尺寸”命令，弹出“表尺寸”对话框，行数设为7，列数设为5，如图9-6所示。

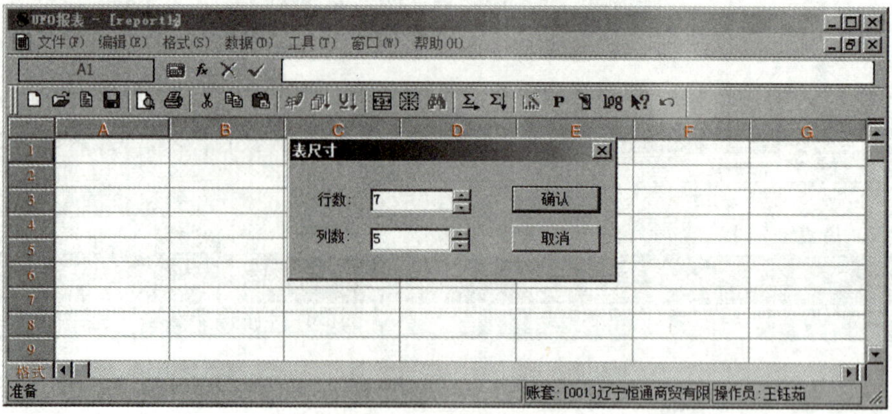

图9-6 “表尺寸”窗口

（3）组合单元格。

①单击“确认”按钮，选中A1:E1单元区域，点击“格式”菜单下的“组合单元”命令，弹出“组合单元”对话框，如图9-7所示。

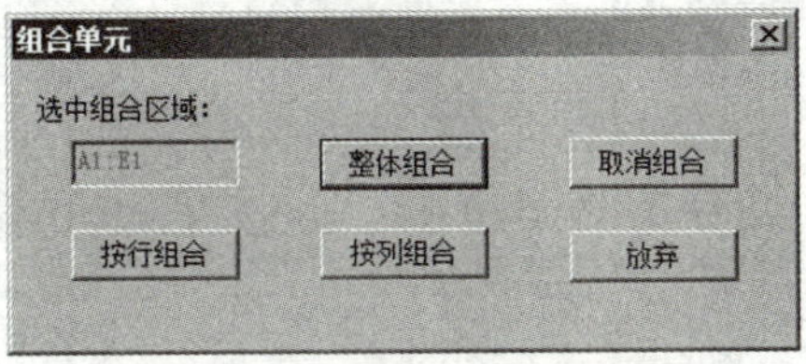

图9-7　“组合单元”对话框

②单击“整体组合”按钮，完成单元合并。

③参照上述方法，对A2:E2单元进行整体组合。

（4）录入报表文字内容。

根据实验资料，录入除第2行以外的文字内容，结果如图9-8所示。

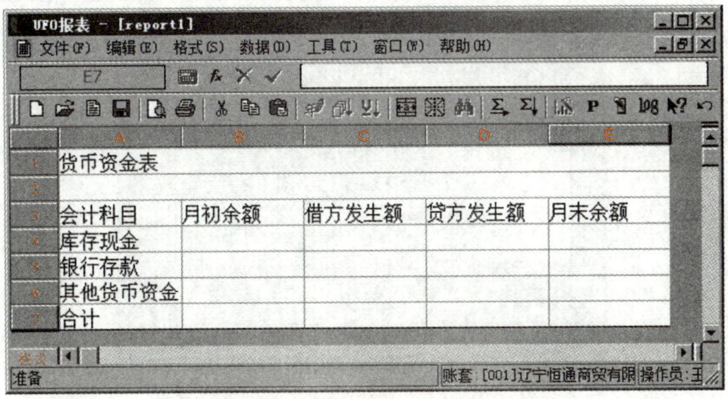

图9-8　输入报表文字内容

（5）设置单元属性。

①选中前3行，执行“格式”菜单下的“单元属性”命令，打开“单元格属性”对话框，点击“对齐”页签，对齐方式均选“居中”，如图9-9所示。

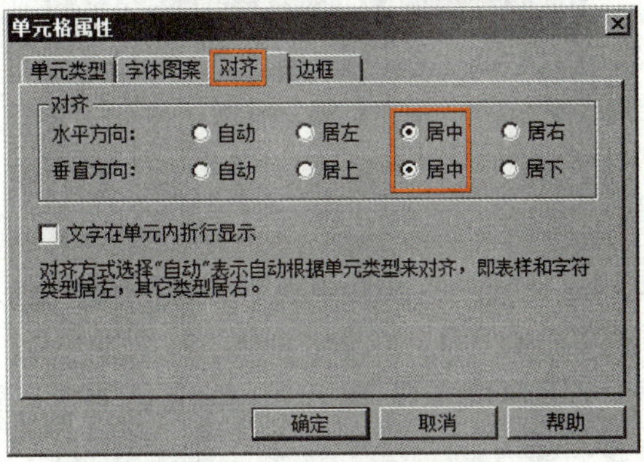

图9-9　设置对齐方式

②单击“确定”按钮。参照上述方法，将A列的对齐方式也设置为“居中”。

③选中第1行，执行“格式”菜单下的“单元属性”命令，打开“单元格属性”对话框，点击“字体图案”页签，将字体改为“黑体”，字号改为“18”，如图9-10所示。

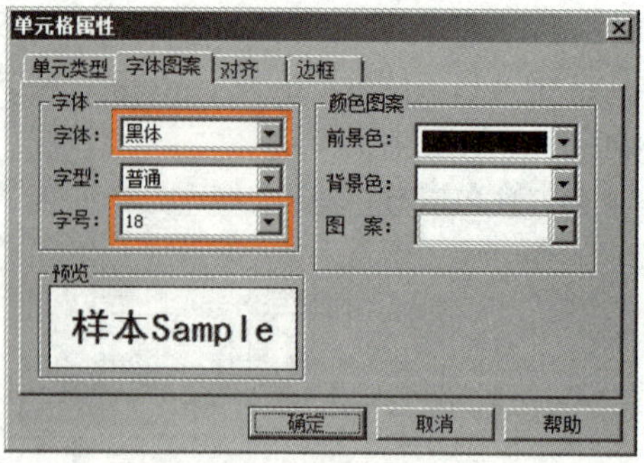

图9-10　调整字体、字号

④单击“确定”按钮。选中第3行，执行“格式”菜单下的“单元属性”命令，打开“单元格属性”对话框，点击“字体图案”页签，将字型改为“粗体”，单击“确定”按钮。

⑤选中B4：E7区域，执行“格式”菜单下的“单元属性”命令，打开“单元格属性”对话框，在“格式”项勾选“逗号”，如图9-11所示。单击“确定”按钮。

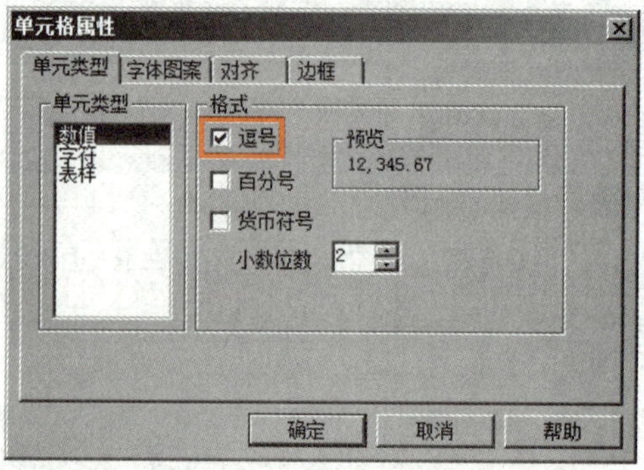

图9-11　设置单元格中数值的格式

（6）设置行高与列宽。

①单击第1行，执行“格式”菜单下的“行高”命令，打开“行高”对话框，在“行高”栏输入“16”，如图9-12所示。单击“确认”按钮。

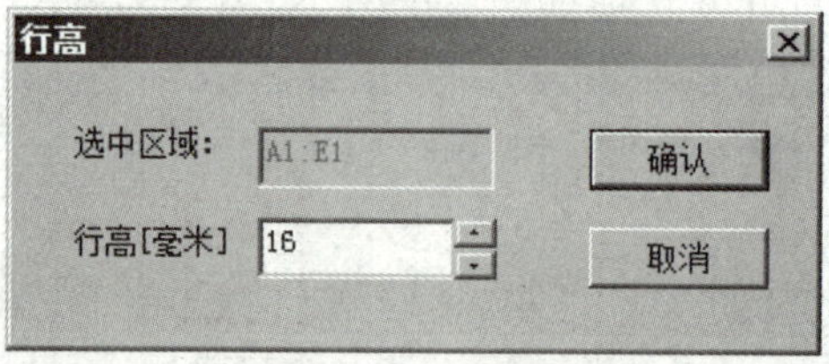

图9-12　设置行高

②单击A列的列标，执行“格式”菜单下的“列宽”命令，打开“列宽”对话框，在“列宽”栏输入“36”，如图9-13所示。单击“确认”按钮。

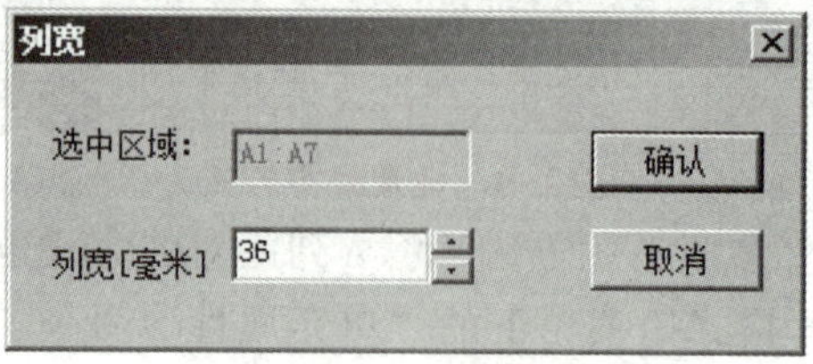

图9-13　设置列宽

（7）表格画线。

选中A3：E7区域，执行“格式”菜单下的“区域画线”命令，打开“区域画线”对话框，如图9-14所示。单击“确人”按钮。

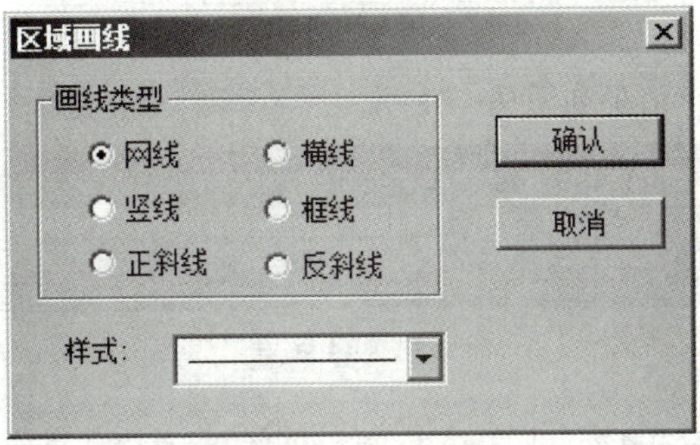

图9-14　表格画线

（8）设置关键字。

①单击第2行的单元格，执行“数据”菜单下的“关键字→设置”命令，打开“设置关键字”对话框，选择“年”，如图9-15所示，单击“确定”按钮。然后在该单元格设置关键字“月”和“日”。

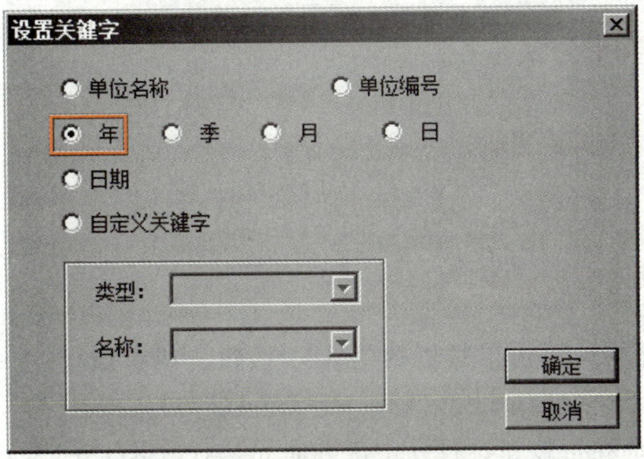

图9-15　设置“年”关键字

②执行“数据”菜单下的“关键字→偏移”命令，打开“定义关键字偏移”对话框，在“年”、“月”和“日”栏输入偏移量，如图9-16所示。

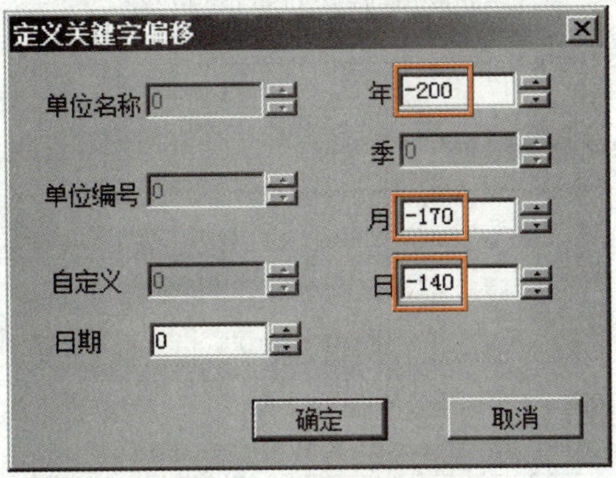

图9-16　定义关键字偏移

提示

关键字是游离于单元之外的特殊数据单元，一般在窗口中为红色字体。

关键字偏移时，负数表示向左偏移，正数表示向右偏移。

（9）完成表格设计。

单击“确定”按钮，结果如图9-17所示。

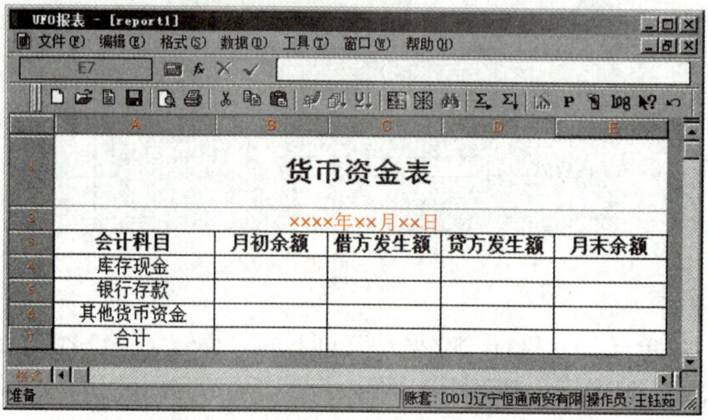

图9-17　设计完毕的货币资金表

知识点144　定义单元公式

【实验资料】

设置B4：E7区域单元格的计算公式。

【实验过程】

定义单元公式

（1）单击B4单元格，单击工具栏的“fx”按钮，或者执行“数据”菜单下的“编辑公式→单元公式”命令，打开“定义公式”对话框。

（2）单击“函数向导”按钮，打开“函数向导”对话框，在“函数分类”列表中选择“用友账务函数”，在“函数名”列表中选择“期初（QC）”，如图9-18所示。

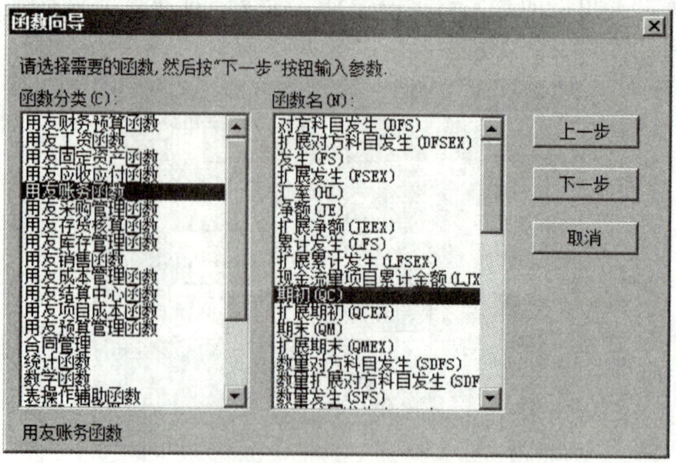

图9-18　“函数向导”对话框

（3）单击“下一步”按钮，打开“用友账务函数”窗口，单击“参照”按钮，打开“账务函数”对话框，如图9-19所示。

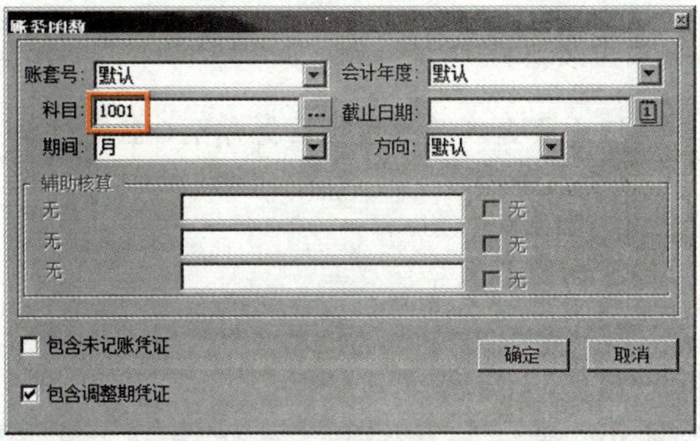

图9-19　“账务函数”对话框

（4）单击“确定”按钮，返回“用友账务函数”对话框，单击“确定”按钮，返回“定义公式”对话框，结果如图9-20所示。

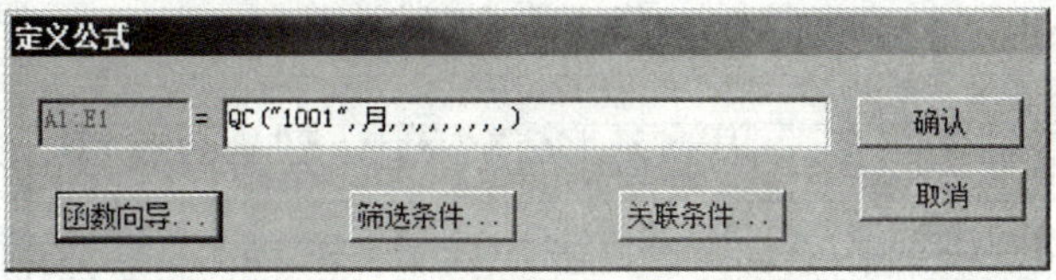

图9-20　“定义公式”对话框

（5）单击“确认”按钮，完成B4单元格的公式设置。

（6）参照上述方法设置B5、B6及C4：E6区域单元格的计算公式。

（7）单击B7单元格，单击工具栏的“fx”按钮，在“定义公式”区手工输入“B4+B5+B6”，如图9-21所示。单击“确认”按钮。

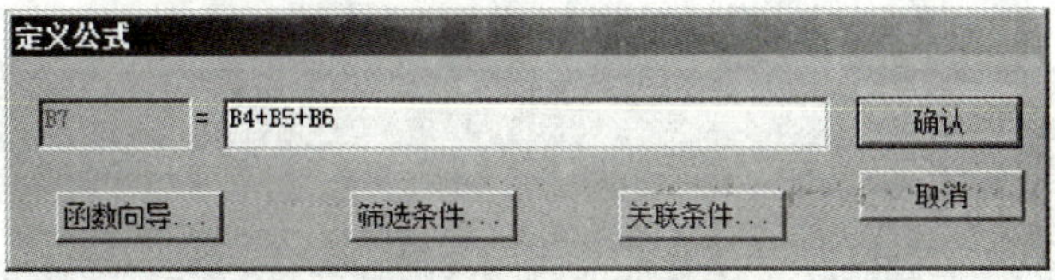

图9-21　“定义公式”对话框

（8）参照上述方法设置C7：E7区域单元格的计算公式。货币资金表设置完毕，结果如图9-22所示。

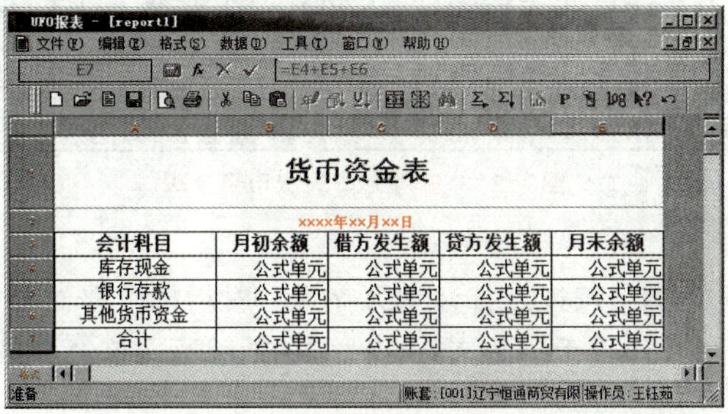

图9-22　公式设置完毕的货币资金表

知识点145　处理报表数据

【实验资料】

2025年1月31日，将货币资金表数据重算后保存至C盘根目录下，文件名为“1月份货币资金表.rep”。

【实验过程】

处理报表数据

（1）将报表切换至数据状态。单击窗口左下角的“格式”按钮，此时报表切换为数据状态，如图9-23所示。

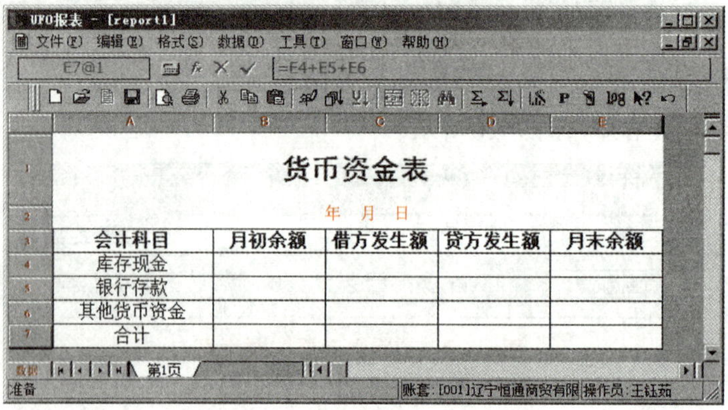

图9-23　数据状态的货币资金表

（2）录入关键字并计算报表数据。执行“数据”菜单下的“关键字→录入”命令，打开“录入关键字”对话框，录入关键字“2025年1月31日”。单击“确认”按钮，系统提示“是否重算第1页？”，单击“是”，结果如图9-24所示。

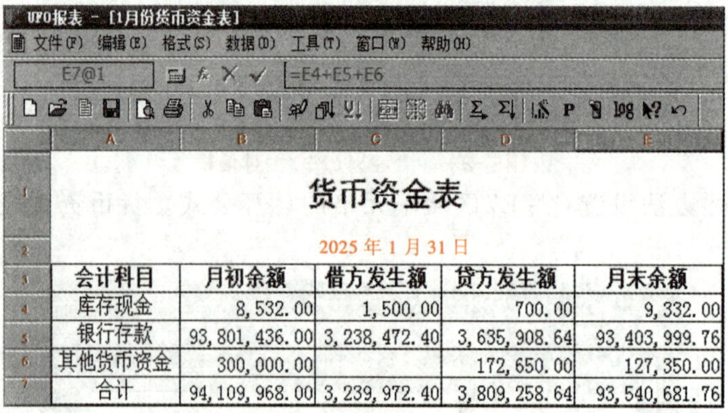

会计科目	月初余额	借方发生额	贷方发生额	月末余额
库存现金	8,532.00	1,500.00	700.00	9,332.00
银行存款	93,801,436.00	3,238,472.40	3,635,908.64	93,403,999.76
其他货币资金	300,000.00		172,650.00	127,350.00
合计	94,109,968.00	3,239,972.40	3,809,258.64	93,540,681.76

图9-24　重算完毕的货币资金表

（3）保存报表。

单击工具栏的“ ”按钮，打开“另存为”对话框，存储位置选择C盘根目录，“文件名”栏输入“1月份货币资金表”，如图9-25所示。单击“另存为”按钮，完成保存。

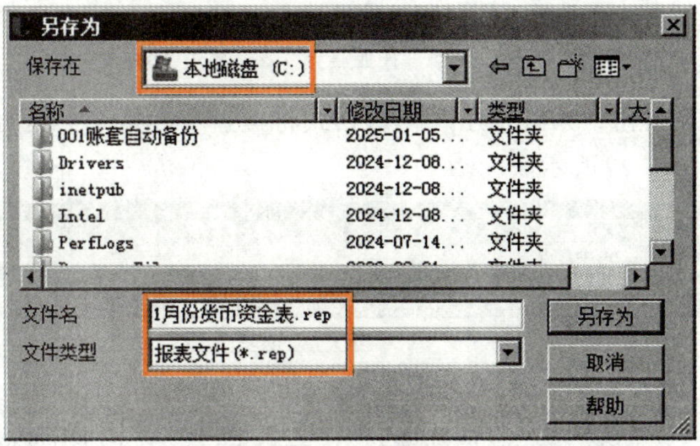

图9-25　保存报表

提示

保存报表时，存储路径、文件名、文件类型这3个信息均无误的情况下，才表明报表保存正确。

任务2　利用报表模板生成财务报表

知识点146　生成资产负债表

【实验资料】

2025年1月31日，利用报表模板生成资产负债表，根据最新会计准则调整报表项目。

【实验过程】

生成资产负债表

(1) 新建空白报表。

① 2025年1月31日，由王钰茹（W01）登录企业应用平台。在U8企业应用平台，依次选择“业务工作→财务会计→UFO报表”命令，打开“UFO报表”窗口。

② 单击工具栏的“□”按钮，新建一张空白报表。

(2) 调用模板生成资产负债表。

①点击“格式”菜单下的“报表模板”命令，打开“报表模板”对话框，在“您所在的行业:”下拉框中选择“2007年新会计制度科目”，“财务报表”下拉框中选择“资产负债表”，如图9-26所示。

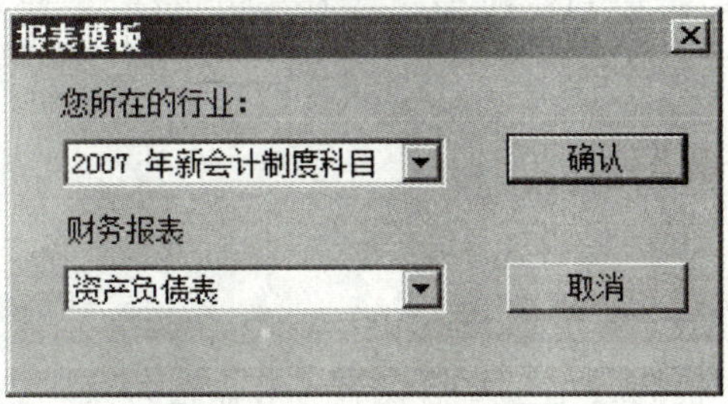

图9-26　选择报表

提示

这里所选的行业对应创建账套时选择的“行业性质”，如图1-10所示。

②单击“确定”按钮，系统提示“模板格式将覆盖本表格式！是否继续?”，单击“确定”按钮，结果如图9-27所示。

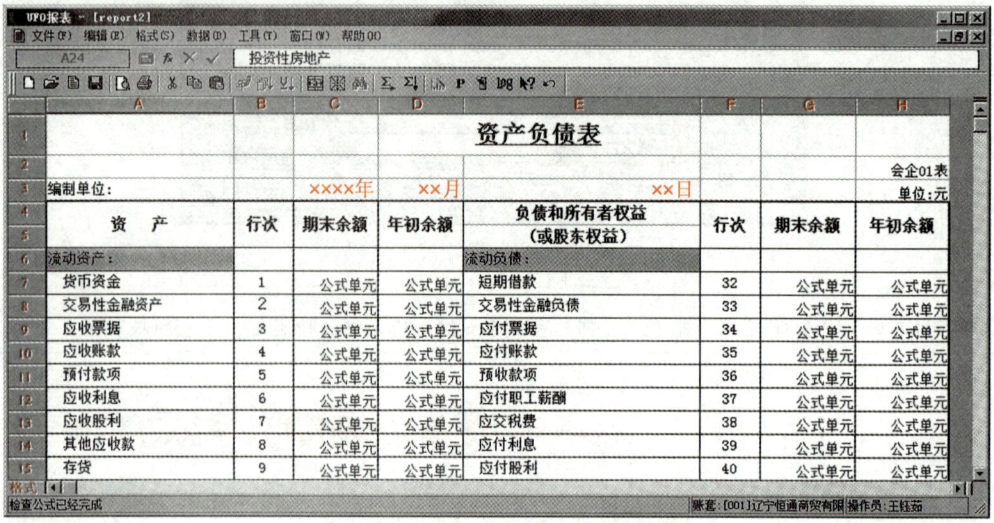

	A	B	C	D	E	F	G	H
1					资产负债表			
2								会企01表
3	编制单位:		xxxx年	xx月	xx日			单位:元
4-5	资产	行次	期末余额	年初余额	负债和所有者权益（或股东权益）	行次	期末余额	年初余额
6	流动资产:				流动负债:			
7	货币资金	1	公式单元	公式单元	短期借款	32	公式单元	公式单元
8	交易性金融资产	2	公式单元	公式单元	交易性金融负债	33	公式单元	公式单元
9	应收票据	3	公式单元	公式单元	应付票据	34	公式单元	公式单元
10	应收账款	4	公式单元	公式单元	应付账款	35	公式单元	公式单元
11	预付款项	5	公式单元	公式单元	预收款项	36	公式单元	公式单元
12	应收利息	6	公式单元	公式单元	应付职工薪酬	37	公式单元	公式单元
13	应收股利	7	公式单元	公式单元	应交税费	38	公式单元	公式单元
14	其他应收款	8	公式单元	公式单元	应付利息	39	公式单元	公式单元
15	存货	9	公式单元	公式单元	应付股利	40	公式单元	公式单元

图9-27 格式状态的资产负债表（部分）

提示

窗口中的“公式单元”存储了计算公式，通过这些公式可从U8系统取数，进行表内、表间计算等。

（3）调整报表计算公式。

删除C13单元格的计算公式，同时将C14单元格的计算公式修改为“QM("1221",月,,,年,,)+QM("1131",月,,,年,,)”。

删除G15单元格的计算公式，同时将G16单元格的计算公式修改为“QM("2241",月,,,年,,)+QM("2232",月,,,年,,)”。

将G35单元格的计算公式修改为“QM("4104",月,,,年,,)”。

（4）根据最新会计准则调整报表项目。

将A12单元格由“应收利息”改为“合同资产”；A13单元格由“应收股利”改为“持有待售资产”；将A20单元格由“可供出售金融资产”改为“债权投资”；A21单元格由“持有至到期投资”改为“其他债权投资”；将E14单元格由“应付利息”改为“合同负债”；E15单元格由“应付股利”改为“持有待售负债”；将D4单元格和H4单元格由“年初余额”改为“上年年末余额”。

知识点147　处理报表数据

【实验资料】

2025年1月31日，将报表数据重算后保存至C盘根目录下，文件名为“1月份资产负债表.rep”。

【实验过程】

处理报表数据

（1）将报表切换至数据状态。

单击窗口左下角的“格式”按钮，系统提示“是否确定全表重算？”，单击“否”，此时报表切换为数据状态，如图9-28所示。

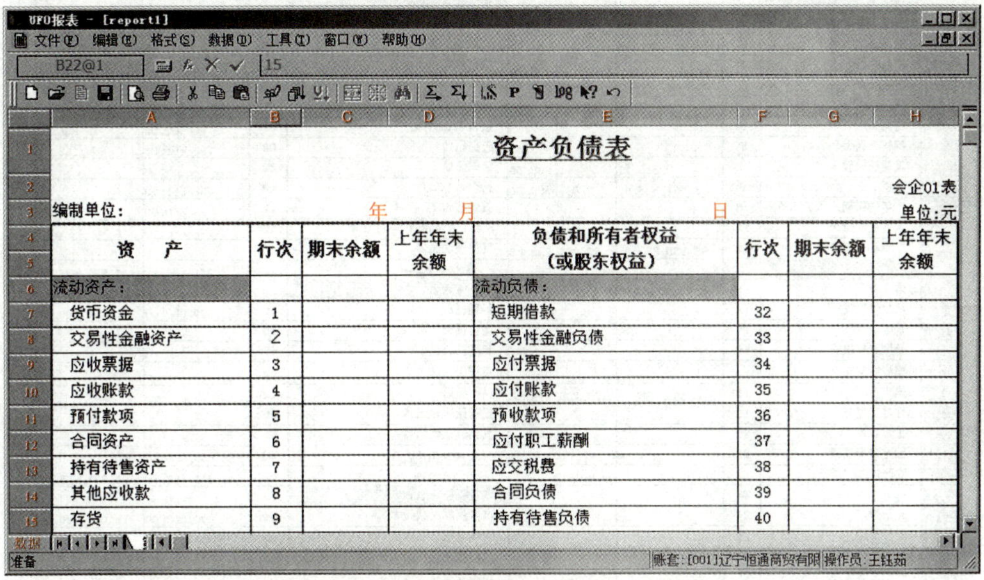

图9-28 数据状态的资产负债表（部分）

提示

一个UFO报表最多可容纳99 999张表页。

（2）录入关键字并计算报表数据。

①执行“数据”菜单下的“关键字→录入”命令，打开“录入关键字”对话框，录入关键字“2025年1月31日”，如图9-29所示。

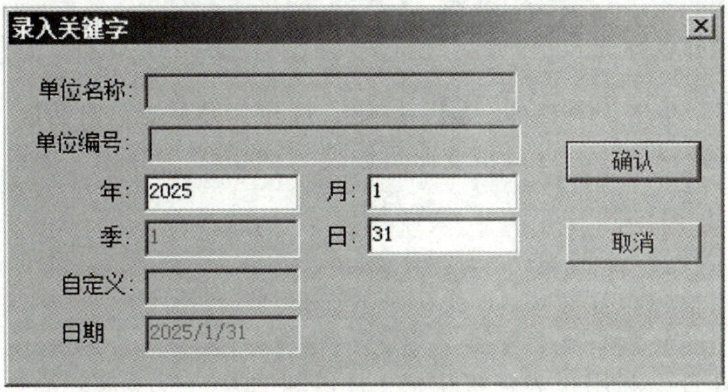

图9-29 录入关键字

②单击“确认”按钮，系统提示“是否重算第1页？”，单击“是”，结果如图9-30所示。

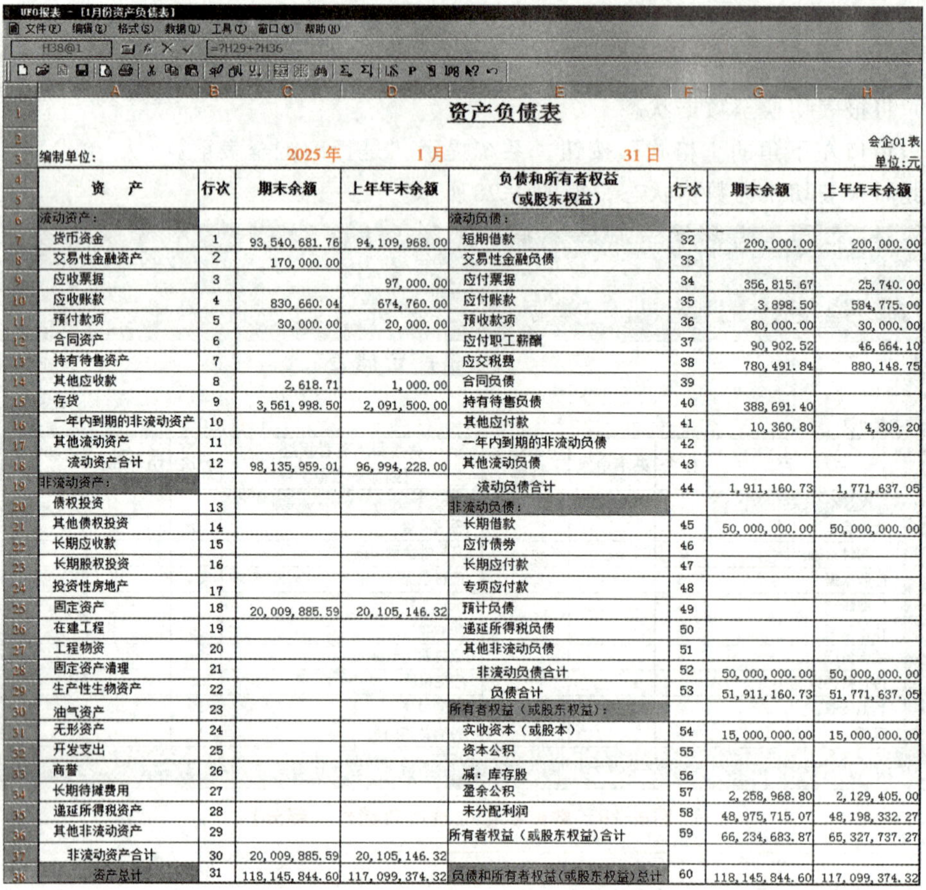

资产负债表

会企01表

编制单位： 2025 年 1 月 31 日 单位：元

资　产	行次	期末余额	上年年末余额	负债和所有者权益（或股东权益）	行次	期末余额	上年年末余额
流动资产：				流动负债：			
货币资金	1	93,540,681.76	94,109,968.00	短期借款	32	200,000.00	200,000.00
交易性金融资产	2	170,000.00		交易性金融负债	33		
应收票据	3		97,000.00	应付票据	34	356,815.67	25,740.00
应收账款	4	830,660.04	674,760.00	应付账款	35	3,898.50	584,775.00
预付款项	5	30,000.00	20,000.00	预收款项	36	80,000.00	30,000.00
合同资产	6			应付职工薪酬	37	90,902.52	46,664.10
持有待售资产	7			应交税费	38	780,491.84	880,148.75
其他应收款	8	2,618.71	1,000.00	合同负债	39		
存货	9	3,561,998.50	2,091,500.00	持有待售负债	40	388,691.40	
一年内到期的非流动资产	10			其他应付款	41	10,360.80	4,309.20
其他流动资产	11			一年内到期的非流动负债	42		
流动资产合计	12	98,135,959.01	96,994,228.00	其他流动负债	43		
非流动资产：				流动负债合计	44	1,911,160.73	1,771,637.05
债权投资	13			非流动负债：			
其他债权投资	14			长期借款	45	50,000,000.00	50,000,000.00
长期应收款	15			应付债券	46		
长期股权投资	16			长期应付款	47		
投资性房地产	17			专项应付款	48		
固定资产	18	20,009,885.59	20,105,146.32	预计负债	49		
在建工程	19			递延所得税负债	50		
工程物资	20			其他非流动负债	51		
固定资产清理	21			非流动负债合计	52	50,000,000.00	50,000,000.00
生产性生物资产	22			负债合计	53	51,911,160.73	51,771,637.05
油气资产	23			所有者权益（或股东权益）：			
无形资产	24			实收资本（或股本）	54	15,000,000.00	15,000,000.00
开发支出	25			资本公积	55		
商誉	26			减：库存股	56		
长期待摊费用	27			盈余公积	57	2,258,968.80	2,129,405.00
递延所得税资产	28			未分配利润	58	48,975,715.07	48,198,332.27
其他非流动资产	29			所有者权益（或股东权益）合计	59	66,234,683.87	65,327,737.27
非流动资产合计	30	20,009,885.59	20,105,146.32				
资产总计	31	118,145,844.60	117,099,374.32	负债和所有者权益（或股东权益）总计	60	118,145,844.60	117,099,374.32

图9-30　重算后的资产负债表

提示

如果单元格显示“#############”字样，表明该单元格所在列的列宽不够，调整列宽后可正常显示。

资产负债表取数完毕，应根据会计等式“资产=负债+所有者权益”，检查报表是否平衡。若不平衡，应查找原因并进行调整。

（3）保存报表。单击工具栏的“保存”按钮，打开“另存为”对话框，存储位置选择C盘根目录，“文件名”栏输入“1月份资产负债表”。单击“另存为”按钮，完成保存。

知识点148　生成利润表

【实验资料】

2025年1月31日，利用报表模板生成1月份利润表，根据最新会计准则调整报表项目。将利润表重算后保存至C盘根目录下，文件名为“1月份利润表.rep”

【实验过程】

（1）在“UFO报表”窗口，单击“新建”按钮，新建一张空白报表。

生成利润表

（2）调用模板生成利润表。点击“格式”菜单下的“报表模板”命令，打开“报表模板”对话框，在“您所在的行业：”下拉框中选择“2007年新会计制度科目”，“财务报表”下拉框中选择“利润表”。

（3）根据最新会计准则调整报表项目。将A7单元格由“营业税金及附加”改为“税金及附加”；A11单元格下插入一行，项目名称输入“信用减值损失”；A15单元格下插入两行，项目名称分别输入“资产处置收益（损失以“-”号填列）”“其他收益”；删除“营业外支出”下面的那一行。

（4）调整报表计算公式。设置信用减值损失本期金额公式为“fs(6702,月,"借",,年)”，设置资产处置收益本期金额公式为“fs(6115,月,"贷",,年)”，设置其他收益本期金额公式为“fs(6117,月,"贷",,年)”。修改营业利润的计算公式为“?C5-?C6-?C7-?C8-?C9-?C10-?C11-?C12+?C13+?C14+?C16+?C17”。

（5）将报表切换至数据状态，录入关键字“2025年1月”，并进行整表重算，结果如图9-31所示。

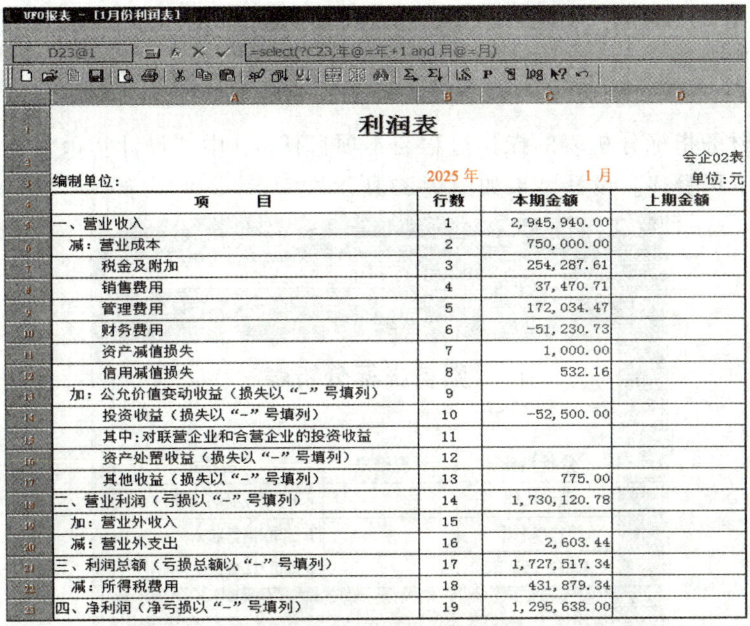

利润表

会企02表

编制单位：　2025年　1月　单位:元

项　目	行数	本期金额	上期金额
一、营业收入	1	2,945,940.00	
减：营业成本	2	750,000.00	
税金及附加	3	254,287.61	
销售费用	4	37,470.71	
管理费用	5	172,034.47	
财务费用	6	-51,230.73	
资产减值损失	7	1,000.00	
信用减值损失	8	532.16	
加：公允价值变动收益（损失以“-”号填列）	9		
投资收益（损失以“-”号填列）	10	-52,500.00	
其中：对联营企业和合营企业的投资收益	11		
资产处置收益（损失以“-”号填列）	12		
其他收益（损失以“-”号填列）	13	775.00	
二、营业利润（亏损以“-”号填列）	14	1,730,120.78	
加：营业外收入	15		
减：营业外支出	16	2,603.44	
三、利润总额（亏损总额以“-”号填列）	17	1,727,517.34	
减：所得税费用	18	431,879.34	
四、净利润（净亏损以“-”号填列）	19	1,295,638.00	

图9-31　重算后的利润表

（6）保存报表。单击工具栏的“💾”按钮，打开“另存为”对话框，存储位置选择C盘根目录，“文件名”栏输入“1月份利润表”，单击“另存为”按钮，完成保存。

任务3　自定义财务指标分析表

知识点149　设计财务指标分析表

【实验资料】

设计如图9-32所示的财务指标分析表。基本要求：①第1行行高16毫米，第2至6行行高8毫米，第1列列宽36毫米；②表头字体为黑体，字号为18号；③前3行和第1列单元文字居中显示。将B5、B6设置为“百分号”型数值，小数位数保留4位；关键字“年、月、日”的偏移值分别为-160、-130、-100。

财务指标分析表

xxxx年 xx月 xx日

分析指标	计算结果	备注
流动比率		流动资产/流动负债
销售净利率		净利润/销售收入
总资产净利率		净利润/总资产

图9-32　财务指标分析表

【实验过程】

设计财务指标分析表

(1) 2025年1月31日，由王钰茹（W01）登录企业应用平台。在U8企业应用平台，依次选择“业务工作→财务会计→UFO报表”命令，打开“UFO报表”窗口。

(2) 设计财务指标分析表的操作过程与本项目任务1中“设计货币资金表”的操作过程相同，此处不再赘述。设计结果如图9-33所示。

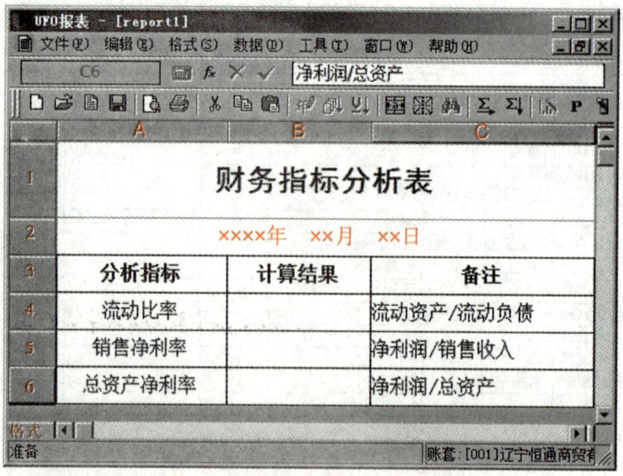

图9-33　设计完毕的财务指标分析表

知识点150　定义表间取数公式

【实验资料】

设置B4:B6区域单元格的计算公式。

【实验过程】

定义表间取数公式

(1) 单击B4单元格，单击工具栏的“fx”按钮，或者执行“数据”菜单下的“编辑公式→单元公式”命令，打开“定义公式”对话框。

（2）在“定义公式”对话框手工输入“"C：\1月份资产负债表"->C18@1/"C：\1月份资产负债表"->G19@1”，如图9-34所示。单击“确认”按钮。

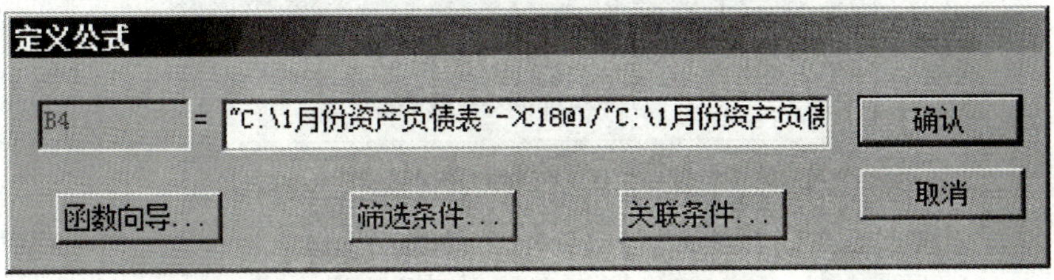

图9-34 “流动比率”的计算公式

提示

关于流动比率的计算公式说明：

B4="C：\1月份资产负债表"->C18@1/"C：\1月份资产负债表"->G19@1

“"C：\1月份资产负债表"->C18@1”表示取C盘“1月份资产负债表.rep”第1个表页中C18单元格的数值，即取该表流动资产合计的期末数。

“"C：\1月份资产负债表"->G19@1”表示取C盘“1月份资产负债表.rep”第1个表页中G19单元格的数值，即取该表流动负债合计的期末数。

整个公式的计算过程如下：

$$B4=\frac{\text{"C：\textbackslash 1月份资产负债表" -> C18@1}}{\text{"C：\textbackslash 1月份资产负债表" -> G19@1}}=\frac{98\,135\,959.01}{1\,911\,160.73}\approx 51.35$$

（3）单击B5单元格，参照上述方法设置“销售净利率”的计算公式，其计算公式为“"C：\1月份利润表"->C23@1/"C：\1月份利润表"->C5@1”，如图9-35所示。

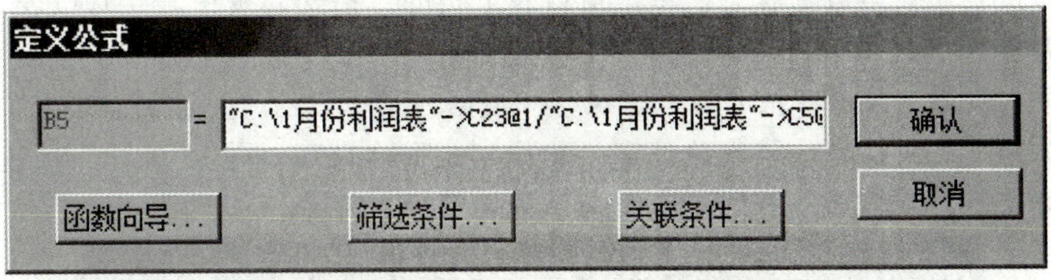

图9-35 “销售净利率”的计算公式

（4）单击B6单元格，参照上述方法设置“总资产净利率”的计算公式，其计算公式为“"C：\1月份利润表"->C23@1/"C：\1月份资产负债表"->C38@1”，如图9-36所示。

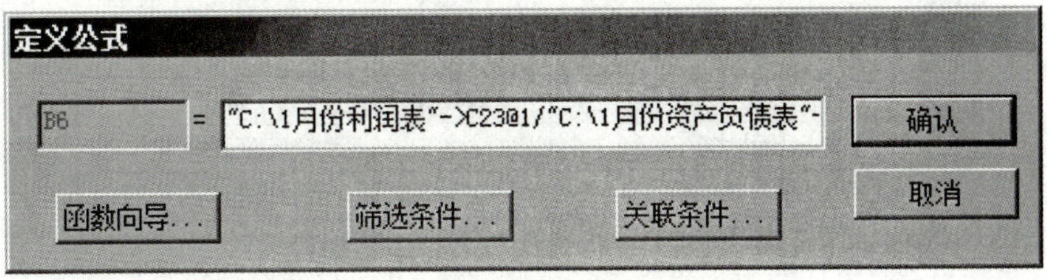

图9-36 “总资产净利率”的计算公式

（5）财务指标分析表设置完毕，结果如图9-37所示。

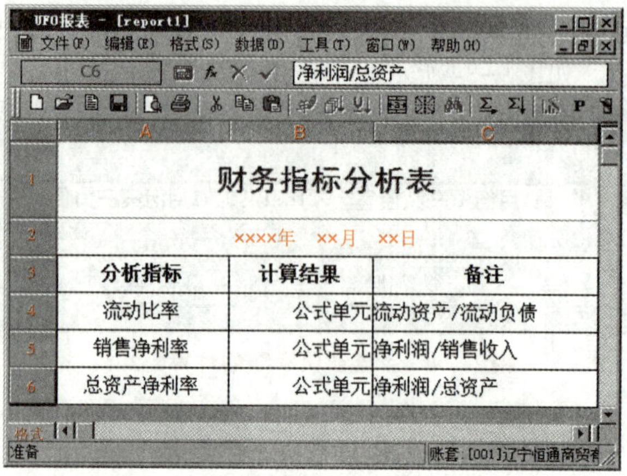

图9-37 公式设置完毕的财务指标分析表

知识点151 处理报表数据

【实验资料】

2025年1月31日，将财务指标分析表数据重算后保存至C盘根目录下，文件名为“1月份财务指标分析表.rep”。

【实验过程】

处理报表数据

（1）将报表切换至数据状态。单击窗口左下角的“格式”按钮，此时报表切换为数据状态。

（2）录入关键字并计算报表数据。执行“数据”菜单下的“关键字→录入”命令，打开“录入关键字”对话框，录入关键字“2025年1月31日”。单击“确认”按钮，系统提示“是否重算第1页？”，单击“是”。重算结果如图9-38所示。

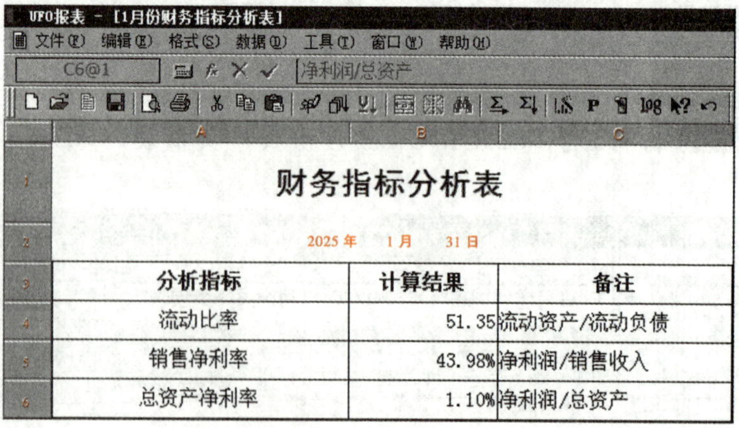

图9-38 重算完毕的财务指标分析表

（3）保存报表。单击工具栏的“”按钮，打开“另存为”对话框，存储位置选择C盘根目录，“文件名”栏输入“1月份财务指标分析表”。单击“另存为”按钮，完成保存。

【课程思政点睛】

【复习思考题】

1. 简述自定义报表的基本流程。
2. 简述利用报表模板生成资产负债表的基本流程。
3. 什么是关键字？如何设置关键字？
4. 以“权益净利率”为例，如何定义表间取数公式？

主要参考文献

[1] 杨周南，赵纳晖，陈翔. 会计信息系统 [M]. 4版. 大连：东北财经大学出版社，2014.

[2] 艾文国，孙洁，张华，等. 会计信息系统 [M]. 4版. 北京：人民邮电出版社，2020.

[3] 陈旭. 会计信息化 [M]. 北京：高等教育出版社，2018.

[4] 欧阳电平. 会计信息系统 [M]. 北京：科学出版社，2008.

[5] 王海林. 会计信息系统：面向财务业务一体化 [M]. 3版. 北京：电子工业出版社，2017.

[6] 王新玲，赵彦龙，蒋晓燕. 新编用友ERP财务管理系统实验教程 [M]. 北京：清华大学出版社，2009.

[7] 王新玲. 用友U8财务管理系统原理与实验 [M]. 3版. 北京：清华大学出版社，2024.

[8] 毛华扬，刘红梅，邓茗丹. 会计信息系统原理与应用——基于用友ERP-U8 V10.1版 [M]. 3版. 北京：中国人民大学出版社，2024.

[9] 宋红尔，赵越，冉祥梅. 用友ERP供应链管理系统应用教程 [M]. 4版. 大连：东北财经大学出版社，2025.

[10] 中国注册会计师协会. 会计 [M]. 北京：中国财政经济出版社，2025.

[11] 陈国辉，迟旭升. 基础会计 [M]. 8版. 大连：东北财经大学出版社，2024.

[12] 财政部会计资格评价中心. 初级会计实务 [M]. 北京：经济科学出版社，2025.

[13] 孙莲香，林燕飞. ERP管理软件应用教程——财务篇（用友U8 V10.1）[M]. 北京：清华大学出版社，2021.

[14] 王珠强. 会计信息化——用友ERP-U8 V10.1版 [M]. 3版. 北京：人民邮电出版社，2021.

[15] 李爱红，许捷. 会计信息系统应用（用友U8 V10.1版）[M]. 3版. 北京：高等教育出版社，2022.

[16] 姜明霞，刘轶卿，胡生夕. 会计信息化实务 [M]. 4版. 大连：东北财经大学出版社，2022.

[17] 牛永芹，刘大斌，喻竹. ERP财务管理系统实训教程 [M]. 4版. 北京：高等教育出版社，2023.

[18] 梁毅炜，桂玉敏. 会计信息系统实训——财务篇（用友U8 V10.1）[M]. 2版. 北京：电子工业出版社，2021.

[19] 李吉梅，于海宝. 场景式企业供应链应用基础教程（用友ERP-U8 V10.1）[M]. 北京：清华大学出版社，2016.

[20] 倪宝童，陈艳郁. 会计电算化 [M]. 上海：上海交通大学出版社，2012.

[21] 李昕，王晓霜. 会计信息化 [M]. 5版. 大连：东北财经大学出版社，2020.

[22] 陆群，王凯，李艳. 会计电算化项目化教程 [M]. 上海：上海交通大学出版社，2016.

[23] 魏世和，陶文. ERP财务业务一体化教程（全国会计技能大赛“信息化”赛题模拟）（用友U8 V10.1版）[M]. 北京：高等教育出版社，2017.

[24] 王忠孝. 会计信息系统应用（用友ERP-U8V10.1版）[M]. 北京：高等教育出版社，2021.

[25] 叶剑明，江春燕，张莉. 会计信息系统应用 [M]. 大连：东北财经大学出版社，2020.

附录　会计信息化期末考试样题

实务操作题（本大题共34小题，共100分。请在会计信息系统（用友ERP-U8 V10.1版）中作答。其中第1—2题由admin在系统管理中作答，第3—34题由操作员“A01 李梓楠”在企业应用平台中作答，操作日期为业务发生日期）

第1题　新增用户（操作员）。(3分)

编号	姓名	所属部门	所属角色
R01	刘阳阳	仓储部	普通员工
R02	张君如	财务部	普通员工

第2题　设置操作员权限。(3分)

操作员编号	操作员姓名	操作员权限
R02	张君如	总账的记账、常用凭证、期末

第3题　2025/01/01，启用“OA”子系统，启用日期：2025年1月1日。(1分)

第4题　2025/01/01，增加部门档案。(2分)

部门编码	部门名称
07	市场部
08	科研部

第5题　2025/01/01，增加客户档案。(3分)

编码	客户名称	所属地区	地址、电话、税号	开户银行、账号
109	葫芦岛长久商贸有限公司 简称：葫芦岛长久	05	葫芦岛市连山区光明街521号 0429-5187785 91052110969818754Y	交通银行葫芦岛光明支行 2246361585543185741

第6题　2025/01/01，增加存货分类。(2分)

一级分类		二级分类	
编码	名称	编码	名称
10	低值易耗品	1001	包装箱

第7题　2025/01/01，设置凭证类别。(3分)

类别名称	限制类型	限制科目
收款凭证	借方必有	1001，1002
付款凭证	贷方必有	1001，1002
转账凭证	凭证必无	1001，1002

第8题　2025/01/01，设置常用摘要。(2分)

摘要编码	摘要内容	相关科目
03	从银行提取现金	10020101

第9题 2025/01/01，数据权限分配，为张君如授予“主管”权限，使其拥有所有操作员的全部记录级数据权限。(2分)

第10题 2025/01/01，修改总账系统参数，勾选“制单序时控制”。(2分)

第11题 2025/01/01，补充录入总账系统期初余额。(3分)

科目名称	方向	辅助核算	金额	数量
交易性金融资产/成本	借	项目核算（永康债权）	89 800	1 000

第12题 2025/01/01，补充录入总账系统“预收账款/销售定金”期初余额。(3分)

日期	客户	业务员	摘要	金额	票号	票据日期
2024-12-20	北京吉祥	纪超岩	期初余额	156 200	25134556	2024-12-20

第13题 2025/01/01，设置工资项目“加班津贴”的计算公式。(2分)

工资项目名称	计算公式
加班津贴	加班天数*100

第14题 2025/01/01，设置工资项目“病假扣款”的计算公式。(2分)

工资项目名称	计算公式描述
病假扣款	病假天数<=2，病假扣款=日工资*病假天数*0.2 病假天数>2且病假天数<=7，病假扣款=日工资*病假天数*0.4 病假天数>7，病假扣款=日工资*病假天数

第15题 2025/01/01，修改固定资产系统参数，已发生资产减少的卡片10年后可删除。(1分)

第16题 2025/01/01，修改固定资产卡片，将长城轿车（卡片编号：00010）的使用状态修改为“大修理停用”。(1分)

第17题 2025/01/01，设置资产类别。(2分)

编码	类别名称	使用年限	净残值率（%）	计提属性	折旧方法	卡片样式
045	打胶机	5	4	正常计提	平均年限法（一）	含税卡片样式

第18题 2025/01/05，采购部徐日强以现金支票（票号：17846987）购入一台“戴尔复印机”并交付仓储部和财务部使用。取得的增值税专用发票上注明的金额为2 000元，增值税进项税额为260元。请在固定资产系统完成资产增加业务，并生成记账凭证。(2分)

第19题 2025/01/10，因非法排放PM2.5被市环保局罚款1 000元，财务部以现金缴讫。请在总账系统填制记账凭证。(3分)

第20题 2025/01/12，公司各部门报销业务招待费，明细如下：行政部100元；财务部786元；采购部103元；销售部580元。财务部开出一张交通银行锦州古塔支行的转账支票（票号：31187457），暂不考虑增值税。请在总账系统填制记账凭证。(3分)

第21题 2025/01/19，该公司财务部开出一张锦州银行锦州古塔支行的现金支票（票号：87531122）10 510元，从银行提取现金。请在总账系统填制记账凭证。(3分)

第22题 2025/01/20，收到员工违纪罚款现金500元。请在总账系统填制记账凭证。(3分)

第23题 2025/01/23，请在应付款管理系统设置系统参数。(2分)

系统	页签	参数设置
应付款管理	权限与预警	取消勾选“控制操作员权限”

第24题 2025/01/24，采购部徐日强从辽宁彗明采购天然橡胶（存货编码：0102）2 800千克，原币单价为22元，增值税税率为13%，取得增值税专用发票（发票号：45876127），价税合计69 608元。请在应付款管理系统完成该笔业务。（6分）

第25题 2025/01/26，经采购部徐日强申请，向辽宁彗明签发金额为60 000元的交通银行锦州古塔支行的转账支票一张（票据号：17876147），用于偿还本月24日货款。请在应付款管理系统填制付款单并完成该笔业务。（6分）

第26题 2025/01/26，请在应收款管理系统设置系统参数。（2分）

系统	页签	参数设置
应收款管理	常规	取消勾选“自动计算现金折扣”

第27题 2025/01/26，销售部纪超岩向江苏远达销售195型轿车轮胎（存货编码：0302）123套，无税单价为2 300元，开具增值税专用发票，增值税税率为13%（发票号：35352887），价税合计319 677元。请在应收款管理系统完成该笔业务。（6分）

第28题 2025/01/28，销售部纪超岩通知财务，收到江苏远达签发并承兑的银行承兑汇票一张（票据编号：37768324），面值为300 000元，到期日为2025年4月28日，票面记载收款人开户银行为锦州银行，用于支付本月26日货款。请在应收款管理系统完成该笔业务。（6分）

第29题 2025/01/31，自定义转账设置。（6分）

转账序号	摘要	凭证类别	科目编码	方向	金额公式
0001	向投资者分配利润	转账凭证	410403	借	QM(4103,月)*0.3
			2232	贷	JG()
0002	结转利润分配明细账户	转账凭证	410409	借	JG()
			410401	贷	FS(410401,月,借)
			410403	贷	FS(410403,月,借)

第30题 2025/01/31，计提本月折旧，请在固定资产系统完成该笔业务。（2分）

第31题 2025/01/31，补充录入张绍阳本月工资数据：基本工资为3 900元，职务津贴为900元，事假天数为2天。按计提费用类型，生成“计提工资”的记账凭证。请在薪资管理系统完成该笔业务。（4分）

第32题 2025/01/31，经三方协商一致，将本月24日形成的应向辽宁彗明支付的应付账款9 608元转为应付吉林恒鑫的往来款。请在应付款管理系统完成该笔业务。（2分）

第33题 2025/01/31，江苏远达本月26日的应收账款中有5 000元发生坏账。请在应收款管理系统完成该笔业务。（2分）

第34题 2025/01/31，利用“2007年新会计制度科目”报表模板生成利润表，并调整报表项目：将A7单元格由“营业税金及附加”改为“税金及附加”。将报表保存至考生文件夹中，文件名为“1月份利润表.rep”。（5分）

富媒体智能型教材出版说明

“财经高等职业教育富媒体智能型教材开发系统工程”入选国家新闻出版广电总局（现为“国家广播电视总局”）新闻出版改革发展项目库，并获得文化产业专项资金支持，是“国家文化产业资金支持媒体融合重大项目”。项目以“融通”“融合”“共建”“共享”为特色，是东北财经大学出版社积极落实国家推动传统媒体与新媒体融合发展的重要举措之一。

“财济书院”智能教学互动平台是该工程项目建设成果之一。该平台通过系统、合理的架构设计，将教学资源与教学应用集成于一体，具有教学内容多元呈现、课堂教学实时交互、测试考评个性设置、用户学情高效分析等核心功能，是高校开展信息化教学的有力支撑和应用保障。

富媒体智能型教材是该工程项目建设成果之二。该类教材是我社改革探索性策划的创新型产品，是一种新形态立体化教材。富媒体智能型教材秉持严谨的教学设计思想和先进的教材设计理念，为财经职业教育教与学、课程与教材的融通奠定了基础，较好地避免了传统教学模式和单一纸质教材容易出现的“两层皮”现象，有助于教学质量的提高和教学效果的提升。

从教材资源的呈现形式来说，富媒体智能型教材实现了传统纸质教材与数字技术的融合，通过二维码建立链接，将VR、微课、视频、动画、音频、图文和试题库等富媒体资源丰富呈现给用户；从教材内容的选取整合来说，其实现了职业教育与产业发展的融合，不仅注重专业教学内容与职业能力培养的有效对接，而且很好地解决了部分专业课程学与训、训与评的难题；从教材的教学使用过程来说，其实现了线下自主与线上互动的融合，学生可以在有网络支持的任何地方自主完成预习、巩固、复习等，教师可以在教学中灵活使用随堂点名、作业布置及批改、自测及组卷考试、成绩统计分析等平台辅助教学工具。

富媒体智能型教材设计新颖，一书一码，使用便捷。使用富媒体智能型教材的师生首先下载“财济书院”APP或者进入“财济书院”（www.idufep.com）平台完成注册，然后登录“财济书院”输入教材封四学习卡中的激活码建立或找到班级和课程对应教材，就可以开启个性化教与学之旅。

“重塑教学空间，回归教学本源！”“财济书院”平台不仅仅是出版社提供教学资源和服务的平台，更是出版社为作者和广大院校创设的一个自主选择和自主探究的教与学的空间，作者和广大院校师生既是这个空间的使用者和消费者，也是这个空间的创造者和建设者，在这里，出版社、作者、院校共建资源，共享回报，共创未来。

最后，感谢各位作者为支持项目建设所付出的辛劳和智慧，也欢迎广大院校在教学中积极使用富媒体智能型教材和“财济书院”平台，东北财经大学出版社愿意也必将陪伴广大职业教育工作者走向更加光明而美好的职教发展新阶段。

东北财经大学出版社